# गेटिंग थिंग्स डन

डेविड एलन को उत्पादकता चिंतन के लिए विश्व के प्रभावी चिंतकों में से एक माना जाता है और वे न्यू यॉर्क लाइफ, द वर्ल्ड बैंक, द फोर्ड फाउंडेशन, एल.एल. बीन और यू.एस नेवी जैसे संगठनों के लिए प्रमुख वक्ता और प्रशिक्षक रहे हैं। वे संसारभर में व्यक्तियों व संगठनों के लिए कार्यशालाओं का आयोजन करते हैं। वे डेविड एलन कंपनी के चेयरमैन हैं और उन्हें डेविड एलन कंपनी के प्रबंधन सलाहकार और एक्जीक्यूटिव कोच के रूप में पिछले पैंतीस से भी अधिक सालों का अनुभव है। उनके कार्यों का विवरण फास्ट कंपनी, फार्चून, द लॉस एंजेल्स टाइम्स, द न्यू यॉर्क टाइम्स, द वॉल स्ट्रीट जर्नल और अन्य कई प्रकाशनों में प्रकाशित हो चुका है। गेटिंग थिंग्स डन तीस से भी अधिक देशों में प्रकाशित हो चुकी किताब है। एलन एम्स्टर्डम, नीदरलैंड्स में रहते हैं।

---

## गेटिंग थिंग्स डन के पहले संस्करण की प्रशंसा में

'काम और जीवन से जुड़े परामर्श के लिए इस सीजन की बेहतरीन पुस्तक ... जीवन को व्यवस्थित करने के लिए गेटिंग थिंग्स डन मेरी प्रिय पुस्तक है ...यह आपको नए मानसिक कौशल बनाने में मदद करती है ताकि आप बहुत सारे कामों के इस युग में काम के बोझ को कम कर सकें।'

– स्यू शैलेनबार्गर, द वॉल स्ट्रीट जर्नल

'मैंने हाल ही में डेविड के गेटिंग ऑर्गेनाइज्ड नामक सेमीनार में हिस्सा लिया और उन्हें काम करते देख बहुत उम्मीदें बँधी, यह वाकई आँखें खोल देनेवाला सेमीनार था।'

– स्टीवर्ट अलसोप, फार्च्यून

'एलन उच्च स्तरीय दर्शन से समय प्रबंधन के विवरण तक विस्तार से बात करते हैं। ज़रा इसे देखने के लिए थोड़ा समय निकालें।'

– मार्क हेनरिक्स, उद्यमी।

'डेविड एलन के उत्पादकता से जुड़े नियम बड़े उपायों में गुंथे हैं ... परंतु वे बहुत अधिक व्यावहारिक भी हैं।'

– कीथ एच. हैमंड्स, फास्ट कंपनी

'डेविड एलन उद्देश्य की शक्ति के लिए नई स्पष्टता, विश्रांति की अनिवार्य प्रकृति और कामों को करने के लिए सादे दिशा-निर्देश लाए हैं। वे विस्तृत अनुभव, निजी कहानियों, सादगी, रोचकता और मनोरंजन के साथ सब कुछ प्रस्तुत करते हैं।'

– फ्रांसिस हैसलबीन, चेयरमैन, बोर्ड ऑफ गवर्नर्स, लीडर टू लीडर इंस्टीट्यूट

'इस किताब का पाठक आसानी से इन उपायों व ज्ञान को जीवन में उतारकर तत्काल परिणाम पा सकता है।'

– स्टीफन पी. मैगी, चेयर्ड प्रोफेसर ऑफ बिजनेस एंड इकोनॉमिक्स, यूनीवर्सिटी ऑफ टेक्सॉस, ऑस्टिन

'अधिकतर प्रबंधन उपायों के लिए सच्चा संशयी, मुझे कहना पड़ेगा कि डेविड का प्रोग्राम विजयी रहा!'

– जोलाइन गॉडफ्रे, सीईओ, इंडिपेंडेंट मीन्स, इंक, अवर वाइल्डेस्ट ड्रीम्स के लेखक

'गेटिंग थिंग्स डन अद्भुत व्यावहारिक प्रक्रियाओं का वर्णन करती है, जो व्यस्त लोगों को उनके जीवन को वश में करने में सहायक हो सकती हैं। यह आपको और अधिक सफल होने में सहायक हो सकती है। इससे भी महत्वपूर्ण बात यह है कि यह आपको एक प्रसन्नतादायक जीवन पाने में मदद कर सकती है।'

– मार्शल गोल्डस्मिथ, सह संपादक, द लीडर ऑफ फ्यूचर और कोचिंग फॉर लीडरशिप

'चेतावनी : गेटिंग थिंग्स डन पढ़ने से आपकी टाल-मटोल करने की पुरानी आदत पर चोट लग सकती है। डेविड एलन की पहल ताज़ी और सादगी से भरी है। वे गहन परिणाम पाने के लिए सिस्टम, साधन और उपाय प्रस्तुत करते हैं।'

– कैरोला एंडीकोट, डायरेक्टर, क्वालिटी रिसोर्सिज, न्यू इंग्लैंड मेडिकल सेंटर

# गेटिंग थिंग्स डन

## तनावरहित उत्पादकता की कला

न्यू यॉर्क टाइम्स बेस्ट सेलिंग लेखक

एक नया संशोधित संस्करण

डेविड एलन

# गेटिंग थिंग्स डन

## तनावरहित उत्पादकता की कला

प्रकाशक : वॉव पब्लिशिंग्ज् प्रा. लि. पुणे

मुद्रक : ट्रिनिटी अकादमी, फॉर कॉर्पोरेट ट्रेनिंग लि., पुणे

प्रथम आवृत्ती : अक्तूबर 2020

रीप्रिंट : मार्च 2025

अनुवादक : **रचना भोला**

ISBN : 978-81-947801-4-4

This edition published by arrangement with Penguin Books, an imprint of Penguin Publishing Group, a division of Penguin Random House LLC.



'Getting Things Done' **इस अंग्रेजी पुस्तक का हिंदी अनुवाद**

---

Getting Things Done - Tanavrahit Utpadakta ki Kala

by David Allen

यह पुस्तक समर्पित है कैथरीन
को, जो जीवन और कार्य में मेरी
असाधारण साथी है!!

# आभार

पिछले दशकों के दौरान दुनियाभर में अनेक मार्गदर्शकों, साथियों, सहकर्मियों, स्टाफ, ग्राहकों, मित्रों और गेटिंग थिंग्स डन की कार्यपद्धति को अपनानेवालों ने मुझे इन नियमों को और बेहतर तरीके से समझने और विकसित करने में अपना योगदान दिया है। इस जगह व्यक्ति विशेष को धन्यवाद देना अनिवार्य भी है और अन्याय भी लग रहा है, मैं उन सभी लोगों से क्षमा चाहता हूँ, जिनके नाम नहीं ले सका परंतु फिर भी वे इसी दल का हिस्सा होने के अधिकारी हैं (आप जानते हैं कि आप कौन हैं)।

अस्सी के दशक के आरंभ में, डीन एक्सन और रसल बिशप ने मुझे आरंभिक ढाँचे दिए, जो शक्तिशाली कार्यपद्धति के प्रति मेरी सजगता के अंकुर बने, जो आगे चलकर सारे संसार में जीटीडी के नाम से जाने गए। पिछले वर्षों के दौरान जिन असंख्य साथियों और सहकर्मियों ने इस काम के लिए अपना सहयोग दिया है, मैं विशेष तौर पर इन सबके प्रति आभार प्रकट करना चाहूँगा - मैरियन बेटमैन, मैग एडवर्ड्स, एना मारिया गोंजालेज़, एनी जेनेटा, लेन्नली बोयर, कैली फोरिस्टर, जॉन फोरिस्टर, वेन पैपर, फ्रेंकर सोपर, मैगी वीज़ और माइक विलियम्स।

इसके अतिरिक्त अनेक हज़ारों ग्राहकों व कार्यशाला सहभागियों ने इन मॉडल को सुधारने और वैध बनाने में अपना योगदान दिया है। इसके लिए सीनियर मानव संसाधन रणनीतिकों को धन्यवाद देना होगा, जिन्होंने आरंभिक वर्षों में इस सामग्री के महत्त्व को पहचाना कि यह कार्पोरेट संस्कृति में बदलाव ला सकती है और जिन्होंने मुझे यह करने का अवसर दिया, उनमें ये नाम उल्लेखनीय हैं -

हमारे पास जीवन में क्या है, इसके बजाय यह अधिक मायने रखता है कि हमारे जीवन में कौन हैं।
- जे.एम. लॉरेंस

मिशेल विंस्टन, बेन कैनन, केविल वाइल्डी, सूसन वालसकोविक, पैट्रीशिया कालाईल, मैनी बर्गर, कैरोला एंडीकोट, क्लारा जूसिंकी और इलियट कैलमैन।

टॉम हैगन, जॉन और लॉरा मैकब्राइड, स्टीव लीवर्स, ग्रेग स्टाइकलैदर, सैम स्परलिन और मेरे एजेंट डो कूवर की अनूठी ऊर्जा और नज़रिए के अभाव में यह पुस्तक इतने सुंदर रूप में आपके सम्मुख प्रस्तुत नहीं हो सकती थी। पहले संस्करण के संपादक जैनेट गोल्डस्टीन और मेरे नए संस्करण के संपादक, रिक कॉट के प्रति आभार जिन्होंने पुस्तक लेखन की कला के प्रति अमूल्य सुझाव और निर्देश दिए।

अंत में, मेरी आध्यात्मिक कोच, जे. आर. के प्रति हार्दिक धन्यवाद, वे हमेशा मेरे अद्भुत मार्गदर्शक और मेरी वास्तविक प्राथमिकताओं को समझानेवाले रहे हैं। मेरी पत्नी कैथरीन को उसके प्रेम, भरोसे, कड़े परिश्रम, साथ और मेरे जीवन को सुंदरता के विविध आयाम देने के लिए हार्दिक स्नेह व आभार।

# विषय सूची

# प्रस्तावना

आपको ऐसी अनेक पुस्तकें मिलेंगी, जो काम की आदतों, सेहत, उत्पादकता और जीवन में आपकी सफलता में सुधार के लिए सलाह देती हैं। उनमें से कुछ बातें तो केवल सामान्य बुद्धि की ही होती हैं। उसमें से कुछ किताबें किसी काम की नहीं होतीं और कुछ केवल एक बार पढ़ने योग्य होती हैं और आप उन्हें पढ़ने के कुछ घंटों या दिनों के बाद भुला देते हैं।

यह किताब उन मायनों में अलग है। यह पहली बार प्रकाशित होने के बाद से लगातार बिकती आ रही है और डेविड एलन के प्रोग्राम और दर्शन के आकार और अंतर्राष्ट्रीय पहल में वृद्धि हुई है। मैंने स्वयं इस पुस्तक के पहले संस्करण को बहुत ध्यान से पढ़ा था और तभी से हर एकाध साल में दोबारा पढ़ता आ रहा था इसलिए यह जानकर प्रसन्नता हुई कि आप सबको इसका अधिक विकसित और संशोधित संस्करण पढ़ने का अवसर मिल रहा है।

गेटिंग थिंग्स डन सबसे अलग क्यों है? यदि महत्ता के अनुसार देखें तो मैं इसकी तीन खूबियों की बात करना चाहता हूँ, जिनमें से प्रत्येक लगभग हर अध्याय में झलकती है।

**व्यावहारिकता-** यह किताब अपने आपमें व्यावहारिक पहल रखती है। कई आत्म सुधार योजनाएँ इसी वादे के साथ आरंभ होती हैं कि 'कल से सब कुछ अलग तरह से होना चाहिए।' अगर आप चालीस पौंड भार घटाना चाहें, वित्तीय भाग्य को बस में करना चाहें, परिवार को मज़बूत बनाना चाहें या अपने सपनों का कैरियर पाना चाहें तो आपको जीवन के प्रत्येक पहलू में बदलाव लाने के लिए योजना बनानी होगी।

अक्सर लोग प्रोग्राम का हिस्सा बनने के बाद इन बड़े बदलावों के लिए हामी भरते हैं, सेहत खराब होने पर नए आहार और जीवनशैली की बात करते हैं और यहाँ तक कहते हैं कि पेशेवर यानी व्यावसायिक दुनिया से विदा लेने के बाद किसी आश्रम में रहना चाहेंगे। परंतु अधिकतर लोगों के लिए, अधिकतर बार, इस तरह की पहल दीर्घकालीन रूप से कारगर होती है। इस तरह यदि पहल का कोई एक भाग भूल जाए या वे उसे पूरा न कर सकें, तो उन्हें सारे भाग का

त्याग नहीं करना पड़ता।

डेविड एलन अपने पाठकों के लिए जो आकांक्षा रखते हैं, वह सभी दूसरी पुस्तकों से कहीं अधिक है। वे चाहते हैं कि लोगों को अपने काम और निजी जीवन के बीच तनाव से मुक्ति मिले ताकि वे अपने अस्तित्व के प्रत्येक क्षण का अपने उद्देश्य से मेल कर सकें। हालाँकि कुछ अपवाद भी हैं जैसे, वे चाहते हैं कि आप चीज़ों को कैप्चर करने की आदत डालें ताकि आप स्वयं को हर चीज़ याद रखने की यातना से बचाते हुए, सब कुछ लिखने और रिकॉर्ड करने की आदत डाल सकें। यह सब किसी एक जगह पर केंद्रित हो और इतना भरोसेमंद हो कि आप इस सिस्टम का पूरा लाभ ले सकें। यह पुस्तक ऐसे सुझावों से भरी है कि इन्हें पूरी तरह से अपनाने पर लाभ ही लाभ है। हालाँकि आप आंशिक उपयोग से भी लाभ पा सकते हैं।

उदाहरण के लिए, अगर आप डेविड एलन के गेटिंग थिंग्स डन के पूरे सिस्टम को नहीं भी अपनाते, आप फिर भी उनके 'दो मिनट' वाले नियम को अपना सकते हैं। इस तरह छोटे कामों को आगे के लिए टालने के बजाय उसी समय पूरा कर सकते हैं। अध्याय छह में यह नियम है, 'अगर किसी काम को करने में दो मिनट से कम समय लगता है, तो इसे उसी समय कर लें जब इसे परिभाषित किया गया हो।' वे इस पुस्तक में बार-बार एक बाहरी मस्तिष्क पर बल देते हैं - कुछ ऐसे साधन जो आपको आपके कामों के बारे में सही समय पर याद दिला सकें, इनमें कुछ फोल्डर्स के अलावा तयशुदा स्थान शामिल हो सकते हैं, जिनमें आप चाबी, चश्मा या अन्य ऐसी चीज़ें रखते हैं, जिनकी खोजबीन में आप अधिक समय नहीं देना चाहते।

यह एक ऐसे व्यक्ति की सलाह है, जो यह अच्छी तरह समझता है कि लोग व्यस्त रहते हैं। वह उन्हें अधूरा महसूस करने या ग्लानि महसूस करवाने के बजाय ऐसे टिप्स देता है, जो उनके लिए कारगर हो सकते हैं। यह किताब इस समझ के साथ लिखी गई है कि जीवन चक्रों में चलता है। चीज़ें बेहतर होती हैं और फिर बदतर हो जाती हैं। कई बार हम आगे निकल जाते हैं, कई बार पिछड़ते हैं या फिर कुछ करने की कोशिश करते हैं। जब भी हम किसी ऐसी तरह के हालात में हों तो यह किताब रोज़मर्रा के जीवन को बस में करने के लिए उपयोगी सुझाव देती है।

इस पुस्तक की **समायोजनशीलता** को इसकी दूसरी खूबी कह सकते हैं। दशकों से, जब से डेविड काम और जीवन की पहल के बारे में बताते आ रहे हैं, निजी संगठनों के कुछ व्यावहारिक लक्ष्य ज्यों के त्यों रहे हैं। भले ही हम नींद के घंटे कम कर लें पर दिन के घंटे उतने ही रहेंगे। हम बहुत से लोगों से संपर्क रख सकते हैं, कई लोगों के लिए बहुत सारे काम कर सकते हैं पर काम और जीवन के अन्य पहलुओं में अंतर आया है। जब पुस्तक का पहला संस्करण आया, तो ई-मेल की सुविधा नई थी और वह पेशेवर जीवन का अभिन्न अंग नहीं बनी थी। डेविड एलन के तकनीकी प्रोजेक्ट्स में से एक था, 'एक्शनीर', यह अर्ली पाम पायलट के लिए एक टास्क-मैनेजमेंट सिस्टम था। अब पाम कंपनी और उसके क्रांतिकारी पायलट नहीं रहें और उनकी जगह आई-फोन, एंड्रायड स्मार्टफोन ने ले ली है, इसके बाद भी बहुत कुछ अकल्पनीय सामने आनेवाला है

इस पुस्तक के नए संस्करण में, डेविड इस नए युग की तकनीक से पूरी तरह से परिचित हैं। परंतु इस युग की हार्डवेयर और सॉफ्टवेयर की ही बात करनेवाली अन्य प्रबंधन पुस्तकों से अलग (अस्सी के दशक में फाइलोफैक्स, स्प्रेडशीट या पावरप्वाईंट डैक) - गेटिंग थिंग्स डन इनका संदर्भ तो देती है परंतु किसी विशेष बाहरी तंत्र पर निर्भर नहीं है। डेविड ने किताब में अपने परामर्शों को आधुनिक तकनीक और आधुनिक मस्तिष्क विज्ञान की खोजों के अनुसार विकसित कर दिया है। परंतु उनका नज़रिया हमेशा इसी बात से बंधा रहा कि लोग अपने ध्यान, भाव और रचनात्मकता का प्रबंधन कैसे करते हैं। अगर यह किताब आज से आगे भी अनेक साल पढ़ी जाती रहेगी, जिसकी मुझे पूरी आशा है, तो उस युग के लोग भी प्रचलन से बाहर बातों को छोड़कर, मनुष्य के स्वभाव के प्रासंगिक लक्षणों को जान सकेंगे।

तीसरी खूबी इसकी योग्यता है, जिसे मैंने डेविड और कैथरीन से मित्रता के बाद जाना और मेरा मानना है कि लोग डेविड से मिले बिना ही उसे पहचान लेंगे। डेविड के विचारों में संपूर्णता और प्रामाणितकता झलकती है। वे जो संदेश दे रहे हैं, वह व्यक्ति और संदेश के बीच संपर्क को दर्शाता है।

2004 में, एटलांटिक के लिए डेविड एलन का प्रोफाइल लिखते हुए मुझे पता चला कि उन्होंने अपने जीवन में बहुत सारे कैरियर अपनाते हुए अपना भाग्य आजमाया था। वे एक स्कूली लड़के के रूप में अभिनेत, वाद-विवाद

प्रतियोगिता के सितारे, कराटे का अभ्यास करनेवाले, टीचर, वेटर, टैक्सी चालक और लॉन–सर्विस एजेंसी के प्रबंधक भी रहें। यह एक सलाहकार और उत्पादकता परामर्शदाता के रूप में दशकों की सफलता से काफी समय पहले था। डेविड एलन के सुझावों में उस सुदीर्घ अनुभव की गूंज सुनाई देती है। यह उनकी ओर से दिए गए वास्तविक जीवन के अनुभवों और आत्म–महत्त्व के अभाव से भी झलकता है।

कई बार ऐसा भी होता है कि हम किसी लेखक के काम के महत्त्व का मूल्यांकन करते हुए उसके निजी गुणों को उपेक्षित कर देते हैं। उदाहरण के लिए, हर हाल में स्टीव जॉब्स निजी आचरण के मॉडल के बजाय डिजाइन अग्रणी के रूप में अधिक प्रशंनीय थे। दूसरे मामलों में, किसी व्यक्ति के जीवन का अखंड संपर्क और विचार उसके संदेश को और शक्तिशाली बनाता है। मैं निजी अनुभव से डेविड और कैथरीन के लिए कह सकता हूँ या बहुत से पाठक स्वयं अनुमान लगा सकते हैं, उम्मीद कर सकते हैं कि 'उन्होंने अपने जीवन से जो भी सीखा, वे अपनी ओर से उसके प्रति ईमानदार होने की पूरी कोशिश कर रहे हैं।'

कुछ लोगों को लगेगा कि उन्हें इस किताब की ज़रूरत नहीं है। पूरी दुनिया में, कई युगों से बहुत से लोग सफल और संतोषदायक जीवन जीते आ रहे हैं जबकि उन्होंने गेटिंग थिंग्स डन की पहली किताब भी नहीं पढ़ी। परंतु मैं जिन लोगों को जानता हूँ, उनमें से अधिकतर ने इस किताब को पढ़ने के बाद इसके संदेश और निहितार्थ का पूरा लाभ उठाया है। मेरे लिए इस पुस्तक की दो परीक्षा थीं कि क्या मैं इसे पढ़ने के दो माह बाद भी याद करूँगा या यह मेरे संसार के प्रति दृष्टिकोण को बदलेगी? गेटिंग थिंग्स डन इन दोनों परीक्षाओं पर खरी रही। मुझे खुशी है कि नई पीढ़ी के पाठकों को इससे परिचय पाने का अवसर दिया गया है।

– जेम्स फालोस

जेम्स फालोस अटलांटिक पत्रिका के राष्ट्रीय प्रवक्ता और दस पुस्तकों के लेखक है, जिनमें से 'चाइना एयरबोर्न' नई पुस्तक है। उन्होंने सबसे पहले, 2004 में, अटलांटिक में, 'ऑर्गेनाइज यूअर लाइफ'! नामक लेख में डेविड एलन के बारे में लिखा था।

# संशोधित संस्करण का परिचय

अभी आप, गेटिंग थिंग्स डन के पहले संस्करण की भूमिका को फिर से पढ़ेंगे, जिसे 2001 में मूल रूप से प्रकाशित किया गया था – इसे आप एक तरह से पुर्नलेखन ही मानें। दरअसल मैंने मूल पांडुलिपि को फिर से पूरा टाइप किया ताकि उस सामग्री और भाषा को पहचानकर सुधारा जा सके, जो अधूरी, चलन से बाहर या किताब के अनुरूप नहीं थी – केवल उसी सामग्री को रखा गया, जो वैश्विक रूप से उपयोगी होने के अलावा इक्कीसवीं सदी और उसके बाद भी प्रासंगिक और उपयोग में आने योग्य बनी रहे। मैं अपनी ओर से वे महत्वपूर्ण और रोचक बातें भी शामिल करना चाहता था, जिन्हें मैंने गेटिंग थिंग्स डन की कार्य पद्धति पर काम करने के दौरान अलग-अलग तरह से सीखा और जाना। इसमें मेरी अपनी समझ भी शामिल है, जो मैंने इस कार्यपद्धति की शक्ति, सूक्ष्मता और उपयोग की विविधता के बारे में जानी। साथ ही यह भी देखा कि इसने पूरे संसार में अपनी एक पहचान कैसे बनाई।

इस पुस्तक को नए सिरे से संबोधित करते हुए, मैंने इसके बुनियादी नियमों और मूल शिक्षाओं को नहीं बदला। इस नए संस्करण को तैयार करते हुए, मैं स्वयं को यह विश्वास दिलाने में सफल रहा कि मैंने जो लिखा था, तनावरहित उत्पादकता के लिए जो नियम दिए और उन्हें अपनाने के लिए जो अभ्यास दिए, वे आज भी उतने ही सटीक हैं और आनेवाले समय में भी रहेंगे। 2109 में, ज्यूपीटर पर अंतरिक्ष अन्वेषण के लिए दल तैयार करते हुए भी उन्हें आज की तरह ही केंद्र और नियंत्रण बनाए रखने के लिए इन्हीं नियमों को लागू करना होगा। उन्हें अपने लिए इन-ट्रे के किसी संस्करण की आवश्यकता होगी ताकि वे उस संभावित सार्थक इनपुट को संभाल सकें, जिसके मिलने की उन्हें अपेक्षा नहीं थी ताकि वे अपने चुनावों पर भरोसा कर सकें कि उन्हें पहले दौरे के दौरान किन बातों पर ध्यान देना चाहिए।

पहले संस्करण के बाद से हमारे जीने और काम करने के तौर-तरीकों में बहुत अंतर आया है, हालाँकि मैंने बुनियादी सामग्री में उपयुक्त संशोधन कर दिए

हैं परंतु मैं आपके साथ यह बाँटना चाहूँगा कि मुझे इस क्षेत्र में नया और रोचक क्या मिला। इससे जीटीडी[1] गेटिंग थिंग्स डन के पुराने जानकारों और इसे पहली बार अपनानेवालों, दोनों तरह के पाठकों को ही प्रासंगिक सलाह मिलेगी और वे इसे आगामी भविष्य के लिए भी उपयोग में ला सकेंगे।

## नया क्या है?

'नया क्या है?' श्रेणी में कुछ प्रमुख क्षेत्रों का नाम लिया जा रहा है, जिन्होंने मेरे संशोधित कार्य को प्रभावित किया।

### डिजीटल तकनीक का उदय

मूर के नियम का निरंतर प्रकटीकरण (डिजीटल प्रोसेसिंग शक्ति समय के साथ तेजी से बढ़ती जाएगी) और इसके साथ ही हमारे रोज़मर्रा के जीवन में डिजीटल दुनिया अपने विस्तार के साथ सामाजिक और सांस्कृतिक परिवर्तन लाते हुए, लगातार आश्चर्य में डालते हुए, प्रसन्न और विस्मित कर रही है। चूँकि गेटिंग थिंग्स डन प्रमुख रूप से उन बातों की सामग्री और अर्थ से जुड़ी है जिनका हमने प्रबंधन करना है, भले ही यह कैसा दिख रहा है या किस रूप में संगठित है - फिर चाहे वह डिजीटल हो या कागज़ों पर दिखे। तकनीक में होनेवाली उन्नति कुछ हद तक इसकी कार्यप्रणाली के सार से अनुचित लगती है। एक ई-मेल आग्रह का अर्थ अनिवार्य रूप से वही है और इसे भी उसी तरह लिया जाना चाहिए जैसे आपसे कॉफी मशीन पर मदद का आग्रह किया जाता है।

परंतु यह तारयुक्त और बेतार दुनिया इन मायनों में निखरी और परिष्कृत हुई है कि हम कैप्चरिंग, ऑर्गेनाइजिंग और सार्थक लगनेवाली चीज़ों के आकलन पर मूल अभ्यासों को कैसे लागू कर सकते हैं। हमारे पास बहुत सारे सुपरटूल्स और एप्स की पहुँच है, जो लगभग प्रतिदिन सामने आते हैं और बहुत अच्छे नतीजे दे रहे हैं। ये विविध विकल्प आसानी से हमारी उत्पादकता के दावे को नीचा दिखा सकते हैं। शीर्ष पर रहना और लगातार उभर रही तकनीकों को शामिल करना, अपने-आपमें एक गहरा दबाव बनाता है कि हमारी कार्यपद्धति

[1] जीटीडी (गेटिंग थिंग्स डन) पूरी दुनिया में उस कार्यपद्धति के संक्षिप्त रूप में जाना जाता है, जिसका वर्णन मैंने इस पुस्तक में किया है। इस संस्करण में इसका कई बार प्रयोग किया गया है।

में कार्यप्रवाह उचित रूप से बना रहे।

मैंने इसके अनुरूप ही उन कुछ विशेष साधनों की उपयोगिता पर बल नहीं दिया, जिन्हें आरंभ में शामिल किया गया था। अब उन्हीं साधनों को मान्यता दी गई है, जो हमारी नई और गतिशील डिजीटल दुनिया में काम आ रहे हैं। मैंने कुछ खास सॉफ्टवेयर एप्स के लिए अपनी सिफारिश भी हटा दी है जो पहले संस्करण में शामिल थी। इस क्षेत्र में अन्वेषण का अर्थ है कि कोई भी खास सॉफ्टवेयर प्रोग्राम आसानी से चलन से बाहर हो सकता है, अपडेट हो सकता है या जब तक आप उसके बारे में पढ़ें, वह किसी और चीज़ से कमतर हो सकता है। मैंने अपनी ओर से किसी भी साधन की उपयोगिता जाँचने के बाद ही उसका मूल्यांकन किया है।

इस संस्करण के लिए, मैं इस उलझन में रहा कि कागज पर आधारित साधनों व सामग्री को कितना बल दिया जाना चाहिए (खासतौर पर कैप्चरिंग, रेफरेंस फाइलिंग या इंक्यूबेटिंग के लिए), नई पीढ़ी का यही मानना है कि उन्हें कागजों पर आधारित साधनों की आवश्यकता नहीं रही। फिर मैंने जोखिम लेते हुए तय किया कि पहले संस्करण के अधिकतर निर्देशों को ज्यों का त्यों रहने दिया जाए क्योंकि दुनियाभर में इस नए संस्करण के अनेक संभावित पाठक अब भी आंशिक तौर पर कागज पर आधारित सामग्री का प्रयोग करते होंगे। विरोधाभास यह है कि बहुत अधिक डिजीटल रूप से परिष्कृत दुनिया में भी कागज के प्रयोग में रुचि बढ़ी है।[2] समय ही बताएगा कि हम सही मायनों में इस साधन से छूट सकेंगे या नहीं।

## 24-7 दुनिया

मुझसे अक्सर पूछा जाता है कि जीटीडी इस गतिशील, आपस में जुड़ी हुई और हमेशा चलनेवाली दुनिया को क्या नई सलाह दे सकती है?

> कुछ भी नया नहीं है, सिवाए इसके कि यह कितनी बार निरंतर सामने आता है।

[2] जब मैं इसे लिख रहा हूँ, इस समय यूरोप से यू.एस. जाने की प्रक्रिया में हूँ। मैं अपने भौतिक सामान को कम से कम कर रहा हूँ इसलिए मैं हर चीज़ को अपनी भौतिक टिकलर फाइल में स्कैन करते हुए डिजीटल करता जा रहा हूँ (इस पुस्तक में वर्णित), मैं पिछले तीस वर्षों से यही करता आ रहा हूँ। मैं पहले भी कई बार इसी चीज़ से परेशान हो चुका हूँ कि अगर मैंने कुछ चीज़ों के भौतिक संस्करण संभाल लिए होते तो शायद इतनी परेशानी न होती।

लगातार काम आनेवाले और संभावित उपयोगी आंकड़ों का प्रबंधन करना अतीत में भी उतना ही अनिवार्य था, जब नेपोलियन ने यूरोप में तरक्की की होगी या बाक ने कुछ धुनें तैयार की होंगी और एंडी वारहोल ने तय किया होगा कि वह क्या पेंट करे और गैलरी में क्या रखे। अब, सारी दुनिया डिजीटली जुड़ गई है और लोगों के पास निरंतर, संभावित रूप से महत्वपूर्ण और प्रासंगिक जानकारी आ रही है। जहाँ एक ओर इसका भारी मात्रा में मिलना अपने आपमें किसी अवसर से कम नहीं, वहीं दूसरी ओर यह अपने आकार, गति और लगातार परिवर्तनीय गुण के कारण किसी समस्या से भी कम नहीं हैं। अगर आप स्वभाव से ही उन लोगों में से है, जो पड़ोस से आते सायरन की आवाज सुनकर देखने निकल आते हैं कि क्या हो रहा है या आपको यह जानने का कौतूहल रहता है कि दूसरे कमरे में पार्टी कर रहे लोग आपस में क्या बात कर रहे हैं, तो आप भी अपनी निजी तकनीक के हाथों बुरी तरह से विचलित होते हुए, उसका शिकार हो सकते हैं। आप इसका अनुभव सकारात्मक रूप से लेंगे या नकारात्मक रूप से, यह काफी हद तक इस किताब में दी गई पहलों के अभ्यास पर निर्भर होगा।

**जीटीडी कार्यपद्धति का वैश्वीकरण**

मुझसे अक्सर पूछा जाता है कि क्या जीटीडी प्रक्रिया को दूसरी संस्कृतियों में ढाला जा सकता है, तो मेरा उत्तर हमेशा सकारात्मक ही होता है। पुस्तक का मूल संदेश मानवीय दशाओं से इतना प्रासंगिक है कि अभी तक कोई सांस्कृतिक पक्षपात देखने में नहीं आया - न ही लिंग, आयु या व्यक्तित्व के आधार पर कोई अंतर सामने आया है। इस कार्य पद्धति को सभी समान रूप से स्वीकार कर सकते हैं। हालाँकि हर व्यक्ति के लिए इसकी ज़रूरत और उद्देश्य अलग-अलग होंगे परंतु वह व्यक्ति के जीवन में उसके स्तर, उसके काम की प्रकृति और आत्म-सुधार में उसकी रुचि पर आधारित होगा। वास्तविक अभ्यास में आप पूरी दुनिया में हज़ारों-लाखों लोगों के साथ संभावित रूप से होंगे, जो आपकी तरह जीटीडी को साथ लेकर चल रहे हैं। यह ज़रूरी नहीं कि यह आपके पड़ोसी या आपके किसी नाते के भाई से भी मेल खाता हुआ हो।

जिस भी व्यक्ति को उस एक क्षण में पूरे होनेवाले कामों के प्रबंधन से अधिक की जिम्मेदारी पूरी करनी होती है, उसके पास मन में उन कामों को कहीं सरलता और गरिमा से करने का अवसर होता है।

इसके आरंभिक प्रकाशन के बाद से, गेटिंग थिंग्स डन का संदेश सारी दुनिया में फैला है।

पहला संस्करण तीस से अधिक भाषाओं में प्रकाशित हुआ और हमारी कंपनी ने कई देशों में शाखाएँ खोलीं ताकि इस सामग्री के आधार पर प्रशिक्षण कार्यक्रम आयोजित किए जा सकें। मैं पुस्तक लिखते हुए इस बात के लिए पूरी तरह से आश्वस्त था कि यह कार्य पद्धति आसानी से सभी संस्कृतियों को अपने साथ लेकर चल सकती है और आनेवाले वर्षों ने मेरे इस विश्वास को और मज़बूती दी है।

### एक ऐसी पहल, जो पाठकों और उपयोगकर्ताओं की बड़ी संख्या को साथ लेकर चलती है

गेटिंग थिंग्स डन लिखते हुए मेरा पहला प्रयास यही था कि ऐसी कार्य पद्धति के लिए दिशा निर्देशिका तैयार की जा सके, जिसे मैंने बनाया, जाँचा और कार्पोरेट प्रशिक्षण व विकास के जगत में लागू भी किया। यह पुस्तक अपने उदाहरणों, शैली, छवि और अनुभव (पिछले कवर में मैंने टाई पहनी हुई थी), के साथ आरंभ में प्रमुख रूप से प्रबंधकों, कर्मचारियों, उच्च स्तरीय अधिकारियों और पेशेवरों को संबोधित थी। जबकि मैं पहले से जानता था कि यह सामग्री होममेकर्स, छात्रों, क्लर्क, कलाकारों और सेवानिवृत्त लोगों के लिए भी उतनी ही उपयोगी हो सकती है। उस समय के पेशेवर जानते थे कि मैं उन्हें किस तरह की मदद देने जा रहा था, जो न केवल उनके विकास के लिए आवश्यक थी बल्कि इस प्रक्रिया के दौरान उन्हें उत्पादक भी रख सकती थी। वे लोग काम के अग्रणी मोर्चों पर थे और सूचना व जानकारी के तीव्र प्रवाह के बीच, पेशेवर दुनिया में तेजी से आनेवाले बदलावों को महसूस कर रहे थे और उनके पास इन मसलों को हल करने के संसाधन भी मौजूद थे।

> गेटिंग थिंग्स डन का सीधा संबंध केवल काम पूरे करने से नहीं है। यह सही तरह से आपके जीवन और काम से जुड़ाव से संबंध रखती है।

वर्तमान में, उन सार्वभौमिक नतीजों में अधिक रुचि ली जाने लगी है, जिन्हें पूरी तरह से विश्रांत होकर, केंद्रित नियंत्रण और इस बात की सजगता के साथ पाया जा सकता है कि यह व्यावसायिक पेशेवरों के लिए समय प्रबंधन की

पकी-पकाई विधि नहीं बल्कि वास्तव में जीवनशैली से जुड़ा ऐसा अभ्यास है, जो इस नई दुनिया को संभालने के लिए अनिवार्य है, जिसका हम सभी अनुभव कर रहे हैं। मुझे निरंतर दुनिया के अलग-अलग हिस्सों से आए लोगों के साक्ष्य मिलते हैं और वे बताते हैं कि उन्होंने किस तरह विविध प्रकार की परिस्थितियों के बीच, जीटीडी नियमों को लागू करते हुए जीवन को बदलनेवाले मूल्य अर्जित किए। पूरे ग्रह पर ऐसे मॉडल की बढ़ती माँग को देखते हुए, मुझे प्रेरणा मिली कि मैं अपने उदाहरणों को नए सिरे से प्रस्तुत करूँ और इसके सहयोग के लिए दी गई सामग्री भी नए सिरे से संजोई जाए।

उस नज़रिए से, मुझे यह मानना पड़ेगा कि इस पुस्तक का शीर्षक भी भ्रामक लग सकता है, जिसे पढ़कर कई लोगों को लगता है कि मैं अधिक काम करने के लिए लंबे समय तक परिश्रम करने की हिमायत कर रहा हूँ। दुर्भाग्य से, उत्पादकता, बिजनेस और बिजी-नेस दोनों से ही संबंध नहीं रखती थी। वास्तव में, यह किताब कामों को पूरा करने के लिए उतना आग्रह नहीं रखती, जितना यह आपको आपके संसार से उपयुक्त रूप से जोड़ना चाहती है - यह आपको राह दिखाती है कि आप हर क्षण में बेहतर चुनाव कैसे करें और जो नहीं कर रहे, उससे जुड़ी बाधा और तनाव को अपने से दूर कैसे करें। इसकी स्पष्टता और मनोवैज्ञानिक लाभ, केवल पेशेवरों और कार्पोरेट कैरियर से जुड़े लोगों के बजाय कहीं अधिक लोगों को मिल सकता है।

गेटिंग थिंग्स डन के नियमों को लागू करने से जुड़े कुछ रोचक समर्थन अनपेक्षित जगहों से मिले। दुनिया के सबसे बड़े वित्त संगठन प्रमुख, एक लोकप्रिय अमेरिकी कॉमेडियन, यू.एस की सबसे अधिक सुनी जानेवाली रेडियो हस्ती, एक प्रमुख यूरोपियन संघ के सीईओ, हॉलीवुड के सबसे अधिक सफल डायरेक्टरों में से एक - इन सभी ने जीवन में जीटीडी को अपनाकर इसका लाभ पाया है। कई धर्मों से जुड़े पादरियों की ओर से मिली फीडबैक भी रोचक रही। हालाँकि उन्हें अलौकिक मामले संभालने होते हैं परंतु वे भी दुनियावी मामलों को संभालने के लिए कुछ ऐसे ही साधन चाहते हैं ताकि वे रोज़मर्रा के काम की बाधाओं से मुक्त होकर अपने धार्मिक क्रिया-कलापों को संभाल सकें। छात्र, डिजाइनर, डॉक्टर -जीटीडी के समर्थकों की सूची अंतहीन है।

पिछले कुछ वर्षों के दौरान मैंने पाया कि हम सभी इस खेल में एक साथ

हैं; मेरे लिए इस संस्करण को नए सिरे से संजोना एक बड़ा अवसर था ताकि जीटीडी उपयोगकर्ताओं को इसका पूरा लाभ दे सकूँ।

**जीटीडी प्रक्रिया को पूरी तरह से लागू करने के लिए समय और ऊर्जा की बहुत अधिक सजगता चाहिए और इसे बनाए रखने के लिए व्यवहारगत परिवर्तनों की आवश्यकता होगी।**

अफसोस! हालाँकि इस पुस्तक में दिए गए श्रेष्ठ अभ्यायों को अपनाना जितना सहज दिखता था, मुझे उतनी ही अशिष्टता से दो बातों के बारे में बताया गया : 1. जानकारी व सुझाई गई गतिविधियों की मात्रा किसी भी व्यक्ति को अभिभूत कर सकती है, जो इन्हें लागू करना चाहता हो; और 2. कुछ बुनियादी अभ्यासों को अपनी आदत का हिस्सा बनाने में अधिकतर लोगों को थोड़ा समय लगता है।

क्योंकि मैं लगातार इस मॉडल और इसके विवरण को कम करने की इच्छा पर रोक लगाता आया हूँ इसलिए मैं यकीन से नहीं कह सकता कि मैं इस आपत्ति का सामना कर सकता हूँ या नहीं, यह समझने के लिहाज़ से बहुत अधिक है। गेटिंग थिंग्स डन के पहले संस्करण में विस्तृत निर्देश और प्रशंसा दी गई थीं कि आप इन नियमों को अपने जीवन और काम का हिस्सा कैसे बना सकते हैं। मैंने इसमें भी उन्हें उसी तरह रखा है। अब मैं जानता हूँ कि जो लोग इस खेल के नए खिलाड़ी हैं, उनके लिए इन सभी नियमों को एक साथ लागू करना सुविधाजनक और सरल होगा। परंतु मैं उन निर्देशों को छोड़ नहीं सकता, जिनमें बताया गया है कि आप इन नियमों को जीवन में उतारना चाहें, तो इसके लिए आपको क्या करना होगा।

अगर आप टेनिस का खेल सीखने में दिलचस्पी रखते हैं तो मैं आपको खेल

> जीवन में जो कुछ भी पाने योग्य है, उसके लिए अभ्यास चाहिए। दरअसल जीवन स्वयं एक बड़े अभ्यास सत्र से अधिक नहीं है। हमारे अपने निखार के लिए एक लंबी अंतहीन प्रक्रिया। जब अभ्यास की कार्यविधि सही तरह से समझ में आ जाती है, तो कुछ नया सीखने का काम भी आनंद का तनावमुक्त अनुभव बनता है, एक तरह की शांति मिलती है, एक ऐसी प्रक्रिया आरंभ होती है, जो आपके जीवन के सभी क्षेत्रों में अपनी जगह बनाते हुए, जीवन की सभी कठिनाईयों में उचित नज़रिए के विकास को प्रोत्स हित करती है।
>
> \- थॉमस स्टेरनेर

का ब्लूप्रिंट देने के अलावा, श्रेष्ठता का एक विजन और शिक्षण स्तरों के साथ, इसमें शामिल अभ्यास का भी विवरण देता। अध्याय 15 पहली पुस्तक में नहीं था, इस नए अध्याय में हमने हमारे खेल को विस्तार से समझाया है ताकि आपके लिए यह जानना सुविधाजनक हो जाए कि आप इससे वास्तव में क्या पाना चाहते हैं और उसे कैसे लागू कर सकते हैं। मैंने इस पुस्तक के संस्करण में आपके निजी अभ्यासों व तंत्रों को नए सिरे से संजोने के काम को भी पूरा आदर-मान दिया है। यह सब एक बार में एक कदम के साथ लागू हो सकता है।

हर दशा में, इन अभ्यासों को लागू करने और बनाए रखने में एक चुनौती शामिल है, इन पर कम से कम इतना ध्यान तो देना ही होगा कि ये व्यक्ति के मानसिक और भौतिक परिवेश को सही तरह से बनाए रखने का हिस्सा बन सकें। मैं इस बारे में विशेषज्ञ बनने का दिखावा नहीं करता कि किसी की आदतें कैसे बदल सकते हैं - मैं तनावरहित उत्पादकता से जुड़े इन अभ्यासों के परिष्कार में ही मग्न हूँ।[3] जीटीडी की व्यवहारगत सामग्री वास्तव में सरल और सबके लिए परिचित है। कुछ लिखना, उस पर नेक्स्ट एक्शन तय करना ताकि उसे आगे ले जाया जा सके और एक सूची में उसका रिमाइंडर कहीं लिखना व सूची की समीक्षा करना कितना कठिन हो सकता है?

अधिकतर लोग इस बात को मानते हैं कि उन्हें इस अभ्यास को अपनाना चाहिए पर बहुत कम लोग इसके बारे में निरंतर सोचते रहते हैं ताकि इसके बारे में अच्छा महसूस कर सकें। किसी भी व्यक्ति के लिए ऐसा करना कितना चुनौतीपूर्ण हो सकता है कि वह लगातार अपने दिमाग से फालतू की बातों को बाहर निकालता रहे, अनेक वर्षों से यह बात मेरे लिए आश्चर्य का कारण रही है।

> जो कुछ भी रहने योग्य है, वह इस लायक भी है कि उसे जाना जाए क्योंकि ज्ञान अस्तित्व की छवि है; सार्थक चीज़ें अपना अस्तित्व रखती हैं।
> - फ्रांसिस बेकन

**संज्ञानात्मक वैज्ञानिक शोध से मिली जानकारी ने भी जीटीडी कार्यपद्धति को वैधता दी है**

अब मैं अपने आपको इस क्षेत्र में अकेला नहीं समझता, जैसा कि आरंभ में था क्योंकि तब से अब तक बहुत सारे वैज्ञानिक आंकड़े और शोध सामने

[3] इस क्षेत्र में चार्ल्स डुहिग की पुस्तक, 'द पावर ऑफ हैबिट' एक श्रेष्ठ संसाधन हो सकती है।

आए हैं, जो उन नियमों व अभ्यासों को वैधता प्रदान करते हैं, जिन्हें पुस्तक में प्रस्तुत किया गया है। अध्याय 14 में आपको ऐसे ही कुछ शोधों की जानकारी मिलेगी।

## यदि आप इसके लिए नए हैं ....

अगर आप परिचय को पढ़ते हुए इस पन्ने तक आ गए हैं, तो हो सकता है कि आप इससे कुछ लगाव रखना चाहें। मैंने गेटिंग थिंग्स डन को एक निर्देशक पुस्तिका के रूप में तैयार किया है। जैसे किसी कुकबुक में भोजन से जुड़े बुनियादी नियमों की जानकारी देने के अलावा इतनी सारी व्यंजन विधियाँ दी जाती हैं कि आप आनेवाले समय में तरह-तरह के व्यंजन तैयार कर सकें। अगर मैंने इस नए संस्करण को अच्छी तरह से निखारा है, तो आप बस अगले ही अध्याय से इसे पढ़ना आरंभ करते हुए, आगे बढ़ सकते हैं। पुस्तक में दिए गए जीटीडी नियम बहुत से लोगों द्वारा शक्तिशाली अनुभवों के रूप में प्रमाणित हैं, जिन्हें आप आसानी से लागू कर सकते हैं या आप चाहें तो अपनी मर्जी से पन्ने पलटते हुए कुछ ऐसा तलाश कर सकते हैं, जिसे आप आज़माकर देखना चाहें। यह पुस्तक हर प्रकार से आपकी ज़रूरतें पूरी करने के लिए लिखी गई है।

## अगर आपके पास पहले से गेटिंग थिंग्स डन का थोड़ा अनुभव है ...

...तब भी यह आपके लिए एक नई पुस्तक होगी। पिछले अनेक वर्षों से ये जानकारी विविध रूपों में उपलब्ध होती रही है। परंतु जब भी कोई मूल सामग्री की ओर लौटता है तो उसकी प्रतिक्रिया होती है, 'ओह, यह जानकारी तो अनूठी है, संभवत: पहली बार किताब पढ़ते हुए मैं इसे पहचान नहीं सका या मेरा नज़रिया कुछ अलग था।' जिन लोगों ने जीटीडी के मूल संस्करण को पाँच-पाँच बार पढ़ा है, उन्होंने भी आकर कहा कि 'यह किताब हर बार कुछ नई और अलग लगती है।' यह अनुभव कुछ ऐसा ही है मानो आप क्रूस नियंत्रण के बारे में सीखने के एक साल बाद एक सॉफ्टवेयर निर्देशिका को पढ़ते हैं और आपको यह देखकर हैरानी होती है कि अगर आपको उसके बरे में थोड़ा सा भी पता होता तो आप कितना कुछ और ग्रहण कर सकते थे। कितनी चीज़ों को अपने आप ही संवार सकते थे।

भले ही आपने गेटिंग थिंग्स डन के पुराने संस्करण को कितनी भी बार क्यों न पढ़ा हो या कितने भी सेमीनार, कोचिंग, वेबीनार, पोडकास्ट या इस सामग्री के अन्य प्रदर्शनों का हिस्सा क्यों न बने हों, आप इस संशोधित संस्करण में अपने लिए निश्चित तौर पर कुछ नया स्तरीय अनुभव ले सकेंगे। मैं आपसे वादा करता हूँ कि आनेवाले पन्नों में आपके सामने विचारों का ऐसा नया ब्रह्माण्ड प्रस्तुत होने जा रहा है, जो आपके पास मौजूदा साधनों के बल पर ही साकार किया जा सकता है।

अगर आप इस पुस्तक को निरंतर पढ़ते हुए इसके उपायों को लागू करेंगे तो जीवन और काम के उन पहलुओं के लिए सकारात्मक और उत्पादक मानसिकता पा सकेंगे, जो आपके लिए वास्तव में मायने रखते हैं।

# गेटिंग थिंग्स डन में आपका स्वागत है

अंतर्दृष्टियों से युक्त रणनीतियों की सोने की खान में आपका स्वागत है ताकि आप और अधिक ऊर्जा, विश्रांति और स्पष्टता के साथ वर्तमान क्षण से जुड़ते हुए, अपने कामों में कम प्रयत्नों के साथ अधिक उपलब्धि अर्जित कर सकें। यदि आप भी मेरी तरह हैं, आप कामों को करना चाहते हैं और सही तरह से करना चाहते हैं, और साथ ही जीवन का आनंद भी उस रूप में लेना चाहते हैं जो दिन-ब-दिन रहस्यमयी होता जा रहा है। यदि आप कड़ी मेहनत करते हैं तो आपके लिए ऐसा करना असंभव भी नहीं है। इसका दोनों में से एक होना ज़रूरी नहीं है। यह पूरी तरह से संभव है कि आप अपने रोज़मर्रा के काम की दुनिया में, प्रभावशाली तरीके से काम करते हुए, पूरे आनंद से अपना अस्तित्व भी बनाए रख सकें।

मेरा मानना है कि प्रभावशीलता एक अच्छी चीज़ है। हो सकता है कि आप जो कर रहे हैं, वह महत्वपूर्ण, रोचक या उपयोगी हो; या हो सकता है कि न हो पर आपको इसे करना ही पड़े। पहली दशा में आप अपने समय और ऊर्जा के निवेश के लिए यथासंभव वापसी चाहते हैं। दूसरी दशा में, आप उन सभी कामों को जल्दी से जल्दी पूरा करना चाहते हैं और चाहते हैं कि कोई भी सिरा अधूरा न छूटे।

मन को शिथिल करने और सारी चिंता व परेशानी से दूर करने की कला, संभवत: हमारे महान मनुष्यों के रहस्यों में से है।
- कैप्टन जे.ए. हैटफील्ड

आप जो भी कर रहे हैं, आप संभवत: और अधिक शिथिल और आश्वस्त होना चाहेंगे कि आप इस क्षण में जो कर रहे हैं, आपको इस समय वही करना चाहिए - घंटों काम के बाद स्टाफ के साथ बीयर लेना, आधी रात को अपने सोते हुए बच्चे को पालने में लेटा देखना, अपने सामने दिख रहे ई-मेल्स का जवाब देना या मीटिंग के बाद अपने नए संभावित ग्राहक के साथ कुछ अनौपचारिक क्षण बिताना, ये सब ठीक वही काम हैं, जो आपको करने चाहिए और आप उन्हें कर रहे हैं।

इस पुस्तक के लेखन के लिए मेरा प्रमुख उद्देश्य यही था कि आप ज़रूरत पड़ने पर, कभी भी अधिकतम रूप से प्रभावी और शिथिल बने रहने की शिक्षा पा लें। इस जानकारी को बाँटने के अनेक वर्षों बाद और सारी दुनिया में, विविध प्रकार के परिवेशों के बीच अलग-अलग प्रकार व आयु वर्ग के लोगों के बीच इन अभ्यासों को पहुँचाने के बाद, मैं पूरे दावे से कह सकता हूँ - यह वास्तव में कारगर है।

आप कैसे जानते हैं कि आप जो कर रहे हैं, आपको इस समय में वही करना चाहिए था? कोई भी सॉफ्टवेयर, सेमीनार, कूल नोटबुक, स्मार्टफोन या फिर निजी मिशन स्टेटमेंट आपको दिन में चौबीस घंटों से अधिक का समय नहीं देगा। इसकी सामग्री को सरल करें या फिर इसे अपने लिए एक कठोर चुनाव में बदल दें।

अगर उपायों व पद्धतियों की बात करें, तो वे लाखों की संख्या में होंगे। परंतु नियम तो थोड़े ही हैं। नियमों को माननेवाला व्यक्ति सफलतापूर्वक अपने लिए तरीके चुन सकता है। जो व्यक्ति पद्धतियों का प्रयोग करता है, नियमों की उपेक्षा करता है, वह निश्चित रूप से समस्या में आ जाता है।
- राल्फ वाल्डो इमर्सन

आप उस प्रकार के साधन, सटीक रूप से प्रयोग में लाते हैं जो आपके निर्णयों को सहयोग दे सकें, परंतु वे आपको पूरी तरह से नियंत्रण और केंद्र नहीं दे सकते। जब आप यह सीख लेते हैं कि एक स्तर पर अपनी उत्पादकता को कैसे निखार सकते हैं, तो आप उत्तरदायित्वों और रचनात्मक लक्ष्यों के दूसरे समूह को अपनाने के लिए विवश होंगे, जिनकी नई चुनौतियाँ किसी भी सरल सूत्र की योग्यता का अनादर करेंगी और आपको अपने काम और जीवन की अगली अवस्था के लिए एक नए डिजीटल मोबाइल उपकरण की आवश्यकता होगी। हो सकता है कि आपने निजी आदतें और साधन विकसित कर लिए हों, जिनके माध्यम से आपके काम पूरे होते हैं परंतु कोई बड़ा बदलाव जैसे नौकरी बदलना, पहला शिशु, घर खरीदना आदि उनकी वहनीयता को परखेंगे और आपके लिए गंभीर परिणाम पैदा कर सकते हैं।

परंतु यदि संपूर्ण संगठन और उत्पादकता के लिए कोई साधन नहीं है, तो हम उनके लिए कुछ सुनिश्चित कार्य कर ही सकते हैं। पिछले वर्षों के दौरान, मैंने कुछ ऐसी सरल प्रक्रियाएँ खोजी हैं, जिन्हें हम सभी सीख सकते हैं और

वे हमारी योग्यता में भारी बदलाव ला सकती हैं ताकि हम संसार के रोज़मर्रा के कामों को पूरी रचनात्मकता से पूरा कर सकें। और इसके साथ ही अपनी सार्थक प्राथमिकताओं से भी जुड़ाव महसूस करते रहें। और वे अभ्यास, बदलते समय के साथ भी मेरे लिए सार्वभौमिक रूप से प्रामाणिक साबित हुए हैं। यदि आप बारह वर्ष की आयु में अपने घर के काम का प्रबंधन करना चाहें या फिर आप अपनी आखिरी बोर्ड मीटिंग में कार्पोरेशन की रणनीतियों पर काम करना चाहें, तो वे अभ्यास दोनों पर और इनके बीच बाकी सब पर भी लागू होते हैं।

इसके बाद आपको तीन दशकों से भी अधिक समय से संजोए गए निजी और संगठनात्मक उत्पादकता अनुभवों से जुड़ी गाइड मिलेगी, जो इनपुट को कम से कम करते हुए, आउटपुट को अधिक से अधिक कर सकती है और वह भी ऐसी दुनिया में, जिसमें लगातार काम का बोझ बढ़ रहा है और निरंतर अमूर्त व जटिल होता जा रहा है। मैंने अपने सहकर्मियों के साथ मिलकर अनेक प्रतिभासंपन्न श्रेष्ठ व्यक्तित्वों को उनके कार्यालयों, घरों में निजी रूप से प्रशिक्षण दिए हैं ताकि उन्हें अपने काम को कैप्चर, क्लैरीफाई और ऑर्गेनाइज करने में मदद मिल सके। मेरे ये उपाय हर तरह के संगठन के लिए उपयोगी रहें। इन्हें नौकरी के प्रत्येक स्तर, सभी संस्कृतियों, स्कूलों व यहाँ तक कि घरों के काम के लिए भी उपयोगी पाया गया। कई बरसों से, बहुत से परिष्कृत और उत्पादक पेशेवरों को कोचिंग और ट्रेनिंग देने के बाद मैं जानता हूँ कि यह संसार इन पद्धतियों को अपनाना चाहता है।

> नियंत्रण, संगठन, तैयारी और कार्य के अभाव में ही व्याकुलता पैदा होती है।
> - डेविड केकिच

उच्चस्तरीय अधिकारी चाहते हैं कि वे स्वयं, उनका स्टाफ और उनकी संस्कृति को यह सिखाया जा सके कि वे अपने निजी जीवन को पूरी तरह से संतुलित कैसे रख सकते हैं। वे जानते हैं और मैं जानता हूँ कि बंद दरवाजों के पीछे, कई घंटों के बाद भी, कॉल्स के जवाब देने रह जाते हैं, कामों का वितरण होना है, मीटिंग और वार्तालापों के मसले सुलझने हैं, वरिष्ठ स्तर की जिम्मेदारी अभी पूरी तरह से स्पष्ट और नियंत्रण में नहीं है, निजी उत्तरदायित्वों का प्रबंधन नहीं हो पा रहा और दर्जनों संभावित महत्वपूर्ण ई-मेल और उनके दिमाग में घूम रहे कामों का कोई निपटारा नहीं हो सका। इनमें से अनेक सफल व्यवसायी

हैं क्योंकि वे जिन कष्टों को हल करते हैं या जिन अवसरों का समाधान करते हैं, वे उन समस्याओं से बड़े हैं, जिन्हें वे अपने घर, कार्यालय या ब्रीफकेस में पैदा करते हैं। परंतु आज के व्यवसायों की गति और जीवन को देखा जाए तो इस समीकरण पर प्राय: सवालिया निशान ही रहता है।

और, कई लोग अपने बच्चों के स्कूल के नाटकों, खेलों या रात को बिस्तर पर पूछे जानेवाले सवालों पर गौर नहीं करते। वे कहीं भी, कभी भी, बच्चों के साथ समय नहीं बिता पाते। हमारे समाज में चारों ओर एक भ्रम सा व्याप्त है। हमेशा यही लगता है कि शायद हमें वह करना चाहिए जो हम नहीं कर रहें, जिससे ऐसा तनाव पैदा होता है, जिसका न तो कोई हल है और न ही उससे कभी आराम मिलता है।

एक ओर, हमें ऐसे प्रामाणिक साधन चाहिए, जो लोगों को उनकी ऊर्जाओं को रणनीतिपरक रूप से केंद्रित करने में सहायक हो सकें और इस दौरान उन्हें किसी तरह की कौशल संबंधी परेशानी भी न झेलनी पड़े। दूसरी ओर, हमें सोचने की आदतें और काम करने के माहौल अपनाने होंगे, जो अधिकतर देख-रेख करनेवाले स्नेही लोगों को तनाव से बचा सकते हैं। हमें सकारात्मक काम और जीवनशैली चाहिए, जो हमारे संगठनों में सबसे बेहतरीन को बनाए रखने में सहायक होगी और हमें निजी और घरेलू मोर्चे पर ऐसे अभ्यास चाहिए, जो हमारे उन प्रियजन के लिए स्पष्टता, नियंत्रण व रचनात्मकता ला सकें, जिन्हें हम सबसे अधिक चाहते हैं।

हम जानते हैं कि संगठनों में ऐसी जानकारी व ज्ञान की कितनी आवश्यकता होती है। यह स्कूलों में भी चाहिए, जहाँ हमारे अधिकतर बच्चों को अब भी यह नहीं सिखाया जा रहा कि वे नतीजों पर केंद्रित कैसे हो सकते हैं या कौन से ऐसे कदम उठा सकते हैं, जो उन्हें प्रसन्न कर सकें। हम सबके लिए, व्यक्तिगत रूप से भी इसकी ज़रूरत है, ताकि हम उन सभी अवसरों का लाभ ले सकें, जो हमारे संसार को वहनीय और आत्म-पोषित रूप में लाभ दे सकें।

मैं यहाँ जो प्रस्तुत कर रहा हूँ, उसकी शक्ति, सरलता और प्रभावशीलता बेहतर तरीके से, संसार की व्यावहारिक परिस्थितियों के बीच अनुभव की गई है। जब आप इस पुस्तक को पढ़ेंगे, तो नि:संदेह यह सोचने को प्रेरित होंगे कि आप उन सभी चीज़ों को कैसे लागू कर सकते हैं, जिनके बारे में मैं आपको

बता रहा हूँ। आप जो भी पढ़ेंगे, वास्तव में आपको उसका पूरा लाभ मिलेगा। वह आपकी समझ को गहरे और महत्वपूर्ण स्तर तक ले जाएगा। आपके लिए मॉडल्स को समझने में आसानी होगी और आप उस समझ को उन्हें लागू करते समय इस्तेमाल कर सकेंगे।

> जो भी प्रस्तुत किया गया हो, उसके लिए स्वस्थ संदेहवाद भी बेहतर होता है- यदि हो सके तो इसे चुनौती दें, गलत साबित करें। इससे एक जुड़ाव पैदा होगा, जो समझ की कुंजी है।

अनिवार्य तौर पर, इस पुस्तक को कार्यप्रवाह प्रबंधन और निजी उत्पादकता की प्रभावी कला के सार को एकरेखीय ढाँचे में प्रस्तुत करना चाहिए। मैंने इसे इस रूप में व्यवस्थित करने की चेष्टा की है कि आपके पास प्रेरित करनेवाली बड़ी तस्वीर के साथ इन्हें लागू करने पर तत्काल नतीजे भी सामने हों।

यह किताब तीन हिस्सों में विभाजित है। पहला भाग सारे खेल का विवरण देते हुए, सिस्टम का संक्षिप्त सार देता है और बताता है कि किस तरह यह अनूठा और समय की माँग के अनुरूप है। फिर इसके बाद बुनियादी कार्यपद्धति को संक्षिप्त रूप में दिया गया है। दूसरे भाग में दिखाया गया है कि आप इस तंत्र को लागू कैसे कर सकते हैं। यह आपकी निजी कोचिंग और मॉडल्स को लागू करने की शिक्षा देने के लिए है। तीसरे भाग में आप और अधिक गहरे और सूक्ष्म नतीजों की अपेक्षा कर सकते हैं, जो आपके कार्य और जीवनशैली में इन कार्य पद्धतियों को शामिल करने से प्राप्त होंगे।

सामग्री में आपको अनिवार्य रूप से दोहराव मिलेगा, जो तीन हिस्सों में है। मूल कार्यपद्धति सरल है, परंतु इसे गहराई के विभिन्न स्तरों पर अभिव्यक्त करते हुए समझा जा सकता है और विविध दृष्टिकोणों व पाठों की मदद से इसका विस्तृत विवरण लिया जा सकता है।

मैं चाहता हूँ कि आप इस सामग्री का उपयोग करें, इसे चुनौती दें। मैं चाहता हूँ कि आप स्वयं खोजें, मैंने आपको जो देने का वादा दिया है, उसे आप तत्काल खोज कर अपने लाभ के लिए इस्तेमाल कर पा रहे हैं या नहीं। मैं आपको यह भी बताना चाहता हूँ कि मेरे सभी सुझावों पर अमल करना बहुत आसान है। इसमें कोई नए कौशल शामिल नहीं हैं। आप पहले से जानते हैं कि आपको केंद्रित कैसे होना है, चीज़ों को कैसे लिखना है, नतीजों और कार्यों को

कैसे तय करना है और विकल्पों की समीक्षा करते हुए चुनाव कैसे करने हैं। आप भी मानेंगे कि इनमें से बहुत सारे काम तो आप सहज भाव से पहले भी करते आ रहे हैं। मैं आपको कुछ उपाय दे रहा हूँ, जिनके बल पर आप अपने कौशल को और प्रभावी उत्पादक बना सकते हैं। मैं आपको प्रेरित करना चाहता हूँ कि आप इस नई व्यवहारनीति को अपनाएँ, जो वाकई कमाल है।

मैं समय-समय पर पुस्तक में उन लोगों के संदर्भ देता रहा हूँ, जिन्होंने इस कार्यपद्धति को अपनाया है। मैं पिछले तीन दशकों से एक प्रबंधन सलाहकार, एक्जीक्यूटिव कोच और प्रशिक्षक के रूप में कार्य करता आ रहा हूँ, मैंने अकेले, छोटी साझेदारियों से लेकर वैश्विक प्रशिक्षण कंपनी के संस्थापक के रूप में भी काम किया है। मेरे कार्य में प्रमुख रूप से निजी कोचिंग, वर्कशॉप का आयोजन और इस जगह दिए गए उपायों के आधार पर प्रदर्शन करना शामिल रहा है। मैं और मेरे सहकर्मी, हम व्यक्तिगत रूप से हज़ारों लोगों के साथ काम करते हुए, अपने इन हाउस और पब्लिक सेमीनारों में सैंकड़ों-हज़ारों लोगों को प्रशिक्षण दे चुके हैं। हम दुनिया के कुछ श्रेष्ठ और प्रतिभाशाली लोगों से लगातार जुड़े हुए हैं। मैंने इसी पृष्ठभूमि से अपने अनुभव और उदाहरण लिए हैं।

मैं एक फैलो छात्र हूँ। मैं भी दूसरों की तरह वश से बाहर होकर, अपना केंद्र खो देता हूँ। मुझे भी स्वयं निरंतर उन अभ्यासों को अपनाना चाहिए, जो इस पुस्तक में दिए गए हैं ताकि मेरे मस्तिष्क की सहज उपस्थिति बनी रहे। जैसा कि मैंने अध्याय 15 में बताया है, ये जीवनशैली से जुड़ी आदतें हैं, जो लागू करने पर आपको संसार में और परिपक्व व उन्नत स्तरों तक ले जाती हैं। मैंने इस पुस्तक में ऐसा कुछ भी शामिल नहीं किया, जिसे मैंने निजी रूप से नहीं जाँचा या इसकी प्रामाणिकता नहीं परखी और जिसे मैं किसी भी रूप में स्वयं प्रयोग में नहीं लाता।

मेरे एक ग्राहक ने लिखा, 'जब मैंने आदतन इस कार्यक्रम के नियमों को जीवन में उतारा तो ये मेरे लिए प्राण रक्षक साबित हुए ...जब इन्हें पूरी वफादारी से अपनाया, तो इन्होंने मेरा जीवन बदल दिया। रोज़मर्रा की तत्काल सामने आनेवाली माँगों व कष्टों के बीच इसे टीकाकरण माना जा सकता है और यह उस असंतुलन के लिए एंटीडोट है, जो बहुत से लोग अपने जीवन में अनजाने में ही ले आते हैं।

# भाग

# 1

# चीज़ों को पूरा करने की कला

# 1

# एक नई वास्तविकता के लिए नया अभ्यास

एक इंसान के लिए यह संभव है कि वह कई सारे कार्यों को करने के साथ-साथ पूरी उत्पादकता के बीच, अपने दिमाग की स्पष्टता और सब कुछ नियंत्रित रखने का सकारात्मक भाव भी पा सके। यह काम करने और जीवन जीने का एक बेहतरीन तरीका है, जिसमें इंसान की कुशलता और क्षमता भी निखरकर सामने आती है। आप जो भी कर रहे हों, यह उसके साथ जुड़े रहने का भी बेहतर तरीका होगा, सही मायने में यह वर्तमान क्षण के साथ जीना है। इस दौरान आपको समय का एहसास नहीं रहता और आप पूरी तरह अपने काम पर ध्यान दे पाते हैं। आप वही कर रहे हैं, जो आपको करना चाहिए, उस दौरान आपकी पूरी दिलचस्पी और वचनबद्धता काम से जुड़ी है। आप पूरी तरह से प्रस्तुत हैं। आप पूरी तरह से तैयार हैं।

काम करने की यह शैली अब सफल, उच्च स्तरीय क्षमता के व्यावसायिकों के लिए महत्वपूर्ण हो गई है। यह जीवन में कई तरह के हालात का सामना कर रहे व्यक्ति के लिए काम करने का अनिवार्य तरीका है। यह एक बुनियादी मंच होगा, जिसके माध्यम से हम स्वयं को आज़ाद करते हुए महत्वपूर्ण और सार्थक कामों से जोड़ सकेंगे।

> कोई एक काम ऐसा होता है, जिसे हम कर सकते हैं और सबसे प्रसन्न लोग वही हैं जो इसे अपनी योग्यता की सीमा तक कर सकते हैं। हम पूरी तरह से उपस्थित हो सकते हैं। हम पूरी तरह से मौजूद हो सकते हैं। हम अपने सामने आनेवाले अवसर को अपना पूरा ध्यान दे सकते हैं।
>
> -मार्क वान डोरेन

आप पहले से जानते हैं कि स्वस्थ और अच्छे प्रदर्शन की अवस्था पाने के लिए क्या करना होगा। अगर आप भी अधिकतर लोगों की तरह हैं, तो आपको उपयुक्त समय पर इन कौशलों को संपूर्ण और सुनियोजित रूप से लागू करना होगा। इस तरह आप स्वयं को इनके बोझ तले दबा हुआ नहीं बल्कि

खुद को इनके ऊपर महसूस करेंगे। हालाँकि इस पुस्तक में दी गई तकनीकें बहुत व्यावहारिक और सामान्य ज्ञान पर आधारित हैं, पर कुछ लोगों को इस पद्धति से पूरा लाभ पाने के लिए अपनी कुछ खास आदतों में बदलाव लाना होगा। कुछ छोटे बदलाव ज़रूरी हैं - आप उन सभी चीज़ों को कैसे व्यवस्थित करते हैं, जो आपका ध्यान अपनी ओर खींचना चाहती हैं - इस तरह रोज़मर्रा की गतिविधियों के प्रमुख पहलुओं को आप जिस दृष्टिकोण से देखते हैं, उसमें सुधार हो सकता है। परंतु इस तरह सामने आनेवाले परिणाम अक्सर परिवर्तनकारी होते हैं।

मैं इस पुस्तक में जिन विधियों को प्रस्तुत कर रहा हूँ, वे सभी तीन प्रमुख उद्देश्यों पर आधारित हैं -

1. उन सभी वस्तुओं को सँभालना जिनकी आज या फिर किसी और समय में, थोड़ी-बहुत ज़रूरत हो सकती है - यह काम एक तार्किक और भरोसमंद पद्धति के अनुसार करना होगा।
2. स्वयं को अपने जीवन में आनेवाले सारे 'इनपुट' के लिए निर्णय लेने योग्य बनाना ताकि आपके पास हमेशा 'नेक्स्ट एक्शन' (इसके बाद किया जानेवाला काम) की व्यावहारिक सूची हो और आप उसे उसी समय पूरा करें या उसका निपटारा कर सकें।
3. अपने हर तरह के सामान का संयोजन करना और संभालना, अपने और दूसरों से किए गए वादों के बहुआयामी स्तरों को पहचानकर उनका किसी भी समय पर उपयोग करना।

यह किताब आपके लिए उच्चस्तरीय कार्यप्रवाह प्रबंधन (वर्कफ्लो मैनेजमेंट) की प्रमाणित विधियाँ लेकर आई है। यह अच्छे साधन, तकनीकें और उपाय लागू करने के नुस्खे देती है। आप पाएँगे कि इसके सारे नियम और उपाय पूरी तरह से प्रयोग में लाए जा सकते हैं और इन्हें आप निजी और पेशेवर, दोनों तरह से ही काम में ला सकते हैं।[1] इसी तरह आप अपने आसपास के लोगों

[1] मेरे अनुसार, 'वर्क या काम' का सार्वभौमिक अर्थ किसी भी ऐसी चीज़ से ले सकते हैं, जिसे आप उसके वर्तमान स्वरूप से अलग चाहते हों। ज्यादातर लोग काम और निजी जीवन के बीच अंतर करते हैं परंतु मैं ऐसा नहीं करता। मेरे लिए, अपने बाग की खरपतवार उखाड़ने से लेकर, अपनी वसीयत तैयार करना भी काम है। जैसे यह किताब लिखना या फिर किसी ग्राहक को कोचिंग देना काम की श्रेणी में आता है। इस किताब की सारी विधियाँ और तकनीकें जीवन के सभी परिदृश्यों पर समान रूप से लागू की जा सकती हैं और उतनी ही असरदार हैं, जितना उन्हें होना चाहिए।

को भी काम करने की इस गतिशील शैली से जोड़ सकते हैं। या फिर आप इसे एक मार्गदर्शक की तरह, सब कुछ नियंत्रित करने की ज़रूरत पड़ने पर इस्तेमाल कर सकते हैं।

## समस्या : नई माँगें, अपर्याप्त संसाधन

इन दिनों मैं जितने भी लोगों से मिला, उनमें से अधिकतर को यही लगता है कि उनके पास बहुत सारा काम है और उसे पूरा करने के लिए वे समय नहीं निकाल पाते। एक ही सप्ताह के दौरान, मैंने एक प्रमुख वैश्विक निवेश फर्म के साझेदार से सलाह ली, जिसे चिंता थी कि उसे जो नई कार्पोरेट प्रबंधन की जिम्मेदारी दी जा रही थी, वह उसकी पारिवारिक वचनबद्धता और जिम्मेदारियों पर हावी हो सकती थी। इसके बाद मैं एक मध्यम स्तर की महिला मानव संसाधन प्रबंधक से मिला, जो रोज़ की डेढ सौ से भी ज़्यादा ई-मेल पर काम कर रही थी। वह कंपनी के स्थानीय ऑफिस के स्टाफ को एक साल में ग्यारह सौ से दो हज़ार करने के संकल्प को पूरा करते हुए, सप्ताह के अंत पर अपने लिए सामाजिक जीवन को बचाकर रखने की कोशिश कर रही थी।

इस नई सहस्राब्दि में एक नया सा विरोधाभास सामने आया है। लोग जीवन की गुणवत्ता सुधारना चाहते हैं पर इसके साथ ही वे आवश्यकता से अधिक संसाधनों को अपने हाथ में लेकर अपना तनाव बढ़ा रहे हैं। वे इतना काम एक साथ नहीं संभाल सकते। विकल्पों और अवसरों की इस भीड़ में उन पर निर्णय और चुनाव करने का दबाव बढ़ रहा है। अधिकतर लोग किसी हद तक कुंठित हैं और समझ नहीं पा रहें कि अपनी हालत में सुधार लाने के लिए उन्हें क्या करना चाहिए।

### अब काम की स्पष्ट सीमाएँ नहीं रहीं

तनाव का स्तर बढ़ने की एक खास वजह यह भी है कि हमारे कामों की असली प्रकृति काफी हद तक नाटकीय रूप से बदली है और यह सब इतनी तेज़ी से हुआ कि हम इससे निपटने की योग्यता नहीं पा सके। बीसवीं सदी के बादवाले आधे हिस्से में, औद्योगिक जगत का 'काम' रूपांतरित हुआ। यह कारखानों में होनेवाले काम तक ही सीमित नहीं रहा, इसमें वे सभी गतिविधियाँ भी शामिल हैं, जिन्हें स्वर्गीय पीटर ड्रकर ने 'नॉलेज' वर्क का नाम दिया है।

पुराने समय में काम पूरी तरह से स्पष्ट था। खेतों में हल जोते जाते थे, मशीनें तैयार होतीं, डिब्बे पैक होते, गौओं का दूध निकाला जाता और क्रेट्स एक से दूसरी जगह रखे जाते। आपको पता होता था कि आपको क्या काम करना है और वह आपको दिखाई देता था। यह भी साफ पता चलता था कि काम समाप्त हुआ या नहीं। आपकी उत्पादकता बढ़ाने का मतलब था कि आप काम करने के तरीके को और असरदार करें या फिर देर तक कड़ी मेहनत करें।

अब, हममें से कई लोगों को हमारी योजनाओं का कोई अंत ही नज़र नहीं आता। मैं जितने लोगों को जानता हूँ, उनमें से अधिकतर लोग कम से कम आधा दर्जन कार्य करने की कोशिश में हैं या ऐसे कई हालात हैं, जिनमें वे सुधार करना चाहेंगे। भले ही वे बचे हुए जीवन में भी कोशिश करते रहें, तो भी वे सभी काम सही तरह से पूरा नहीं कर पाएँगे। शायद आप भी इसी दुविधा का सामना कर रहे हैं। वह सम्मेलन (conference) अच्छा कैसे हो सकता है? प्रशिक्षण कार्यक्रम को और असरदार कैसे बना सकते हैं? अपने कर्मचारियों के मुआवजा पैकेट को कैसे तैयार करें? आप बच्चों की शिक्षा का उचित प्रबंधन कैसे कर सकते हैं? आपका ब्लॉग लेखन बेहतरीन कैसे हो? आपकी स्टाफ मीटिंग प्रभावशाली कैसे बने? आप सेहतमंद कैसे हो सकते हैं? आपके विभाग का पुन:व्यवस्थीकरण कैसे होगा? और एक आखिरी प्रश्न : इन योजनाओं को बेहतर तरीके से करने के लिए मौजूदा सामग्री कितनी सही हो सकती है? उत्तर है : इतनी ज्यादा, जो आसानी से उपलब्ध हो या फिर संभावित हो, इसे इंटरनेट के माध्यम से पाया जा सकता है।

लगभग हर प्रोजेक्ट बेहतर हो सकता है और सूचना की अनंत मात्रा उपलब्ध है, जो इसे संभव कर सकती है।

एक और मोर्चे पर, काम में तेज़ी न होने से सबके लिए पहले से ज़्यादा काम पैदा हो सकता है। अनेक वर्तमान संगठनात्मक परिणामों के लिए सहयोग, जुड़ाव और अंत:विभागीय संचार की आवश्यकता है। हमारे व्यक्तिगत ऑफिस में भी हमारे पास यह सुख–सुविधा नहीं रही कि हम मार्केटिंग और मानव संसाधन विभाग से आए ई–मेल न देखें या फिर कुछ अस्थायी मामलों को अनदेखा कर दें। इसके अलावा दोस्तों और परिवार के साथ निरंतर संपर्क बनाए रखना है क्योंकि अब उनके साथ पहले जैसी दूरी नहीं रही। यहाँ तक कि बूढ़े माता–पिता भी संपर्क में बने रहने

के लिए इंटरनेट और स्मार्ट फोन की मदद ले रहे हैं।

ये नई तकनीकें हमारे जीवन और किए गए वादों की स्पष्ट सीमाओं के अभाव को और भी बड़ा करके दिखा रही हैं। इस सदी का दूसरा दशक, हमेशा चलनेवाले गोरखधंधे में विस्फोट का साक्षी रहा, जिसे वैश्वीकरण, आभासी कामों और संपर्क की क्षमताओं ने और बढ़ावा दिया, (मेरी आधी टीम हाँगकाँग में है और दूसरा प्रमुख व्यक्ति एस्टोनिया में है)। इसके अलावा हम अपनी जेब और कलाईयें पर बंधे गैजेट्स के इस्तेमाल के लिए भी उत्सुक रहते हैं, जिनमें इतनी सामग्री शामिल है, जो 1975 में, पूरे कमरे में रखे गए कंप्यूटरों की क्षमता से भी कहीं अधिक है।

हमारे काम और इसकी ज्ञान संबंधी सीमाओं में न केवल बढ़ोतरी हुई बल्कि ये सही तरह से परिभाषित भी नहीं है, इसके साथ बीतनेवाले समय के बारे में भी कुछ नहीं कह सकते। लगातार संभवतः अर्थपूर्ण और आसानी से उपलब्ध होनेवाले आँकड़े सामने आते जा रहे हैं, जो हमारे जीवन के मूल्य में बढ़ोतरी कर सकते हैं।

## हमारी नौकरी (और जीवन) बदलते रहते हैं

आमतौर पर हमारी योजनाओं और काम के बिखरे हुए सिरे किसी के लिए भी चुनौतीपूर्ण हो सकते हैं। पर अब हमें इस समीकरण में हमारी नौकरियों की बदलती परिभाषा और जीवन के विस्तृत कार्यक्षेत्र के बीच जिम्मेदारियों और हितों में आनेवाले बदलावों को भी शामिल करना होगा।

मैं अक्सर अपने सेमीनार में पूछता हूँ, 'आपमें से कितने लोग केवल वही काम कर रहे हैं, जिसे करने के लिए आपको रखा गया है? और आपमें से कितने लोग ऐसे हैं, जिनके जीवन में

हममें से अधिकतर लोग पिछले बहत्तर घंटों के दौरान और अधिक बदलाव पैदा करनेवाली, प्रोजेक्ट निर्माण और प्राथमिकता में बदलाव से जुड़ी इनपुट पा चुके हैं. जितनी हमारे माता-पिता को एक महीने या फिर एक वर्ष में मिलती थी।

हम कभी भी पूरी तरह से उसके लिए तैयार नहीं हो सकते, जिसे पूरी तरह से नया कह स्कें। हमें समायोजन करना होगा और हर समायोजन, स्वाभिमान के लिए संकट बनता है। हमें आंतरिक कंपन के बिना भारी बदलाव का सामना करने के लिए ऐसा आत्म-विश्वास चाहिए, जो हमारे अधीन हो।

- एरिक होफर

पिछले वर्ष के दौरान कोई महत्वपूर्ण बदलाव नहीं आया?' यह सुनकर बहुत कम लोग अपना हाथ ऊपर उठाते हैं। काम चाहे कैसा भी क्यों न हो, पर अगर आप किसी खास काम के साथ लंबे अरसे से जुड़े हैं, तो आप पता लगा सकते हैं कि आपको क्या करना है, अपने आपको संतुलित रखने के लिए कितना और किस स्तर का काम करना है। अगर आप जीवन को थोड़ा और अधिक संतुलित रख सकें, जैसे घर न बदला जाए, संबंधों में बदलाव न हो, कोई पैसों से संबंधित अनपेक्षित घटना न हों, नई दिशाओं के लिए कोई प्रेरक कार्यक्रम न हों, आप पर कैरियर में बदलाव का भार न हो - तो हो सकता है कि आप इसके प्रबंधन के लिए एक लय और पद्धति बना सकें, जो आपको थोड़ी सुकून से भरी स्थिरता दे सकती है।

लेकिन कुछ लोगों के पास सुख-सुविधा के लिए तीन कारण हैं -

1. दुनियाभर में संगठन अपने रूप बदल रहे हैं, जिनमें उनके लक्ष्य, उत्पाद, साझेदार, ग्राहक, बाज़ार, तकनीकें और मालिक भी शामिल हैं। ये सभी ढाँचों, आकारों, भूमिकाओं और जवाबदेही में बदलाव ला रहे हैं।

2. औसत पेशेवर, इन दिनों पहले की तुलना में कहीं ज्यादा स्वतंत्र हैं। ऐसा पेशेवर युवा इतने कैरियर बदल रहा है, जितनी उसके माता-पिता ने कभी नौकरियाँ तक नहीं बदली थीं। चालीस से पचास वर्ष की आयु के लोग भी निरंतर विकासशील हैं। अब उनके उद्देश्य काफी हद तक मुख्य धारा से जुड़े हैं, जिसमें पेशेवर, प्रबंधन और एक्जीक्यूटिव विकास के सभी क्षेत्र शामिल हैं - जिसका सरल सा अर्थ है कि वे उसी काम को लगातार नहीं करते रहेंगे, जिसे वे लंबे अरसे से करते आ रहे हैं।[2]

3. हमारी संस्कृति, जीवनशैली और तकनीक में आनेवाले परिवर्तन की गति को देखते हुए, लोगों के लिए और भी आवश्यक हो गया है कि वे अपने निजी हालात को और अधिक बस में करें, पहले से कहीं अधिक बस में करें। अचानक वृद्ध माता-पिता में से किसी की देख-रेख की जिम्मेदारी, घर में बेराज़गार युवक के साथ होनेवाला व्यवहार, सेहत में आई गिरावट या फिर

[2] सदी के आरंभ में, ग्रेट रिसेशन (मंदी) की वजह से आई अनिश्चितता के कारण लोग अपनी सेवानिवृत्ति की पारंपरिक आयु के बाद भी काम करते रहे, वे पैसे कमाने का कोई न कोई और उपाय ढूँढ़ते ही रहे।

आपके जीवनसाथी की ओर किसी बड़े बदलाव की शुरुआत ...यह सब बहुत ज़्यादा और जल्दी-जल्दी होने लगा है, जिसके ऐसे नतीजे सामने आ रहे हैं, जो आज से पहले कभी नहीं देखे गए थे।

अब सब कुछ बहुत समय तक स्पष्ट नहीं दिखता, समझ में नहीं आता कि ऑफिस में, घर में, विमान में, कार में, सप्ताह के अंत में लोकल कैफे में, सोमवार की सुबह तीन बजे उठकर या फिर छुट्टी के समय क्या करना है; और इसे करने के लिए कैसी और कितनी जानकारी की ज़रूरत होगी। हम बाहरी दुनिया की ओर से भारी सूचना और संचार से घिरे हैं। भीतरी जगत में अपने और दूसरों के साथ अनेक विचारों व समझौतों से घिरे हैं। हम इतने सक्षम नहीं कि इन आंतरिक और बाहरी वचनबद्धताओं को संभाल सकें।

विश्व के इस उच्च तकनीकयुक्त स्तर पर कुछ भी नया नहीं है, सिवाए इसके कि यह कितनी तेज़ी से आगे जा रहा है। हममें से अधिकतर लोग ऐसी दुनिया में जी रहे हैं, जिसमें समय मिलने की सुविधा नहीं है। जब आप इसे पढ़ रहे हैं तो समय बदल रहा है। और अगर इसे पढ़ते हुए आपका ध्यान भटकता है, आपका दिमाग अपने जीवन की दूसरी बातों की ओर जा रहा हो या आपके मन में किसी संभावित और सार्थक जानकारी के लिए ई-मेल जाँचने की इच्छा हो रही है तो आप 'डोन्ट मिस द ट्रेन' सिंड्रोम का अनुभव ले रहे हैं यानी हमेशा सब जानने और समझने की हड़बड़ी लगी रहती है।

## पुराने मॉडल और आदतें काफी नहीं हैं

हमारी शिक्षा, पारंपरिक समय प्रबंधन के साधन, डिजीटल और कागज पर आधारित व्यवस्थित करनेवाले उपकरण, हमें इन नई माँगों को पूरा करने के उपयुक्त साधन नहीं दे सकते। अगर आपने अपनी ओर से इन साधनों को लागू करने की कोशिश की है, तो आपने देखा होगा कि आप जो भी काम कर रहे हैं, यह उसकी गति, जटिलता और बदलती प्राथमिकता के साथ कदमताल नहीं कर सकते। इस ऊपजाऊ किंतु परेशानियों से भरे समय में केंद्रित, शिथिल और पूरी तरह से नियंत्रण में रहने के लिए नई सोच और काम करने की नई शैली अपनानी होगी। हमें दुनिया में सबसे ऊँचे शिखर तक जाने के लिए नए तौर-तरीकों, काम करने की पद्धतियों और आदतों की आवश्यकता होगी।

समय प्रबंधन और निजी संगठन के लिए पारंपरिक पहल अपने समय में उपयोगी थी। वे ऐसे कामों के लिए सहायक संसाधन उपलब्ध करवाते थे, जो एक जैसे काम की श्रेणी से निकलकर नई तरह के कामों की ओर बढ़ रहे थे। उसमें यह चुनाव शामिल थे कि आपको क्या करना है और उसे कब करना है, इसके लिए भी विवेक का इस्तेमाल किया जाता था। जब समय स्वयं एक काम के साधन में बदल जाता है, तो निजी कैलेंडर एक प्रमुख संसाधन हो जाता है (यहाँ तक कि अस्सी के दशक में भी अनेक पेशेवर अपने साथ स्वयं को व्यवस्थित रखने के लिए पॉकेट कैलेंडर का प्रयोग करते थे और आज भी अनेक लोगों को यही लगता है कि उनके कैलेंडर और ई-मेल व संदेश बॉक्स ही सब कुछ वश में रखने के असरदार साधन हैं)। अब वह समय आ गया है, जब आपको बहुत सोच-समझकर अपने चुनाव करने होंगे। लोगों को सार्थक तरीके से उनके चुनाव करने के लिए 'एबीसी' प्राथमिकता कोड और दैनिक 'टू-डू' लिस्ट जैसी तकनीकें उपलब्ध करवाई गईं। अगर आपके पास यह तय करने की आज़ादी हो कि आपको क्या करना है, तो अपनी प्राथमिकता के अनुसार, अच्छे चुनाव करने की जिम्मेदारी भी आपकी ही बनती है।

आपके पास संभवत:, एक हद तक इस काम के लिए एक कैलेंडर होगा, जो आपके काम के एक छोटे से हिस्से को व्यवस्थित रखने में मदद कर सकता है और आपको आगे बढ़ने में सहायक हो सकता है। रोज़मर्रा की 'टू-डू लिस्ट' और सरल प्राथमिकता कोड, एक औसत आदमी के कार्यभार और उसकी मात्रा व विविधता को पूरी तरह से संभाल नहीं पाते। ज्यादा से ज्यादा लोगों का जीवन और नौकरियाँ रोज़मर्रा के सैंकड़ों ई-मेल और संदेशों पर टिकी हैं, वे किसी भी एक आग्रह, शिकायत, आदेश या कंपनी व परिवार से संप्रेषण (कम्युनिकेशन) को टाल नहीं सकते। बहुत कम लोग ऐसे हैं, जो अपनी प्राथमिकता के अनुसार सब कुछ तय कर सकते हैं या किए जानेवाले कामों की ऐसी सूची बना सकते हैं, जो पहले ही टेलीफोन कॉल, झटपट आनेवाले संदेश, बॉस या जीवनसाथी की ओर से आनेवाली रूकावट आदि की वजह से वहीं ठप्प न हो जाए।

## बड़ी तस्वीर बनाम सार

इस विस्तृत पहल के दूसरी ओर, बड़ी संख्या में बिजनेस किताबें, मॉडल, सेमीनार और गुरु, हमारे इस जटिल संसार में निबटने के लिए 'बड़ी तस्वीर'

को हल के रूप में प्रस्तुत करते हैं। वे हमारे प्रमुख लक्ष्यों और मूल्यों को स्पष्ट करने के लिए कहते हैं ताकि हमारी सोच एक ही दिशा में जाते हुए, हमारे काम को एक अर्थ और मोल दे सके। वास्तव में, कई बार अच्छी मंशा के साथ मूल्यों पर आधारित सोच भी उतने अच्छे नतीजे नहीं दे पाती। मैंने ऐसे बहुत से प्रयासों को असफल होते देखा है, जिसके लिए निम्नलिखित कारण उत्तरदायी हो सकते हैं :

हवाएँ और लहरें सदा योग्य नाविकों के ही पक्ष में होती हैं।
- एडवर्ड गिब्बन

1. हमारे चारों ओर रोज़मर्रा के कामों में, घंटा-प्रति घंटा इतनी बाधाएँ हैं कि हम अपनी वचनबद्धताओं को पूरा करते हुए, उच्चतम स्तर पर केंद्रित नहीं रह पाते।
2. गैर-असरदार निजी संगठनात्मक पद्धतियाँ बड़ी योजनाओं और लक्ष्यों को प्रबंधन के अभाव में पूरा नहीं होने देतीं, जिससे अधिक तनाव और अव्यवस्था पैदा होती है।
3. जब सही मायनों में भारी-भरकम स्तर और मूल्य स्पष्ट हो जाते हैं, तो इससे हमारा स्तर ऊँचा होता है और हमें वह सब दिखने लगता है, जिसमें बदलाव लाने की ज़रूरत है। हम पहले ही अपने किए गए अनेक कामों में गंभीर नकारात्मक प्रतिक्रिया को अनुभव कर रहे हैं और इन सूचियों में ऐसा क्या है, जो हमारे लिए और ज्यादा काम पैदा कर रहा है? - हमारे मूल्य।

प्राथमिक नतीजों और मूल्यों पर केंद्रित रहना एक महत्वपूर्ण अभ्यास है। इसकी मदद से आप इस विषय में कठिन चुनाव कर सकते हैं कि आपको क्या नहीं करना चाहिए या फिर इतने विकल्पों के बीच, ऐसा क्या है जिस पर ध्यान दिया जाना चाहिए? परंतु इसका अर्थ यह नहीं है कि हमारे पास करने के लिए कुछ नहीं है या 'गेटिंग वर्क डन' में बहुत कम चुनौतियाँ हैं। इसके विपरीत, यह आपके उस खेल को बढ़ावा देता है, जिसे रोज़मर्रा के जीवन में खेला जाना ज़रूरी हो गया है मिसाल के लिए, एक मानव संसाधन अधिकारी प्रतिभाओं को आकर्षित करने और उन्हें बनाए रखने के लिए, कार्यक्षेत्र से जुड़े मसलों की गुणवत्ता से निपटने का

अव्यवस्था कोई समस्या नहीं है, उसके बीच में तालमेल की खोज करने में कितना समय लगेगा, यह कहीं ज्यादा अहमियत रखता है।
- डॉक चिल्डर और ब्रूस क्रायर

निर्णय लेता है। लेकिन केवल यही करने से काम आसान नहीं होता। इसी तरह एक माँ अगर, अपनी किशोर बेटी को उसके काम या छुट्टी के बचे हुए दिनों में कुछ अमूल्य अनुभव देने के महत्त्व को समझ ले, तो उसका काम भी घट नहीं जाएगा। हमारी सोच और वचनबद्धता की गुणवत्ता बढ़ाने से संभावित और उससे मिलते-जुलते कामों के प्रबंधन की मात्रा कम नहीं होती।

हमारी जानकारी से जुड़े काम (नॉलेज वर्क) की संस्कृति में एक कड़ी खोई हुई है : यह आपस में जुड़े हुए व्यवहार व साधनों का एक ऐसा तंत्र है, जो उस स्तर पर असरदार तरीके से काम करता है, जहाँ काम सही मायनों में पूरा होता है। इसमें बड़ी तस्वीर की सोच और साथ ही छोटी से छोटी विस्तृत जानकारी भी शामिल होनी चाहिए। इसमें प्राथमिकताओं के विविध स्तर शामिल होने चाहिए। इसमें रोज़मर्रा की सैंकड़ों नई जानकारी व आँकड़ों को शामिल करना चाहिए। इसके प्रबंधन में कम से कम समय और ऊर्जा लगनी चाहिए। इसमें किए जानेवाले कामों को आसान बनाना चाहिए।

## वचन : मार्शल आर्ट के कलाकार की 'रेडी स्टेट'

एक पल के लिए सोचें कि ऐसा कैसे हो सकता है, यदि आपके प्रबंधन की स्थिति सभी स्तरों पर पूरी तरह से आपके वश में होती, और हर समय नियंत्रण में होती? क्या होगा, अगर आपका दिमाग पूरी तरह से मुक्त और किसी भी अनुपात्दकता से परे स्पष्ट होता... क्या होगा, अगर आप अपने हाथ में लिए गए काम को पूरा सौ प्रतिशत ध्यान दे पाते... अपने चुनावों को बिना किसी बाधा के पूरा कर पाते?

> आप ध्यान न दे पाने की वजह से ही जीवन को नकारते हैं, फिर चाहे वह खिड़कियों की सफाई हो या फिर मास्टरपीस लिखने की कोशिश करना।
> - नाडिया बोलंगर

ऐसा संभव है। इन सभी कामों को अपने वश में करते हुए, शांत और आराम से रहने का उपाय मौजूद है। जिसमें आप कम से कम प्रयासों के साथ कहीं अधिक सार्थक काम कर सकते हैं। आप भी मार्शल आर्ट के कलाकारों की तरह पानी जैसे पारदर्शी मन या टॉप खिलाड़ियों के शब्दों में 'ज़ोन' में रहने की अवस्था पा सकते हैं, भले ही आप किसी भी क्षेत्र से क्यों न हों। वास्तव में, आप कभी न कभी ऐसी अवस्था में अवश्य होते हैं।

यह सक्रिय, काम करने और होने (Working, Doing & Being) की ऐसी अवस्था है, जिसमें आपका मन पूरी तरह से साफ होता है और आप रचनात्मक कार्य करते हैं। यह एक ऐसी अवस्था है, जो सबके लिए सुलभ है और इस सदी में जीवन की जटिलता से छुटकारा पाने के लिए इसकी बहुत ज़रूरत है। वैसे भी यह हममें से किसी के लिए भी आवश्यक दशा है, जो अपने जीवन में संतुलन बनाए रखने के लिए आवश्यक है। साथ ही हमारे काम और जीवन में हमारे नज़रिए के लिए लगातार एक सकारात्मक नतीजा देने के लिए ये अवस्था ज़रूरी होगी। विश्वस्तरीय नाविक क्रेग लैंबर्ट ने 'माइंड ओवर वॉटर' में बताया है कि यह कैसा महसूस होता है (हॉगटन मिफलिंग, 1998) :

> नाविक इस संघर्षहीन अवस्था को 'स्विंग' शब्द से जानते हैं .... घर के पिछले आँगन में लगे झूले पर झूलने के आनंद को याद करें : आप आराम से झूल रहे हैं और झूला स्वयं ही आपको झुला रहा है। झूला हमें अपने साथ ले जाता है, हम उसे नहीं चलाते। हम झूले को आगे की ओर ले जाने के लिए टांगों पर जोर देते हैं परंतु गुरुत्वाकर्षण ही यह काम कर देता है। हम स्वयं नहीं झूल रहे, हमें झुलाया जा रहा है। नाव भी आपको झुलाती है। आप तेज़ी से जाना चाहते हैं, परंतु गति अपनी ही लय और धुन में गुनगुनाती है। हमारा काम यही है कि उस बहाव के साथ बहें और अपनी ओर से नाव की गति से खिलवाड़ न करें। इस तरह करने से आपको बहुत तनाव नहीं होगा। कई बार यह तनाव ही आपकी कोशिशें बेकार कर देता है। सामाजिक पर्वतारोही अभिजात होने का प्रयास करते हैं, पर अपनी कोशिशों के कारण ही कुछ नहीं कर पाते। अभिजात नाविक कोई प्रयत्न नहीं करते, वे पहले ही पहुँच गए हैं। यह डोलना ही पहुँचने की अवस्था है।

### 'जल जैसे मन' की उपमा

कराटे में एक ऐसी छवि होती है, जिसका उपयोग सही तत्परता की स्थिति को परिभाषित करने के लिए किया जाता है, उस छवि को 'माइंड लाइक वॉटर' के नाम से जाना जाता है। कल्पना करें कि आप एक शांत ठहरे हुए तालाब में कंकड़ डाल रहे हैं, तो पानी कैसी प्रतिक्रिया देगा? जवाब है, आपके

शक्ति पैदा करने की योग्यता, आपकी शिथिल होने की योग्यता के अनुपात में होती है।

हाथ से उछाले गए पत्थर के बल और मात्रा के अनुसार; फिर यह शांत हो जाएगा। यह बिलकुल भी कम या अधिक प्रतिक्रिया नहीं देगा।

पानी जो है, वही रहेगा और वही करेगा, जो करता है। यह भले ही कुछ समय के लिए उथल-पुथल से भर जाए पर जल्दी ही पहले जैसा हो जाएगा। यह स्थिर हो सकता है, पर यह अधीर नहीं है। इसे बदलने के लिए विवश किया जा सकता है परंतु यह कुंठित नहीं है। कराटे के मुक्के में मांसपेशी से नहीं बल्कि गति से ताकत आती है; इसमें वार करते हुए पूरी तरह से केंद्रित रहते हैं। यही वजह है कि लोग अपने हाथों से बोर्ड और ईंटें तोड़ना सीख सकते हैं; इसके लिए अमानवीय ताकत नहीं बल्कि पूरी गति व एकाग्रता के साथ वार करने की योग्यता होनी चाहिए। परंतु अगर मांसपेशी में तनाव होगा तो वह धीमी रहेगी। यही वजह है कि मार्शल आर्ट के उच्च स्तरीय प्रशिक्षण में संतुलन बनाना और शरीर को शिथिल करना विशेष रूप से सिखाया जाता है। सहज भाव से सटीक जवाबदेही के लिए मन का स्पष्ट व शांत होना ज़रूरी है।

ऐसी कोई भी चीज़ जो आपको बहुत कम या अधिक प्रतिक्रिया देने पर विवश करे, वह आपको अपने वश में कर सकती है और ऐसा करती भी है। अपने ई-मेल्स का पूरा जवाब न देना... किए जानेवाले कामों के बारे में कुछ तय न कर पाना... और अपने बच्चों या बॉस से सही तरह से न मिल पाने की वजह से ऐसे नतीजे मिलेंगे, जो शायद आपको पसंद न हों। अधिकतर लोग उन बातों की ओर कम या अधिक ध्यान देते हैं, जो उनका ध्यान पाने की हकदार हैं क्योंकि वे जल जैसी मानसिक अवस्था के साथ काम नहीं करते।

**क्या आप ज़रूरत पड़ने पर अपनी 'उत्पादक अवस्था' में आ सकते हैं?**

उस समय के बारे में सोचें, जब आपने खुद को बहुत उत्पादक महसूस किया था। हो सकता है कि आपको अपने वश में रहने का अनुभव हुआ हो, आप तनाव से दूर, पूरी तरह से अपने काम में मग्न थे, ऐसा लगता था कि समय का एहसास ही न रहा हो। आपको अपना लंच तक करना याद नहीं रहा और आपने महसूस किया कि आप अर्थपूर्ण परिणामों की ओर प्रगति कर रहे थे। क्या आप ऐसे और अनुभव पाना चाहेंगे?

> अगर आपका मन खाली होगा, तो यह हमेशा हर चीज़ के लिए तैयार होगा, यह हर चीज़ के लिए खुला होगा।
> - शुनरु सुजूकी

और अगर आप वाकई ऐसी अवस्था से बहुत परे हैं; आप नियंत्रण से बाहर, तनावपूर्ण, एकाग्रता से रहित और उलझा हुआ महसूस कर रहे हैं - तो क्या आपके पास फिर से उचित अवस्था पाने की योग्यता है? यहीं गेटिंग थिंग्स डन की पद्धति आपके जीवन पर गहरा असर डालेगी और आपको दिखाएगी कि आप जल जैसे मन की अवस्था कैसे पा सकते हैं, ताकि आपके सभी संसाधन और अंग मिलकर अधिकतम स्तर तक काम कर सकें। हालाँकि बहुत लोगों के लिए यह जानना भी एक चुनौती हो सकता है कि वे अपनी उत्पादक अवस्था से बाहर कब आए। अधिकतर लोग इसी तनावपूर्ण अनुभव के साथ इतने लंबे अरसे से जीते आ रहे हैं कि वे जान ही नहीं पाते कि यह थोड़ा अलग भी हो सकता है या कोई और सकारात्मक स्थान भी हो सकता है, जिससे वे दुनिया के सामने आ सकते हैं। आशा करते हैं कि यह पुस्तक आपको इस बारे में अपना मापदंड ऊँचा करने में मदद करेगी कि आप स्वयं को सहन करने की कितनी अनुमति देंगे और यह जानेंगे कि आपके पास इस तनाव को घटाने की तकनीकें हैं।

## नियम : आंतरिक वचनबद्धता से असरदार तरीके से निपटना

मैंने अनेक दशकों तक हज़ारों लोगों की कोचिंग और प्रशिक्षण से जाना है कि उन्हें अपनी ओर से किए गए उन वादों के लिए सबसे अधिक तनाव होता है, जिन्हें वे सही तरह से निभा नहीं पाते। जो लोग बहुत तनाव में नहीं जीते, वे भी इस पद्धति को अपनाकर, जीवन में कहीं बेहतर एकाग्रता, आराम और बढ़ी हुई उत्पादक ऊर्जा पा सकते हैं। बस उन्हें अपने जीवन के खुले हुए सिरों को वश में करने की तकनीकें सीखनी होंगी।

हो सकता है कि आपने स्वयं से इतने समझौते किए हों कि आपको उनका एहसास तक न हो और उनमें से प्रत्येक - छोटा या बड़ा हिस्सा, आपके सजग जीवन का अंग रहा है। आपके जीवन के ये 'अधूरे' या 'खुले हुए सिरे', जो आपका ध्यान अपनी ओर खींचते हैं, इन्हें लंबे समय तक वहाँ नहीं रहना चाहिए, जहाँ ये हैं। अगर सिरे खुले होंगे तो उसमें आप छोटे से छोटे और बड़े से बड़े, कई तरह के कामों को शामिल कर सकते हैं। जैसे दुनिया की भूख मिटाना या फिर अपने लिए कोई नया सहायक रखना या

ऐसी कोई भी चीज़ जो सही जगह नहीं है, वह एक खुला हुआ सिरा है, जो सही तरह से प्रबंधन न होने की दशा में आपका ध्यान खींचती रहेगी।

फिर गलियारे का बल्ब बदलने जैसा बहुत ही छोटा काम वगैरह।

इन सभी कामों को असरदार तरीके से निभाने के लिए, आपको उन सभी चीज़ों को पहचानकर एकत्रित करना होगा, जो आपका ध्यान अपनी ओर खींच रही हैं। आपको यह स्पष्ट करना होगा कि वे चीज़ें सही मायनों में आपके लिए क्या हैं और फिर आपको निर्णय लेना है कि उनसे कैसे निपटना है। हो सकता है कि यह बहुत ही सरल प्रक्रिया लगे परंतु अधिकतर लोग इस काम को लगातार जारी नहीं रख पाते। उनके पास प्रेरणा का अभाव होता है या उन्हें यह अंदाज़ा नहीं होता कि इस काम को नज़रअंदाज करने से उन्हें क्या कीमत अदा करनी पड़ सकती है।

## दिए गए वादे निभाने के लिए बुनियादी बातें

दिए गए वादे निभाने या जिम्मेदारी पूरी करने के लिए आपको कुछ बुनियादी बातों और व्यवहार को लागू करना होगा :

- सबसे पहले, अगर यह आपके दिमाग में है तो आपका दिमाग खाली या स्पष्ट नहीं है। जो भी काम अधूरा हो, उसे पद्धतिबद्ध तरीके से, आपके दिमाग से बाहर किसी भरोसेमंद सिस्टम में रखें या इसे आप 'कलेक्शन टूल' (उपकरणों का संग्रह) का नाम भी दे सकते हैं, जिसे आप नियमित रूप से देखकर हल करते रहेंगे।
- आपको स्पष्ट तौर पर पता होना चाहिए कि आप किस कार्य के लिए वचनबद्ध हैं, उसे पूरा करने के लिए आपको क्या-क्या करना है, यह भी आपको ही तय करना होगा। अगर इस काम की प्रगति के लिए कुछ करना आवश्यक हो तो उसे करना आरंभ कर दें।
- जब आप सारे ज़रूरी काम पूरे कर लें तो आपको उन्हें इस तरह व्यवस्थित करना चाहिए कि आप नियमित रूप से उनकी पड़ताल कर सकें।

## इस मॉडल की जाँच के लिए एक अहम अभ्यास

मेरा सुझाव है कि इस समय आपके दिमाग में जो भी काम या योजना घूम रहे हों, उसे एक कागज़ पर लिख लें। ऐसी कौनसी बातें हैं, जो आपको परेशान करती है, आपका ध्यान

चीज़ों को दिमाग से हटाने के लिए दिमाग लगाना होगा।

भटकाती है या फिर आपकी रुचि बढ़ाती है या किसी तरह से आपके सजग ध्यान का हिस्सा बन रही हों? यह कोई योजना या सामने दिखाई दे रही समस्या हो सकती है, कुछ ऐसा जिसका निपटारा आपको ही करना है, या फिर कोई ऐसे हालात, जिसे आपको देर-सवेर सुलझाना ही होगा। हो सकता है कि आपकी छुट्टियाँ नज़दिक आ रही हों और आपको उनके बारे में महत्वपूर्ण निर्णय लेने हों। आपने हाल ही में अपने विभाग से जुड़े अहम मसले पर कोई ई-मेल पढ़ा हो। या फिर आपको कहीं से छह मिलियन डॉलर मिल गए हैं और आपको समझ में नहीं आ रहा कि इतने पैसे का क्या करना है। या फिर ऐसा ही कुछ भी हो सकता है।

समझ गए? बढ़िया। अब आप एक ही वाक्य में लिखें कि इस समस्या या परिस्थिति के लिए आप क्या सफल परिणाम चाहते हैं। दूसरे शब्दो में, इस प्रोजेक्ट को 'डन' करने के लिए आपको क्या करना होगा। यह कुछ इस तरह के आसान वाक्य भी हो सकते हैं, जैसे, हवाई में अवकाश मनाना, किसी ग्राहक के साथ हालात पर गौर करना, सूसन के साथ कॉलेजवाला मसला हल करना, विभाग के नए प्रबंधन ढाँचे पर गौर करना, नई निवेश नीति लागू करना या मैन्युअल पढ़ने से संबंधित मसले के लिए विकल्पों पर गौर करना आदि।

अब यह देखें कि हालात को आगे ले जाने के लिए क्या करना होगा और उस कार्य को लिखें। अगर आपके पास इस काम को पूरा करने के सिवा जीवन में और काम नहीं है, तो ऐसे में आप क्या कदम उठानेवाले हैं? क्या आप किसी को कॉल या मैसेज करेंगे? मेल लिखेंगे? कागज या पेन लेकर विकल्पों पर विचार करेंगे? डाटा के लिए वेब सर्च करेंगे? हार्डवेयर की दुकान से कीलें खरीदेंगे? अपने साथी, सहायक, वकील या फिर बॉस से आमने-सामने बैठकर, मसले पर बात करेंगे? क्या करेंगे आप?

आपके पास इसका जवाब है, बहुत बढ़िया!

क्या आपके लिए चिंतन के उन दो क्षणों का कोई मोल रहा? अगर आप भी उन अधिकतर लोगों में से हैं, जो हमारे सेमीनारों में ही यह काम कर लेते हैं, तो आप अभी से थोड़ा नियंत्रण, सुकून और एकाग्रता महसूस कर रहे होंगे। आप सही मायनों में इन हालात के बारे में कुछ करने के लिए प्रेरक महसूस कर रहे होंगे, जिसके बारे में

एक काम करनेवाले आदमी की तरह सोचें, एक विचारवान आदमी की तरह काम करें।
- हेनरी बर्गसन

आपने अभी केवल विचार किया है। कल्पना करें कि यही प्रेरणा कई गुना होकर, आपके जीवन और काम पर हावी हो जाएगी।

अगर इस छोटे से अभ्यास में, आपके साथ थोड़ा सा भी कुछ सकारात्मक घटा है, तो इसके बारे में सोचें कि क्या बदला है? ऐसा क्या घटा है, जिसने आपके अपने अनुभव की दिशा को सुधारा? हालाँकि यह हालात अभी आपके साथ भौतिक जगत में नहीं है पर अभी यह समाप्त नहीं हुए है। संभवत: हुआ यह कि आपको मनचाहे परिणामों की स्पष्ट परिभाषा मिल गई और यह पता चला कि आपको इसके बाद क्या करना है। जो भी बदला है, वह स्पष्टता, एकाग्रता और मन की शांति के लिए सबसे महत्वपूर्ण तत्व है।

परंतु उसे किसने रचा? यह 'व्यवस्थित होने' या 'प्राथमिकता तय करने' की वजह से नहीं हुआ। यह आपकी सोच के कारण है। बस आपने इससे निपटने के लिए आवश्यक संसाधन और अवसरों को पाने की ठान ली है। लोग सोचते बहुत हैं पर उनकी सोच समस्या, योजना या हालात से जुड़ी होती है, वे उनके बारे में नहीं सोचते। अगर आपने वास्तव में यह अभ्यास किया है, तो आपको अपनी सोच को एक परिणाम और क्रिया की ओर ले जाना आवश्यक है। यह सजग और सचेत भाव से किए गए प्रयास के बिना संभव नहीं हो सकता। प्रतिक्रिया देना स्वचालित है परंतु सोच के साथ ऐसा नहीं होता।

## नॉलेज वर्क का असली काम

'नॉलेज वर्क'[3] या कार्य संबंधी गहरे सिद्धांत में आपका स्वागत है। इसमें आपको एक नियम के अनुसार चलना होगा : आपको अपने सामान के बारे में

---

[3] नॉलेज वर्क इस सदी में बहुत से लोगों को अनजाना शब्द लग सकता है क्योंकि हमारे जीवन का कुछ हिस्सा बहुत सी गैर-भौतिक और स्पष्ट न दिखनेवाली चीज़ों से घिरा है, जिनके बारे में हमें उचित निर्णय लेने की आवश्यकता है। ये चीज़ें लगातार हमसे सोचने और चुनने की माँग करती हैं। हममें से अधिकतर लोग इनमें ही व्यस्त रहते हैं (एक मछली पानी के बारे में ही सबसे आखिर में सोचती है)। अब भी अधिकतर लोग ऐसे हैं, जिन्हें अपनी सोचने की प्रक्रिया का एहसास नहीं है और वे इसका सही तरह से अभ्यास नहीं करते। हो सकता है कि नॉलेज वर्क का विचार आपको सफेदपोश पेशेवरों तक सीमित लगे। वह पिछली सदी की आरंभिक जनसंख्या थी, जिसने इसका सामना किया, परंतु जो कोई भी उस सिलसिले से निकल आया है, वह इस खेल का हिस्सा बन गया है। ऐसे कोई भी माता-पिता जिन्हें यह सोचना पड़ा हो कि अपने बच्चे के लिए कौन सी क्लास चुनें या उसे कौन सा डिजीटल उपकरण दें, वे सभी इसी श्रेणी में आते हैं।

अपने अनुमान से थोड़ा अधिक सोचना होगा पर इतना भी नहीं कि आप उससे भयभीत होने लगें। जैसा कि पीटर ड्रकर ने कहा है, 'नॉलेज वर्क में काम नहीं दिया जाता; इसे तय करना पड़ता है।' 'इस काम से संभावित परिणाम क्या हो सकते हैं?' ... आपको नॉलेज वर्क को उत्पादक बनाने के लिए यह प्रश्न पूछना चाहिए। यह एक ऐसा प्रश्न है, जो जोखिमभरे निर्णय चाहता है। कोई भी उत्तर सही नहीं होता, आमतौर पर चुनाव होते हैं। अगर उत्पादकता चाहिए तो इसके नतीजे भी पूरी तरह से निर्दिष्ट होने चाहिए।

हर काम का पूर्वज विचार ही है।
- राल्फ वाल्डो इमर्सन

अधिकतर लोगों में उस ऊर्जा के प्रति एक विरोध का भाव होता है, जो उन्हें वास्तविक अर्थ की ओर ले जाएगी। अब इस ऊर्जा का उपयोग कैसे करना है, इसके बारे में उन्हें सोचना होगा। हमें कभी यह नहीं सिखाया गया कि हमें अपने काम को करने से पहले उसके बारे में कैसे सोचना चाहिए। हमारी ज्यादातर रोज़मर्रा की गतिविधियाँ पहले से ही कुछ अधूरे कामों और एक जगह रखी चीज़ों द्वारा परिभाषित हो जाती हैं। जैसे जब हम काम पर जाते हैं, परिवारवालों के लिए भोजन करते हैं, कपड़े धोते हैं या फिर घर में बच्चों के कपड़े बदलते हैं। अधिकतर लोग मनचाहे परिणाम और नेक्स्ट एक्शन को परिभाषित करने के लिए एकाग्रता से अपनाई गई सोच के लिए इतने आग्रही नहीं होते। जब तक ऐसा करने की कोई विवशता नहीं होती, तब तक वे इसे नहीं करना चाहते। पर वास्तव में, यह इच्छाओं को साकार रूप देने के सबसे प्रभावी साधनों में से है।

## चीज़ें आपके दिमाग में क्यों हैं?

कई बार कुछ चीज़ें आपके दिलो-दिमाग पर इसलिए छाई रहती हैं क्योंकि आप इसे मौजूदा रूप से थोड़ा अलग चाहते हैं; और फिर भी

- आपने अभी तक यह स्पष्ट नहीं किया कि आपको संभवतः कैसे परिणाम चाहिए,
- आपने यह तय नहीं किया कि अगला भौतिक कदम क्या होगा,
- आपने अपने भरोसेमंद सिस्टम में मनचाहे नतीजे और नेक्स्ट एक्शन के रिमाइंडर नहीं डाले।

किए जानेवाले कामों पर निरंतर अनुत्पादक सोच बनाए रखने से समय और ऊर्जा की बरबादी के सिवा कुछ नहीं मिलता।
- कैरी ग्लीसन

यही वजह है कि यह आपके दिमाग में बसा हुआ है। जब तक आप उन कामों के बारे में सोचकर कोई निर्णय नहीं लेते और फिर नतीजों से जुड़ें आँकड़े अपने भरोसेमंद सिस्टम के हवाले नहीं करते, तब तक आपका दिमाग उन कामों के बारे में सोचना नहीं छोड़ सकता। इसे पता है कि आप अभी तक निष्कर्ष तक आए हैं या नहीं या आपने उन्हें भरोसेमंद सिस्टम में रखा है या नहीं, ताकि सही समय पर उन्हें सजग मन के हवाले किया जा सके।[4] अगर आपने ये काम नहीं किए तो ओवरटाइम करने से भी बात नहीं बनेगी। अगर आपने पहले ही अगले चरण को तय कर लिया है कि आप समस्या को हल करेंगे, तो आपका दिमाग तब तक इस बात को अपने से दूर नहीं जाने देगा, जब तक आप इसे किसी रिमाइंडर की शक्ल में रख न दें ताकि उसे आराम से देखा जा सके। इस तरह आप पर लिए गए नेक्स्ट एक्शन का दबाव रहा होगा, खासतौर पर, जब आप किसी काम के लिए कुछ नहीं कर पाते, तो इससे केवल आपका तनाव ही बढ़ता है।

### आपके दिमाग के पास अपना दिमाग नहीं है

कम से कम, आपके दिमाग का एक हिस्सा, एक दिलचस्प तरीके से मूर्ख है। अगर इसके पास कोई समझ या तर्कशक्ति होती तो यह आपको कुछ कामों की याद तभी दिलाता, जब आपको उन्हें वाकई करना होता।

क्या आपके पास कहीं फ्लैशलाइट्स हैं, जिनमें खराब बैटरी डली हुई है? आपका दिमाग आपको यह बात कब याद दिलाता है कि आपको बैटरी बदलनी है? जब आप खराब बैटरी को देखते हैं, तो लगता है कि यह कोई अच्छी बात नहीं है। अगर आपके दिमाग के पास अपनी कोई समझदारी होती तो यह आपको खराब बैटरी के बारे में तभी बता देता, जब आप स्टोअर में नई बैटरियों के पास से निकल रहे थे और साथ ही आपको बैटरी का उपयुक्त आकार भी पता होता।

> अपने मस्तिष्क पर राज करें वरना यह आप पर राज करने लगेगा।
> - होरेस

इस दौरान जब आप सोकर उठे, तब से अब तक, क्या आपने अभी तक ऐसे काम के बारे में सोचा, जो आपने अभी तक नहीं किया? क्या आपको ऐसे एक से अधिक विचार

---

[4] इस संदर्भ के लिए अध्याय 14 में बॉमेस्टर्स वेलीडेटिंग रिसर्च देखें।

आए? अगर हाँ तो क्यों? आप जिन कामों को कर नहीं पा रहे, उनके बारे में सोचना, समय और ऊर्जा की बरबादी से अधिक कुछ नहीं है। इससे आपकी बेचैनी बढ़ती है और आप वास्तव में ऐसे काम नहीं कर पाते, जो आपको सही मायनों में करने चाहिए।

कई लोग टू-मच-टू-डू सिंड्रोम यानी ज्यादा काम होने का दिखावा करने की मानसिकता के शिकार होते हैं। संभवत: आपने खुद को बहुत सारे कामों के बीच उलझा दिया है। आपका आंतरिक मन उन सभी कामों को उतनी निपुणता से नहीं कर पा रहा, जितनी निपुणता से उन्हें किया जाना चाहिए। अब शोध से भी स्पष्ट हो गया कि आपकी मानसिकता का एक महत्वपूर्ण अंश आपके इन अधूरे सिरों का ध्यान नहीं रख सकता (जैसा कि माना जाता था) और इससे आपको कोई सकारात्मक प्रेरणा नहीं मिलती। आपकी मानसिकता ही आपके द्वारा किए जानेवाले काम या सोच के लिए बाधा बनकर सामने आती है, जिससे आपकी काम करने की क्षमता घटती है।

## आपकी सामग्री का रूपांतरण

मैं सामग्री या स्टफ शब्द की परिभाषा देते हुए कहना चाहूँगा : आपके भौतिक या मानसिक जगत में अगर ऐसा कुछ भी है, जो अपनी सही जगह से संबंध नहीं रखता, जिसके लिए आप अभी तक कुछ तय भी नहीं कर सके, तो यह आपकी ओर से मनचाहे नतीजे और नेक्स्ट एक्शन की अपेक्षा रखता है। कई आयोजन प्रणालियाँ अधिकतर लोगों के लिए काम नहीं कर पाती क्योंकि उन्होंने अभी तक अपनी उस सामग्री को रूपांतरित ही नहीं किया, जिसे वे व्यवस्थित करना चाहते हैं। जब तक यह सामग्री के रूप में रहेगा, इसे वश में नहीं कर सकते।

हमने जितना भी स्टफ जमाकर रखा है, उसे अपने कामों, योजनाओं और उपयोग में आने योग्य सूचना की स्पष्ट सूची में बदलना होगा।

मैंने पिछले सालों के दौरान, लोगों की किए जानेवाले कार्यों की सूची को देखा (लोगों के पास केवल वही सूची होती थीं) तो पता चला कि उसमें केवल सामग्री की सूची दी गई थी। उस सूची में किए जानेवाले सार्थक काम का कोई ब्यौरा नहीं था। वे बहुत सारे कामों के आंशिक तकादे थे, जो अभी तक पूरे नहीं हुए। ऐसे कामों पर कोई

कार्य नहीं किया गया और ना ही उसके कोई परिणाम आए। सूची बनानेवाले यहीं चूक रहे थे।

अक्सर सूचियों में कुछ ऐसा ही देखने को मिलता है - मॉम, बैंक, डॉक्टर, बेबी-सिटर, वीपी मार्केटिंग वगैरह...। इन्हें देखने से सुकून मिलने की बजाय तनाव होने लगता है क्योंकि ये चीज़ें बार-बार याद दिलाती हैं कि आपने कोई काम करने का वादा किया था, जिसे अभी तक पूरा नहीं किया या अभी आपकी कोई जिम्मेदारी अधूरी है। ये आपको मानसिक तौर पर याद दिलाती है कि 'मेरे बारे में कोई निर्णय लो।' और अगर उस समय आपके पास कुछ सोचने या निर्णय लेने की ऊर्जा नहीं है, तो यह आपको केवल इतना ही याद दिलाएगी कि आप काम से बुरी तरह से घिरे हुए हैं।

सामग्री को आप बुरा नहीं मान सकते। जो चीज़ें हमारा ध्यान अपनी ओर खींचना चाहती हैं, वे ही सामान के तौर पर सामने आती हैं। जब हम इन्हें अपने जीवन और नौकरी में आने की इजाज़त देते हैं, तो हमारे भीतर से उन चीज़ों का वर्णन करने और उन्हें एक अर्थ देने की इच्छा पैदा होती है। पेशेवर जगत में, हमें अपनी नौकरी के दौरान किसी ई-मेल पर या अगले दिन सुबह होनेवाली मीटिंग के विषय पर नोट्स निकालने के लिए मिनट-दर-मिनट सोचने, मूल्यांकन करने, तय करने और निर्णय को लागू करने का काम करना पड़ता है। यह नौकरी का एक हिस्सा है। अगर आपको उन बातों के बारे में नहीं सोचना पड़ा तो शायद हो सकता है कि आपको ज़रूरत न रही हो। निजी तौर पर हम अपने घर, परिवार, सेहत, वित्त, कैरियर और रिश्तों जैसे रोज़मर्रा की दिनचर्या से जुड़े मसलों को निश्चित मनचाहे परिणामों और किए जानेवाले कामों के लिए परिभाषित किए बिना, अपनी चेतना में कहीं दबे रहने देते हैं, तो सही मायनों में हम अपने-आपसे धोखा करते हैं।

मेरे एक सेमीनार के समापन पर, एक प्रमुख बायोटैक फर्म की मैनेजर ने अपने किए जानेवाले कामों की सूची को देखकर कहा, 'ओह, यह तो किए न जानेवाले कामों की अव्यवस्थित बूँदें हैं।' यह सबसे अच्छा विवरण है, जिसे अधिकतर प्रणालियों में सूचियों का आयोजना करने के लिए लागू किया जा सकता है।

अगर कोई सोच किसी कार्यवाही को प्रेरित करे तो यह उपयोगी है और अगर किसी काम की जगह लेने लगे तो बाधा बन सकती है।
- बिल रीडर

अधिकांश लोग अस्पष्ट चीज़ों की अधूरी सूचियों को नए सिरे से व्यवस्थित करने की कोशिश में हैं; उन्हें अभी तक यह एहसास नहीं हुआ कि सहो मायनों में नतीजे पाने के लिए कि उन्हें क्या और कितना काम करना होगा। उन्हें उन सभी बातों को संग्रहित करना होगा, जिस पर विचार करना है और फिर यह सोचना होगा कि क्या सब कुछ व्यवस्थित करने के प्रयास सफल हो रहे हैं।

## प्रक्रिया : कार्यवाही का प्रबंधन

आप स्वयं को किसी खिलाड़ी की तरह कहीं ज्यादा तेज और संवेदनशील बना सकते हैं, आप पहले से अधिक सक्रिय बन सकते हैं और सामने आनेवाले हर हालात का सामना करने के लिए खुद को प्रशिक्षित भी कर सकते हैं। आप प्रभावी ढंग से सोचते हुए, अपने कार्यों के परिणामों को आसानी से वश में कर सकते हैं। आप अपने कामकाजी और निजी जीवन के परिदृश्य के आसपास सभी खुले हुए सिरों को कम से कम कर सकते हैं और कम प्रयत्नों में ज्यादा से ज्यादा काम कर सकते हैं। आप अपने संग्रह किए गए सामग्री के लिए निर्णय लेते हुए, इस सदी में काम करने और जीने के लिए एक आदर्श कार्य पद्धति बना सकते हैं। इससे पहले कि आप वह सब करें, आपको अपने दिमाग में कुछ न रखने की आदत डालनी होगी। और ऐसा करने के लिए, जैसा कि हमने देखा; आप समय, सूचना या प्राथमिकताओं के प्रबंधन के साथ कार्य नहीं कर सकते। आखिरकार :

- आप पाँच मिनट का प्रबंधन करके, छठे मिनट में मौज-मस्ती नहीं करते।
- आप सूचना के अतिरिक्त भार को नहीं संभाल सकते - वरना पुस्तकालय में जाकर ही आप दम तोड़ देते या पहली बार वेब के संपर्क में आते ही आपका दिमाग चकरा जाता, या
- आप प्राथमिकताओं का प्रबंधन नहीं करते - उन्हें बनाए रखते हैं।

अपनी सामग्री के प्रबंधन की कुंजी यही है कि आप अपने कामों का प्रबंधन करें।

### क्रिया प्रबंधन ही बड़ी चुनौती है

आप अपने समय के साथ क्या करते हैं, आप सूचना के

आरंभ करने से ही काम आधा हो जाता है।
- ग्रीक कहावत

साथ क्या करते हैं, और आप अपने शरीर और अपनी प्राथमिकताओं से जुड़े केंद्र के साथ क्या करते हैं – यही वे असली विकल्प हैं जिनके लिए आपको अपने सीमित संसाधन देने होंगे। असल मुद्दा यह है कि किसी दिए हुए समय में उचित चुनाव कैसे किया जाए। वास्तविक कार्य तो हमारी क्रियाओं का प्रबंधन करना है।

सुनने में भले ही सरल लगे पर आपको यह जानकर हैरानी होगी कि अधिकतर लोग किस तरह कई योजनाओं (प्रोजेक्ट्स) और जिम्मेदारियों से जुड़े नेक्स्ट एक्शन के बारे में कुछ तय नहीं कर पाते। आपने जो काम तय न किए हों या जिनके बारे में कोई फैसला न लिया हो, उन्हें पूरा करना लगभग असंभव होता है। ज्यादातर लोगों के पास कई मोर्चों पर आगे बढ़ने के लिए दर्जनों अधूरे काम होते हैं, परंतु उन्हें पता नहीं होता कि वे कौन से काम हैं। और वे अक्सर कहते हैं, 'मेरे पास फलाँ काम के लिए समय नहीं है।' इसे समझा जा सकता है क्योंकि कई प्रोजेक्ट्स का भार ज्यादा लगता है और ऐसा इसलिए है क्योंकि आप एक बार में कोई प्रोजेक्ट पूरा नहीं कर सकते, आप केवल उससे जुड़े कामों को पूरा कर सकते हैं। कई कामों को पूरा करने में केवल एक या दो मिनट लगते हैं। अगर आप उन्हें उचित संदर्भ में कर सकें तो किसी प्रोजेक्ट को आगे बढ़ाने में मदद मिलती है।

हज़ारों लोगों की कोचिंग और प्रशिक्षण के दौरान, मैंने पाया कि उनके लिए समय की कमी बड़ी परेशानी नहीं है, हालाँकि उन्हें ऐसा लग सकता है। लेकिन असली परेशानी यह है कि उनके पास अपने प्रोजेक्ट के बारे में कोई स्पष्टता नहीं है और उसकी एक तयशुदा परिभाषा भी उन्हें पता नहीं है। इसलिए अपने प्रोजेक्ट से जुड़ा नेक्स्ट एक्शन क्या होना चाहिए, यह भी उन्हें पता नहीं होता। काम के सामने आते ही पहले इन चीज़ों को पूरी तरह से स्पष्ट कर लें, अगर समस्या पैदा होने के बाद ऐसा किया तो कुछ हाथ नहीं आएगा। पहले ही हल करने से आप कार्य प्रबंधन के लाभ पा सकते हैं। गेटिंग थिंग्स डन या चीज़ों को पूरा करने के लिए दो बुनियादी बातें पूरी होनी चाहिए – इसके लिए आपको परिभाषित करना होगा, 1. किए गए काम का क्या अर्थ होगा (नतीजा)

समय के अभाव में काम नहीं रुकते। वे इसलिए उलझ जाते हैं क्योंकि यह तय नहीं हो पाता कि काम किस तरह और कहाँ व कैसे होगा।

और 2. किया गया काम कैसा है (एक्शन)। यही दो बातें ऐसी हैं, जिन्हें पूरा करने की ओर अधिकतर लोगों का ध्यान नहीं जाता।

## बॉटम-अप अप्रोच (उर्ध्वगामी दृष्टिकोण) का मोल

मैंने वर्षों की खोज के बाद पाया कि बॉटम-अप अप्रोच के साथ निजी उत्पादकता में व्यावहारिक तौर पर सुधार किया जा सकता है, इसमें सबसे पहले छोटे और गैर-मामूली कामों से शुरुआत करते हुए, मौजूदा कामों और जिम्मेदारियों को पूरा किया जाता है। बौद्धिक तौर पर, काम करने का सबसे आदर्श तरीका यही होना चाहिए कि आप सबसे निचले स्तर से काम करना आरंभ करें। पहले निजी और संगठनात्मक उद्देश्य और अपने विज़न को स्पष्ट करें, फिर महत्वपूर्ण लक्ष्यों को परिभाषित करते हुए अंत में काम करने की बारीकियों पर ध्यान दें। हालाँकि मुश्किल यही है कि अधिकतर लोग रोज़मर्रा के जीवन में इतने मग्न रहते हैं कि अक्सर कार्य के विशाल क्षितिज पर सही मायनों में केंद्रित नहीं रह पाते। इस तरह, एक बॉटम-अप अप्रोच अक्सर कहीं ज्यादा असरदार होती है।

मौजूदा काम करते हुए, अपने सामने रखे और दिमाग में चल रहे कामों के साथ ऐसे अभ्यासों को लागू करें, जिन पर आप भरोसा कर सकें, इस तरह आप अपने क्षितिज को एक अनूठा विस्तार दे सकते हैं। फिर एक रचनात्मक और जीवंत ऊर्जा प्रकट होगी, जो आपके केंद्र और एकाग्रता को नई ऊँचाईयों तक ले जाने में सहायक होगी। आपका आत्मविश्वास उस रचनात्मकता को पूरी तरह से संभाल सकेगा। जो लोग इस प्रक्रिया को पूरी तरह से लागू करते हुए काम में जुटते हैं, वे अक्सर अपने भीतर अचानक एक तरह की आज़ादी, मुक्ति और प्रेरणा को महसूस कर सकते हैं।

> विजन ही काफी नहीं, इसके साथ आपको कार्य भी करना होगा। केवल सीढ़ियों को देखने से बात नहीं बनेगी, आपको उन पर चढ़कर जाना होगा।
> - वॉकलव हैवल

जब आपके पास लगातार काम करने की एक प्रणाली के साथ-साथ मनचाहे नतीजों को बस में करने के साधन उपलब्ध होंगे, तो आपके लिए चिंतन और मनन करने का भी भरपूर अवसर होगा। आपको दिनभर में जो काम करने हैं, उनके बारे में सोचने से कहीं ज्यादा अच्छा है कि और भी कई सार्थक काम करने लायक

हैं, उनके बारे में सोचा जाए। परंतु अगर उन सार्थक कामों को करने के लिए आपका प्रबंधन उतना अच्छा नहीं है, जितना होना चाहिए, तो यह कुछ ऐसा ही होगा कि आप ढीले-ढाले कपड़े पहनकर तैरने की असफल कोशिश कर रहे हैं।

मैंने ऐसे अनेक अधिकारियों के साथ काम किया है, जो दिन में अपने रोज़मर्रा के कामों से भरे मेज़ को समेटने के बाद, शाम को अपनी कंपनी और भावी जीवनशैली के लिए कई तरह के विचारों और विजन से भरपूर होते हैं। वे अपने काम के प्रवाह से स्वयं को अलग बनाए रखते हैं इसलिए वे यह सब करने में सक्षम होते हैं।

**क्षैतिज और लंबवत** (Horizontal and Vertical) **क्रिया प्रबंधन**

आपको अपने कामों, प्रोजेक्ट्स और जिम्मेदारियों को क्षैतिज (आड़ा यानी क्षितिज के समानांतर) और लंबवत इन दो तरह से संभालना होगा। क्षैतिज नियंत्रण का अर्थ है कि आपको अपनी सारी गतिविधियों के साथ संतुलन साधना होगा। जरा सोचें कि आप मन ही मन लगातार अपने आसपास के परिवेश को किसी पुलिस रडार[5] की तरह देख रहे हैं। यह रडार चौबीस घंटों के दौरान, ऐसी हज़ारों चीज़ों पर पड़ सकता है, जो आपका ध्यान अपनी ओर खींचती हैं या आपके ध्यान में वे आगे दी गई बातों को भी ला सकती हैं - जैसे दवा की दुकान, आपकी बेटी का दोस्त, बोर्ड मीटिंग, आपकी आंटी मार्था, एक आनेवाला इनबॉक्स संदेश, कूटनीतिक योजना, लंच, ऑफिस में मुरझानेवाला पौधा, एक नाराज ग्राहक, ऐसा जूता जिसे चमकाने की ज़रूरत है... आदि। आपको स्टैंप खरीदने हैं और तय करना है कि आनेवाली प्रेजेंटेशन की क्या तैयारी करनी है, साथ ही बैंक में चैक जमा करवाना है, होटल का आरक्षण करवाना है, किसी मीटिंग को रद्द करना है और आज रात एक फिल्म भी देखनी है। आपको यह जानकर हैरानी हो सकती है कि आप जितने कामों के बारे में सोच रहे हैं, ये सब आपको एक ही दिन में पूरे करने हैं। आपको एक ऐसा अच्छा सिस्टम चाहिए, जो इन सभी कामों को अच्छी तरह ध्यान में रख

---

5 यह एक इलेक्ट्रॉनिक उपकरण है, जो रेडिओ तरंगों या रेडिओ संकेतों का पता लगाने में मदद करते हैं। ये विद्युत चुंबकीय ऊर्जा के रूप हैं, जो रडार से उत्सर्जित होते हैं। इसका उपयोग पुलिस द्वारा गति सीमा से अधिक ड्राइविंग कारों का पता लगाने के लिए किया जाता है।

सके। ज़रूरत पड़ने पर मनचाही जानकारी दे सके और बड़ी आसानी व सरलता से, आपका ध्यान दूसरे काम की ओर लगाने की अनुमति देता हो।

इसके विपरीत लंबवत नियंत्रण (Vertical control) व्यक्तिगत विषयों और योजनाओं के चिंतन, विकास एवं संयोजन का प्रबंधन करता है। मिसाल के लिए, आपका भीतरी पुलिस रडार, डिनर के समय अपने साथी के साथ किए गए अवकाश (छुट्टि) के बारे में सोचता है – जैसे आप कहाँ और कैसे जानेवाले हैं, आप क्या करेंगे, छुट्टियों की तैयारी कैसे करेंगे आदि। या फिर आपको और आपके बॉस को नए विभागीय पुनर्गठन के बारे में निर्णय लेने की आवश्यकता है, जिसे आप हाल में ही प्रस्तुत करने जा रहे हैं। आप जिस ग्राहक से बात करने जा रहे हैं, आपको उसके बारे में अपनी सोच को बदलना है। इसे आप 'प्रोजेक्ट प्लानिंग' का नाम भी दे सकते हैं। इसमें आप कुछ समय के लिए एक काम, हालात, व्यक्ति, विचार, काम करने के विवरण, प्राथमिकता तथा घटनाओं के क्रम पर ध्यान देते हैं।

लंबवत और क्षैतिज रूप से प्रबंधन करने का लक्ष्य एक ही है : आपको अपने दिमाग से कामों को हटाकर उन्हें पूरा करना है। क्रिया के उचित प्रबंधन से जीवन और काम के दौरान आपको आरामदेह बनाते हुए, सब नियंत्रण में रखने का भाव पैदा करता है, जबकि उचित प्रोजेक्ट केंद्र रखते हुए, आप पूरी स्पष्टता के साथ सही तरह से काम करते हुए मनचाहे नतीजे पा लेते हैं।

## प्रमुख बदलाव : यह सब अपने दिमाग से निकालें

मैं जिस सुकूनदेह नियंत्रण की बात कर रहा हूँ, उसे पाने के लिए आपको निश्चित तौर पर अपने दिमाग से इन बातों को निकालना होगा। इसके अलावा मेरे पास कोई उपाय नहीं है। जैसा कि आप देखेंगे, इस किताब में दिए गए व्यक्तिगत व्यवहार ऐसे हैं, जिन्हें आप पहले से कर रहे हैं। मैं जो काम करता हूँ और दूसरे लोग जो काम करते हैं, उनके बीच सबसे बड़ा अंतर यही है कि मैं अपने किए गए कामों व सामग्री को पूरे सौ प्रतिशत तक संग्रह करता हूँ और उन्हें अपने दिमाग पर हावी नहीं होने देता। यह सभी चीज़ों पर लागू होता

आपके दिमाग में कितना कुछ चल रहा है और उसमें से कितना कुछ हो चुका है, प्रायः इनके बीच एक विपरीत संबंध होता है।

है - छोटी-बड़ी, निजी-पेशवेर, तत्काल किए जानेवाले और साधारण। हर चीज़ पर[6]।

मुझे पूरा यकीन है, आपको भी अपने जीवन में कभी न कभी ऐसे मुकाम का सामना करना पड़ा होगा, जिसमें आपको बैठकर एक सूची तैयार करनी पड़ी होगी। उस समय आपने स्वयं को थोड़ा केंद्रित और नियंत्रित महसूस किया होगा। अगर ऐसा है तो आपके पास मेरी बात को समझने का संदर्भ बिंदु है। आपकी जिंदगी में बाहरी तौर से कुछ नहीं बदला था पर आपने बेहतर महसूस किया। केवल यह बदलाव हुआ कि आप अपनी दुनिया से कैसे संबंध रखते हैं। ऐसा हमेशा होता है, जब आप संभावित सार्थक बातें अपने दिमाग से निकाल देते हैं। हालाँकि ज्यादातर लोग, इस तरह का अभ्यास तभी करते हैं, जब उलझन और भ्रम दिमाग पर इतना हावी हो जाते हैं कि उसे सहन नहीं कर पाते और उन्हें कुछ न कुछ करना ही पड़ता है। तब वे केवल उन कामों की सूची बना लेते हैं, जो उन्हें परेशान कर रहे हैं। पर अगर आप उसी तरह से काम करते हुए, अपने जीवन और कार्यशैली की समीक्षा करें और उसे अपने जीवन के सभी हिस्सों पर लागू कर सकें (केवल ज़रूरी काम नहीं), तो आप माइंड लाइक वॉटर मैनेजमेंट (जल के समान मन का प्रबंधन) कर रहे होंगे। मेरे अनुभव से यह प्रक्रिया हमेशा हमारे नज़रिए और अनुभव का विस्तार करती है। तो इंतजार किस बात का है?

> अगर आप किसी विचार को पसंद नहीं करते तो आपके दिमाग में उसके दोबारा आने का कोई कारण नहीं बनता।

मैं विकल्पों के बारे में सोचने की बजाय, उन विकल्पों पर आधारित सहज चुनाव करने की कोशिश करता हूँ। मुझे केवल उसके बारे में सोचना पड़ता है, जो पहले से एक भरोसेमंद सिस्टम में सहेजा गया है। मैं चीज़ों पर एक बार से अधिक समय तक सोचने में समय नष्ट नहीं करता। इससे आपकी रचनात्मक ऊर्जा नष्ट होती है और आप तनाव व

---

[6] वैसे पूरी तरह से हर चीज़ पर नहीं। मेरा अधिकतर समय और मस्तिष्क कुछ चीज़ों के बारे में सोचता रहता है, जो स्वाभाविक तौर पर किसी चीज़ के बारे में मेरी सजगता को विकसित करता है। मैं पूरे दिन में आए हज़ारों विचारों को कागज़ पर नहीं लिखता। वे लगभग अपने-आपमें पूरे होते हैं। कई विचार ऐसे आते हैं, जो मेरे दिमाग में कुछ खुले हुए सिरे छोड़कर अधूरे रहते हैं - जैसे कोई ऐसा रेस्त्राँ, जिसमें जाना चाहूँगा... इस किताब से संबंधित संभावित सामग्री... कोई ऐसा विचार, जो मेरी पत्नी से जुड़ा हो... मेरे एकांउटेंट के लिए कोई प्रश्न... या फिर हार्डवेयर की दुकान से लानेवाली कोई सामग्री... आदि।

कुंठा का शिकार होते हैं।

आप इस सोच से बच नहीं सकते। जिस बात का कोई फैसला न किया गया हो, दिमाग उसे लगातार अपने विचारों में बनाए रखेगा। परंतु दिमाग में लगातार चलनेवाले ये घोड़े आपकी सोचने और कार्य करने की क्षमता को प्रभावित करते हैं और इस तरह के अधूरे कामों का बोझ ज्यादा दिन तक सहन नहीं होता, कभी न कभी आपका दिमाग भी हथियार डाल ही देता है।

'होनेवाले, किए जानेवाले या किए जाने चाहिए', आपके दिमाग में इस तरह की सोच लगातार अतार्किक और कभी न हल होनेवाला दबाव पैदा करती है, चौबीसों घंटे!

आपके दिमाग का शार्ट-टर्म मेमोरी हिस्सा, एक कंप्यूटर के रैम (RAM रैंडम एक्सेस मेमोरी) की तरह काम करता है। वह उन सभी कामों का ब्यौरा रखता है, जो अधूरे, असंगठित हैं या जिनके बारे में कुछ तय नहीं किया गया। आपका सजग मन किसी कंप्यूटर स्क्रीन की तरह, कोई स्टोरेज की जगह नहीं है बल्कि एकाग्र होने का साधन है। आप एक बार में केवल दो या तीन बातों के बारे में ही सोच सकते हैं। पर अधूरी बातें आपके दिमाग के शार्ट-टर्म मेमोरी स्पेस में जमा होती रहती हैं। जहाँ तक रैम का सवाल है, इसकी भी एक सीमित क्षमता है, आप उसमें बहुत कुछ स्टोअर यानी जमा कर सकते हैं, पर फिर भी आपका दिमाग अपनी पूरी क्षमता के साथ काम करता है। कई बार तो कुछ लोगों को देखकर लगता है कि उनकी रैम अभी फट जाएगी। उनका ध्यान लगातार भटकता है, वे सही तरह से एकाग्र नहीं हो पाते और उनके अपने मानसिक दबाव के चलते, प्रदर्शन के स्तर में गिरावट आ जाती है। कॉग्निटिव विज्ञान में हुए ताज़ा शोध ने भी इस तथ्य की पुष्टि की है। अध्ययनों से पता चला है कि दिमाग पर पड़े हुए बोझ और दबाव के कारण मानसिक क्षमता बाधित होती है और हम किए जानेवाले कामों का हिसाब नहीं रख पाते। इन्हें पूरा करने के लिए हमें एक भरोसेमंद योजना और सिस्टम की आवश्यकता पड़ती है।[7]

मिसाल के लिए, आपका दिमाग पिछले कुछ मिनटों के दौरान कुछ ऐसी बातों की ओर गया, जिनका आपकी इस किताब से कोई लेना-देना नहीं है। संभवत: ऐसा हुआ होगा। बेशक आपका दिमाग उन अधूरे विचारों की ओर गया

---

[7] एक अद्भुत पुस्तक है, जिसमें ऐसे कई विषय शामिल किए गए हैं, उसका नाम है- 'विलपावर, रीडिस्कवरिंग द ग्रेटेस्ट ह्यूमन स्ट्रैंथ', रॉय बाउमिस्टर व जॉन टायरनी, पेंगुइन 2011

होगा, कुछ अधूरी दशाओं की ओर गया होगा, जिनके बारे में आपने अब तक कुछ तय नहीं किया। ये हालात अचानक ही आपके दिमाग की रैम से निकले और अंदर ही अंदर आप पर चिल्लाने लगे। आपने इसके लिए क्या किया? जब तक आप इसे किसी भरोसेमंद सिस्टम के हवाले करते हुए कहीं लिखते नहीं, तक तक आप इससे मिलनेवाले तनाव और चिंता से अपना बचाव नहीं कर सकते। सिस्टम में सब कुछ संग्रहीत होगा, तो आप किसी दिन इस पर आसानी से कार्य कर सकेंगे। अगर ऐसा नहीं करते तो कोई प्रगति नहीं होगी, केवल तनाव बढ़ता रहेगा।

सबसे बड़ी परेशानी यही है कि जब आप कुछ काम नहीं कर पाते तो आपका दिमाग निरंतर आपको उनकी याद दिलाता रहता है। इसे अतीत या वर्तमान का अंदाजा नहीं होता। ज्यों ही आप स्वयं से कहते हैं कि आपको यह काम करना है, यह उसी समय आपके दिमाग में दर्ज होता है और आपके दिमाग का एक हिस्सा समझता है कि आपको हमेशा वही काम करना है। आप जिन भी कामों को करने के लिए अपने दिमाग को याद दिलाते हैं, उसे लगता है कि आपको उन्हें उसी समय करना है। सच कहें तो आप ज्यों ही दो कामों को एक साथ दिमाग में दर्ज करते हैं, तो आप अपने लिए भावी असफलता की भूमिका बना लेते हैं क्योंकि आप दो काम एक ही समय में नहीं कर सकते। इससे तनाव पैदा होता है, जिसके स्त्रोत का पता लगाना भी कठिन होता है।

> किसी ऐसे दुश्मन से लड़ना आसान नहीं होता, जिसने आपके ही दिमाग में अपनी चौकी बना रखी हो।
> - सैली कैंपटन

कुछ लोग इस मानसिक तनाव की अवस्था में इतने लंबे समय तक रहते हैं कि उन्हें अपनी इस हालत का पता तक नहीं चलता। यह गुरुत्वाकर्षण की तरह हमेशा मौजूद रहता है और इसमें लिप्त रहनेवाले, इसके बारे में जान तक नहीं पाते, उन्हें इसका दबाव महसूस होना बंद हो जाता है। ज्यादातर लोग इस बात को तभी समझ सकते हैं जब वे इस तनाव से मुक्त हो सकें, तभी उन्हें अपने भीतर से एक अलग एहसास मिल सकता है। यह कमरे में लगातार पैदा होनेवाले शोर की तरह है, जिसे आप उसके बंद होने तक पहचान नहीं पाते।

क्या आप इस तरह के तनाव और शोर से छुटकारा पा सकते हैं? बेशक। यह किताब आपको ऐसा करने में मदद करने जा रही है।

# 2

# जीवन का नियंत्रण अपने बस करना : कार्यप्रवाह को साधने के पाँच कारण

अगर आप अपने काम के प्रवाह का प्रबंधन करना चाहते हों तो आपको नियंत्रण साधने की कला सीखनी होगी, जिसे 'आर्ट ऑफ रिलैक्स्ड एंड कंट्रोल्ड एंगेजमेंट' कह सकते हैं। यह पाँच चरणों का अभ्यास है - जिसमें हमारे सभी अनुभव शामिल होते हैं। अपने जीवन, काम और इनके निरंतर इनपुट एवं बदलावों के बीच ये चरण या अवस्थाएँ हमेशा रहती हैं। चाहे आपकी रसोई हो या कंपनी, सभी कामों को अपने नियंत्रण में करने के लिए उन पाँच चरणों को लागू करना होगा। और इनमें से प्रत्येक चरण का एक अलग पहलू है, उसके अपने बेहतरीन अभ्यास और साधन होते हैं। इन्हें सबके साथ मिलकर काम करना चाहिए ताकि सारी परेशानियों और जटिलताओं के बीच आश्चर्यजनक रूप से उपस्थित रहने की उत्पादक अवस्था पैदा की जा सके। यह केवल 'संघटित होने' या फिर 'प्राथमिकताएँ तय करने' के बारे में नहीं है। ये अच्छी चीज़ें हैं, परंतु ये उन पाँच चरणों को खुद से लागू करने के परिणामस्वरूप ही सामने आता है, यह अपने-आप नहीं घटता। मेरा कहना है कि ये सारी प्रक्रियाएँ एक साथ मिलकर काम करती हैं और नतीजे पाने के लिए इनका प्रयोग आपकी सोच से कहीं आसान और चुनौतियों से भी भरा है।

> जीवन को अपनी राह में न आने दें।

हम 1. उस पर ध्यान देते हैं, जिसे कैप्चर करते हैं यानी अपने अधिकार में लेते हैं; 2. हर चीज़ क्या मायने रखती है और उसका क्या करना है, इस तरह हम उसे स्पष्ट करते हैं; 3. फिर हम नतीजों को संगठित करते हैं, जो हमारे लिए विकल्प पैदा करते हैं; 4. हम चुने गए नतीजों पर चिंतन करते हैं; और 5. फिर उनमें संलग्न होते हैं। ये हमारे जीवन के सभी क्षैतिज पहलुओं (Horizontal Aspect) का प्रबंधन करते हैं, जिनमें वह सब शामिल है, जो क्षण प्रतिक्षण आगे

आज़ादी की उपयोगी परिभाषा, आज़ादी के नियम को मनुष्य के जीवन के अहम काम में लागू करके ही पाया जा सकता है। इसी तरह, इस सिलसिले में मनुष्य अपने प्रत्युत्तर सँवारते हैं और अपने परिवेश को नियंत्रित करना सीखते हैं।
- वाल्टर लिपमैन

बढ़ने में हमारे काम आता हो।

ये पूरी तरह से सिद्धांतवादी या आदर्श सलाह नहीं है। जब भी हम अपने जीवन में किसी चीज़ को अपने बस में करते हुए, उससे उत्पादक क्रिया करना चाहते हैं - तो हम ऐसा ही कुछ करते हैं। अगर आप दोस्तों के लिए खाना बनाने की योजना बना रहे हैं और घर आने पर रसोईघर में सारी चीज़ें बिखरी हुई मिलती है तो आप सबसे पहले क्या करेंगे? पहले आप देखेंगे कि कौन सा सामान अपनी जगह पर नहीं है (कैप्चर), फिर आप तय करेंगे कि आपको क्या रखना है और क्या फेंकना है (क्लेरीफाई), आपने कुछ चीज़ों को फ्रिज में रखा, कुछ को कूडेदान में फेंक दिया या कुछ चीज़ों को सिंक में डाल दिया (ऑर्गेनाइज), फिर आप अपनी रेसिपी बुक, बर्तनों और सामग्री की जाँच करते हैं (चिंतन), फिर अंत में आप बर्तन में मक्खन डालकर पिघलाते हुए शुरुआत करते हैं (संलग्न)।

नियम के अनुसार यह विधि बिलकुल सरल है और हम किसी भी परिस्थिति में काम करते हुए ऐसा ही करते हैं। लेकिन मेरे अनुभव से सभी लोग इन पाँचों चरणों पर काम करने के तरीके में सुधार ला सकते हैं। हमारे कार्यप्रवाह प्रबंधन की गुणवत्ता, इस पाँच चरणोंवाली कड़ी की दुर्बलता पर टिकी है इसलिए ये सभी पूरे मापदंडों के साथ आपस में एक-दूसरे को सहयोग देनेवाले होने चाहिए।

अधिकतर लोग अपने जीवन और काम के विशाल संदर्भ में, इस नियंत्रण प्रक्रिया के अपने संस्करण में पूरी तरह से सक्षम नहीं होते। इसके साथ ही इस नई दुनिया के तनाव दिन-ब-दिन हम पर हावी हो रहे हैं। चारों ओर से सूचना और जानकारी की बाढ़ आ रही है, जो लगातार हमारे काम और जीवन को जटिल बनाने पर तुली है। केवल बिखरी हुई रसोई को सिमेटने से थोड़ा सुकून मिलेगा! कई बार छोटी सी गलती भी हावी हो जाती है। जैसे कोई ई-मेल देखने से रह गया, कोई वादा अधूरा छूट गया या फिर किसी निर्णय को टालते रहने से बड़े नतीजों का सामना करना पड़ सकता है। चूँकि आपके पास चारों ओर काम और जानकारी की बाढ़ है इसलिए कार्यप्रवाह प्रबंधन में आई हुई कमी आपके लिए भारी पड़ सकती है।

कई लोगों को कैप्चर की प्रक्रिया में परेशानी होती है। उनके तकरीबन वादे अभी भी अधूरे हैं। वे अपने दिमाग में लगातार यही सोचते रहते हैं, 'इसे यहाँ होना चाहिए था, फलाँ काम पूरा करना चाहिए, भेजना चाहिए आदि।' इस तरह यह सब उनके दर्ज किए हुए काम से ज्यादा तनाव पैदा करने लगता है।

कई लोग बहुत सारा सामान जमा कर लेते हैं पर वे यह तय नहीं कर पाते कि उनके बारे में क्या निर्णय लेना है। उनकी बनाई हुई लिस्ट, मीटिंग नोट्स, टू-डू लिस्ट और दर्ज किए गए कामों की सूची जगह-जगह बनी रहती है। अक्सर वे उनके कारण सुकून की बजाय तनाव महसूस करते हैं।

कई लोग उसी समय अपने सामान के लिए निर्णय तो ले लेते हैं पर उस चिंतन का कोई मोल नहीं रहता क्योंकि वे उसे सही तरह ऑर्गेनाइज नहीं कर पाते। वे तय करते हैं कि उन्हें अपने बॉस से किसी विषय पर बात करनी है, पर वह बात दिमाग में ही रह जाती है। वे उसे सही जगह और संदर्भ के साथ संभाल नहीं पाते ताकि उसे सही समय पर काम में लाया जा सके।

अभी भी लोगों के पास अच्छी व्यवस्थाएँ हैं लेकिन वे उन सामग्रियों पर चिंतन नहीं करते, जो उन्हें क्रियाशील बनाए रखने के लिए पर्याप्त हैं। हो सकता है कि उनके पास कामों की लिस्ट, योजना और कई तरह की चेकलिस्ट तैयार हों परंतु वे उन्हें अपनी ज़रूरत के हिसाब से अपडेट नहीं कर पाते और न ही उनका लाभ ले पाते हैं। कई लोग आगे आनेवाली घटनाओं और समय सीमा के बारे में जानने के लिए भी अपने कैलेंडर पर ध्यान नहीं देते और इस कारण वे आखिरी मिनट की हड़बड़ाहट का शिकार हो जाते हैं।

स्वयं से पूछें, 'मुझे किसी चीज़ को दिमाग से निकालने के लिए कब और किस रूप में देखना है?' आप काम करने के लिए कोई सिस्टम बनाते हैं केवल कोई एक सिस्टम पाने के लिए यह सब नहीं करते।

आखिर में, अगर पिछली कोई भी कड़ी कमजोर हो तो किसी को, किसी भी समय या किसी बिंदु पर संलग्न या वचनबद्ध होने के आखिरी चरण को अपनाने से भी कोई फर्क नहीं पड़ेगा। काम करने और एकाग्रता से जुड़े तकरीबन निर्णय सबसे ताजा सामग्री से प्रेरित होते हैं और विश्वास के बजाय आशा पर टिके होते हैं। लोगों को अक्सर ऐसा लगता है कि वे उस काम को नहीं कर रहे,

जो उन्हें करना चाहिए। उनके पास ज़रूरी कामों के लिए समय नहीं बच रहा और वे सार्थक काम करने के उस एहसास से दूर हैं, जो तनावमुक्त उत्पादकता का सार है।

इन पाँचों चरणों के गतिविज्ञान (डाईनैमिक्स) को समझना होगा। इसके साथ ही इनके काम करने के आदर्श तरीके की समझ पाने के लिए, अच्छी तकनीकों और साधनों का होना भी ज़रूरी है। मुझे अपने दिन के दौरान इन चरणों को अलग-अलग करना अनिवार्य तो नहीं लगा, परंतु बहुत मददगार अवश्य लगा। कई बार मैं सिर्फ सामान का संग्रह करता हूँ और उस समय यह तय नहीं करना चाहता कि उनका क्या करना है। कई बार मैं केवल मीटिंग के नोट्स पर काम करना चाहता हूँ। या फिर हो सकता है कि एक लंबी यात्रा से वापस आने के बाद मैंने रास्ते में जिस सामान की खरीददारी की है, उसे वितरित करने और संभालकर रखने की भी आवश्यकता हो। कई बार मैं अपने काम या उसके अंश का जायज़ा लेना चाहता हूँ। और बेशक, मेरा अधिकतर समय ऐसे ही कामों को करने में बीतता है, जो मुझे करने चाहिए।

मैंने पाया कि अधिकतर लोग पूरी तरह से संगठित इसलिए भी नहीं रह पाते क्योंकि वे पाँचों चरणों को एक ही बार में पूरा करने का प्रयत्न करते हैं। वे अक्सर अपनी सूची बनाते हुए अपनी महत्वपूर्ण चीज़ों का संग्रह भी करने लगते हैं और उन चीज़ों से जुड़े कदम उठाने के बारे में निर्णय लिए बिना ही उनकी प्राथमिकता तय करने लगते हैं। जैसे अगर आप अपने सहायक के भावी जन्मदिन को एक साधारण दिन समझकर अभी से कोई निर्णय नहीं लेंगे, तो यह अधूरा काम ही आपको अपने ज़रूरी कामों पर पूरी तरह से एकाग्र और असरदार फोकस नहीं करने देगा। इससे आपकी ऊर्जा कम होगी।

इस अध्याय में पाँचों चरणों को विस्तार से बताया गया है। अध्याय चार से आठ तक चरण-दर-चरण, हर चरण को लागू करने का कार्यक्रम दिया गया है। हर चरण के लिए पर्याप्त मात्रा में उदाहरण और अभ्यास भी उपलब्ध हैं।

## कैप्चर

यह जानना ज़रूरी है कि आपको क्या कैप्चर करना है और उसे प्रभावी तरीके से कैसे करना है ताकि आप उसे सही तरह से प्रोसेस कर सकें। हर चीज़ पर दिमाग लगानेवाले निचले स्तर के कार्य को पूरा करने के लिए, आपको जानना होगा कि

आपने सही मायने में हर उस चीज़ पर कब्जा कर लिया है, जो आपके काम से जुड़ी है या जिसके बारे में आपको कोई निर्णय लेना है या फिर आनेवाले समय में आप उसका जायज़ा लेना चाहेंगे।

## अधूरे कामों को सौ प्रतिशत तक जमा करना

आप अपने संसार में जिन भी कामों को आधा-अधूरा समझते हों, सबसे पहले तो पूरे सौ प्रतिशत तक उन्हें संग्रह करना होगा - इसमें आपके निजी, व्यावसायिक, छोटे, बड़े, आपातकालीन या कम से कम महत्त्ववाले काम भी शामिल किए जा सकते हैं। इसमें वे काम भी आ सकते हैं, जो आपके अनुसार मौजूदा कामों से अलग हों या आपके भीतर उनमें बदलाव लाने की इच्छा हो।

आपको जो काम करने हैं, उनमें से कई आपके पढ़ने के दौरान ही जमा किए जा चुके हैं। आपके भौतिक और आभासी मेल-बॉक्स में मेल आ रही हैं। आपके घर में पत्र और पैकेट आ रहे हैं। आपके काम के इन-ट्रे में भौतिक रूप से काम पड़ा है। इसके साथ ही आपके डिजिटल साधनों में ई-मेल, संदेश और वॉयस मेल जमा हुए हैं। परंतु इसके साथ ही, आप अपने आसपास के माहौल और दिमाग में भी कुछ कामों को जमा कर रहे हैं, वे सब ऐसे काम हैं, जिन्हें कहीं और दर्ज नहीं किया गया और वे हमेशा के लिए आपके साथ बने रहेंगे। हो सकता है कि काम आपकी आँखों के आगे न हो पर आपको अपने लिए एक तरह के संकल्प की ज़रूरत होगी - आपको इन अधूरे कामों को पूरा करना है। जैसे आपकी नोटबुक में लिखे कार्यनीति संबंधी कुछ विचार, आपके मेज के दराज में रखे खराब उपकरण व यंत्र, जिन्हें फेंकना है या ठीक करवाना है। इसी तरह आपके ऑफिस की मेज पर रखी पुरानी पत्रिकाओं को भी इसी सूची में शामिल कर सकते हैं।

ज्यों ही आप किसी काम के साथ 'चाहिए', 'करना है' या 'करना चाहिए' जैसा लेबल लगाते हैं, तो वह एक अधूरा काम बन जाता है। जिन कामों को करने या न करने से जुड़े फैसले नहीं लिए गए, वे भी तत्काल अधूरे कामों की लिस्ट

> एक अधूरा छूटा हुआ काम,
> दो जगह पर अधूरा छूटता है
> - काम की असली जगह पर
> और आपके दिमाग के भीतर।
> आपके दिमाग के अधूरे काम
> आपकी ऊर्जा सोखते हैं
> क्योंकि वे आपकी
> अंतरात्मा को कचोटते हैं।
> - ब्रह्म कुमारी

में जाते हैं। इसी लिस्ट में वे काम भी आते हैं, जिन्हें आप करने जा रहे हैं पर अभी आपने उन्हें आरंभ नहीं किया इसलिए वे अधूरे हैं। इसमें विलंबित और चल रहे कामों को भी शामिल किया जाता है। इसके साथ ही वे काम भी इसी लिस्ट में आते हैं, जिनके लिए आप सब कुछ कर चुके हैं पर अभी आपने यह नहीं माना कि वह काम आपकी ओर से पूरा हो गया है।

इन सभी कामों या खुले हुए सिरों का सटीक ब्यौरा पाने के लिए, आपको इन कामों को अपने अधिकार में लेना होगा। ताकि आनेवाले कुछ महीनों के दौरान आप तय कर सकें कि आप उनके लिए कब, क्या, क्यों और कैसे करने जा रहे हैं। फिर आपको उन कामों को नियमित रूप से पूरा करना है।

बुनियादी रूप से, हर चीज़ वास्तव में आपके लिए पहले ही जमा हो चुकी है। अगर इसे प्रत्यक्ष तौर पर आपके किसी भरोसेमंद सिस्टम में नहीं सहेजा गया, तो यह कहीं न कहीं आपके दिमाग के कोने में जमा रहेगी। आपने किसी चीज़ को इन-ट्रे में नहीं रखा, इसका मतलब यह नहीं कि वह पूरा हो गया है। हम चाहते हैं कि आप सभी कामों को अपने दिमाग के अलावा किसी और जगह सहेजें।

## कैप्चर करने के साधन

उच्च और मध्यम तकनीकवाले अनेक साधनों से चीज़ों को कैप्चर (संग्रह) कर सकते हैं। इनकी मदद से आप अपनी अधूरी चीज़ें सहेज सकते हैं। ये सभी इन-ट्रे संस्करण का काम करते हैं, जिनमें आप अपनी ओर से जमा की गई सामग्री के साथ, बाहरी स्रोतों से जमा सामग्री भी रख सकते हैं, जैसे :

- भौतिक इन-ट्रे
- कागज़ से बने नोट्स लेने के साधन
- डिजिटल/ऑडियो नोट्स लेने के साधन
- ई-मेल और टैक्स मैसेज

### भौतिक इन-ट्रे

यह इन-ट्रे प्लास्टिक, लकड़ी, चमड़े या तारों से बनी हो सकती है, जो लंबे समय से कागज़ों और भौतिक सामान को जमा करने का साधन रही है। जैसे डाक, पत्रिका, मीटिंग नोट्स, कार्पोरेट रिपोर्ट, टिकट, रसीदें, फ्लैश ड्राईव, बिजनेस कार्ड

– इनमें खराब बैटरियों की फ्लैशलाइट तक रखी जाती हैं।

**लिखने के लिए कागज़ और पैड**

खुले पन्नोंवाले पैड या डायरी, नोट कार्ड और कई आकारों व आकृतियोंवाले कागज़ के पैड, जिन पर आप अपने विचार, सोच, किए जानेवाले कामों की सूची आदि लिख सकते हैं। जो भी आपकी पसंद या तार्किक ज़रूरतों में शामिल होता हो।

**डिजीटल और वॉयस नोट्स लेना**

कंप्यूटर्स, टेबलेट्स, स्मार्टफोन्स् और हर तरह के मोबाइल गैजेट हर दिन सामने आ रहे हैं, जिन्हें आप अपने नोट्स बनाने के काम ला सकते हैं। समय मिलने पर आप इन नोट्स के आधार पर कार्य शुरू कर सकते हैं। ये आपको सही समय पर कुछ खास बातों को याद दिलाने में भी सहायक होते हैं।

**ई-मेल और संदेश**

अगर आप सारी दुनिया से ई–मेल या संदेशों के माध्यम से जुड़े हैं तो आपके सॉफ्टवेयर के एक हिस्से में आनेवाले संदेशों से जुड़ी फाइलें जमा होंगी। इन्हें उस जगह तब तक सहेज सकते हैं, जब तक आप उन्हें देखकर, पढ़कर, उन्हें पूरा करने के लिए कोई कदम न उठा लें।

**तकनीक का मेल**

डिजीटल दुनिया के विकास ने यह संभव कर दिया है कि आप इन विविध साधनों का सही तरीके से तालमेल कर सकें। कागज़ से लिखे नोट्स और व्हाइटबोर्ड बहुत जल्दी आपके सॉफ्टवेयर संग्रह का हिस्सा बन सकते हैं। वॉयस मैसेज को रिकॉर्ड कर सकते हैं। इनका कागज़ पर प्रिंट लिया जा सकता है। आप अपना कोई विचार, खुद को ही ई–मेल कर सकते हैं ताकि वह आपके संग्रह में रहे।

तकनीक उच्च हो या निम्न, मैंने जिन साधनों का नाम लिया है, वे सभी आपके लिए सूचना, वचनबद्धता, विचारों और काम करने के समझौतों का संग्रह करने के लिए सार्थक हैं।

## कैप्चर या संग्रह करने के लिए सफल कारक

बदकिस्मती से, केवल एक इन–ट्रे रख लेना ही काफी नहीं होगा। कई लोगों

के पास सामान रखने के साधन होते हैं। पर वे अक्सर उन्हें सही तरह से बस में नहीं रख पाते। आइए, इस चरण को लागू करने की अनिवार्य बातों पर ध्यान दें :

- हर अधूरा काम आपके कैप्चर तंत्र में शामिल हो ताकि उसे दिमाग से बाहर रखा जा सके।
- आपके पास सामान कैप्चर करने के लिए अलग-अलग तरह के साधन होने चाहिए।
- आपको उन्हें समय-समय पर खाली करना चाहिए।

## यह सब दिमाग से निकाल दें

अपने मस्तिष्क की सफाई करें। यह पेट की सफाई से कहीं ज्यादा कारगर होगा।
- मिशेल इक्येम डि मोंटेन

अगर आप अब भी अपने दिमाग में बहुत सारे काम एक साथ करने की कोशिश में हैं तो शायद आप अपनी इन-ट्रे को खाली करने के लिए इतना प्रेरित नहीं हो सकेंगे। अधिकतर लोग इन साधनों के बारे में लापरवाह होते हैं क्योंकि वे जानते हैं कि वे सारे तंत्रों का प्रतिनिधित्व नहीं करते। इस तरह उनकी इन-ट्रे में बहुत सारे अधूरे काम पड़े रहते हैं और यही हाल दिमाग का भी होता है। वे अपनी इन-ट्रे और दिमाग, इन दोनों में पड़े अधूरे कामों को सही तरीके से नहीं निभा पाते और कई बातें तो समय आने से पहले ही भुला दी जाती हैं। मानो वे एक ऐसी मशीन पर पिनबॉल का खेल खेलने की कोशिश में हैं, जिसमें बड़े-बड़े छेद हैं और उनकी गेंद बार-बार नीचे गिर जाती है। इससे उनका मन खेल में नहीं लग पाता।

हर चीज़ अपने दिमाग में रखें या दिमाग से बाहर रखें। अगर यह बीच में कहीं है तो आप इनमें से किसी पर भी भरोसा नहीं कर सकते।

संग्रह करने के ये साधन आपकी जीवनशैली का हिस्सा होने चाहिए। इन्हें अपने पास रखें ताकि आप कहीं भी हो, वहाँ पर भी अपने अनमोल विचारों को दर्ज कर सकते हैं - इन्हें हमेशा अपने टूथब्रश, चश्मे या गाड़ी चलाने के लाईसेंस जितना ही ज़रूरी मानकर चलें। कुछ भी उपयोगी नहीं छूट रहा, यह एहसास ही आपको बहुत सारे उपयोगी विचार दे सकता है।

## सामान कैप्चर करने की जगह कम से कम हों

आप अपनी ज़रूरत के हिसाब से इन-ट्रे रख सकते हैं। केवल यह ध्यान दें कि यह ऐसी जगह पर रखी हों, जहाँ से आपके लिए सामान संभालना आसान हो। अगर आपके पास सामान रखने की बहुत सारी जगहें होंगी, तो हो सकता है कि आप उन्हें लगातार या आसानी से न संभाल सकें इसलिए ट्रे की संख्या भी सोचकर ही लें।

उच्च या निम्न तकनीक, दोनों ही जगह पर ऐसा संभव हो सकता है कि आपके पास सामान जमा करने के साधन अधिक हो जाएँ। जो लोग तकनीक के साथ बहुत ज्यादा नहीं जुड़ें और खासतौर पर नोट्स लेने के लिए पैड या इन-ट्रे के भरोसे ही हैं। उनके लिए सुधार की गुंजाइश बन सकती है। लिखे हुए नोट्स को इधर-उधर बिखेरने के बजाय एक साथ जमाकर, किसी किताब या फोल्डर में रख सकते हैं। आपके कागज़ और भौतिक सामान इधर-उधर बिखरे होने के बजाय इन-ट्रे में करीने से रखा होना चाहिए। अगर आप उच्च तकनीक के साथ हैं, तो सोशल मीडिया के आगमन के साथ ही आपके पास कई तरह के ऐसे साधन उपलब्ध हैं, जो आपस में जुड़े हैं। इनमें ई-मेल भी शामिल है। विरोधाभास यह है कि इन साधनों से फायदा उतना नहीं मिल पा रहा, जितनी परेशानी बढ़ी है। इस डिजीटल क्रांति के साथ ही हमारे जीवन में अस्त-व्यस्तता बढ़ी है।

अपने सभी संभावित और सार्थक साधनों को न्यूनतम माध्यमों से जमा करें ताकि आपके लिए उन तक पहुँच बनाना आसान हो और आप आसानी से उनका निपटारा कर सकें।

ज्यों-ज्यों आपका जीवन और काम फैलते जाएँगे, आपके लिए अपने विचारों व अधूरे कामों को सहेजना और भी ज़रूरी होता जाएगा। इस्के लिए आपको कुछ साधन और तंत्र विकसित करने ही होंगे। मिसाल के लिए, आपने देखा होगा कि आपको काम से जुड़े विचार अपना काम करते हुए नहीं आते। अगर आप सही वक्त पर अपने विचारों को कहीं भी दर्ज करने की कला में माहिर हो जाएँ, तो आपको कोई भी दुनिया फतह करने से नहीं रोक सकता।

## कैप्चर टूल्स को नियमित रूप से खाली करें

कैप्चरिंग की सफलता के लिए यह अंतिम चरण भी बहुत ज़रूरी है : अगर

आपने अपने जमा हुए सामान को खाली करके उसका निपटारा नहीं किया; तो आपके साधन, आपके सामान और सामग्री को रखने के सिवा कुछ नहीं कर रहे। केवल सामान जमा करने का मतलब यह नहीं कि आपको उस काम को उसी समय करना है। इसका मतलब आपको यह तय करना है कि वह क्या है और इसका क्या करना चाहिए। अगर वह अभी अधूरा हो, तो आपको उसे अपने सिस्टम में शामिल करना होगा। आपको उसे उस पात्र से बाहर निकालना है, आप उसे दोबारा इन-ट्रे में नहीं रख सकते। अगर आपने इन-ट्रे को खाली नहीं किया, तो इसका अर्थ यही माना जाएगा कि आप अपने कचरेदान या डाक रखने के डिब्बे को कभी खाली नहीं करते। बस आप नया सामान खरीदते जाते हैं और पुरानी चीज़ें जमा होकर ढेर में बदलती रहती हैं।

किसी भी चीज़ के प्रवाह में बाधा होने से उस क्षेत्र में ताज़ा और रचनात्मक विचार आने की योग्यता कम हो जाती है।

आपके पास इन-ट्रे को खाली करने के लिए एक तंत्र होना चाहिए। बहुत सारा सामान अक्सर (भौतिक व डिजीटल) ट्रे में रखा रह जाता है। ऐसा इसलिए होता है क्योंकि हमारे पास उसका निपटारा करने के लिए कोई प्रभावी सिस्टम नहीं होता। जब आपको पता हो कि आपको कोई काम करना है पर आपके पास उसे करने का समय नहीं है, तो उस समय उसे इन-ट्रे में डालना बहुत आसान लगता है। हालाँकि यह एक अच्छा साधन है, कम से कम लोगों को उसे देखकर याद रहता है कि अभी उन्हें यह काम करना था। परंतु बदकिस्मती से, जब वह सारा ढेर काबू के बाहर हो जाता है या ई-मेल की वह संख्या भी इतनी अधिक हो जाती है कि एक स्क्रीन पर नहीं समाती, तो मामला और पेचीदा हो जाता है।

जब आप अगले दो चरणों में माहिर हो जाते हैं और जानते हैं कि आपको अपनी जमा की हुई सामग्री और अधूरे कामों का निपटारा कैसे करना है तो आपकी 'इन-ट्रे' को अपने असली रूप में वापस आने में देर नहीं लगती। अब देखें कि अभी ज़रूरी काम किए बिना, इन-ट्रे और ई-मेल सिस्टम को खाली कैसे कर सकते हैं।

## क्लैरीफाई

मैंने जितने भी लोगों के साथ काम किया है, संभवत: उन्हें यह सिखाना ही सबसे महत्वपूर्ण सुधार रहा कि वे किस तरह अपने जमा किए सामान के

बारे में सोचते हुए, उसे अपनी इन-ट्रे से बाहर कर सकते हैं। एक वैश्विक कार्पोरेशन के प्रमुख विभाग की हैड ने अपने सभी अधूरे काम इसी तरह पूरे किए। वे विस्मित हो उठीं और बोलीं कि 'कैलेंडर पर भरोसा होने के कारण उन्हें अपनी आनेवाली मीटिंग्स को याद रखने में आसानी होती थी, पर उन्हें कभी यह नहीं लगा था कि अपने काम के अन्य पहलुओं के लिए इतना ही सुकून पाया जा सकता है, जिसके बारे में हमने अभी स्पष्ट किया। जिन कार्यों और सूचनाओं के बारे में उसे याद दिलाने की आवश्यकता थी, उन्हें पहचानकर एक ठोस प्रणाली के हवाले कर दिया गया था।

> कुछ अस्पष्ट या धुँधला होने से गलत होना कहीं बेहतर होगा।
> - फ्रीमैन डाइसन

आपको अपने हर ई-मेल, संदेश, वॉयस मेल, मीटिंग नोट्स या मन में पैदा हुए विचारों के बारे में स्वयं से क्या पूछना है? इस इनपुट मैनेजमेंट के आधर पर ही आप निजी रूप से अपने लिए कोई व्यवस्था कर सकते हैं। कई लोग व्यवस्थित होने की कोशिश करते हैं परंतु अपने अधूरे कामों पर ध्यान दिए बिना ही आगे बढ़ जाते हैं। उनकी यही गलती उन्हें असफल कर देती है। जो भी आ रहा हो, उसे व्यवस्थित नहीं कर सकते - आप केवल कैप्चर करके, उसे प्रोसेस कर सकते हैं। आप किए जानेवाले कामों के आधार पर जो निर्णय लेंगे, उनके आधार पर ही अपने कामों को व्यवस्थित रख सकते हैं। सामान और सूचना को कैप्चर और व्यवस्थित करने का चरण अगले पेज दी गई डिसीजन-ट्री मॉडल में दिखाया गया है।

**ये क्या है?**

यह कोई मूर्खतापूर्ण प्रश्न नहीं है। हमने सामग्री के बारे में बात की और सामान रखने के साधनों के बारे में भी बात की। पर हमने यह चर्चा नहीं की कि सामग्री या सामान क्या है और इसका क्या करना चाहिए। मिसाल के लिए, बहुत सारी चीज़ें जो हमारे निजी आर्गेनाइजिंग सिस्टम में नहीं रहतीं, वे अव्यवस्थित रूप में होती हैं। जो हमें सरकार या हमारी कंपनी की ओर से मिलती है - क्या हमें वाकई उनके लिए कुछ करना चाहिए? और मानव संसाधन विभाग से आए ई-मेल का क्या करें, जो हमें कई तरह की नीतियों के बारे में विस्तार से बताते रहते हैं? मैंने ऐसे अनेक संदेशों और ई-मेल के भंडार देखे हैं, जिन्हें देखने के लिए मेरे ग्राहक के पास कुछ सैकेण्ड तक का समय नहीं था। उसे यह भी नहीं पता था कि वे किस विषय में आए थे। तभी

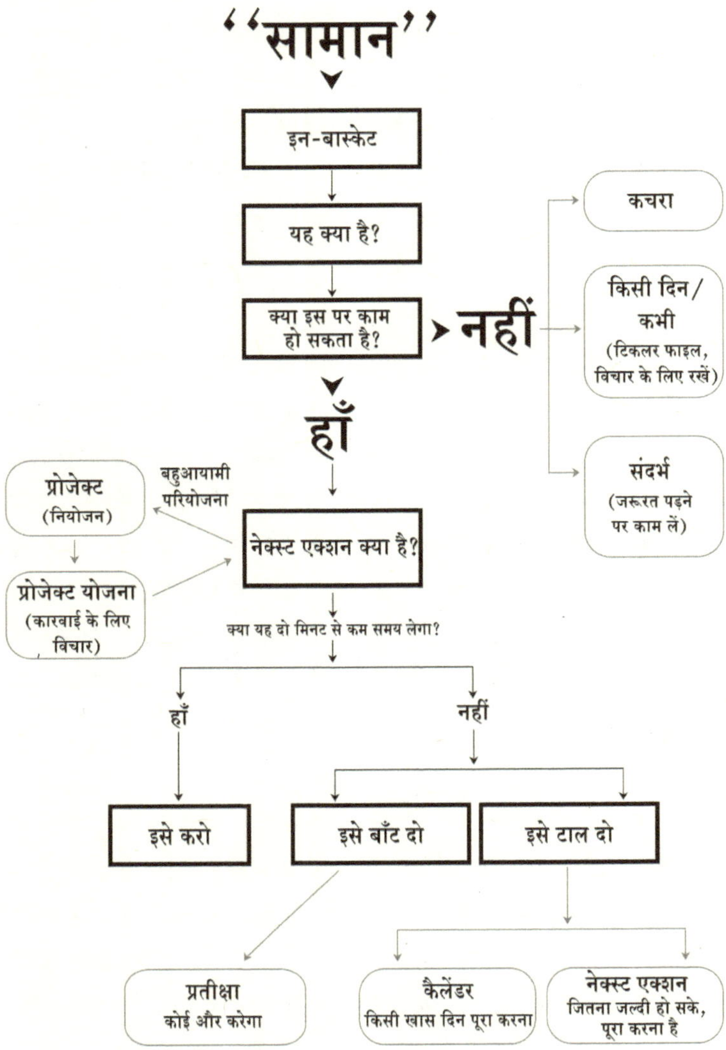


वर्कफ्लो डायग्राम, क्लैरीफाइंग

तो अगला निर्णय लेना और भी महत्वपूर्ण हा जाता है, जिसे 'नेक्स्ट एक्शन' का नाम दिया गया है।

**क्या इस पर काम कर सकते हैं?**

इसके दो संभव उत्तर हो सकते हैं : हाँ और नहीं किसी क्रिया की आवश्यकता नहीं है।

अगर उत्तर 'ना' में है तो इसकी तीन संभावनाएँ हो सकती हैं।

1. यह कचरा है, इसकी आवश्यकता नहीं है।
2. कोई क्रिया नहीं करनी है, पर बाद में कुछ और करना पड़ सकता है।
3. यह सामान संभवतः उपयोगी सूचना है, जिसकी आगे ज़रूरत पड़ सकती है (संदर्भ)।

इन तीनों श्रेणियों के बारे में हम अगले अध्याय में विस्तार से बात करेंगे। अभी इतना ही कहना काफी होगा कि आपको अपने कचरे के निपटान के लिए कूड़ेदान और कंप्यूटर में डिलीट बटन की ज़रूरत है, इसके अलावा आगे आनेवाली घटनाओं पर गौर करने के लिए 'टिकलर' फाइल या कैलेंडर की ज़रूरत होगी। संदर्भ सामग्री (Reference Information) को रखने के लिए एक अच्छा फाइलिंग सिस्टम चाहिए।

**एक्शनेबल** (क्या इस पर काम हो सकता है) - यह सारी वस्तुओं का 'यैस' समूह है, जिसके बारे में कुछ किया जाना चाहिए। मिसाल के लिए एक ऐसा ई-मेल, जिसमें आपने अपने किसी भाषण का सारांश देने का वादा किया था या फिर किसी ग्रुप के वाइस प्रेजीडेंट के साथ अहम और नए प्रोजेक्ट के बारे में आपकी मीटिंग के नोट्स, जिसके लिए आपको किसी बाहरी सलाहकार को नियुक्त करना है।

हर किए जानेवाले काम के लिए दो बातों पर ध्यान देना होगा :

1. आप कौनसे प्रोजेक्ट या परिणाम के लिए वचनबद्ध हैं और क्यों?
2. अगला कौन सा कदम उठाना होगा?

**अगर यह किसी प्रोजेक्ट के बारे में है** - आपको उस नतीजे को अपनी 'प्रोजेक्ट'

> काम करने में इतनी ताकत नहीं लगती पर यह तय करने में ज्यादा मेहनत लगती है कि आपको क्या काम करना है।
> - एल्बर्ट हबर्ड

सूची में शामिल करना होगा। इस तरह यह आपको याद दिलाता रहेगा कि आपका यह काम अभी पूरा होना है। अपनी इस सूची का साप्ताहिक निरीक्षण करने से वे सभी काम सामने होंगे, जो अब भी अधूरे हैं। ये आपकी संचालन प्रणाली (Management System) (की तुलना में आपके मस्तिष्क) में तब तक तरोताज़ा रहेंगे, जब तक वे पूरे नहीं हो जाते या आप उन्हें सूची से हटा नहीं देते।

**'नेक्स्ट एक्शन' कौन सा है?** - यह आपके द्वारा कैप्चर की हुई किसी भी वस्तु के लिए अहम सवाल हो सकता है; अगर आपने इस प्रश्न का उत्तर सही तरह से दिया, तो आपके पास सब कुछ व्यवस्थित करने के लिए महत्वपूर्ण बात होगी। 'नेक्स्ट एक्शन' वह अगली भौतिक क्रिया है, जिसके अनुसार आप अपने काम को मौजूदा स्थिति से पूर्णता की ओर ले जा सकते हैं। 'नेक्स्ट एक्शन' के कुछ उदाहरण इस तरह हो सकते हैं :

- फ्रेड रे को फोन करना, उसने जिस मरम्मत की दुकान का पता दिया था, उसका नाम और नंबर लेना।
- बजट-मीटिंग एजेंडा के बारे में आपके विचार के नोट्स निकालना।
- नए फाइलिंग सिस्टम के बारे में ऐंजेला से बात करना।
- स्थानीय वॉटरकलर कक्षाओं के लिए इंटरनेट पर खोजबीन करना।

वास्तव में ये सभी शारीरिक गतिविधियाँ हैं, जिन्हें करना आवश्यक है। यदि आपकी व्यक्तिगत उत्पादकता प्रबंधन प्रणाली के पास इन्हें याद रखने के लिए कुछ तकनीक होगी, तो इन्हें पूरा होने में देर नहीं लगेगी।

इसे करें, इसे बाँटें या इसे टाल दें - एक बार 'नेक्स्ट एक्शन' तय करने के बाद आपके पास तीन विकल्प हो सकते हैं :

1. इसे करें - अगर किसी काम को करने में दो मिनट से कम का समय लग रहा हो, तो इसे निर्णय लेने के साथ ही पूरा कर दिया जाना चाहिए।
2. इसे बाँटें - अगर काम दो मिनट से अधिक समय ले, तो स्वयं से पूछें, 'क्या इस काम को करने के लिए मैं सही व्यक्ति हूँ?' अगर जवाब 'ना'

में है, तो यह कार्य किसी उचित व्यक्ति को सौंप दें।

3. इसे टाल दें : अगर काम दो मिनट से अधिक समय का है और इस कार्य को करने के लिए आप ही सही व्यक्ति हो, तो आपको इसे अगली बार के लिए टालना होगा या अगली 'नेक्स्ट एक्शन' सूची में शामिल करना होगा।

## ऑर्गेनाइज करें

वर्कफ्लो डायग्राम में रिमाइंडर्स और सामग्री की ऐसी आठ श्रेणियों को दिखाया गया है, जिन्हें आप अपने सारे सामान को व्यवस्थित क्रम में रखने के बाद पा सकते हैं। इस तरह ये सब मिलकर दैनिक या साप्ताहिक तौर पर, आपके लिए हर चीज़ व्यवस्थित करने के हिसाब से एक प्रणाली बनाते हैं।

व्यवस्थित होने का अर्थ है कि उस जगह वह सब मेल खाता है, जो आपके लिए मायने रखता है।

जिन वस्तुओं पर कोई कार्य ही नहीं हो सकता, उनके लिए आपको कूड़ेदान और कंप्यूटर में डिलीट बटन की ज़रूरत है। इसके अलावा आगे आनेवाली घटनाओं पर गौर करने के लिए 'टिकलर' फाइल या कैलेंडर व संदर्भ सामग्री को संभालने के लिए एक अच्छा फाइलिंग सिस्टम चाहिए। जिन वस्तुओं पर कार्य हो सकता है, उनके लिए आपको अपने प्रोजेक्ट्स की सूची और प्रोजेक्ट की योजना के लिए फाइल्स व सामग्री, कैलेंडर, नेक्स्ट एक्शन के रिमाइंडर्स के साथ ही आपकी ओर से किए जानेवाले अधूरे कामों की सूची की भी आवश्यकता होगी।

व्यवस्थित करने की सभी श्रेणियों को किसी न किसी तरह भौतिक रूप में रखना होगा। जब मैं 'लिस्ट' शब्द की बात करता हूँ तो इसका अर्थ होगा कि कुछ ऐसे रिमाइंडर्स हैं, जिनकी सूची किसी नोटबुक के कागज़, अलग-अलग पन्नों पर फाइल फोल्डर में या किसी कंप्यूटर प्रोग्राम में बनाई जा सकती है। मिसाल के लिए, वर्तमान प्रोजेक्ट्स की सूची को खुले पन्नोंवाले प्लानर में रखना चाहिए; इन्हें सॉफ्टवेयर एप्लीकेशन में टास्क फंक्शन श्रेणी में भी रख सकते हैं या फिर इसे 'प्रोजेक्ट सूची' के शीर्षक से फाइल में रख सकते हैं। बाद में किए जानेवाले कामों की सूची कागज़ पर टिकलर फाइल में या फिर डिजीटल कैंलेडर

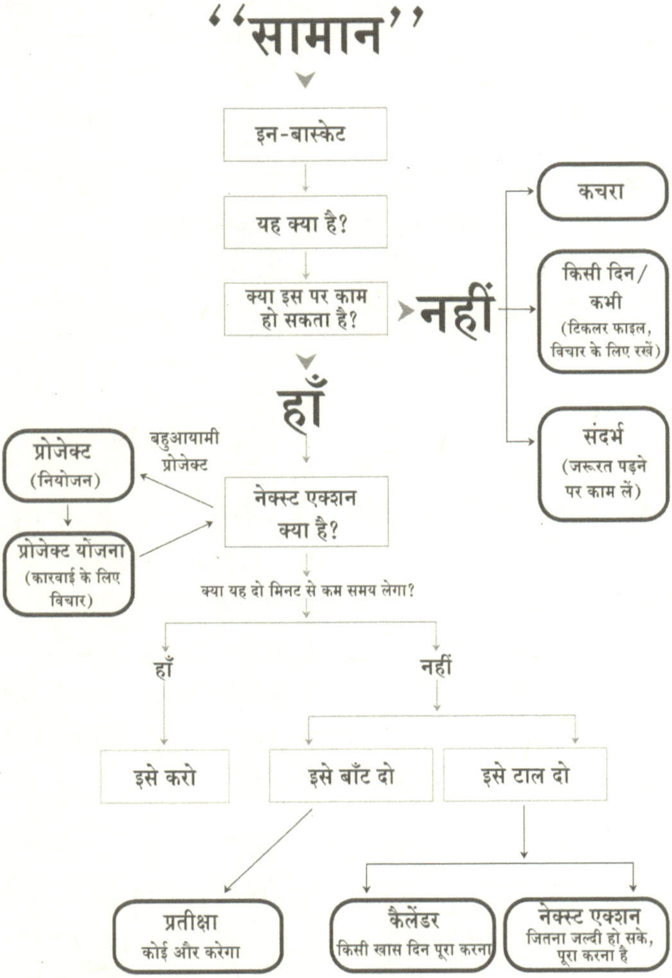


**वर्कफ्लो डायग्राम, ऑर्गेनाइजिंग**

में रख सकते हैं जैसे, मुझे एक मार्च के बाद अपने एकाउंटेंट के साथ मीटिंग करनी है।

## प्रोजेक्टर्स

मैं किसी भी प्रोजेक्ट को एक मनचाहे नतीजे के रूप में परिभाषित करता हूँ, जिसे एक वर्ष में पूरा किया जा सकता है और जिसके लिए एक से अधिक कार्यवाहियों की ज़रूरत होगी। इसका मतलब है कि आपकी प्रोजेक्ट सूची में कुछ बड़ी योजनाओं के अलावा कुछ छोटी चीज़ें भी हो सकती हैं, पर उन्हें योजनाओं का नाम नहीं दे सकते। मेरी परिभाषा का तर्क यह है कि अगर कोई काम एक चरण में पूरा न हो, तो उसे पूरा करने की याद दिलाने के लिए कहीं लिखना होगा। अगर आपके पास यह याद दिलाने के लिए प्लेसहोल्डर नहीं है, तो यह आपके दिमाग में बस जाएगा। एक साल की समयसीमा की वजह यह है कि आपको उतने समय में पूरा करना है और उसके स्तर के बारे में आरामदायक महसूस करने के लिए साप्ताहिक निरीक्षण की आवश्यकता होगी। इन्हें अधूरे कामों के रूप में भी सोचा जा सकता है, भले ही इनका आकार कोई भी हो।

## एक आंशिक प्रोजेक्ट सूची

| | |
|---|---|
| बोर्ड में एक नया स्टाफ कर्मचारी रखना | एचबीआर लेख का प्रिंट निकालना |
| अगस्त में छुट्टियों पर जाना | एक प्रचारक या पत्रकार को ढूँढ़ना |
| स्टाफ के लिए कहीं बाहर दावत का प्रबंध करवाना | बसंत के मौसम के अनुसार बाग लगाना |
| पुस्तक का प्रकाशन | वीडियो प्रोजेक्ट के लिए शोध सामग्री |
| कंप्यूटर अपग्रेड को अंतिम रूप देना | अगले साल के संम्मेलन की तैयारी |
| वसीयत को नए सिरे से तैयार करना | रोज़गार समझौतों को अंतिम रूप देना |
| बजट को पूरा करना | गलियारे में नई लाइट लगवाना |
| नए उत्पाद को सामने लाने की तैयारी करना | किचन के लिए नया मेज लेना |
| नया सीआरएम सॉफ्टवेयर तैयार करना | मारिया का नाम मिडिल स्कूल में लिखवाना |

आरंभ में इन प्रोजेक्ट्स को किसी खास क्रम, आकार या प्राथमिकता के हिसाब से लिखने की ज़रूरत नहीं है। बस वे मास्टर लिस्ट में हों ताकि आप समय-समय पर उन्हें देख सकें और यह सुनिश्चित हो सकें कि उनके लिए की

जानेवाली अगली क्रिया की तैयारी पूरी हो चुकी है।

आप वास्तव में किसी प्रोजेक्ट पर काम नहीं करते बल्कि आप केवल उससे जुड़े चरणों पर काम कर सकते हैं। जब आप पर्याप्त मात्रा में उचित क्रिया करेंगे, तो आपके सामने नतीजे की आरंभिक तस्वीर होगी, जिसके आधार पर आप उस प्रोजेक्ट को पूरा मान सकते हैं। प्रोजेक्ट्स की सूची ऐसी फिनिश लाइन्स हैं, जिन्हें हम अपने आगे रखते हैं। इस तरह तसल्ली रहती है कि हमारा नेक्स्ट एक्शन सही तरह से आगे बढ़ रहा है।

हो सकता है कि आपको अपने प्रोजेक्ट्स को कई तरह की श्रेणियों में विभाजित करना पड़े। यह आपके केंद्र के विभिन्न क्षेत्रों पर निर्भर करता है, परंतु शुरुआत में, उनकी एक ही सूची होने से आपके लिए अपनी प्रणाली को व्यक्तिगत रूप से व्यवस्थित करना आसान होगा, तब तक आप उसके साथ सहज रूप से काम करना भी सीख लेंगे।

## प्रोजेक्ट सहयोग सामग्री

आप अपने अनेक प्रोजेक्ट्स के लिए कई तरह की संदर्भ सामग्री जमा करते होंगे, जिसे आप प्रोजेक्ट के नाम या विषय के अनुसार संग्रह करना चाहेंगे। आपकी प्रोजेक्ट सूची केवल एक अनुक्रमणिका होगी। काम की सारी विस्तृत जानकारी, योजना या उसके दौरान काम आनेवाली सहायक सामग्री को अलग फाइल फोल्डर्स, कंप्यूटर फाइलों, नोटबुक या बाइंडर्स में रखा जाना चाहिए।

**सहायक सामग्री व संदर्भ फाइलें** - जब आप अपनी सहायक सामग्री को अलग-अलग फाइलों में विषय के अनुसार संजो लेंगे, तो आप देखेंगे कि यह आपकी संदर्भ सामग्री के अनुकूल है और इसे उसी संदर्भ फाइल सिस्टम में रखा जा सकता है (मिसाल के लिए, आप किसी विवाह की जानकारी से जुड़ी फाइल को सामान्य-संदर्भ फाइलों के बीच रख सकते हैं)। अंतर केवल इतना है कि सक्रिय प्रोजेक्ट्स के मामले में, सहायक सामग्री को निरंतर निरीक्षण में रखना पड़ सकता है ताकि सही समय पर अनिवार्य कदम उठाए जा सकें।

मैं अक्सर यही सलाह देता हूँ कि लोगों को अपनी सहायक सामग्री ऐसी जगह पर रखनी चाहिए, जो हमेशा उनकी आँखों के आगे न रहे। अगर आपके पास संदर्भ फाइल्स की एक अच्छी व्यवस्था है, आप जब चाहे कोई भी फाइल हाथ में ले सकते

हैं, तो आप पाएँगे कि यह उन्हें व्यवस्थित करने का सबसे आसान तरीका होगा। हालाँकि ऐसा भी हो सकता है कि आपको दिन में कई बार किसी महत्वपूर्ण प्रोजेक्ट पर काम करते हुए संदर्भ सामग्री को देखना पड़े। उस समय उस फाइल को बाहर निकालकर रखना ही बेहतर होगा। लोहे की तारों से बने बड़े होल्डर्स या एक साथ ट्रे में जमाकर रखी गई फाइलें इस तरह के बचे हुए काम के लिए व्यावहारिक रहेंगी।

डिजीटल दुनिया ने एक विरोधाभास की तरह, संदर्भ और सहायक सामग्री को सुव्यवस्थित करने के काम को एक साथ सरल और अधिक कठिन बना दिया है। किसी भी चीज़ को एक से दूसरी जगह कॉपी करके लगाना आसान है, पर यह तय करना मुश्किल हो सकता है कि उसे कहाँ कॉपी करना है। हमारे पास उसे कॉपी करने की बहुत सारी जगहें हैं और यह सूचना अपने पास रखने के हज़ारों तरीके मौजूद हैं। बेहतर यही होगा कि आप अपने डिजीटल संदर्भ संसार को जितना हो सके, सरल ही रखें और समय-समय पर उसका निरीक्षण और छँटाई करते रहें।

**नेक्स्ट एक्शन श्रेणी**

जैसा कि वर्कफ्लो डायग्राम से साफ है कि नेक्स्ट एक्शन बहुत मायने रखता है। यह स्पष्ट रूप से दिखाई दे और बिना किसी अपेक्षा के हर अधूरे छूटे हुए काम पर तुरंत क्रिया करे।

जो काम आप दो मिनट से कम समय में कर चुके हैं या जो काम पूरे हो गए हैं, आपको उनके बारे में सोचने या विचार करने की ज़रूरत नहीं है। अब आपको यह देखना होगा कि किस खास दिन पर कौन सा काम करना है, इसे अपने कैलेंडर में लिखें। जैसे जिन कामों को जल्द से जल्द करना हो, उन्हें अपनी नेक्स्ट एक्शन लिस्ट में डालें और जिन कामों को थोड़ा ठहरकर किया जा सकता है, उन्हें वेटिंग लिस्ट में लिख दें।

कैलेंडर

जो काम करने बाकी हैं, उन्हें दो श्रेणियों में विभाजित कर सकते हैं- 1. जो काम किसी खास दिन या समय पर होने हैं और 2. जिन्हें यथासंभव जल्द से जल्द पूरा करना है। आपका कैलेंडर पहले प्रकार के कामों को ध्यान में रखता है।

आपके कैलेंडर में तीन तरह की चीज़ें होंगी:

- ऐसे काम जो समय सीमा से जुड़े हैं।
- ऐसे काम जो किसी खास दिन पर होने हैं।
- ऐसे काम जो किसी खास जानकारी से जुड़े हैं।

**ऐसे काम जो समय सीमा से जुड़े हैं** - इसे आप अपनी मीटिंग्स् (Appointments) के लिए एक खूबसूरत नाम कह सकते हैं। अक्सर प्रोजेक्ट्स पर अगला चरण यही होता है कि उसके बारे में चर्चा करने के लिए मीटिंग का समय तय हो। कैलेंडर पर उसके बारे में लिखना ही काफी होगा।

**ऐसे काम जो किसी खास दिन पर होने हैं** - ये कुछ ऐसे काम हैं, जो आपको किसी खास दिन पर करने पड़ सकते हैं, पर यह ज़रूरी नहीं कि वे किसी खास समय पर ही होंगे। जैसे आपने मियोको से कहा कि आप उसे शुक्रवार को कॉल करेंगे ताकि आपकी भेजी गई रिपोर्ट के बारे में बात हो सके। उसे गुरुवार तक रिपोर्ट नहीं मिली और शनिवार को वह बाहर जा रही है इसलिए इस रिपोर्ट पर शुक्रवार को ही काम हो सकता है – इसे करने के लिए शुक्रवार का कोई भी समय ठीक होगा। अपने काम के लिए आप कैलेंडर में शुक्रवार पर टिक कर सकते हैं, पर इसे किसी खास समय सीमा में न बाँधें – वह काम उस दिन में कभी भी कर सकते हैं। एक ऐसा कैलेंडर होना चाहिए, जिस पर आप दिन के साथ–साथ समय को भी नोट कर सकें।

**ऐसे काम जो किसी खास जानकारी से जुड़े हैं** - कैलेंडर में आप उन चीज़ों के बारे में भी नोट कर सकते हैं, जो आप किसी खास दिन को जानना चाहेंगे – यह कोई काम नहीं बल्कि कोई सूचना या जानकारी हो सकती है, जो काम करने के लिए बहुत ज़रूरी है और इसका किसी खास दिन पर पता चलना भी ज़रूरी है। इसमें आपकी मुलाकातों के लिए निर्देश, परिवार या स्टाफ से जुड़े दूसरे लोगों की गतिविधि या फिर आपकी मनपसंद गतिविधि शामिल हो सकती हैं। इसके अलावा आप अल्पकालीन रूप से नोट्स भी लगा सकते हैं, जैसे किसी को बाहर से वापस घर आने पर आपको उसे कॉल करना है। इसके अलावा आप उन चीज़ों के बारे में भी लिख सकते हैं, जो काम किसी नियत समय पर शुरू होने

विनम्रता से व्यवहार करनेवाले धन्य हैं क्योंकि उन्हें कभी उनके आकार से विमुख नहीं किया जा सकता।
- मिशेल मैकग्रिफी एम.डी.

हों, जो अब तक आरंभ नहीं हुए, उन्हें शुरू करने के लिए कोई तयशुदा समय रखा जा सकता है।

**कैलेंडर पर रोज़मर्रा के काम करने की सूची न तैयार करें** - आपको अपने कैलेंडर में ऊपर बताई गई तीन बातों के अलावा और कुछ शामिल नहीं करना है। हो सकता है कि आपको समय-प्रबंधन प्रशिक्षण में सिखाया गया हो कि रोज़मर्रा की टू डू लिस्ट बहुत महत्त्व रखती है। परंतु ऐसी लिस्ट कैलेंडर पर किसी काम नहीं आती। इसकी दो वजह हैं -

पहली वजह, लगातार नई जानकारी और प्राथमिकताओं में आनेवाले बदलाव की वजह से रोज़मर्रा के काम को फिर से तय करना पड़ता है, जिसके कारण आप किए जानेवाले कामों को कैलेंडर पर नहीं लिख सकते। अगर आपके पास संदर्भ बिंदु के तौर पर कोई गेम प्लान है, तो अच्छी बात है पर यह गेम ऐसा होना चाहिए कि इसमें किसी भी समय फेर-बदल किया जा सके। कैलेंडर पर ऐसी लिस्ट लिखना, जिसे काम पूरे न होने पर, फिर से अगले दिन लिखा जा सके; मेरे हिसाब से तो निराश होने और समय बरबाद करने से ज्यादा और कुछ नहीं हैं। मैं जिस नेक्स्ट एक्शन लिस्ट का समर्थन करता हूँ, उसमें आपके इन किए जानेवाले कामों की सारी जानकारी होगी और इसके साथ ही वे काम भी शामिल होंगे, जिन्हें तयशुदा समय पर किया जाना चाहिए। और उन्हें हर रोज दोबारा लिखना भी नहीं पड़ेगा।

दूसरी वजह, अगर आपकी रोज़मर्रा की काम करने की सूची में ऐसा कुछ है, जो निश्चित तौर पर उस दिन नहीं करना है, तो यह सही मायनों में किए जानेवाले काम के महत्त्व को घटा सकता है। जैसे अगर मुझे मियोको को शुक्रवार के दिन ही फोन करना है क्योंकि वह उसी दिन मिलेगी, लेकिन मैं इसके साथ ही ऐसी पाँच कॉल्स भी शामिल कर लूँ, जो इतनी महत्वपूर्ण नहीं हैं तो व्यस्त दिनचर्या के बीच मियोको की कॉल छूट भी सकती है। मेरा दिमाग मुझे सही तरह से याद नहीं दिला सकेगा कि मियोको की कॉल सबसे अहम थी। इस तरह आप सिस्टम का सही तरह से उपयोग नहीं कर सकेंगे। आपका कैलेंडर अपने आपमें एक पवित्र क्षेत्र है। अगर आप उसमें कुछ लिखते हैं, तो उसे उसी समय हो जाना चाहिए या फिर वह नहीं होगा। आपको केवल उन कामों या मुलाकातों को दोबारा लिखना होगा, जिन्हें करने के लिए नए सिरे से समय तय किए गए हैं।

इस तरह की सूची बनाने में भी अधिक समय नहीं लगता। इन्हें आप नेक्स्ट एक्शन सूची से उठाकर अपने लिए तैयार कर सकते हैं, जैसे, 'अगर मेरे पास समय हो, तो मैं यह करना चाहूँगा...।' ऐसे कामों को अपने किए जानेवाले ज़रूरी कामों के साथ न मिलाएँ और इन्हें थोड़ा हल्केपन में ही लेना चाहिए। अगर आपकी दिनचर्या में कोई अचानक बदलाव आ रहा हो तो आप इन्हें उसी समय हटा सकते हैं।

## नेक्स्ट एक्शन लिस्ट

आपके सारे कामों को याद दिलानेवाले रिमाइंडर्स कहाँ जाते हैं? वे अगली नेक्स्ट एक्शन लिस्ट में आ जाते हैं, जो कैलेंडर के साथ-साथ, दैनिक एक्शन-मैनेजमेंट संगठन और व्यवस्था के लिए बहुत महत्त्व रखती हैं।

कोई भी ऐसा काम जो दो मिनट से अधिक समय ले और उसे किसी दूसरे को न सौंपा जा सके, तो उसे कहीं न कहीं लिखना होगा जैसे - 'बजट मीटिंग के लिए स्मिथ को कॉल करनी है', 'परिवार में होनेवाले कार्यक्रम के बारे में दोस्तों को बताना है', 'वार्षिक बिक्री सम्मेलन के ड्राफ्ट पर विचार करना है' इस तरह के कामों को उपयुक्त सूची में रखना चाहिए। ताकि आप इन्हें किसी भी समय देखकर, इन पर विचार कर सकें।

अगर ऐसे कामों की संख्या 20 या 30 है तो इन्हें 'नेक्स्ट एक्शन' नामक किसी एक लिस्ट में रखना ही ठीक होगा, जिन्हें आप खाली समय में देख सकते हैं। पर हममें से अधिकतर के लिए यह संख्या 50 से 150 तक हो सकती है। ऐसी दशा में, बेहतर होगा कि आप अपनी नेक्स्ट एक्शन लिस्ट को श्रेणियों में बाँट लें, जैसे - समय मिलने पर की जानेवाली कॉल्स, कंप्यूटर पर खाली समय में देखे जानेवाले काम आदि।

> हर काम को यथासंभव सरल बनाना चाहिए, परंतु सरलतम नहीं।
> - अल्बर्ट आइंस्टाइन

## ऐसे काम जिन पर क्रिया नहीं होती

आपके पास ऐसे सिस्टम होने चाहिए, जो किए जानेवाले कामों के अलावा उन कामों का भी हिसाब रख सके, जिन पर काम नहीं होता। नो-एक्शन सिस्टम

को तीन हिस्सों में बाँट सकते हैं : कचरे का डिब्बा, काम को टालना, संदर्भ के लिए रखना।

**कचरे का डिब्बा**

कचरे का डिब्बा आपके सामने होना चाहिए। जिन चीज़ों पर भविष्य में कोई काम नहीं होता या उनका कोई संदर्भ मूल्य नहीं है, उन्हें झट से कचरे के डिब्बे के हवाले कर दें। अगर आपने इन्हें दूसरे सामानों की श्रेणियों में छोड़ दिया, तो यह आपके सिस्टम और आसपास के परिवेश को खराब कर देगा।

**कामों को बाद में करना**

कचरे के डिब्बे में जाने के अलावा, कामों की ऐसी श्रेणियाँ भी हैं, जिन्हें अभी तो नहीं करना है पर आप उन्हें बाद में करना चाहेंगे। यह ज़रूरी है कि आप किए जानेवाले और न किए जानेवाले काम के बीच विभाजन रखें, वरना आप काम के ढेर और सूचियों के बीच समझ नहीं सकेंगे कि कौन सा काम करना था और उसके लिए क्या करना होगा।

मान लेते हैं कि आप एक समाचार पत्र में कुछ पढ़ते हैं, जो आपको उस प्रोजेक्ट के लिए एक विचार देता है, जिसे आप किसी दिन करना चाहते हैं। अभी आप इस प्रोजेक्ट पर काम नहीं कर पाएँगे इसलिए आप चाहेंगे कि यह आपको आगे चलकर याद आ जाए ताकि आप फिर से इस प्रोजेक्ट के बारे में विचार कर सकें। या फिर आपको आपकी लोकल सिंफनी प्रोग्राम (संगीत कार्यक्रम) के आनेवाले नए सीजन की सूचना मिल जाती है, जिसके आने में अभी चार महीने बाकी हैं – अभी इसके बारे में आप कुछ नहीं कर सकते, आपको यह भी नहीं पता कि उस समय आप कहीं यात्रा पर तो नहीं होंगे। पर अगर आप शहर में हुए तो ज़रूर उस प्रोग्राम में हिस्सा लेना चाहेंगे। आपको इसके बारे में क्या करना चाहिए?

इस तरह के कामों को दो तरह से सँभाला जा सकता है – समडे/मेबी लिस्ट या टिकलर सिस्टम।

**समडे/मेबी (किसी दिन/शायद)** - जो काम अभी नहीं करने हैं, पर आगे जाकर करना चाहेंगे, ऐसे कामों की सूची बनाना उपयोगी और प्रेरणादायक हो सकता है। यह प्रोजेक्ट्स का ऐसा 'पार्किंग लॉट' है, जिसे वर्तमान में हिलाया नहीं जा सकता लेकिन आप इसे याद भी रखना चाहेंगे। आप चाहेंगे कि समय-समय पर इनके याद

आने की संभावना बनी रहे।

## समडे/मेबी लिस्ट का उदाहरण

एक पालनौका (सेलबोट) लेनी है
स्पेनिश भाषा सीखनी है
वॉटरकलर कक्षा में हिस्सा लेना है
कीचन का नवीनीकरण करना
एक लैप पूल बनाना है
बैलून में सवारी करनी है
शराब का सेलर बनना है
एक महिना टस्कनी में बिताना है
अपना वेब पेज बनाना है
बच्चों के लिए एक संस्था स्थापित करनी है
एक पियानो लेना है
अपना संस्मरण प्रकाशित करना है
स्कूबा का सर्टिफिकेट लेना है
टैंगो (एक प्रकार का नृत्य) करना सीखना है
मिट्टी के बर्तनों को बनाना सीखना है
अपने पड़ोसियों को पार्टी देनी है
एक तालाब का निर्माण करना है

ये काम ऐसे हैं, जो आप कभी करना चाहेंगे, परंतु अभी नहीं करना चाहते... हालाँकि आप चाहते हैं कि वे समय-समय पर आपको याद आते रहें। अगर आप इस सूची से लाभ लेना चाहें तो आपको समय-समय पर इस पर ध्यान देते रहना चाहिए। मैं आपको सलाह दूँगा कि आप अपने साप्ताहिक रिव्यू में इन विषयों पर भी गौर करें।

हो सकता है कि आपके पास इस सूची में ऐसी ही और सामग्री भी हो, पर उसकी ज़रूरत तभी पड़नेवाली है जब आप कोई भी खास तरह का काम करनेवाले हों। ये सूची इस प्रकार होगी :

- किताबें पढ़ना
- शराब चखना
- नए व्यंजन बनाना
- किराए पर फिल्में देखना
- सप्ताह के अंत में सैर के लिए जाना
- बच्चों के पसंदीदा काम करना
- सेमीनार लेना
- वेबसाइट बनाना

इस तरह के रिमाइंडर रखने से आपके लिए रचनात्मक तरीके से खोज करने के कई अवसर सामने आते हैं। आपके पास इनकी व्यवस्था करने का कोई साधन होना चाहिए ताकि आपके लिए तरह-तरह की सूचियों को तैयार करना आसान हो जाएगा।

**टिकलर सिस्टम** - जो काम अभी नहीं करने हैं और आगे चलकर किसी खास समय पर ही उन्हें करना उचित हो, तो उन्हें याददाशत में बनाए रखने के लिए टिकलर फाइल में रख सकते हैं। इसे सस्पेंस, फॉलो-ऑन या परपेचुअल (लगातार) फाइल का नाम भी दे सकते हैं। यह प्रणाली आपको अनमुति देती है कि आप स्वयं को ऐसा कुछ मेल करें, जो आपको आने वाले समय में नियत दिन मिल जाएगा।

आपका कैलेंडर भी यही काम कर सकता है। 15 मार्च के दिन पर आप स्वयं को याद दिला सकते हैं। जैसे आपके टैक्स एक माह में भरने हैं आदि। उसी प्रकार 12 सितंबर को आप स्वयं को याद दिला सकते हैं कि हंस झील छह सप्ताह में सिविक ऑडिटोरियम में बोल्शोई द्वारा प्रस्तुत की जाएगी।

अधिक जानकारी के लिए अध्याय सात देखें।

## संदर्भ सामग्री

बहुत सारी वस्तुएँ ऐसी हैं, जिन पर कोई काम नहीं करना है परंतु उनकी जानकारी आपके लिए आगे चलकर उपयोगी हो सकती है। आप इन्हें भी अपनी पहुँच में रखना चाहेंगे। इन्हें आप किसी कागज़ पर या डिजिटल रूप में रखना चाहेंगे।

कागज़ पर आधारित सामग्री में कुछ भी सँभाला जा सकता है, जैसे किसी स्थानीय रेस्त्राँ का मेन्यू, आपकी योजनाएँ, ड्रॉईंग्स्, किसी लैंडस्केप प्रोजेक्ट के लिए जानकारी आदि। आप इन्हें खुले पन्नोंवाले प्लानर, नोटबुक में रख सकते हैं। इसमें आपके मनपसंद रेस्त्राँ की सूची, स्कूल कमेटी के सदस्यों के फोन नंबर आदि शामिल होंगे। अगर किसी कार्पोरेट का समन्वय होने जा रहा है, तो हो सकता है कि उसके कागज़ों को संभालने के लिए आपको पूरे फाइल कैबीनेट की ज़रूरत पड़े। हालाँकि आज डिजिटल रूप में अधिक से अधिक जानकारी मिलने लगी है, पर फिर भी कई बार चीज़ों को दर्ज करने और दोबारा उनका निरीक्षण करने के लिए प्रिंट संस्करण ही उपयोगी होता है।

इलेक्ट्रॉनिक स्टोरेज में आप क्लाउड-बेस्ड डाटा स्टोरेज से लेकर आर्काइव फोल्डर तक अपने सॉफ्टवेयर में रख सकते हैं।

यहाँ यह याद रखना बहुत महत्त्व रखता है कि आपका संदर्भ ऐसा होना चाहिए कि सही समय पर आपको अपने काम की सूचना व जानकारी मिल सके। संदर्भ सिस्टम प्राय: दो प्रकार के होते हैं - 1. विषयवस्तु और क्षेत्र के हिसाब से स्टोर करना 2. सामान्य संदर्भ की फाइलें। पहले प्रकार को उसके नाम से ही जान सकते हैं जैसे, अनुबंधों (कॉन्ट्रक्ट) का एक फाइल दराज, कर्मचारी-क्षतिपूर्ति जानकारी देनेवाली गोपनीय फाइल का दराज, बंद हो चुके कानूनी मामलों की कैबीनेट, जिनकी आनेवाले समय में ज़रूरत पड़ सकती है या फिर ग्राहक की हिस्ट्री जानने के लिए कस्टमर रिलेशंस मैनेजमेंट डाटाबेस।

सामान्य संदर्भ की फाइलिंग : दूसरी तरह की संदर्भ सामग्री ऐसी होती है, जो किसी खास श्रेणी में नहीं आती और अक्सर छोटी-मोटी जानकारी के लिए भी उसकी ज़रूरत पड़ती रहती है। आपको ऐसी कोई जगह चाहिए, जिसमें आप अपने रसोई के सामान से जुड़े निर्देश देनेवाले दस्तावेज, स्मिथ प्रोजेक्ट्स से जुड़े हस्तलिखित नोट्स या वह करेंसी रख सकते हैं, जिसे आपने टोक्यो दौरे से वापस आने के बाद बदलवाया नहीं है, जब आप दोबारा उस जगह गए तो उन्हें इस्तेमाल किया जा सकता है।

अच्छे सामान्य संदर्भ फाइल की कमी एक कुशल व्यक्तिगत प्रबंधन प्रणाली को लागू करने में सबसे बड़ी बाधाओं में से एक हो सकती है। अगर फाइलिंग और स्टोरिंग का काम आसान और जल्दी नहीं हुआ, तो हो सकता है कि आपके आसपास या कंप्यूटर में ऐसे कामों का ढेर जमा हो जाए, जिसे निपटाना कठिन लगने लगे। अगर आपकी संदर्भ सामग्री सुव्यवस्थित न हुई, तो आपके लिए किए जानेवाले और न किए जानेवाले कामों का अंतर पता करना मुश्किल होगा और आप उलझन में पड़ सकते हैं। इस सामग्री की श्रेणी के लिए आपको अच्छी कारगर प्रणाली बनानी होगी ताकि आप बिना किसी तनाव के उत्पादन कर सकें। अध्याय सात में इस पर विस्तार से चर्चा करेंगे।

## रिफ्लेक्ट करना (विचार करना)

आपको बाजार से दूध चाहिए, यह बात लिखना अलग बात है और दुकान

में जाने पर दूध लेने की याद आना, अलग बात है। इसी तरह, आप आसानी से लिख सकते हैं कि कॉल के दौरान दोस्त से पूछना है कि वह अपने जीवन की एक महत्वपूर्ण घटना के बाद कैसा महसूस कर रहा है। पर यह ज़रूरी नहीं कि उससे बात करते समय आपको यह पूछना याद आ जाएगा।

आपको एक कदम पीछे हटाकर, अपने जीवन और काम की बड़ी तस्वीर को देखना होगा, कुछ ज़रूरी आवश्यक कदम उठाने होंगे और यह काम नियमित अंतराल पर करना होगा। अधिकतर लोगों को रिफ्लेक्शन चरण के निरंतर प्रयोग के बाद ही वर्कफ्लो प्रबंधन (मैनेजमेंट) के जादू का पता चलता है। आप एक महत्वपूर्ण मामले में, अपने सारे अधूरे प्रोजेक्ट्स और कामों को देखते हैं, जिसे मैं हॉरीजन 1 लेवल का नाम देता हूँ, यह काम साप्ताहिक तौर पर होना चाहिए। इस दौरान आप अपने सारे निश्चित किए हुए कामों और विकल्पों को देख सकते हो, इस तरह किसी दिए गए समय में आपको क्या करना है, उसके लिए आपके पास असरदार चुनाव हो सकते हैं।

आपका जीवन किसी एक सिस्टम की तुलना में कहीं अधिक जटिल है, जो वर्णन या समन्वय कर सकता है परंतु जी.टी.डी. कार्यपद्धति सभी प्रमुख तत्वों को इस तरह एक साथ रखती है कि आप उन पर एक साथ पूरे संतुलित रूप में ध्यान दे सकें। अधिकतर लोगों के पास अलग-अलग जगह पर इसके अंग होते हैं, परंतु इसकी विषय वस्तु और उपयोगिता अपने आपमें बेहतरीन है।

## कब और क्या निरीक्षण करना है

अगर आपने मेरी सलाह के हिसाब से अपने लिए व्यक्तिगत व्यवस्था प्रणाली विकसित की है, जिसमें आपके पास प्रोजेक्ट लिस्ट, कैलेंडर, नेक्स्ट एक्शन लिस्ट और वेटिंग फॉर लिस्ट है, तो आपको इसे बनाए रखने के लिए और अधिक चीज़ों की ज़रूरत नहीं होगी।

आप अधिकतर अपने कैलेंडर का ही निरीक्षण करेंगे, जो आपको आपके ज़रूरी दैनिक कामों की याद दिलाएगा ताकि आपको पता चल जाए कि उस दिन कौन से काम किए जाने ज़रूरी हैं। इसका मतलब यह नहीं कि वे सारे

> अपनी सूचियों और नक्शों आदि को यथासंभव बार-बार दोहराते रहें, उन्हें देखते रहें ताकि उनकी विषय वस्तु आपके दिमाग पर बोझ न बने।

काम महत्वपूर्ण ही हों। उनके लिखे होने का अर्थ केवल इतना है कि वे उस दिन पूरे हो जाने चाहिए। अगर आपको पहले से पता हो कि कौन सा काम कब करना है, तो आपकी कार्य करने की क्षमता कहीं अधिक बढ़ जाती है। जब भी आप कैंलेडर में लिखे काम पूरे कर लें, तो यह देखना एक अच्छी आदत होगी कि उसमें कौन से काम करने से रह गए हैं, जो एक मीटिंग, कॉल या किसी रिपोर्ट का फाइनल ड्राफ्ट वगैरह हो सकता है।

अपने कैलेंडर को देखने के बाद, आप अक्सर अपनी नेक्स्ट एक्शन लिस्ट पर आ जाते होंगे। इसमें आपके उन कामों की सूची भी शामिल है, जिन्हें आप समय मिलने पर करना चाहेंगे। अगर आपने उन्हें प्रसंगों के अनुसार संजोया है (जैसे घर में, कंप्यूटर पर, जॉर्ज के साथ मीटिंग में) तो वे उसी समय आपके आगे आएँगे, जब उनसे जुड़े प्रसंग प्रकट होंगे।

आपको अपनी प्रोजेक्ट, वेटिंग फॉर और समडे/मेबी सूची पर भी तभी नज़र डालनी चाहिए, जब आपको ऐसा लगे कि आपके दिमाग में उनकी चिंता सवार हो रही है।

## सफलता का महत्वपूर्ण तत्व : साप्ताहिक समीक्षा (वीकली रिव्यू)

जो भी काम किए जाने हैं, अगर उनका समय-समय पर आकलन होता रहे तो आपके लिए उसे याद करना आसान होगा। आपके अपने काम सहज भाव से सही समय पर याद आ सकें, इसके लिए आपको उन्हें किसी भरोसमंद उच्च स्तरीय प्रणाली के हवाले करना होगा। मेरे अनुभव से (और हज़ारों लोगों के अनुभव से), इसे हम साप्ताहिक समीक्षा का नाम दे सकते हैं, जो आपकी सफलता का पैमाना हो सकता है।

आपको अपनी प्रोजेक्ट लिस्ट, कैलेंडर, नेक्स्ट एक्शन लिस्ट और वेटिंग फॉर लिस्ट, समडे/मेबी सूची पर सप्ताह में एक बार अवश्य नज़र डालनी चाहिए। इससे आपको अपने मस्तिष्क को उन सभी अधूरे कामों की यादों के बोझ से मुक्त करने का भी अवसर मिलता है, जिन्हें आपने पिछले दिनों कैप्चर, क्लैरीफाई और ऑर्गेनाइज किया था।

> जीवन के प्रसंगों में अनेक हित शामिल होते हैं। जो इंसान बाकी सबको देखे बिना, केवल एक पर ध्यान देता है, वह ऐसा विजनरी कहलाता है; जो संसार के व्यापार को वश में नहीं कर सकता।
> - जेम्स फेनीमोर कूपर

अगर आप भी अधिकतर लोगों की तरह हैं, तो आप पाएँगे कि काम करने के कुछ ही दिनों के भीतर यह सब आपके बस के बाहर हो जाता है। ऐसा होने की उम्मीद की जा सकती है, पर यह हमेशा आपके संसार में हावी होता रहेगा। आप कभी नहीं चाहेंगे कि आप अपने दिमाग से काम का बोझ उतारने के लिए, हाथ में लिए गए काम से अपना ध्यान हटाए। अगर आप पूरे आत्मविश्वास के साथ सब कुछ अपने नियंत्रण में करना चाहते हैं, तो आपको घर की साफ-सफाई और सामान को व्यवस्थित करने पर ध्यान देना होगा।

साप्ताहिक निरीक्षण या समीक्षा के समय :

- अपना सारा सामान एक साथ जमा करें।
- अपने सिस्टम की समीक्षा करें।
- अपनी सूचियों को नए सिरे से तैयार करें।
- पूरी तरह से साफ, स्पष्ट, ताज़ा और संपूर्ण हों।

अधिकतर लोगों के पास वास्तव में संपूर्ण प्रणाली (सिस्टम) नहीं होती इसलिए वे इसकी साप्ताहिक समीक्षा नहीं कर पाते। उन्हें कहीं न कहीं ऐसा लगता रहता है कि कोई काम अधूरा छूट गया है। यही वजह है कि इस सारी प्रक्रिया को अपनाने से जो लाभ होता है, वह वाकई अद्भुत है। आपकी प्रणाली जितनी संपूर्ण होगी, आप इसे बनाए रखने के लिए उतना अधिक प्रेरित होंगे। साप्ताहिक समीक्षा इस मापदंड को बनाए रखने की प्रमुख कुंजी है।

आपको अपने दिमाग से काम का बोझ हटाने के लिए अपने दिमाग का प्रयोग करना होगा।

अधिकतर लोग छुट्टियों पर जाने से पहलेवाले सप्ताह में अपने काम के बारे में बेहतर महसूस करते हैं, परंतु यह छुट्टियों की वजह से नहीं होता। जब आप लंबी छुट्टियों पर निकलते हैं, तो उस अंतिम सप्ताह में आप क्या करते हैं? आप अपने व दूसरों के साथ सारे कामों को क्लीन, क्लोज़-अप, क्लैरीफाई, ऑर्गेनाइज और नए सिरे से व्यवस्थित करने की प्रक्रिया से गुज़ारते हैं। आप ऐसा इसलिए करते हैं ताकि छुट्टियों के दौरान काम का बोझ न रहे। मैं आपको सलाह दूँगा कि आपको साल में एक बार ऐसा करने के बजाय हर सप्ताह अपने काम के साथ यही करना चाहिए ताकि आप अपने रोज़मर्रा के जीवन में भी इसी तरह की जीवंतता महसूस कर सकें।

## एंगेज (काम पर लगना)

> काम करने का हर निर्णय सहज होता है। चुनौती यही है कि आप सही चुनाव के बारे में केवल उम्मीद न रखें, आपको पूरा विश्वास होना चाहिए कि आपका चुनाव सही है।

इस वर्कफ्लो प्रबंधन प्रक्रिया का प्रमुख उद्‌देश्य यही है कि आपके पास किसी भी समय में किए जानेवाले काम के लिए बेहतर चुनाव हों। सोमवार सुबह साढे दस बजे सैंडी को कॉल करना है, प्रस्ताव पर काम पूरा करना है या ई-मेल देखने हैं; इन सभी कामों के बारे में एक साथ विचार करने से बेहतर होगा कि आप सही तरह से चुनाव करें। अगर आपके पास ऐसे चुनाव की सुविधा रही, तो ऊर्जा और प्रभावी उत्पादकता में वृद्धि होगी।

### काम से जुड़े चुनावों के लिए तीन मॉडल

एक पल के लिए मान लेते हैं कि आप असुरक्षा या विलंब के भय से अपने किसी भी काम को छोड़ना नहीं चाहते। ऐसे कामों की हमेशा एक लंबी सूची होगी, जिन्हें आप उस समय नहीं कर रहे। तो आप कैसे तय करेंगे कि आपको क्या काम करना है, क्या नहीं करना है और फिर दोनों के बारे में बेहतर कैसे महसूस करना है? इसका उत्तर होगा कि अपनी सहज प्रवृत्ति पर भरोसा रखें। अगर आपने अपने सभी कामों के लिए कैप्चर, क्लैरीफाई, ऑर्गेनाइज और रिफ्लेक्ट करने की प्रक्रिया को लागू किया है, तो आप अपने काम और मूल्यों के बारे में थोड़ी सी व्यावहारिक सोच और समझदारी रख सकते हैं। इसके साथ ही आपका अपने सहज ज्ञान व निर्णय क्षमता पर भरोसा भी होगा।

आपकी निर्णय लेने की क्षमता को बढ़ाने और निर्णय लेने में मदद करने के लिए तीन तरह के मॉडल प्रस्तुत हैं। वे आपको उत्तर नहीं देंगे - चाहे आपको मारियो को कॉल करना है, बेटे को ई-मेल करना है या अपनी सहायिका से अनौपचारिक बातचीत करनी है - परंतु वे आपको आपके विकल्पों को कहीं अधिक समझदारी से चुनने में सहायक होंगे। यही समय और प्राथमिकता प्रबंधन के अन्य साधन नहीं कर पाते।

1. **सही समय पर कार्य का चुनाव करने के लिए चार कसौटियोंवाला मॉडल**

बुधवार को 3:22 मिनट पर आप कैसे तय करेंगे कि आपको क्या करना है : उस समय आप इन चार मापदंडों को इस क्रम में लागू कर सकते हैं - संदर्भ,

उपलब्ध समय, उपलब्ध ऊर्जा और प्राथमिकता।

पहले उन तीनों पाबंदियों के बारे में बताते हैं, जिनके साथ आप हमेशा काम करते हैं और चौथा आपको अपने कामों तक जाने के वर्गीकृत मूल्य के बारे में बताता है।

**संदर्भ :** आप हमेशा इस बात से सीमित अनुभव करते हैं कि इस समय आपके पास किसी काम को पूरा करने की क्षमता है। कुछ काम कहीं भी किए जा सकते हैं, जैसी अपने प्रोजेक्ट के बारे में नए विचार सोचना, परंतु उस समय आपके पास सही जगह (जैसे घर या ऑफिस) और कोई उत्पादकता का साधन (फोन या कंप्यूटर) होना चाहिए। यही पहले कारक हैं, जो किसी भी दिए गए क्षण में काम करने के लिए आपके चुनावों को सीमित करते हैं।

**उपलब्ध समय :** ऐसा कब होता है, जब आपको कोई और काम करना होता है? अगर पाँच मिनट में मीटिंग होनेवाली है, तो उस समय के दौरान आप कुछ नहीं कर सकते।

**उपलब्ध ऊर्जा :** आपके पास कितनी ऊर्जा है? कुछ कामों को करने के लिए ताज़ा मानसिक ऊर्जा की आवश्यकता होती है। कुछ कामों को करने के लिए शारीरिक बल चाहिए। कुछ कामों के लिए इन दोनों की ज़रूरत नहीं होगी।

**प्राथमिकता :** आपके दिए हुए संदर्भ, समय और ऊर्जा के अनुसार आपके पास कौन से काम करने का विकल्प बचता है, वही आपके लिए सबसे लाभदायक होगा। आपके पास ऑफिस में पूरे एक घंटे के साथ फोन या कंप्यूटर है और 10 के स्केल पर आपकी ऊर्जा 7.3 है। इस ऊर्जा के साथ आप ग्राहक को कॉल कर सकते हैं, प्रस्ताव पर काम कर सकते हैं, ई-मेल देख सकते हैं, अपने साथी से गप्पें लगा सकते हैं।

> आप जो भी कर सकते हैं, हमेशा उससे ज्यादा करने की गुंजाईश रहती है और आप एक बार में एक ही काम कर सकते हैं। बस आपको इतना ध्यान देना है कि कोई काम करते हुए, आपको उन कामों के लिए दु:ख नहीं मनाना, जो आप नहीं कर रहे।

यहीं आपको अपने सहज ज्ञान पर भरोसा रखना होगा और अपनी परख को ही सच मानना होगा। इसी धारणा को आगे तक जाँचने के लिए हम और दो मॉडलों की बात करते हैं, जो यह तय करेंगे कि आपके लिए कौन सा काम

करने की अहमियत हो सकती है।

2. **रोज़मर्रा के कामों की पहचान के लिए तिहरा मॉडल**

जब आप गेटिंग थिंग्स डन के लिए व्यस्त हों तो आप तीन तरह की गतिविधियों का हिस्सा हो सकते हैं : * पहले से तयशुदा काम करना, * जैसा काम दिख रहा है, वही करना और * अपने काम को परिभाषित करना।

**पहले से तयशुदा काम करना :** जब आप पहले से तयशुदा काम कर रहे हों, तो आप अपनी नेक्स्ट एक्शन लिस्ट और कैलेंडर के अनुसार काम कर रहे हैं - आप वे काम पूरे कर रहे हैं, जिन्हें करने के बारे में आपने पहले ही सोच लिया है या आप अपने कार्यप्रबंधन को व्यवस्थित कर रहे हैं। आप वे कॉल्स कर रहे हैं, जिन्हें करना ज़रूरी है, आप ब्रेनस्ट्रोमिंग के लिए कुछ विचारों की सूची बना रहे हैं, मीटिंग्स में हिस्सा ले रहे हैं या अपने वकील से की जानेवाली बातों की सूची तैयार कर रहे हैं।

**जैसा काम दिख रहा है, वही करना :** अक्सर काम अचानक ही सामने आ जाते हैं, उनके बारे में पहले से कुछ तय नहीं होता और आपको उसी समय तय करना होता है कि उसे करना है या नहीं। मिसाल के लिए, आपका साझेदार अचानक आपके ऑफिस में आकर आपसे किसी नए प्रोडक्ट लाँच के बारे में बात करने लगे, तब आप अपने सारे काम छोड़कर इस अहम काम में लग जाते हैं। हर दिन अपने साथ नए आश्चर्य लाता है, बहुत से अनियोजित काम सामने होते हैं। आपको उनके लिए भी कुछ अपेक्षित समय और ऊर्जा बचाकर रखनी होंगी। जब आप ऐसा करने लगते हैं, तो आप स्वयं ही तय कर लेते हैं कि ये काम दूसरे कामों की तुलना में महत्त्व रखते हैं।

**अपने काम को परिभाषित करना :** अपने काम को परिभाषित करने का अर्थ होगा कि आप अपनी इन-ट्रे को साफ कर रहे हैं, डिजीटल संदेश, मीटिंग नोट्स आदि को देखने के अलावा, अपने प्रोजेक्ट को ऐसे छोटे हिस्सों में विभाजित कर रहे हैं, जिन पर आसानी से काम हो सके। जब आप अपनी इनपुट को प्रोसेस करते हैं, तो उस समय नि:संदेह आप उन कामों को पूरा कर लेते हैं, जो दो मिनट से अधिक समय नहीं लेते और उसके अलावा भी कई छोटे-मोटे काम साथ ही पूरे हो जाते हैं। यह भी सामने दिख रहे कामों को तत्काल पूरा करने का ही संस्करण है। इस काम के

दौरान आप ऐसी बहुत सी चीज़ों को पहचानेंगे, जिन्हें कभी पूरा करना है परंतु अभी उनके लिए समय नहीं है। इस तरह आप उन्हें सूचियों में शामिल करते जाएँगे।

जब आप अपने सारे काम को परिभाषित कर लें तो आप यह भरोसा कर सकते हैं कि आपकी टू डू लिस्ट पूरी हो गई है। आपका संदर्भ, समय व ऊर्जा की उपलब्धता आपको अब भी अनुमति देते हैं कि आप एक से अधिक काम करने का विकल्प चुन सकें। आखिर में आपको काम करने की प्रकृति देखनी होगी। इसके लक्ष्यों और मापदंडों पर ध्यान देना होगा।

**३. आपके अपने काम के निरीक्षण के लिए छह स्तरीय मॉडल**

आपको अपनी प्राथमिकता के हिसाब से चुनाव करने हैं, परंतु उन्हें तय करनेवाले अधिकतर मॉडल हमारे असली कामों को पूरा करने के विश्वसनीय साधन नहीं कहे जा सकते। आपको अपनी प्राथमिकताओं को जानने के लिए यह समझना होगा कि आपका काम क्या है और ऐसे छह अलग नज़रिए हो सकते हैं, जिनके माध्यम से आप अपने काम को परिभाषित कर सकते हैं। अगर उचित उपमा का प्रयोग करें तो इस बातचीत का हॉरीजन या आपके नज़रिए की दूरी से बहुत संबंध है। अगर आप किसी इमारत से देख रहे हैं तो आपको अलग-अलग तल से अलग-अलग चीज़ें दिखेंगी।

- हॉरीजन 5 : उद्देश्य और नियम
- हॉरीजन 4 : विजन
- हॉरीजन 3 : लक्ष्य
- हॉरीजन 2 : केंद्र और जवाबदेही के क्षेत्र
- हॉरीजन 1 : मौजूदा प्रोजेक्ट्स
- आधार : मौजूदा काम

चलिए निचले तल से आरंभ करते हैं।

- **आधार : मौजूदा काम**

यह आपकी ओर से किए जानेवाले कामों की कुल जमा सूची है - जितने भी फोन कॉल्स करने हैं, जितने भी ई-मेल्स का जवाब देना है, जितने भी काम पूरे करने हैं, अपने अजेंडा के बारे में अपने बॉस या अपने जीवनसाथी से जो

बातें करनी हैं...। अगर आप इस समय कोई और काम न भी करना चाहो तो भी आपके पास पहले से सैंकड़ों काम मौजूद होंगे।

- **हॉरीजन 1 : मौजूदा प्रोजेक्ट्स**

इस समय अगर देखा जाए तो आपके पास निपटाने के लिए कम से कम एक सौ तीस प्रोजेक्ट्स होंगे। ये ऐसे अल्पकालीन नतीजे हैं, जिन्हें आप तुरंत हासिल करना चाहते हैं- जैसे घर में नया कंप्यूटर लेना, एक सेल्स कांफ्रेंस की तैयारी करना, नए मुख्यालय में जाना या फिर दंत चिकित्सक से भेंट करना

- **हॉरीजन 2 : केंद्र और जवाबदेही के क्षेत्र**

आप भूमिका, हित और जवाबदेही के अनुसार ही अपने लिए किसी प्रोजेक्ट को स्वीकार करते हैं। ये ही आपके जीवन के प्रमुख क्षेत्र हैं और आपको इनके भीतर रहते हुए ही अपने नतीजे पाने हैं व मापदंड बनाए रखने हैं। हो सकता है कि आपकी नौकरी या काम में रणनीतिपरक नियोजन, प्रशासनिक सहयोग, स्टाफ विकास, बाजार शोध, ग्राहक सेवा या संपत्ति प्रबंधन जैसे काम शामिल न हों। और आपके निजी जीवन में भी एकाग्र होने के लिए उतने ही क्षेत्र हों : सेहत, परिवार, वित्त, घरेलू परिवेश आदि। इन्हें पूरा नहीं करना परंतु इन्हें अपने अनुभवों और व्यस्तताओं का मूल्यांकन करने, संतुलन और स्थिरता बनाए रखने के मापदंड के रूप में इस्तेमाल करना है क्योंकि हम अपने काम और इस संसार के बीच सक्रिय हैं। इन जिम्मेदारियों को सुनने और इनका निरीक्षण करने से, हमें अपने प्रोजेक्ट्स को पूरा करने के लिए बेहतर ढाँचा मिल सकता है।

> जिस भी प्रोजेक्ट की आपने शुरुआत की है, उसे पूरा करें... जो भी वादे करें, उन्हें निभा दें... अपने वादे न तोड़ें - तब आप चेतन और अवचेतन, दोनों स्तरों पर सफल हो सकते हैं, जिससे आपके भीतर संतोष, सक्षमता और ऐक्य का भाव उत्पन्न होगा।
> - जॉन रोजर

- **हॉरीजन 3 : लक्ष्य**

आप आज से दो बरस बाद, अपने जीवन और काम से जुड़े विविध क्षेत्रों में क्या अनुभव करना चाहेंगे, वही आपके काम को परिभाषित करने के लिए नए आयाम देगा। अक्सर आपको अपने काम के लक्ष्यों और उद्देश्यों को पूरा करने के लिए काम के केंद्र में बदलाव लाना पड़ता है और कुछ नई जवाबदेही

भी सामने आती हैं। इस हॉरीजन या क्षितिज पर निजी तौर पर भी, आप कुछ ऐसे काम करना चाहेंगे, जो आपके जीवन में कुछ महत्वपूर्ण पहलुओं को अहमियत देते हुए, दूसरों को घटा सकें।

- **हॉरीजन 4 : विजन**

आपको आनेवाले तीन से पाँच सालों को ध्यान में रखते हुए बड़ी श्रेणियों के बारे में विचार करना चाहिए : संगठन की रणनीतियाँ, पर्यावरणीय प्रवृत्ति, कैरियर और जीवनशैली से जुड़े हालात। आंतरिक कारकों में दीर्घकालीन कैरियर, पारिवारिक, वित्तीय और जीवन की गुणवत्ता से जुड़ी आकांक्षाएँ शामिल हैं। बाहरी दुनिया के मामलों में आपकी नौकरी और संगठन में बदलाव लानेवाले मुद्दों को शामिल कर सकते हैं जैसे तकनीक, वैश्विकरण, बाजार प्रवृत्ति और प्रतियोगिता। इस दौरान लिए गए निर्णय आसानी से आपके काम को कई स्तरों पर बदल सकते हैं।

- **हॉरीजन 5 : उद्‌देश्य और नियम**

यह बिग पिक्चर व्यू है। आपकी कंपनी का अस्तित्व क्यों है? आपका अस्तित्व क्यों है? आपके लिए क्या महत्त्व रखता है, क्या महत्त्व नहीं रखता? किसी भी चीज़ का प्राथमिक उद्‌देश्य सही मायनों में काम की परिभाषा प्रस्तुत करता है। यही आपके काम का विवरण है। सभी उद्‌देश्य, विजन, लक्ष्य, प्रोजेक्ट्स और काम इससे ही निकलते हैं और इसकी ओर ही जाते हैं।

ये हॉरीजन की मिसालें काफी हद तक अनियंत्रित है और हो सकता है कि असली जिंदगी में जब आप अपने केंद्र और प्राथमिकताओं के बारे में महत्वपूर्ण बातचीत करें तो ये एक या दूसरे स्तर पर फिट न बैठें। हालाँकि ये आपको एक उपयोगी ढाँचा दे सकते हैं ताकि आपको अपने कामों और वचनबद्धताओं की बहुपरतीय (Multilayered) प्रकृति की जानकारी रहे।

आपके पास प्रतिदिन और प्रतिपल सोचने का समय नहीं है। आपको पहले से ही सब सोचकर रखना होगा।

आपने कब और कौन सा काम करना है, इस निर्णय के बारे में आरामदेह महसूस करने से पहले आपको बहुत सी बातों को ध्यान में रखना होगा। आपके दीर्घकालीन लक्ष्यों और मूल्यों के लिए पारंपरिक भाव में प्राथमिकता तय करने के लिए अन्विार्य केंद्र

की आवश्यकता होगी, इससे आपको रोज़मर्रा के होनेवाले कामों या निर्णयों के लिए एक व्यावहारिक ढाँचा नहीं मिलता। सभी स्तरों पर अपने कार्य प्रवाह के प्रबंधन के बाद ही आप सभी कामों को सही तरह से पूरा होने का अनुभव और आनंद पा सकेंगे।

इस पुस्तक के दूसरे भाग में, आपको यह सिखाया गया है कि आप अपने कामों से जुड़े चुनाव करने के लिए इन मॉडल्स का प्रयोग कैसे कर सकते हैं और किस तरह कैप्चर, क्लैरीफाई, प्लानिंग, ऑर्गेनाइजिंग और रिफ्लेक्टिंग से जुड़े बेहतरीन अभ्यास आपकी सफलता के वाहक हो सकते हैं।

# 3

# प्रोजेक्ट्स पर रचनात्मक रूप से कार्य करना : प्रोजेक्ट नियोजन के पाँच चरण

वे महत्वपूर्ण बातें जो सुकूनभरे नियंत्रण की भावना पाने के लिए आवश्यक हैं – 1. आपको अपने नतीजों या प्रोजेक्ट्स को स्पष्ट तौर से परिभाषित करना होगा और उन्हें आगे ले जाने के लिए आवश्यक क्रिया करनी होगी, 2. अपने रिमाइंडर्स किसी ऐसी भरोसेमंद सिस्टम में डालने होंगे, जिन पर नियमित रूप से पुर्नविचार होता रहे। मैं इसे ही होरीजोंटल फोकस का नाम देता हूँ। हालाँकि, यह दिखने में आसान लगता है परंतु अगर इस प्रक्रिया को सही तरीके से लागू करें तो इससे गहरे नतीजे सामने आ सकते हैं।

## शिखर का (वर्टिकल) फोकस बढ़ाना

> आपको छोटे काम करते हुए भी बड़े कामों के बारे में सोचना होगा, ताकि आपके छोटे काम भी सही दिशा में हो सकें।
> -एल्विन टोफर

हर स्तर पर समान रूप से यानी होरीजोंटल फोकस रखने की ज़रूरत तो आपको अधिकतर प्रोजेक्ट्स में, लगभग हर समय ही रहेगी। हालाँकि, कई बार आपको किसी प्रोजेक्ट या हालात को अपने बस में करने के लिए, किसी समस्या के समाधान को तलाशने के लिए या सभी सही कदम निर्धारित किए गए हैं, यह सुनिश्चित करने के लिए अधिक ध्यान और केंद्र की ज़रूरत हो सकती है। यहीं पर वर्टिकल फोकस हमारे काम आता है। इस वर्टिकल तरीके से अधिक उत्पादक सोच कैसे कायम कर सकते हैं और परिणामों को अपनी व्यक्तिगत सिस्टम में कैसे लागू कर सकते हैं, यह नॉलेज वर्क के लिए आवश्यक दूसरा शक्तिशाली व्यवहार है।

इस तरह की सोच का विस्तृत होना ज़रूरी नहीं है। इसके लिए आपको अनौपचारिक सोच चाहिए, जिसे मैं 'कॉल ऑफ द बैक एनवलेप प्लानिंग'

कहता हूँ – कुछ ऐसा ही नियोजन जो आप अक्सर कॉफी शॉप में किसी नैपकिन या किसी लिफाफे के पिछले हिस्से पर करते हैं या फिर अपने सहकर्मी से बात करते हुए किसी कागज के टुकड़े पर सेल्स प्रेजेंटेशन की चर्चा के दौरान कर सकते हैं। मेरे अनुभव से यही सबसे अधिक उत्पादक किस्म का नियोजन होता है, जिसे आप अपनी तत्काल ऊर्जा देते हैं। यह सच है कि कई बार आपको कई चीज़ों को समझने, उन्हें तारतम्य देने या प्राथमिकता देने के लिए और अधिक औपचारिक ढाँचे की ज़रूरत होगी। इनसे भी जटिल मसलों पर काम करने के लिए आपको और अधिक विस्तृत रूपरेखा की ज़रूरत पड़ सकती है। मिसाल के लिए, एक टीम को प्रोजेक्ट के कई सारे हिस्सों को आपस में मिलाना हो या फिर व्यावसायिक योजनाओं का मसौदा तैयार करना हो ताकि निवेशक को बताया जा सके कि आप क्या कर रहे हैं। परंतु एक सामान्य नियम के अनुसार, आपके पास अगर कागज और कलम हो तो आपकी रचनात्मकता उभरकर सामने आ सकती है।

व्यावसायिक जगत में, मैंने देखा कि प्रोजेक्ट पर विचार करने के लिए अधिक औपचारिक नमूने (मॉडल) की आवश्यकता नहीं होती, आमतौर पर जिन लोगों को ऐसे नमूनों की ज़रूरत होती है, वे उनके पास पहले से मौजूद होते हैं या वे उन्हें अपनी पढ़ाई या व्यावसायिक प्रशिक्षण के दौरान अपना चुके हैं। इसके बजाय, मैंने पाया कि हम लोगों के लिए एक प्रोजेक्ट पर आधारित नमूना ही सबसे बड़ी कमी है। हमें कुछ ऐसे तरीके खोजने होंगे, जो हमारी सोच को मज़बूती और सहारा दे सकें, भले ही वे कितने भी अनौपचारिक क्यों न हो। औपचारिक नियोजन सत्र और हाई हॉर्स पावर प्लानिंग टूल (प्रोजेक्ट मैनेजमेंट सॉफ्टवेयर जैसे टूल) निश्चित रूप से कई बार लाभदायक हो सकते हैं। पर अक्सर मीटिंग में बैठे इंसान को कागज के टुकड़े पर किया गया काम ही कहीं बेहतर लगता है। अधिक औपचारिक और तयशुदा मीटिंग में अक्सर एक न एक महत्वपूर्ण मसला छूट ही जाता है। जैसे यह प्रोजेक्ट क्यों किया जा रहा है? या वे ब्रेनस्ट्रोमिंग के लिए पर्याप्त समय नहीं देते। किसी ने सोचा तक नहीं था कि कुछ विचारों को विकसित करने से प्रोजेक्ट और अधिक रोचक हो

> लक्ष्य यही है कि आप प्रोजेक्ट्स और परिस्थितियों को पूरी तरह से स्पष्ट करके अपने बस में कर सकें ताकि वे आपके मस्तिष्क पर हावी न हों और आपके संभावित विचार नष्ट भी न हों।

सकता था, साथ ही कहीं अधिक लाभदायक और मजेदार हो सकता था। अंत में, बहुत कम मीटिंग ऐसी होती हैं, जिनमें किसी प्रोजेक्ट नियोजन के विविध पहलू के लिए कार्यवाही के चरण और जवाबदेही शामिल हों।

अच्छी खबर यह है कि यह प्रोजेक्ट्स, परिस्थितियों और विषयों के बारे में विचार करने का एक उत्पादक तरीका हो सकता है, जो कम से कम समय और प्रयास के साथ अधिक से अधिक मात्रा पैदा कर सकता है। हम स्वाभाविक तौर पर इसी तरह नियोजन करते हैं, जिसमें किसी प्रोजेक्ट को अपने बस में रखते हुए उससे मनचाहा नतीजा पाना चाहते हैं। मेरे अनुभव से, जब लोग अनौपचारिक और स्वाभाविक तौर पर अधिक नियोजन करते हैं, तो वे काफी हद तक तनाव से छूटकर बेहतर परिणाम पा सकते हैं।

## स्वाभाविक नियोजन का नमूना (नेचुरल प्लानिंग मॉडल)

संसार का सबसे अनुभवी नियोजक आपका मस्तिष्क ही है।

आप पहले से ही सबसे चतुर और रचनात्मक नियोजक को जानते हैं – आपका मस्तिष्क अपने आपमें एक प्लानिंग मशीन है। आप खाना खाते हुए, कपड़े पहनते हुए, स्टोअर में जाते हुए या फिर बात करते समय भी लगातार नियोजन करते हैं। हालाँकि यह प्रक्रिया सुनने में सरल लग सकती है परंतु आपका दिमाग किसी काम को भौतिक तौर पर पूरा करे, उससे पहले उसे कई चरणों की जटिल श्रृंखला पूरी करनी पड़ती है।

आपका मन इन पाँच चरणों से गुज़रने के बाद ही कोई काम करता है :

1. उद्देश्य और नियम परिभाषित करना
2. नतीजे का विजन तैयार करना
3. ब्रेनस्ट्रोमिंग
4. ऑर्गेनाइजिंग
5. नेक्स्ट एक्शन की पहचान

**एक सरल सा उदाहरण : डिनर की योजना बनाना**

जब आप आखिरी बार डिनर करने गए तो आपने सबसे पहले क्या करने के

बारे में सोचा था? इसमें कई चीज़ें शामिल रही होंगी – भूख मिटाने की इच्छा, दोस्तों के साथ घूमना, कोई खास दिन मनाना, बिजनेस डील पर हस्ताक्षर करना या फिर रोमांस के लिए जाना। ज्यों ही आपके मन में, इनमें से कोई भी मंशा पैदा हुई होगी तो आप नियोजन करने में लगे होंगे। आपकी मंशा ही आपका उद्देश्य थी और इसने ही आपके मन में आंतरिक नियोजन का सिलसिला आरंभ किया होगा। आपके नियम, आपकी योजना की सीमा तैयार करते हैं। हो सकता है कि आप सजग तौर पर, किसी के साथ डिनर के लिए जाते समय अपने नियमों पर गौर नहीं करेंगे, परंतु उनके बारे में विचार अवश्य होगा : जैसे भोजन का स्तर व सेवा, उपलब्धता, सुविधा और आराम आदि की भी अपनी भूमिका रही होगी। किसी भी स्थिती में आपका उद्देश्य और नियम ही आपके नियोजन के लिए परिभाषित तत्व और सीमा रहे होंगे।

जब आपने एक बार उद्देश्य को तय करने के बारे में सोच लिया, तो आपके मन में क्या विचार आए होंगे? शायद ऐसा तो नहीं सोचा होगा, 'प्वाईंट 2.3. बी'। आपने सोचा होगा, 'जिओवानी में इतालवी डिनर' या 'बिस्ट्रो कैफे में साइडवाक टेबल पर बैठना।' हो सकता है कि आपने यह कल्पना भी की हो कि आपका अनुभव कैसा होगा या शाम कितनी सकारात्मक होनेवाली है – कौन–कौन लोग शामिल होंगे, वहाँ का माहौल और उसका परिणाम कैसा होगा। यह आपके विजन का परिणाम था। जबकि आपका उद्देश्य रात के खाने के लिए बाहर जाने का था, आपकी दृष्टि भौतिक दुनिया को दिखने, लगने और उन तरीकों को महसूस करने की एक छवि थी, जो आपके उद्देश्य को पूरा करती है।

एक बार अपने विजन को पहचानने के बाद, आपके दिमाग ने सहज भाव से क्या किया होगा? यह क्या सोचने लगा होगा? जैसे हमें किस समय निकलना चाहिए?... क्या वह जगह आज खुली होगी?... क्या उस जगह भीड़ होगी?... शाम का मौसम कैसा होगा?... क्या हमें कपड़े बदलने चाहिए?... क्या कार में पैट्रोल है?... हमें कितनी भूख लगी है?... आदि यह ब्रेनस्ट्रोमिंग थी। ये सभी सवाल उस सहज रचनात्मक प्रक्रिया का अंग थे, जो तब घटती है, जब आप कोई ऐसा काम करने लगते हैं, जो अभी हुआ नहीं है। आप क्या देख रहे थे और आप उस समय कहाँ थे, आपका मस्तिष्क इस अंतराल को पकड़ लेता है और वह उस सहज दूरी को जोड़ने के लिए खाली स्थान को भरने लगता है। यही आपके सहज

नियोजन के 'कैसे' चरण की शुरुआत है। परंतु यह सोच अस्थायी तौर पर ही होती है। डिनर जाने के लिए कई तरह के पहलू आपके सामने हो सकते हैं। आपको उनमें से अधिकतर को कागज पर लिखने की आवश्यकता ही नहीं है, परंतु आपने अपने मन में उसका संस्करण अवश्य तैयार किया था।[1]

जब आप एक बार सारे विचार जमा करके उनके बारे में विस्तार से जान लेते हैं, तो आप स्वयं को उन्हें व्यवस्थित या ऑर्गेनाइज करने से रोक नहीं पाते। हो सकता है कि आपने सोचा या कहा हो, 'पहले तो हमें पता करना होगा कि रेस्त्राँ खुला है या नहीं' या 'एंडरसन से फोन करके पूछ लो कि उसे हमारे साथ आना है या नहीं?' जब आपने मनचाहे नतीजे पर अलग-अलग दृष्टिकोण से विचार किया होगा, तो आपके दिमाग ने स्वयं ही उन्हें उप प्रोजेक्ट्स, प्राथमिकता या घटनाओं के क्रम के अनुसार छाँटने का काम आरंभ कर दिया होगा। उप प्रोजेक्ट्स : 'हमें लोगों, साधन और स्थान को देखना होगा।' प्राथमिकता : 'यह पता लगाना कठिन है कि ग्राहक वास्तव में डिनर के लिए जाना चाहेगा।' अनुक्रम : 'पहले हमें रेस्त्राँ के खुलने का पता करना होगा, फिर एंडरसन से बात करके कपड़े बदलने हैं।' यह सहज नियोजन का भाग है, जिसमें चुनौती, तुलना और मूल्यांकन भी शामिल है। एक चीज़ कहीं बेहतर, बड़ी या समय से आगे है।

आखिरकार (मान लेते हैं कि आप प्रोजेक्ट के लिए पूरी तरह से वचनबद्ध हैं, इस मामले में आप डिनर पर जाना ही चाहते हैं) आप तब नेक्स्ट एक्शन पर ध्यान देते हैं, जब आप सही मायनों में काम करने जा रहे हैं। 'कैफे रॉग को कॉल करके पता करो कि क्या वह खुला है और उस जगह मेज आरक्षित करवा दो।'

बुद्धिमान सोच की कुंजी यही है कि आप और अधिक बुद्धि से सोचें।

प्रोजेक्ट नियोजन के ये पाँच चरण, सहज भाव से दिन में आपके द्वारा किए जानेवाले हर काम पर लागू होते हैं। आप इसी तरह चीज़ों को तैयार करते हैं - डिनर, एक सुखद शाम, कोई नया प्रोडक्ट या नई कंपनी। हो सकता है कि

[1] हालाँकि, अगर आप अपने सबसे पक्के दोस्त की हालिया जीत के जश्न की तैयारी कर रहे होते, तो शायद आपके मस्तिष्क में चल रहे जटिल विचारों और विस्तार को एक रूप देने के लिए किसी लिफाफे के पिछले हिस्से की ज़रूरत पड़ सकती थी।

आपके भीतर कुछ करने की जिज्ञासा हो, आप सच में कुछ करना चाहते हों, आप नतीजे की छवि देखते हैं, आप ऐसे विचार प्रस्तुत करते हैं, जो उचित हो सकते हैं, आप उन्हें एक ढ़ाँचा देते हैं और फिर उस भौतिक क्रिया के बारे में सोचते हैं, जो उसे हकीकत का रूप देगी। और आप यह सब सहज भाव से करते हैं, इसके लिए आपको ज्यादा सोच-विचार करने की आवश्यकता नहीं होती।

**सहज नियोजन का सामान्य होना ज़रूरी नहीं**

परंतु पिछले भाग में जिस प्रक्रिया की बात की गई, क्या आपकी कमेटी भी अपना रिट्रीट उसी तरह प्लान कर रही है? क्या आपकी आई टी टीम इसी तरह नया सिस्टम लगानेवाली है? संभवतः विलीनीकरण के माध्यम से आप अपने विवाह या सोच का आयोजन कैसे कर रहे हैं?

क्या आपने पहले कभी किसी चीज़ के बारे में अकल्पनीय सफलता की कल्पना की है?

क्या आपने प्रोजेक्ट का प्राथमिक उद्‌देश्य स्पष्ट करते हुए, उन सबको बता दिया है जो इसे जानना चाहते हैं? और क्या आप उन सभी मापदंडों और व्यवहारों पर सहमत हैं, जिनकी इसे सफल बनाने के लिए आवश्यकता होगी?

क्या आपने सफलता की कल्पना कर ली है और या उन सारी नई चीज़ों पर विचार कर लिया है, जो इन्हें पाने के बाद आपके सामने आ सकती हैं?

क्या सारे संभावित विचार आपके पास मौजूद हैं? - वह सब कुछ जो आपके नतीजे को प्रभावित कर सकता हो?

क्या आपने अपने प्रोजेक्ट से जुड़े अहम बिंदुओं को जान लिया है, उनके प्रमुख पड़ावों की जानकारी ले ली है?

क्या आपने प्रोजेक्ट के उन पहलुओं को परिभाषित कर दिया है, जो अब तक हो जाने चाहिए थे, इसके बाद हर हिस्से के लिए नेक्स्ट एक्शन क्या होगा और कौन किस काम के लिए जिम्मेदार होगा?

मैं कोचिंग सत्र या परामर्श के दौरान जिन लोगों से मिलता हूँ, अगर आप भी उनके जैसे ही हैं, तो आपके प्रश्नों का सामूहिक उत्तर, संभवतः 'ना' में होगा। ये आपके सहज नियोजन मॉडल के ऐसे अंग हैं, जिन पर आपने अभी तक काम नहीं किया।

मेरे कुछ सेमीनारों में कुछ सहभागी ऐसे भी रहें, जिन्होंने इस मॉडल के अनुसार एक वर्तमान रणनीतिपरक प्रोजेक्ट का नियोजन किया। केवल कुछ ही मिनटों में, वे स्वयं सारे चरण पूरे करने में कामयाब रहें और यह जानकर चकित हो गए कि वे पहले जो कोशिश करते आ रहे थे, उसकी तुलना में उन्होंने कितनी प्रगति कर ली थी। इसके बाद एक सज्जन ने मेरे पास आकर कहा, 'पता नहीं, मुझे आपको धन्यवाद देना चाहिए या गुस्सा करना चाहिए। मैंने अभी उस व्यवसाय की योजना को पूरा किया, जिसे पूरा करने के लिए मैं खुद को कई माह से कहता आ रहा था और अब मेरे पास इसे ना करने का कोई बहाना नहीं था।'

अगर आप चाहें तो अभी इसी समय इसे अपने लिए प्रयोग में ला सकते हैं। कोई ऐसा प्रोजेक्ट चुनें जो नया है, उलझा हुआ है या उसमें किसी सुधार की ज़रूरत है। अपने उद्‌देश्य के बारे में सोचें। यह सोचें कि सफल नतीजा कैसा होगा : आप प्रतिष्ठा या किसी और मामले में भौतिक या वित्तीय मामले में कहाँ होते ? संभावित चरणों की ब्रेनस्ट्रोमिंग करें। अपने विचारों को व्यवस्थित करें। फिर नेक्स्ट एक्शन पर गौर करें। क्या आप इस बारे में स्पष्ट हैं कि आप कहाँ जाना चाहते हैं और उस जगह आपको कैसे पहुँचना है ?

## अप्राकृतिक नियोजन का नमूना (मॉडल)

कई जटिल चीज़ों के लिए प्राकृतिक नियोजन मॉडल के महत्त्व पर जोर देने के लिए, इसे सबसे अधिक वातावरण में उपयोग किए जानेवाले उस सामान्य मॉडल के साथ देखें, जिसे मैं अप्राकृतिक नियोजन का नाम देता हूँ।

### जब कोई अच्छा विचार बुरा विचार हो

'तो, इसके बारे में सबसे अच्छा विचार किसके पास है?' क्य आपने कभी किसी प्रोजेक्ट प्रबंधक को इस सवाल के साथ प्रोजेक्ट का आरंभ करते सुना है ?

अगर आप कुछ सोचे बिना ही अच्छी सोच के बारे में लिखना चाहें तो ऐसे विचार आपके पास अधिक नहीं होंगे।

यहाँ क्या अनुमान किया जा रहा है ? किसी अच्छे विचार पर भरोसा कर सकते हैं या नहीं, उसके मूल्यांकन से पहले, उद्‌देश्य पूरी तरह स्पष्ट होना चाहिए, विजन परिभाषित होना चाहिए और सारे संबंधित आँकड़े पूरी

तरह से संग्रह के बाद विश्लेषित किए गए हों।

'एक अच्छा विचार क्या है?' यह एक अच्छा सवाल है परंतु तभी जब आप अपनी सोच के अस्सी प्रतिशत तक आ गए हों। उस जगह से शुरुआत करने से मानसिक रचनात्मकता को बढ़ावा मिलेगा।

किसी भी हालात को ऐसे नज़रिए से हल करना, जो आपका कुदरती तरीका नहीं है, ऐसे में आपके मस्तिष्क के लिए काम करना कठिन होगा। लोग हमेशा ऐसा करते हैं परंतु इसमें हमेशा अस्पष्टता का खतरा बना रहता है और तनाव पैदा होता है। दूसरों के साथ मेल जोल के दौरान, यह अहं, राजनीति और निर्णयों से जुड़े, छिपे हुए मसलों के लिए दरवाजे खोल देता है। सामान्य शब्दों में कहें तो मौखिक रूप से आक्रामक होने की संभावना बढ़ जाती है। और अगर यह आपके लिए है और आप अपने उद्देश्य की परिभाषा तय किए बिना, विजन बनाए बिना, बहुत सारे बुरे विचारों को जमा किए बिना ही अच्छे विचार तक आने की कोशिश कर रहे हैं तो जान लें कि यह आपके लिए रचनात्मक कब्ज (creative constipation) से कम नहीं होगा।

## प्रतिक्रियात्मक नियोजन मॉडल

जब आप स्वयं को एक खड्डे में पाएँ तो खुदाई करना बंद कर दें।
- विल रोजर्स

अप्राकृतिक मॉडल को ही लोग सजग भाव से 'नियोजन' (प्लानिंग) के रूप में मानते हैं और चूँकि यह अकसर वास्तविक काम के लिए बहुत कृत्रिम और अनुचित होता है इसलिए लोग योजना ही नहीं बनाते। कम से कम शुरुआत में तो बिलकुल नहीं करते, वे नियोजन की मीटिंग्स में जाने से बचते हैं। वे प्रस्तुतिकरण और रणनीति संचालन (स्ट्रेटजिक ऑपरेशंस) से आखिरी मिनट तक दूर रहना चाहते हैं।

परंतु अगर आप समय से पहले ही योजना तैयार नहीं करते तो क्या होता है? अकसर ऐसी स्थिति में कई बार परेशानी का सामना करना पड़ता है। (तुमने टिकटें नहीं लीं, मुझे तो लगा था कि तुम टिकटें ले लोगे?) तब, जब आप आखिरी मिनट की मज़बूरी पर हों तो उस समय प्रतिक्रियात्मक नियोजन मॉडल आपके काम आता है।

जब भी कोई काम जल्दी पूरा करना हो तो सबसे पहले क्या किया जाता

है? एक्शन! और काम करो! ओवरटाइम करो! ज्यादा लोग! व्यस्त हो जाओ! और इन हालात से बहुत सारे तनावग्रस्त लोग जुड़ जाते हैं।

फिर जब बहुत सारे व्यस्त लोग एक-दूसरे से टकराते हुए हालात का सामना नहीं कर पाते तो कोई विवेकशील व्यक्ति आगे आकर कहता है, 'हमें और व्यवस्थित या ऑर्गेनाइज होना होगा।' फिर लोग समस्या के आसपास चौकोन बनाकर उसे नाम देने लगते हैं या फिर से चौकोन बनाकर उन्हें फिर से नए नाम देते हैं।

कहीं न कहीं, उन्हें एहसास होता है कि इस काम को नए सिरे से करने से कोई लाभ नहीं होनेवाला है। अब एक अन्य विवेकशील व्यक्ति अधिक रचनात्मकता की आवश्यकता का सुझाव देता है। 'चलो ब्रेनस्ट्रोमिंग करते हैं।' कमरे में सबको बुलाकर बॉस कहता है, 'तो आपके पास कोई आइडिया है?'

कुछ न करें।
बस थोड़ी देर
खड़े रहें।
- रोशेल माइर

जब कुछ ज्यादा नहीं घटता तो बॉस कह सकता है कि 'यह स्टाफ अपनी तकरबीन आंतरिक रचनात्मकता का इस्तेमाल कर चुका है। अब किसी सलाहकार की मदद लेने का समय है।' बेशक, अगर सलाहकार काम का होगा तो वह कहीं न कहीं यह सवाल पूछ ही सकता है, 'आप लोग इस जगह क्या करने जा रहे हैं? आपका विजन, उद्देश्य क्या है?'

## सहज नियोजन तकनीकें : पाँच चरण

कहना न होगा लेकिन फिर से कहा जाना चाहिए : प्रोजेक्ट्स व हालात के बारे में बेहतर तरीके से सोचने से सब कुछ कहीं बेहतर, जल्दी और सफल तरीके से पूरा हो सकता है। अगर हमारे मस्तिष्क सहज भाव से नियोजन कर सकते हैं, तो हम उससे क्या सीख सकते हैं? हम उस मॉडल का प्रयोग कैसे कर सकते हैं, जिससे हमारी सोच को और अधिक बेहतर नतीजे मिल सकें? आइए, इन पाँचों चरणों का अध्ययन करें, जो किसी सहज और स्वाभाविक नियोजन का अंग होते हैं और देखें कि हम इन संदर्भों का लाभ कैसे उठा सकते हैं।

### उद्‌देश्य

हमें 'क्यों' से जुड़ा सवाल पूछने से हिचकना नहीं चाहिए। आप मौजूदा

हालात में जो भी कर रहे हैं, अपने केंद्र के इस उच्चतम स्तर पर आकर आप उसमें मनचाहा सुधार ला सकते हैं। आप अपनी अगली मीटिंग में क्यों जा रहे हैं? आपके काम का उद्‌देश्य क्या है? आप डिनर में दोस्तों को क्यों बुला रहे हैं? आप किसी एजेंसी के बजाय मार्केटिंग डायरेक्टर को क्यों नियुक्त कर रहे हैं? आप अपने संगठन में हालात से क्यों निबटना चाहते हैं? आपके पास बजट क्यों है? आप अपनी मर्जी से इसमें कुछ भी जोड़ सकते हैं।

जब आप अपना उद्‌देश्य भूल जाएँ तो कट्टरपन में अपने प्रयासों को दुगना करना भी शामिल होता है।
- जॉर्ज सैंटायाना

मैं स्वीकार करता हूँ : यह कुछ और नहीं बल्कि सामान्य ज्ञान है। किसी भी काम से जुड़े उद्‌देश्य को जानना और समझना ही एक अच्छे केंद्र, रचनात्मक विकास और सहयोग के प्रमुख लक्षण हैं। परंतु अक्सर इसका ही अभ्यास नहीं किया जाता क्योंकि हमारे लिए चीज़ों को उसी रूप में तैयार करना आसान होता है, जिस तरह हम उन्हें तैयार करते आए हैं और इस तरह असली और प्रमुख इच्छा के साथ हमारा संपर्क कहीं छूट जाता है।

मैं जानता हूँ, मुझे कई कार्यालयों में अनेक विवेकपूर्ण लोगों के साथ बीते हुए हज़ारों घंटों के आधार पर पता है कि 'क्यों' के सवाल को उपेक्षित नहीं किया जा सकता। जब लोग मुझसे शिकायत करते हैं कि मैं बहुत मीटिंग्स करता हूँ तो मुझे उनसे पूछना पड़ता है, 'इन मीटिंग्स का क्या उद्‌देश्य है?' जब वे पूछते हैं, 'मुझे इन नियोजन सत्रों में किन्हें बुलाना चाहिए?' तब मुझे उनसे पूछना पड़ता है, 'इन नियोजन सत्रों का उद्‌देश्य क्या है?' जब दुविधा यह हो कि अवकाश के समय काम और ई-मेल के संपर्क में रहना है या नहीं, तो मुझे पूछना पड़ता है, 'अवकाश पर जाने का प्रमुख उद्‌देश्य क्या है?' जब तक मुझे मेरे प्रश्नों के उत्तर नहीं मिलते, उनके लिए उपयुक्त उत्तर खोज पाने का सवाल ही पैदा नहीं होता।

### 'क्यों' के बारे में सोचने का महत्त्व

'क्यों' सवाल पूछने से जुड़े कुछ लाभ निम्नलिखित हैं :

- यह सफलता को परिभाषित करता है
- यह निर्णय लेने का मापदंड रचता है
- यह संसाधनों को एक सीध में लाता है या श्रेणीबद्ध करता है

- यह प्रेरित करता है
- यह केंद्र को स्पष्ट करता है
- यह विकल्पों का विस्तार करता है

आइए, इन सब पर एक-एक कर गौर करें।

> लोग जीतना पसंद करते हैं। यदि आप इस उद्‌देश्य के बारे में पूरी तरह से स्पष्ट नहीं है कि आप क्या कर रहे हैं, तो आपके पास जीतने के लिए कोई खेल नहीं है।

**यह सफलता को परिभाषित करता है :** लोग इन दिनों जीतने के लिए बहुत भूखे हैं। हमें खेलना पसंद है और हमें जीतना पसंद है या कम से कम ऐसे पद पर आना पसंद है, जिस जगह से जीता जा सकता है। अगर आप अपने काम के उद्‌देश्य के बारे में कुछ नहीं जानते तो आपके जीतने की कोई संभावना नहीं है। उद्‌देश्य ही सफलता को परिभाषित करता है। यह किसी भी समय और निवेश के लिए प्रमुख संदर्भ बिंदु है, जिसमें एक कार्यालय चलाने से लेकर एक फॉर्म डिजाइन तैयार करने तक सब शामिल है।

जब तक आपको यह न पता हो कि मीटिंग क्यों की जा रही है, आप उस मीटिंग के बारे में अच्छा महसूस नहीं कर सकते। और अगर आप अच्छी नींद लेना चाहें तो बेहतर होगा कि आपके पास बोर्ड की ओर से पूछे गए प्रश्न का सटीक उत्तर हो। जैसे आपने मार्केटिंग प्रमुख को काम से क्यों निकाला या उस हॉटशॉट एम.बी.ए. को अपना नया वित्त निर्देशक क्यों बनाया? जब तक आप इस सवाल का जवाब देकर, सफलता के मापदंड को परिभाषित नहीं करते तब तक आप नहीं जान सकेंगे कि 'हमें एक व्यावसायिक योजना की ज़रूरत क्यों है?'

> कोई कठोर निर्णय लेने के लिए आपको अपने काम के उद्‌देश्य की ओर वापस आना होगा।

**यह निर्णय लेने का मापदंड रचता है :** आप यह कैसे तय करेंगे कि आपको पाँच रंगोंवाला ब्रोशर तैयार करवाना है या आपका काम दो रंगवाले ब्रोशर से भी चल जाएगा? आप कैसे जानेंगे कि आपकी नई वेब साइट को चलाने के लिए एक प्रमुख वेब डिजाइन फर्म को नियुक्त करना उचित होगा या नहीं?

यह सब कुछ उद्‌देश्य पर निर्भर करता है। आप जो भी करने जा रहे हैं, उनके लिए ये निवेश ज़रूरी हैं? जब तक उद्‌देश्य परिभाषित नहीं होगा, तब तक

इसे जानने का कोई उपाय नहीं है।

**यह संसाधनों को एक सीध में लाता है :** हमें कार्पोरेट बजट में अपने स्टाफ का वितरण कैसे करना चाहिए? हम अपने नकद प्रवाह का बेहतरीन उपयोग कैसे कर सकते हैं कि आनेवाले साल में एक रिटेलर के रूप में अपनी वैध्यता बनी रहे? क्या हमें लंच या फिर मासिक एसोसिएशन मीटिंग पर अधिक पैसा लगाना चाहिए?

हर मामले में, उत्तर इस बात पर निर्भर करता है कि हम सही मायनों में क्या पाना चाह रहे हैं और क्यों?

अगर आप नहीं जानते कि आप कोई काम क्यों कर रहे हैं तो आप कभी उसे पर्याप्त रूप से नहीं कर सकते।

**यह प्रेरित करता है :** आइए इसका सामना करते हैं : अगर किसी काम को करने का कोई अच्छा कारण नहीं है तो वह करने लायक नहीं है। मैं अक्सर यह देखकर हैरान होता हूँ कि कितने लोग भूल जाते हैं कि वे किसी काम को क्यों कर रहे हैं और क्या कर रहे हैं – और किस तरह एक साधारण से प्रश्न से उन्हें वापस पटरी पर लाया जा सकता है : 'आप ऐसा क्यों कर रहे हैं?'

**यह केंद्र को स्पष्ट करता है :** जब आप अपने किए जानेवाले काम के असली उद्देश्य को जान लेते हैं तो यह और स्पष्ट हो जाता है। अगर आप दो मिनट का समय निकालकर अपना काम करने का उद्देश्य कहीं लिख लें, तो इस तरह आपका विजन और भी साफ होगा जैसे आप टेलीस्कोप की मदद से अपने केंद्र को देख पा रहे हों। जो प्रोजेक्ट और हालात आपको बिखरे हुए और धुँधले दिखने लगे थे, उनमें एक तरह की स्पष्टता आ जाएगी। मानो किसी ने आपसे पूछ लिया हो, 'हम यहाँ क्या पाने की कोशिश कर रहे हैं?'

**यह विकल्पों का विस्तार करता है :** यह एक विरोधाभास है। उद्देश्य चीज़ों को केंद्र में लाता है परंतु इसके साथ ही यह विशाल संभावनाओं के लिए रचनात्मक चिंतन के द्वार भी खोलता है। जब आप सही मायनों में किसी चीज़ का 'क्यों' जानते हैं, जैसे सम्मेलन के लिए... स्टाफ पार्टी के लिए... आपकी छुट्टी के लिए... प्रबंधक को उसके पद से हटाने के लिए... समन्वय के लिए... तो यह आपकी सोच का विस्तार करता है कि आप मनचाहा नतीजा कैसे पा सकते हैं।

जब लोग मेरे सेमीनारों में अपने मनचाहे नतीजों को कागज पर लिखते हैं, तो वे अक्सर दावा करते हैं कि उन्हें ताज़ी हवा का झोंका महसूस हुआ, वे जो भी कर रहे हैं, उसके विजन में निखार आया।

क्या आपका उद्देश्य पूरी तरह से स्पष्ट और सुनिश्चित है? क्या आप सही मायनों में अपने उद्देश्य केंद्र के सभी लाभों यानी प्रेरणा, स्पष्टता, निर्णय लेना, मापदंड, सीध व रचनात्मकता का आनंद ले पा रहे हैं- तब आपका उद्देश्य अपने आपमें सुनिश्चित है। परंतु कई बार उद्देश्यों की भाषा इतनी अमूर्त होती है कि वे कोई नतीजे पैदा नहीं कर पाते। मिसाल के लिए, अगर आप एक अच्छी टीम पाना चाहते हैं तो आपके पास कोई लक्ष्य बहुत विस्तृत या अमूर्त हो सकता है। एक अच्छी टीम कैसे बनती है? क्या यह ऐसे लोगों का दल है जो बहुत प्रेरित हैं, स्वस्थ रूप से सहयोग देते हैं और पहल लेने के बारे में सोचते हैं? या यह एक ऐसा दल है जो बजट के अधीन आता है? दूसरे शब्दों में, अगर आप सही मायनों में नहीं जानते कि आपने अपना उद्देश्य कब पाया और कब आप पटरी से उतर गए, तो आपके पास कोई व्यवहार्य निर्देश नहीं है। इस प्रश्न का स्पष्ट उत्तर होना चाहिए, 'मैं कैसे जानूँगा कि मैं अपने उद्देश्य से भटक गया हूँ?'

## नियम

अगर आप किसी प्रोजेक्ट को सही तरह से निर्देशित करना चाहें, तो आपके पास निश्चित मूल्य और मापदंड होने चाहिए। हालाँकि लोग सजग भाव से इन बातों पर विचार नहीं करते, वे वहीं रह जाते हैं। और अगर वे उल्लंघन करते हैं, तो नतीजन वे अनुत्पादक बाधा और तनाव का शिकार होंगे।

सरल, स्पष्ट उद्देश्य और सिद्धांत, जटिल व बुद्धिमानी पूर्ण व्यवहार को जन्म देते हैं। जटिल नियम और व्यवस्थापन, सरल व मूर्खतापूर्ण व्यवहार को जन्म देते हैं।
- डी हॉक

आपके नियम क्या हैं? इनके बारे में बेहतर तरीके से सोचना चाहें तो इस वाक्य को पूरा करें : 'मैं दूसरों को इस बारे में काम करने के लिए पूरी आज़ादी दूँगा जब तक वे ....।' जब तक वे क्या करेंगे? आपके समूह की गतिविधियों पर कौनसे प्रत्यक्ष और अप्रत्यक्ष नियम लागू होते हैं? 'जब तक वे आपके बजट में आते हैं?', 'ग्राहकों का संतोष?', 'एक स्वस्थ टीम

का आश्वासन?', 'एक सकारात्मक छवि का प्रचार?'

अगर दूसरे लोग आपके मापदंडों से परे के बर्ताव को मान्यता देते हैं, तो यह आपके लिए तनाव का प्रमुख कारण हो सकता है। अगर आपको कभी इस तरह की दशाओं का सामना नहीं करना पड़ा तो आप वाकई किस्मतवाले हैं। अगर आपके साथ ऐसा हुआ है, तो इसके बारे में थोड़ी सी रचनात्मक बातचीत, नियमों की स्पष्टता से ऊर्जा को एक सीध में लाते हुए, अनावश्यक टकराव से बचा जा सकता था। हो सकता है कि आप स्वयं से पूछकर आरंभ करना चाहें, 'ऐसा कौन सा व्यवहार है, जो मेरे किए हुए काम को नीचा दिखा सकता है और मैं इसे कैसे रोक सकता हूँ?' इससे आपको एक अच्छा आरंभिक बिंदु मिलेगा और आप अपने मापदंडों को परिभाषित कर सकेंगे।

नियमों पर केंद्रित होने का एक बड़ा कारण यह भी है कि ये सकारात्मक व्यवहार के लिए स्पष्टता और संदर्भ बिंदु प्रदान करते हैं। आप किसी प्रोजेक्ट की सफलता तय करने के लिए उस पर कैसे काम करना चाहेंगे या दूसरों से काम करवाना चाहेंगे? पारिवारिक छुट्टियों में आप अपने बच्चों से कैसे बर्ताव की अपेक्षा कर रहे हैं? जब आप और दूसरे लोग इस 'कैसे' का उत्तर निकाल रहे हैं, तो क्या आप सब बेहतर तरीके से काम कर रहे हैं?

जहाँ उद्देश्य सार व दिशा प्रदान करता है, नियम व्यवहार की श्रेष्ठता के लिए मापदंड व कार्य के मापदंडों को परिभाषित करते हैं।

## विजन/नतीजा

आपके लिए उपलब्ध चेतन और अवचेतन स्रोतों तक उत्पादक पहुँच बनाने के लिए, आपके पास मन में एक स्पष्ट छवि होनी चाहिए कि सफलता कैसी दिखेगी, सुनेगी या महसूस होगी? उद्देश्य और नियमों से निरीक्षण बेहतर होगा परंतु विजन से आपको अंतिम निष्कर्ष का ब्ल्यूप्रिंट मिलेगा। यह 'क्यों' के बजाय 'क्या' है। जब यह परिस्थिति या प्रोजेक्ट सही मायनों सफलता के साथ संसार में प्रकट होगा तो यह कैसा होगा?

मिसाल के लिए, आपके सेमीनार से आए ग्रेजुएट अपने विषय में महारत हासिल कर चुके हैं। बाजार का अंश, पिछले वित्तीय साल में, उत्तरपूर्वी प्रांत में 2 प्रतिशत तक बढ़ गया है। आपकी बेटी, कॉलेज में अपने पहले सत्र के लिए

आपके निर्देशों और सहयोग के लिए स्पष्ट जानकारी रखती है।

## केंद्र की शक्ति

साठ के दशक के बाद से, उचित सकारात्मक कल्पना और केंद्र के मोल पर अनेक पुस्तकें लिखी गईं। ऑलंपिक स्तर के खेल प्रशिक्षणों में, आगे की ओर देखने का फोकस प्रमुख तत्त्व माना जाता है। खिलाड़ी अपने शारीरिक प्रशिक्षण व सकारात्मक ऊर्जा के साथ कल्पना करते हैं कि वे सफल प्रदर्शन के साथ उच्चतम स्तर का अचेत सहयोग भी पा रहे हैं।

कल्पना ज्ञान से कहीं अधिक महत्त्व रखती है।
- अल्बर्ट आइंस्टाइन

हम जानते हैं कि हम अपने मन में जिस बात पर फोकस रखते हैं, वह हमारी समझ और प्रदर्शन पर असर डालता है। यह एक गोल्फ कोर्स से लेकर, किसी स्टाफ मीटिंग के लिए भी उतना ही सच है, जितना अपने जीवनसाथी के साथ किसी संजीदा विषय पर बातचीत के लिए हो सकता है। मैं आपको फोकस केंद्रित करने का एक ऐसा मॉडल देना चाहता हूँ, जो व्यावहारिक तौर पर गतिशील हो और विशेष तौर पर प्रोजेक्ट के नियोजन में काम आ सके।

जब आप किसी चीज़ पर ध्यान देते हैं – जैसे आप जो अवकाश लेने जा रहे हैं, आप जिस मीटिंग में जानेवाले हैं या आप जिस प्रोजेक्ट को लॉन्च करने जा रहे हैं – तो वह फोकस तत्काल ऐसे विचार और सोच के ढाँचे प्रस्तुत करता है, जो शायद आपके पास न होते। यहाँ तक आपकी सोच आपके मस्तिष्क में बसी छवि को भी हकीकत ही मानती है।

*रेटीकुलर एक्टिवेटिंग सिस्टम (जालीदार सक्रिय प्रणाली) :* साइंटिफिक अमेरिकन मैगजीन में 1957 के मई महिने के संस्करण में, एक आलेख शामिल किया गया, जिसमें मस्तिष्क के आधार पर, जालीदार संरचना (रेटीकुलर फॉरमेशन) की खोज का वर्णन है। रेटीकुलर फॉरमेशन बुनियादी तौर पर आपकी सजग चेतना का प्रवेश द्वार है; यह एक स्विच की तरह आपके विचारों व आँकड़ों की समझ को चालू करता है; जो आपको कमरे में संगीत बजने पर सोने देता है पर किसी और कमरे में कोई छोटा बच्चा रोता है, तो आपको उसी समय जगा देता है।

कंप्यूटर की तरह आपके मस्तिष्क में भी एक सर्च फंक्शन होता है – परंतु यह कंप्यूटर की तुलना में कहीं अधिक बेहतर है। यह हमारे फोकस के

आपका स्वचालित रचनात्मक तंत्र सैद्धांतिक है। यह लक्ष्यों व परिणामों के अनुसार काम करता है। जब आप इसे पाने के लिए कोई निश्चित लक्ष्य दे देते हैं, तो आप इसके स्वचालित मार्गदर्शन तंत्र पर भरोसा कर सकते हैं, जो आपको लक्ष्य के पास इतने बेहतर तरीके से ले जाएगा, जितना आपने सजग भाव से सोचा भी नहीं होगा। आप नतीजों के बारे में सोचकर लक्ष्य की पूर्ति करते हैं। फिर आपका स्वचालित तंत्र इसके लिए साधन उपलब्ध करवाता है।

- मैक्सवेल माल्टज़

साथ प्रोग्राम होता है और इससे भी अहम बात यह है कि हम अपनी पहचान इससे जोड़ते हैं। बहुत से लोगों का मानना है कि यह हमारे द्वारा तय किए गए आदर्शों का स्थान है। हम केवल उन्हीं बातों पर ध्यान देते हैं, जो हमारे आंतरिक विश्वास तंत्रों से मेल खाते हुए प्रसंगों की पहचान करते हैं। मिसाल के लिए, अगर आप कोई चश्मे का नंबर बतानेवाले व्यक्ति हैं, तो आप भीड़भरे कमरे में भी उन लोगों को जान लेंगे, जिन्होंने चश्मे पहने हुए हैं। अगर आप कोई कॉन्ट्रैक्टर हैं, तो हो सकता है कि आपका ध्यान कमरे की बनावट पर हो। अगर आप केवल लाल रंग पर ध्यान केंद्रित करते हैं, तो आपको उस कमरे में हर लाल रंग की चीज़ दिखाई देगी, भले ही वह कितनी भी छोटी क्यों न हो।

यह फिल्टरण (छानना) किस तरह काम करता है, किस तरह हम अनजाने में भी जानकारी के प्रति सजग हो जाते हैं, अगर इस पर बात करने में पूरा जीवन न लगे, तो भी इस पर पूरे सप्ताह का सेमीनार तो बन ही सकता है। इतना ही कहना बहुत होगा कि जब आप अपनी मनचाही तस्वीर पर ध्यान केंद्रित करते हैं तो आपके दिमाग में कुछ स्वचालित और असाधारण घटता है।

## नतीजों को स्पष्ट करना

एक बहुत गहरा और सरल नियम है, जो आपके नजरिए का फिल्टर कैसे काम करता है, इस समझ से पैदा होता है : जब तक आप स्वयं को इसे करते हुए नहीं देखते, तब तक आप समझ नहीं पाएँगे कि आपने इसे कैसे किया।

यदि ऐसा पहले भी हुआ है या आपको इसी तरह की सफलताओं का अनुभव हुआ हो, तो उस चीज़ की कल्पना करना आसान होता है। हालाँकि यह बहुत ही चुनौतीपूर्ण हो सकता है। आपको नए और अनजान क्षेत्रों से जुड़ी

छवियों में सफलता की छवियों को पहचानना है, यह तभी हो सकता है, जब आपके पास कुछ संदर्भ बिंदु हो कि किसी घटना को कैसा देखना चाहिए और आपके पास अपनी योग्यता का थोड़ा सा अनुभव हो ताकि आप उसे साकार कर सकें।

हममें से बहुत से लोग स्वयं को अपने मनचाहे परिणामों की कल्पना करने से तब तक रोकते हैं, जब तक कोई आकर हमें यह नहीं बताता कि हमें उस जगह कैसे जाना है। बदकिस्मती से, हमारा मन जिस तरह समाधानों व उपायों को पैदा करके पहचानता है, उस लिहाज से यह बहुत पिछड़ा हुआ है।

किसी चीज़ को जीवन में साकार करने से पूर्व आपको उसे अक्सर अपने मन नें साकार करना होगा।

जीवन के सबसे शक्तिशाली कौशल में से एक, इसके साथ ही व्यावसायिक और व्यक्तिगत सफलता के लिए सबसे ज़रूरी कौशल में से एक स्पष्ट परिणाम पैदा कर रहा है। लेकिन यह उतना स्पष्ट नहीं है, जितना दिखाई देता है। हमें लगातार यह स्पष्ट करना होगा कि जीवन के विभिन्न स्तरों पर हम क्या पाने की कोशिश कर रहे हैं। इसके साथ ही हमें अपने संसाधनों को इस तरह वितरित करना होगा कि काम को पूरी सक्षमता व योग्यता के साथ पूरा किया जा सके।

यह प्रोजेक्ट पूरी होने के बाद कैसी दिखेगी? आपके अनुसार ग्राहक को कैसा महसूस होना चाहिए और आप क्या चाहते हैं कि प्रदर्शन के बाद उसे क्या पता हो और वह क्या करे? आप आज से तीन साल बाद अपने कैरियर में किस जगह होंगे? अर्थव्यवस्था का आदर्श प्रमुख अपना काम कैसे करेगा? आपकी वेबसाइट कैसी दिखेगी और उसमें कौन सी क्षमताएँ होंगी, जो आप उसमें देखना चाहते हैं? अगर आपकी और आपके बेटे के बीच की बातचीत सफल रही तो आप अपने दोनों के संबंध को किस रूप में देखना चाहेंगे?

नतीजा/विजन, प्रोजेक्ट के एक सरल वाक्य - 'कंप्यूटर सिस्टम लागू करने का काम पूरा करो' से लेकर, एक पूरी तरह स्क्रिप्ट के साथ तैयार मूवी के रूप में भी हो सकता है। जिसमें भावी दृश्यों को पूरी भव्यता व विस्तार के साथ दर्शाया गया हो।

मैं हमेशा कुछ बनना चाहता थी। मुझे और अधिक निश्चित होना चाहिए था।
- लिली टॉमलिन

जब मैं लोगों को किसी प्राजेक्ट के सफल परिदृश्य पर ध्यान केंद्रित करने में सक्षम बनाता हूँ, तो उन्हें अक्सर उत्साह का अनुभव होता है और वे उसके बारे में कुछ अनूठा और सकारात्मक सोच पाते हैं, जो अब तक उनके दिमाग में नहीं आया था। 'अगर ऐसा होता तो, कितना अच्छा होता ...।' अगर आप हालात के बारे में इस तरह से भी सोचें, तो यह बुरा नहीं होगा, कम से कम आपके पास उत्तर पाने का विकल्प तो होगा।

## ब्रेनस्ट्रोमिंग (विचार मंथन)

जब आप एक बार जान लेते हैं कि आप क्या पाना चाहते हैं और क्यों, तब 'कैसे' के सवाल पर विचार हो सकता है। जब आप मन में कुछ ऐसी छवियों को पहचान लेते हैं, जो आपकी वर्तमान की वास्तविकता से अलग हैं, तो आप अपने-आप ही कुछ अंतरालों को भरने लगते हैं या विचार मंथन करने लगते हैं। आपके दिमाग में अचानक ही कई छोटे, बड़े, अच्छे, कम अच्छे और खराब उपाय आने लगते हैं। अधिकतर लोगों के मन में, कई सारे कामों के लिए अक्सर यह प्रक्रिया चलती रहती है और अक्सर वही काफी होती है। मिसाल के लिए, आप सोचते हैं कि आप नीचे हॉल में बॉस से बात करने जा रहे हैं, तो आपको उनसे क्या बात करनी है। परंतु ऐसे कई और अवसर भी हो सकते हैं, जब चीज़ों को लिखने या बाहरी तौर पर उनका संग्रह करने से, आपके उत्पादन संबंधी विचार और नतीजों में उल्लेखनीय बढ़त देखी जा सकती है।

एक अच्छा उपाय पाने का यही तरीका है कि आपके पास बहुत सारे उपाय हों।
-लिनस पॉलिंग

आपका मन जानना चाहता है कि एक ओर से दूसरी ओर कैसे जाना है, परंतु आरंभ में यह सब बिखरे हुए क्रम में ही होगा।

## अपने विचारों का संग्रह

पिछले कई दशकों के दौरान, अनेक ग्राफिक्स पर आधारित ब्रेनस्ट्रोमिंग तकनीकें तैयार की गई हैं ताकि प्रोजेक्ट्स और विषयों के लिए रचनात्मक चिंतन को विकसित किया जा सके। इन्हें माइंड मैपिंग, क्लस्टरिंग, पैटर्निंग, वेबिंग और फिश बोनिंग आदि कहा जाता है। हालाँकि सभी लेखकों ने अपनी तकनीकों व उपायों को सबसे अलग बताया है परंतु अंत में हम इस्तेमाल करनेवालों के लिए

बुनियादी बात एक ही है, 'स्वयं को कोई भी विचार संग्रह करने व प्रकट करने का अवसर दें और फिर बाद में देखें कि यह उपयुक्त है या नहीं।' अगर कुछ हाथ नहीं भी आया तो यह अभ्यास आपकी क्षमता में निखार लाएगा – जब भी कोई आइडिया आए तो उसे कहीं नोट करें, ताकि दोबारा वह आइडिया दिमाग में न आए। आपके पास पहले से दर्ज हो।

इन सभी धारणाओं व तकनीकों में से लोकप्रिय तकनीक का नाम लें तो इसे माइंड मैपिंग कह सकते हैं। टोनी बुज़ान, मस्तिष्क की कार्यविधि पर काम करनेवाले ब्रिटिश शोधकर्ता थे, उन्होंने ब्रेनस्ट्रोमिंग विचारों को ग्राफिक ढाँचे में प्रस्तुत किया। माइंड मैपिंग में, प्रमुख विचार को सबसे बीच में रखते हैं, बाकी विचार यूँ ही आस-पास छितरा दिए जाते हैं। मिसाल के लिए, अगर मुझे पता चले कि मुझे ऑफिस बदलना होगा तो मैं अपने कंप्यूटर्स, कॉर्ड बदलने, सारे कनेक्शंस बदलने, नए फर्नीचर, फोन बदलने, सामान छाँटकर बाँधने वगैरह के बारे में सोच सकता हूँ। अगर मैं इन विचारों को एक ग्राफ के रूप में रखता हूँ तो यह निम्नलिखित चित्र जैसा दिखेगा :

आप भी पोस्ट-इट कॉर्ड्स पर इस तरह की माइंड मैपिंग कर सकते हैं, जिन्हें व्हाईट बोर्ड पर लगा सकते हैं या आप इन्हें वर्ल्ड प्रोसेसिंग प्रोग्राम में डाल सकते हैं या फिर बाजार में और भी कई माइंड मैपिंग सॉफ्टवेयर एप्लीकेशन उपलब्ध हैं।

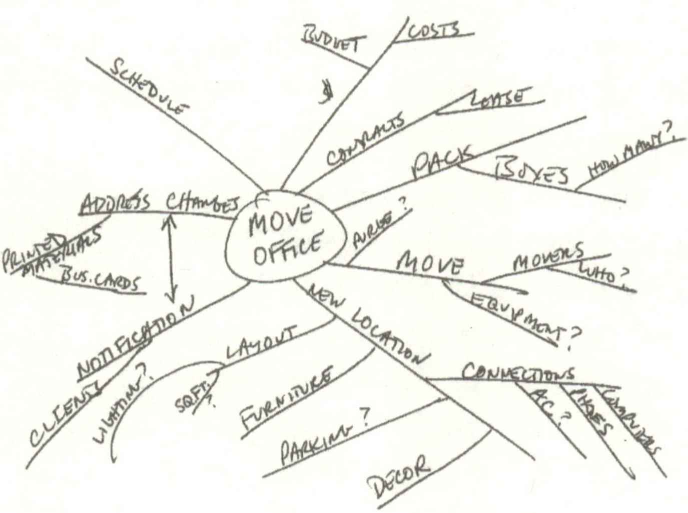

## वितरित उपलब्धि/संज्ञान

बाहरी ब्रेनस्ट्रोमिंग के लिए बड़ी बात यह है कि यह आपके मूल विचारों को जमा करने के साथ, कई नए विचारों को जन्म देने में मदद कर सकती है, जो हो सकता है कि पहले आपके दिमाग में न आए हों। मानो आपका दिमाग आपसे कह रहा हो, 'आपको केवल उतने ही विचार मिलेंगे, जिन पर आप पूरी दक्षता से काम कर सकते हैं। अगर आप उन्हें किसी भरोसेमंद तरीके से नहीं सहेजेंगे, तो आपको बहुत अधिक विचार नहीं मिलेंगे। परंतु यदि आप वास्तव में उन पर कार्य करना चाहते हैं, तो सबसे पहले आप उन्हें अपनी डायरी में लिख लें और बाद में उन पर काम करें। इस तरह से आपके लिए बहुत सारे विचार प्रस्तुत हैं! और, अरे वाह इसी दौरान मुझे एक और उपाय सूझा, इसे भी कहीं लिख लो!'

> अगर कोई विचार या उपाय इकलौता है तो उससे अधिक खतरनाक कुछ नहीं हो सकता।
> - एमिली चार्टियर

मनोवैज्ञानिकों ने इसे 'वितरित संज्ञान' (डिस्ट्रिब्यूटेड कॉग्निशन) का नाम दिया है। यह चीज़ों को आपके दिमाग से निकालते हुए वस्तुनिष्ठ और समीक्षा करने लायक ढाँचों में बदलकर एक 'बाहरी मस्तिष्क' बनाता है। परंतु मेरे हाईस्कूल के अंग्रेजी टीचर को मुझे यह सूत्र देने के लिए इस थ्योरी को जानने की ज़रूरत नहीं थी। उन्होंने कहा, 'डेविड, तुम कॉलेज जा रहे हो तो तुम्हें पेपर ज़रूर देने होंगे। अपने सारे नोट्स और कोड्स अलग-अलग तीन बाई पाँच इंच के कार्ड्स पर लिखना। फिर, जब तुम अपनी सोच को व्यवस्थित कर लो, तो उन्हें एक फर्श पर फैलाना, उनसे निकलनेवाले प्राकृतिक ढाँचे को ध्यान से देखना और यह देखना कि उसमें क्या कमी है।' मि. एडमंडसन मुझे प्राकृतिक नियोजन मॉडल की अहम बात सिखा रहे थे।

कुछ लोग किसी विषय पर अपने ध्यान को दो मिनट से अधिक समय तक केंद्रित कर सकते हैं और उन्हें अपनी मदद के लिए किसी वस्तुनिष्ठ ढाँचे, टूल या साधन की मदद नहीं चाहिए। आपके पास इस समय जो भी बड़ा प्रोजेक्ट हो, उसे लें और पूरे तीस सैकेंड तक यह कोशिश करें कि आपके दिमाग में उसके सिवाय कुछ न आए। ऐसा तब तक करना मुश्किल है जब तक

> जो व्यक्ति अपने विचारों को सहजता से लेता है, वही उन्हें साध सकता है और वही अपने विचारों का गुलाम नहीं बल्कि उनका स्वामी होता है।
> - लिन युतांग

आपके हाथ में कागज और कलम न हो और आप अपने विचारों को दिशा देने के लिए किसी 'संज्ञान शिल्पकृति' (कॉगनिटिव आर्टीफेक्ट) का प्रयोग न कर रहे हों। फिर आप इसके साथ कई घंटों तक रह सकते हैं। यही वजह है कि अच्छी सोच तब भी सामने आ सकती है, जब आप किसी प्रोजेक्ट पर कंप्यूटर पर काम कर रहे हों... किसी नोटपैड पर माइंड मैपिंग कर रहे हों... कागज के मेज़पोश (tablecloth) पर आड़ी-तिरछी लकीरें डाल रहे हों... या फिर कमरे में किसी दूसरे व्यक्ति के साथ, किसी विषय पर मीटिंग के दौरान बैठे हों। उस समय व्हाईटबोर्ड और मार्कर भी आपके लिए बहुत कारगर हो सकते हैं।

**ब्रेनस्ट्रोमिंग की कुँजी**

ब्रेनस्ट्रोमिंग के लिए कई तरह की तकनीकों का उपयोग किया जा सकता है। हालाँकि बुनियादी नियमों को इस तरह दिखाया जा सकता है :

- कोई परख न करें, चुनौती न दें, मूल्यांकन या निंदा न करें।
- गुणवत्ता के बजाय मात्रा पर ध्यान दें।
- विश्लेषण व संगठन को पृष्ठभूमि में रखें।

**कोई परख न करें, चुनौती न दें, मूल्यांकन या निंदा न करें** - कई बार ब्रेनस्ट्रोमिंग के दौरान लोग समय से पहले ही विचारों की समीक्षा और निंदा करने में लग जाते हैं। अगर आपको इस बात की जरा सी भी परवाह है कि आलोचक क्या सोचता है, तो आप अपनी अभिव्यक्ति की प्रक्रिया का वहीं दम घोंट देंगे क्योंकि आप केवल वही बोलना चाहेंगे, जो आपको उपयुक्त लगेगा। विषय पर ब्रेनस्ट्रोमिंग और रचनात्मक प्रक्रिया का दम घोंटने के बीच बहुत थोड़ा अंतर है। यह भी बहुत महत्वपूर्ण है कि ब्रेनस्ट्रोमिंग पूरी नियोजन प्रक्रिया के संदर्भ में की जानी चाहिए क्योंकि अगर आपको लगता है कि आप केवल अपने लिए ही इसे कर रहे हैं, तो यह अन-उपयुक्त हो सकती है। अगर आप इस बात को समझ सकें कि आप कुछ निश्चित समय के लिए इस काम को सही कर रहे हैं, तो कुल मिलाकर आप इस प्रक्रिया के लिए स्वयं को सहज महसूस करेंगे।

किसी दिए गए हालात में क्या बुरा हो सकता है, कई बार यह तय करना भी इसे सफल करने की दिशा में कामयाब कदम हो सकता है।

आपको यह सलाह नहीं दी जा रही कि आपको गहन बातों पर सोच-विचार नहीं करना चाहिए - हालाँकि इस अवस्था में सब कुछ उचित होना चाहिए। 'इस दौरान आपके पास यह पहल होनी चाहिए कि इस योजना में क्या बुरा हो सकता है।' अकसर कई चुनौतीपूर्ण और आलोचनात्मक विचारों से ही बेहतरीन विचार सामने आते हैं। यह समझना ही उचित है कि आपके मन में कैसे विचार आ रहे हैं और फिर आप उन्हें सही इस्तेमाल के लिए संभालकर रख सकते हैं। इसका प्रमुख मापदंड, समावेशी होना चाहिए। इन विचारों को पूरे विस्तार के साथ लिखें। किसी तरह की संकीर्णता या बाधा को इसमें जगह न दें।

**गुणवत्ता के बजाय मात्रा पर ध्यान दें** - अगर आप विचारों को भारी मात्रा में लेकर चलेंगे तो आपके चिंतन का विस्तार होगा। अक्सर आपको तब तक यह पता नहीं होता कि कोई विचार सही है या नहीं, जब तक वह आपके दिमाग में नहीं आता। आप जानते हैं कि जब आप किसी बड़े स्टोर में बहुत सारे विकल्पों के साथ खरीददारी करते हैं, तो आप कितना आरामदेह महसूस करते हैं? आपके पास काम करने के लिए विचारों की संख्या जितनी अधिक होगी, आप विकल्पों का विस्तार करने और अपने चुनावों पर भरोसा करने के लिए उतने ही बेहतर संदर्भ रच सकते हैं।

**विश्लेषण व संगठन को पृष्ठभूमि में रखें** - आपके विचारों का विश्लेषण व संगठन पूरी तरह से रचनात्मक और अलग सोचवाला होना चाहिए। उस पर किसी तरह की रुकावट न हो। परंतु ब्रेनस्ट्रोमिंग चरण में, आपको इस तरह की गतिविधि को शामिल नहीं करना है।

अगर आप रचनात्मक काम करने की सूची तैयार कर सकें, तो आप जान सकेंगे कि आपकी टीम में कौन-कौन लोग हैं, सॉफ्टवेयर के लिए ग्राहक की क्या ज़रूरत है या बिज़नेस प्लान के क्या तत्त्व हैं? बस यह ध्यान दें कि आप इन सभी बातों को तब तक ही लिख लें, जब तक आप फालतू चीज़ों की खरपतवार हटाकर, अगले चरण तक नहीं आते।

### ऑर्गेनाइज करना

अगर आपने अपने दिमाग से सारी चीज़ों और बातों को खाली कर लिया है, जो ब्रेनस्ट्रोमिंग चरण के दौरान सामने आई थीं, तो आप ध्यान देंगे कि एक

प्रोजेक्ट का नियोजन छोटे परिणामों को पहचानता है, जिन्हें सहज भाव से नियोजित कर सकते हैं।

प्राकृतिक संरचना आपके सामने आ रही है। जैसा कि मेरे हाईस्कूल के टीचर का सुझाव था, जब आप सारे विचारों को दिमाग से बाहर निकाल दें, तो आप सहज संबंधों व ढाँचों को देख सकेंगे। जब लोग किसी प्रोजेक्ट की संरचना तैयार करते हैं तो अधिकतर लोग इसकी ही बात करते हैं।

अक्सर ऑर्गेनाइजिंग का काम तब होता है, जब आप तत्त्वों, उपतत्त्वों, घटनाओं व प्राथमिकताओं के क्रम आदि को पहचानते हैं। ऐसा क्या है, जिसे अंतिम परिणाम पाने के लिए रचा जाना चाहिए? इन्हें किस क्रम में होना चाहिए? प्रोजेक्ट की सफलता सुनिश्चित करने के लिए सबसे महत्वपूर्ण तत्त्व कौन से हैं?

यही वह अवस्था है, जिसमें आप संरचना के साधनों का बेहतर उपयोग कर सकते हैं और इसमें किसी लिफाफे के पीछे यूँ ही लिखे गए कुछ अहम बिंदुओं से लेकर, हैवी-हॉर्सपावर प्रोजेक्ट-नियोजन सॉफ्टवेयर शामिल हो सकते हैं। जब किसी प्रोजेक्ट के लिए अहम नियंत्रण की आवश्यकता होती है, तो उस समय आपको एक मोटी रूपरेखा के साथ कुछ चार्ट्स की ज़रूरत होगी, जो प्रोजेक्ट की विभिन्न अवस्थाओं को दिखा सकें। इसमें कई स्वतंत्र और निर्भर भाग होंगे और कुल मिलाकर सारे बिंदुओं को दर्शाया जाएगा।

रचनात्मक चिंतन यहीं पूरा नहीं होता, यह एक और रूप ले लेता है। जब आप एक बुनियादी ढाँचा बना लेते हैं तो आपका दिमाग अंतरालों को भरने लगेगा। आपको प्रोजेक्ट से जुड़ी तीन ज़रूरी बातों का पता लगाना होगा। मिसाल के लिए, हो सकता है कि जब आप सब कुछ एक साथ देखें तो आप चौथा या पाँचवाँ बिंदु भी पता लगाना चाहें।

**संरचना या ऑर्गेनाइजिंग से जुड़ी बुनियादी बातें**

प्रमुख चरण निम्नलिखित हैं :

- महत्त्वपूर्ण अंशों की पहचान
- इन्हें इस तरह छाँटें (एक या एक से अधिक)
- तत्त्व

- क्रम
- प्राथमिकता
- आवश्यकता के हिसाब से विस्तृत विवरण

मैंने कभी ऐसे दो प्रोजेक्ट्स को नहीं देखा, जिन्हें लोगों के दिमाग से हटाने या पूरी सफलता से आगे ले जाने के लिए एक जैसी बनावट या विस्तृत विवरण की ज़रूरत पड़ी हो। परंतु लगभग सभी प्रोजेक्ट्स, किसी न किसी रूप में मस्तिष्क के क्रमिक हिस्सों के साथ रचनात्मक चिंतन का प्रयोग कर सकते हैं, जिनके साथ यह कहा जा सकता है, 'क्या योजना है?'

## नेक्स्ट एक्शन

नियोजन के अंतिम चरण में आपको यह निर्णय लेना है कि भौतिक संसाधनों का वितरण किस तरह हो ताकि आपका प्रोजेक्ट वास्तव में आगे जा सके। यहाँ यह सवाल पूछा जा सकता है, 'नेक्स्ट एक्शन क्या है?'

जैसा कि हमने पिछले अध्याय में देखा, इस तरह की वास्तविक और बुनियादी सोच के साथ मनचाहे परिणामों की स्पष्टता होने से, आप अपने असली काम को आसानी से परिभाषित और स्पष्ट कर सकते हैं। मेरे अनुभव से, आपके वास्तविक प्रोजेक्ट्स की एक सूची तैयार करने से और लगातार नेक्स्ट एक्शन लिस्ट बनाने से आप लगभग नब्बे प्रतिशत तक प्रोजेक्ट्स का नियोजन कर सकते हैं। यह बुनियादी पहल, आपको हर तरह की चीज़ों के लिए ईमानदार बनाती है। क्या आप वास्तव में इसे पूरी गंभीरता से करना चाहते हैं? इसके लिए कौन जिम्मेदार है? क्या आपने सारी बातों पर अच्छी तरह विचार कर लिया है?

अगर किसी बिंदु पर, प्रोजेक्ट पर क्रिया हो सकती है, तो इसके लिए नेक्स्ट एक्शन चिंतन का निर्णय ले लिया जाना चाहिए।[2] 'क्या' से जुड़े सवालों के जवाब देने से, आप प्रोजेक्ट के बारे में अपनी सोच की परिपक्वता का अनुमान लगा

---

[2] आप ऐसे प्रोजेक्ट्स की योजना भी बना सकते हैं, जिनके लिए नेक्स्ट एक्शन नहीं चाहिए – मिसाल के लिए, आपके सपनों का घर तैयार करना। अगर आपके पास नेक्स्ट एक्शन नहीं हुआ तो यह "किसी दिन हो सकता है" वाली प्रोजेक्ट की श्रेणी में आ जाएगा .... और इस तरह की चीज़ों के लिए यही उचित लगता है।

सकेंगे। अगर आप अभी इस सवाल का जवाब देने को तैयार नहीं हैं, तो आपको प्राकृतिक नियोजन क्रम (नेचुरल प्लानिंग सीक्वेंस) के आरंभिक स्तर पर थोड़ा काम करना होगा।

## बुनियादी बातें

- आपके प्रोजेक्ट के जिन हिस्सों पर इस समय काम चल रहा है, उनके लिए नेक्स्ट एक्शन तय करें।
- अगर ज़रूरत लगे तो नेक्स्ट एक्शन में नियोजन की प्रक्रिया तय करें।

*सक्रिय हिस्सों पर काम करना* – जब आप हर मोर्चे पर, प्रत्येक नेक्स्ट एक्शन स्टेप का निर्णय ले चुके हों, तो आपका प्रोजेक्ट अमल में लाने के लिए तैयार है और इसके अंशों को किसी दूसरे कारक पर काम करने से पहले, आगे बढ़ाया जा सकता है। अगर किसी प्रोजेक्ट में बहुत सारे अंश हों, तो उनमें से प्रत्येक पर काम करते हुए स्वयं से पूछें, 'क्या इसमें कोई काम ऐसा है, जो दूसरा व्यक्ति कर सकता है?' हो सकता है कि आप कॉन्फ्रेंस में आने के लिए वक्ताओं से बात कर रहे हों और इसके साथ ही किसी उपयुक्त जगह की तलाश में भी हों।

कुछ मामलों में केवल एक ही पहलू को सक्रिय किया जा सकता है और बाकी सब उसके ही नतीजे पर निर्भर होगा। इस तरह केवल एक ही नेक्स्ट एक्शन होगा, जिसे बाकी सभी कामों का मुख्य सूत्र कह सकते हैं।

*और अधिक नियोजन?* – अगर आपको नेक्स्ट एक्शन प्लान करने से पहले, और अधिक नियोजन की ज़रूरत महसूस हो रही हो, तब भी एक एक्शन स्टेप होगा। हमें नियोजन के लिए अगले चरण में क्या करना होगा – और अधिक उपाय खोजने होंगे। एना मारिया और शॉन को ई–मेल करके उनकी ओर से जानकारी लें। अपने सहायक से कहें कि उत्पादक टीम के साथ आपकी मीटिंग रखे।

अगर आप प्रोजेक्ट्स के साथ नेक्स्ट एक्शन की आदत विकसित कर लेंगे तो भले ही हालात कोई भी क्यों न हों, आपके लिए बुनियादी तौर पर नियंत्रण में रहना सरल होगा।

*जब नेक्स्ट एक्शन आपका नहीं, किसी और का हो* – अगर नेक्स्ट एक्शन आपका न हो तो आपको कम से कम यह तो अवश्य पता करना चाहिए कि वह

किसका है (यह एक्शन लिस्ट की वेटिंग का प्रमुख इस्तेमाल है)। किसी प्रोजेक्ट के नियोजन समूह में सबको यह पता होना ज़रूरी नहीं कि प्रोजेक्ट के हर कदम पर क्या किया जाना है। अक्सर हमें प्रोजेक्ट से जुड़े हिस्सों को उचित लोगों को सौंपना होता है और बाकी उन पर छोड़ दिया जाता है ताकि वे अपने उस हिस्से में नेक्स्ट एक्शन का पता करें।

यह नेक्स्ट-एक्शन हमें संगठनात्मक स्तर पर स्पष्टता पाने में मदद करता है। इसमें ऐसे मसले और विस्तार सामने आते हैं, जो तब तक सामने नहीं आते जब तक कोई संसाधनों का वितरण करते समय सबको वास्तविकता के धरातल पर ले नहीं आता। यह एक साधारण सी व्यावहारिक चर्चा है, जिसकी मदद से काम को आगे बढ़ाते हुए कमजोर कड़ियों को पहचाना जा सकता है।

## आपको सही मायनों में किस तरह के नियोजन की आवश्यकता होगी?

आपको किस हद तक इस नियोजन मॉडल को अपनाने की ज़रूरत है और कितने विस्तार की आवश्यकता होगी? आसान जवाब यही है कि उतनी ही ज़रूरत होगी, जिसमें यह प्रोजेक्ट का ध्यान आपके दिमाग से हटा दे।

अगर कुछ बातें बार-बार आपके दिमाग में आकर आपको परेशान करती हैं, तो उसका सीधा सा अर्थ यही है कि अभी उसके लिए एक्शन स्टेप परिभाषित नहीं हुए या उनके रिमाइंडर आपने सही और भरोसेमंद सिस्टम में नहीं डाले, जो आपको सही समय आने पर उनके बारे में याद दिला सकें। इसके अलावा, हो सकता है कि आपने अपने ब्ल्यूप्रिंट की क्षमता पर भरोसा रखने के लिए पर्याप्त सूक्ष्म जानकारी, नज़रिया और हल विकसित न किए हों।

एक नतीजे के तौर पर किसी प्रोजेक्ट को लाना हो, तो मेरे विचार से अधिकतर प्रोजेक्ट्स को एक से अधिक क्रिया की ज़रूरत होती है, अगर आप उनके नतीजे और एक्शन लिस्ट को कहीं दर्ज कर दें, तो उन्हें आसानी से अपने दिमाग से परे कर सकते हैं। आपको एक नया स्टॉकब्रोकर चाहिए? सिफारिश के लिए आपको अपने दोस्त को कॉल करना होगा। आप घर में नया प्रिंटर लगाना चाहते हैं? आपको वेब पर नए मॉडल और उनकी कीमत सर्च करनी होंगी।

अगर कोई प्रोजेक्ट अभी भी आपके दिमाग में है तो इसका अर्थ है कि उसके लिए और अधिक चिंतन चाहिए।

मेरा मानना है कि अस्सी प्रतिशत प्रोजेक्ट इसी तरह के होते हैं। हो सकता है कि आप अब भी उन पर पूरा नियोजन मॉडल लागू कर रहे हों, पर वह आपके दिमाग में ही चल रहा होगा और उससे ही आप नेक्स्ट एक्शन का पता कर लेते हैं, जो उस काम के पूरा होने तक बने रहते हैं।

बाकी बचे हुए 15 प्रतिशत प्रोजेक्ट को कम से कम बाहरी तौर पर थोड़ी दिमागी क्रिया या ब्रेनस्ट्रोमिंग की ज़रूरत हो सकती है – हो सकता है कि उनके लिए कोई माइंड मैप या फिर वर्ल्ड प्रोसेसिंग या प्रेजेंटेशन प्रोग्राम की ज़रूरत हो। यह आपकी मीटिंग्स, आपकी छुट्टियाँ या लोकल चैंबर ऑफ कॉमर्स में आपके भाषण के लिए काफी होगा।

बाकी बचे हुए 5 प्रतिशत प्रोजेक्ट के लिए आपको प्राकृतिक नियोजन मॉडल के पाँच चरणों में से किसी एक को विस्तृत तौर पर लागू करने की ज़रूरत हो सकती है। यह मॉडल चीज़ों को हल करने, उन्हें सुलझाने और उत्पादकता से आगे ले जाने के लिए व्यावहारिक समाधान प्रस्तुत करता है। क्या आप सजग हैं कि आपको अपने किसी प्रोजेक्ट पर और अधिक नियोजन या स्पष्टता की ज़रूरत है? अगर ऐसा है तो आप मॉडल की सहायता से प्रभावी प्रगति कर सकते हैं।

## और अधिक स्पष्टता चाहिए

अगर और अधिक स्पष्टता चाहते हों, तो अपनी सोच को प्राकृतिक नियोजन मापदंड से ऊपर ले जाएँ। लोग अक्सर क्रिया में व्यस्त रहते हैं पर अक्सर स्पष्ट दिशा की कमी और भ्रम का भी अनुभव करते हैं। उन्हें अपने लिए कोई योजना बनाकर ऑर्गेनाइज करना होगा। अगर वे नियोजन के स्तर पर ही स्पष्ट नहीं हैं, तो हो सकता है कि उन्हें अपने ताज़ा विचारों व आँकड़ों पर और अधिक ब्रेनस्ट्रोमिंग करनी पड़े ताकि वे अपनी योजना पर भरोसा ला सकें। अगर ब्रेनस्ट्रोमिंग का सत्र उलझी हुई सोच से घिरा हो तो अपने केंद्र को नतीजे के विजन पर वापस ले आएँ, यह भी ध्यान दे कि आपके दिमाग का रेटीकुलर फिल्टर सोचने में पूरी तरह से मदद कर सके। अगर आपका नतीजा/विजन अस्पष्ट हो, तो आपको इस बात के विश्लेषण पर वापस आ जाना चाहिए कि आपने स्वयं को इन हालात से क्यों जोड़ा।

## कुछ अधिक होने की आवश्यकता

अगर और अधिक क्रिया की ज़रूरत हो, तो आपको मॉडल पर ध्यान देना होगा। हो सकता है कि आपके मन में प्रोजेक्ट के लिए पूरा उत्साह हो पर इसके साथ ही मन में इस बात के लिए विरोध भी हो कि सही मायनों में इसका साकार रूप कैसा दिखेगा। इन दिनों, हो सकता है कि कोई मैनेजर अपने काम की गुणवत्ता में निखार लाना चाहे, पर अक्सर उसने मनचाहे परिणामों की स्पष्ट तस्वीर को परिभाषित नहीं किया होता। आपकी सोच विजन के अनुसार होनी चाहिए। स्वयं से दोबारा पूछें, 'परिणाम दिखने में कैसा होगा?'

अगर आपने इस प्रश्न का उत्तर पा लिया है, पर फिर भी मामला उलझा हुआ है, तो हो सकता है कि आपको 'कैसे' से जुड़े कुछ मसलों को हल करना पड़े और इसे साथ ही क्रिया से जुड़े विस्तार और ब्रेनस्ट्रोमिंग पर ध्यान देना होगा। मेरे पास अक्सर ऐसे ग्राहक आते हैं, जिनके पास स्पष्ट तौर पर तैयार किया गया प्रोजेक्ट होता है, जैसे, 'नया प्रदर्शन-रिव्यू तंत्र लागू करो।' परंतु वे आगे नहीं बढ़ पा रहे क्योंकि उन्होंने अभी थोड़ा समय निकालकर उन विचारों पर बात नहीं की, जो इस प्रोजेक्ट के लिए आवश्यक हो सकते हैं।

अगर ब्रेनस्ट्रोमिंग के बाद भी अच्छे नतीजे न मिले हों, तो हो सकता है कि आपको अपने प्रोजेक्ट के ऑर्गेनाइजिंग से जुड़े निर्णयों का आकलन करना पड़े। जब किसी मीटिंग में बहुत सारे विचारों पर चर्चा होने के बाद भी कोई निर्णय नहीं लिया जाता तो अक्सर ऐसा ही होता है। तब यह तय नहीं हो पाता कि इसके बाद सही मायनों में प्रोजेक्ट के लिए क्या करना है।

अगर कोई योजना है और फिर भी बात नहीं बन रही, तो हमें इस बात पर केंद्रित होना होगा कि 'नेक्स्ट एक्शन क्या है और इसे कौन करेगा?' एक प्रबंधक ने कई महिनों पहले ही वार्षिक सम्मेलन की तैयारी की जिम्मेदारी अपने सिर ले ली थी। उसने मुझसे पूछा कि उसकी टीम को पिछले साल संम्मेलन की डेडलाइन के आसपास जिन परेशानियों का सामना करना पड़ा था, उसके लिए उन्हें क्या करना होगा। जब उसने मुझे प्रोजेक्ट के विविध हिस्सों के टुकड़े दिखाए, तो मैंने पूछा कि 'इनमें से किन हिस्सों पर वास्तव में काम हो सकता है?' लगभग आधा दर्जन बिंदुओं को पहचानने के बाद, हमने उन सबके लिए नेक्स्ट एक्शन लिस्ट तैयार की। इस तरह हमने पिछले साल की तरह आखिरी

मिनट में होनेवाली परेशानी और हड़बड़ाहट से अपना बचाव कर लिया।

पिछले दो अध्यायों में, मैंने बुनियादी मॉडल पर बात की कि आप किस तरह अधिक से अधिक उत्पादक रहते हुए, कम से कम प्रयत्नों में, पूरा नियंत्रण बनाए रख सकते हैं। ये दोनों बुनियादी मॉडल हमारे काम और जीवन से जुड़े हैं : हम जो क्रिया करते हैं और जिन प्रोजेक्ट्स पर काम करते हैं, जिनसे और अधिक क्रिया सामने आती है।

आपको अपनी उत्पादकता बढ़ाने और तनाव को घटाने के लिए नए कौशलों की ज़रूरत नहीं है - आपके पास व्यवस्थित व्यवहारों का ढाँचा होना चाहिए जो उन पर लागू होता हो।

बुनियादी बातें एक सी रहती हैं – आपको ही अपने सारे अधूरे छूटे हुए कामों का संग्रह करने के लिए उत्तरदायी होना होगा, उन सबके लिए एक विचार प्रक्रिया लागू करनी होगी और ऑर्गेनाइजेशन, रिव्यू और एक्शन की मदद से नतीजों का प्रबंधन करना होगा।

काम को पूरा करने के दौरान आनेवाले, हर तरह के हालात के लिए एक प्राकृतिक नियोजन प्रक्रिया (नेचुरल प्लानिंग प्रोसेस) होती है, जो आपको एक से दूसरी ओर ले जाती है। यह पाँच चरणोंवाला मॉडल आपके आकलन को त्वरित, सरल और अधिक उत्पादक बनाता है।

ये मॉडल समझने में आसान हैं और इन्हें आसानी से लागू भी कर सकते हैं। इन्हें लागू करने से उल्लेखनीय परिणाम प्राप्त होंगे। आपको किसी नए कौशल की ज़रूरत नहीं है – आपको पहले से लिखना आता है, नतीजों को छाँटना आता है, नेक्स्ट एक्शन तय करना आता है, सभी चीज़ों को श्रेणी में रखना आता है, इनकी समीक्षा करनी आती है और फिर आप सहज चुनाव भी कर सकते हैं। इस समय आपके पास सफल नतीजों पर केंद्रित होने, ब्रेनस्ट्रोमिंग करने, सोच को व्यवस्थित करने और अगले चरण की ओर बढ़ने की योग्यता है।

योजनाएँ आपके लिए सहायक होती हैं पर आपको उन पर काम तो करना ही होगा।
- विल रॉजर्स

परंतु इन सब कामों को जानने से ही बात नहीं बनेगी। केवल उच्चस्तरीय उत्पादकता और हर चीज़ को बस में रखने की योग्यता से काम नहीं चलता। अगर आप भी अधिकतर लोगों में से हैं, तो आप अपने लिए कोच का प्रयोग कर सकते हैं – कोई ऐसा जो आपको कदम–

दर-कदम अपने अनुभव से मार्गदर्शन देता रहे और साथ ही ऐसे उपाय भी बताता रहे, जो आपके काम करने के तरीके को और निखार दें।

आप भाग - 2 में इसे पाएँगे।

भाग

# 2

# तनावमुक्त उत्पादकता का अभ्यास करना

# 4

# गेटिंग स्टार्टिड : समय, स्थान व साधनों का चुनाव

भाग 2 में, हम वर्कफ्लो मास्टरी के वैचारिक ढाँचे और सीमित प्रयोग से हटकर पूरी तरह से लागू करने के उपायों व अभ्यासों की चर्चा करेंगे। अक्सर लोग इस प्रोग्राम को अपनाने से यह महसूस करते हैं कि सब कुछ उनके बस में है और उन्होंने जीवन में पहले कभी इतना सुकून महसूस नहीं किया। परंतु आमतौर पर ऐसा करने के लिए कदम दर कदम की प्रक्रिया से गुज़रना होगा। ऐसा करने के लिए मैं किए जानेवाले कामों का एक सिलसिलेवार क्रम देने जा रहा हूँ ताकि आप्के लिए काम को आरंभ करना आसान हो जाए और आप इन तकनीकों का पूरा लाभ उठा सकें।

इस भाग के विवरण को आप एक ही बार में पढ़कर पूरी तरह से ग्रहण नहीं कर सकेंगे। अगर आपने सही मायनों में इस मॉडल को अपनाने व लागू करने का निर्णय ले लिया है, तो यह भाग आपके लिए निर्देश मैन्युअल का काम करेगा। यह पूरी तरह से लागू होने के लिए कम से कम दो दिन ले सकता है, जिसमें किसी तरह की बाधा नहीं आनी चाहिए। आपको इस पर लगातार काम करना होगा। जब आप जीटीडी (गेटिंग थिंग्स डन) के मार्ग पर अग्रसर होंगे, तो हो सकता है कि आपको किसी बिंदु पर इस सूचना और सुझावों को दोबारा देखने के लिए आना पड़े।

## क्रियान्वयन - पूर्ण रूप से या आंशिक

अगर आप इन उपायों व विधियों को पूरी तरह से अपने लिए लागू नहीं करना चाहते, तो मैं आपको यकीन दिला दूँ कि लोगों ने इस मॉडल को अपनाकर बहुत सारी कारगर युक्तियाँ भी सीखी हैं। कई बार कोई एक अच्छी युक्ति ही आपके लिए सार्थक हो सकती है : मुझे कई लोगों ने इस बारे में

बताया है, जैसे कुछ लोगों ने हमारे सेमीनारों में से दो मिनटवाले नियम को बेहतरीन पाया है। ये युक्तियाँ और उपाय हमारे मन के कम होशियार और कम सचेत हिस्से के लिए हैं। काफी हद तक, मेरे उच्च प्रदर्शन क्षमतावाले जानकार व्यक्ति वे थे, जिन्होंने अपने जीवन में बेहतरीन उपायों व युक्तियों को शामिल किया। मैं जानता हूँ कि यही मेरे लिए भी सच रहा है। हमारे मन का होशियार कहलानेवाला हिस्सा ऐसे काम करता है, जिन्हें देखकर मन का कम होशियार हिस्सा भी उन्हें स्वचालित तौर पर करने लगता है, वह ऐसा बर्ताव करता है जिससे उच्च-प्रदर्शनवाले नतीजे सामने आते हैं। हम स्वयं को फँसाकर उन कामों की ओर खींच लेते हैं, जो हमें करने चाहिए।

*स्वयं को काम करने के सही तरीके में महसूस करने के बजाय, बेहतर तरीके महसूस करने का काम कहीं अधिक सरल होता है।*
*- ओ.एच. मोरर*

मिसाल के लिए, अगर आप मेरी तरह कभी-कभी व्यायाम करनेवालों में से हैं, तो हो सकता है कि आप भी स्वयं को कसरत करने के लिए उकसानेवालों में से हों। मेरी सबसे बेहतर युक्ति है - मेरी पोशाक। कसरत करनेवाली पोशाक पहनकर मुझे कसरत करने की इच्छा होने लगती है। अगर मैं उसे नहीं पहनता तो मन में कसरत करने की इच्छा नहीं पैदा होती।

चलिए एक और उत्पादक युक्ति का उदाहरण लेते हैं। आप अक्सर ऑफिस में बचा हुआ काम घर पर लाते होंगे ताकि उसे पूरा करके अगले दिन ऑफिस ले जा सकें, सही? यह काम बहुत अहम था, इसे अगले दिन वापस ले जाना ज़रूरी था। तो आपने उसे किस जगह रखा? क्या आपने उसे घर के बाहरी दरवाज़े के पास रखा, अपनी चाबियों के साथ रखा ताकि उसे अपने साथ ले जाया जा सके? क्या आपको इसे करने के लिए शिक्षा मिली है? आपने अपने जीवन में कितनी जटिल स्व-प्रबंधन तकनीक स्थापित की है! परंतु वास्तव में यह जो है, वही है। एक रात पहले, आपका स्मार्ट मन जानता है - हो सकता है कि आपके मन के कम स्मार्ट अंश को सुबह वह काम याद न रहे। 'ये दरवाजे के पास क्या रखा है? अरे, अच्छा, इसे तो अपने साथ ले जाना है।'

कितना बढ़िया उपाय है। हकीकत में यह एक कमाल का उपाय है। मैंने इसे नाम दिया है, 'पुट इट इन फ्रंट ऑफ डोअर (इसे अपने दरवाज़े के आगे रखें)। हमारे

काम के लिए, यह 'दरवाज़ा', आपके घर का नहीं, आपके मन का दरवाज़ा होगा। परंतु इसका अर्थ वही है।

अगर आपको अभी अपना कैलेंडर उठाकर, हर चीज़ को अगले चौदह दिन तक स्पष्ट तौर पर देखना हो, तो हो सकता है कि आपको कम से कम एक बार तो याद आएगा ही, 'ओह! मुझे याद आया, मैंने तो ---- भी करना था।' अगर आपने उस समय उस कीमती विचार को कहीं दर्ज कर लिया, जो आपको उसे बाद में लागू करने के लिए प्रेरित कर सके, तो आप पहले से ही बेहतर महसूस करने लगेंगे। दिमाग से बोझ हटेगा और कहीं अधिक सकारात्मक काम कर सकेंगे। यह कोई रॉकेट विज्ञान नहीं, बस एक अच्छी युक्ति है।

अगर आपके हाथ में एक कागज़ की शीट के साथ पेन दिया जाए और कहा जाए कि आपको पूरे तीन मिनट तक अपने दिमाग में बसे सबसे अद्‌भुत प्रोजेक्ट पर ध्यान देना है, तो मैं पूरी गारंटी से कह सकता हूँ कि आप कम से कम एक बार तो यह अवश्य कहेंगे कि 'अरे, हाँ मुझे तो ----- के बारे में सोचना था।' फिर उसे कागज़ पर लिखें और ऐसी जगह रखें, जिस जगह आप उस विचार या सूचना का सही मायनो में उपयोग कर सकें। आप दस मिनट पहले जितने होशियार थे, उससे एक कतरा भी अधिक समझदार नहीं होंगे, परंतु अपने जीवन और काम का मोल बढ़ा चुके होंगे।

आप अपने काम को किस प्रकार सही तरह से, पूरे कौशल के साथ कर सकते हैं, उसके लिए बहुत सारे उपाय और तरीके सुझाए गए हैं। जिन्हें अपनाने के बाद स्वचालित रूप से उसी तरह की सोच जन्म लेती है और आपके लिए सारा काम पूरा करना और भी आसान हो जाता है। समय, स्थान, साधन आदि से जुड़े सुझाव, भरोसेमंद उपाय हैं, जो आपके सभी कामों को एक नए ही स्तर तक ले जाते हैं।

कुशल रचनात्मक और उत्पादक सोच व क्रिया का सबसे बड़ा रहस्य यही है कि सही समय पर सही चीज़ों पर ध्यान केंद्रित करें।

अगर आप अपने व्यक्तिगत मैनेजमेंट तकनीकों में एक बड़ी छलाँग लगाना चाहते हैं, तो मैं आपको सलाह दूँगा कि आप बारीकियों पर पूरा ध्यान दें और उनके साथ जुड़े सारे सुझावों का भी अच्छी तरह से पालन करें। यह अन्य बातों की तुलना में अधिक कारगर होगा। आप यह भी जानेंगे कि इस प्रोग्राम को लागू

करने से, आपके जीवन में इस समय घट रही घटनाओं पर वास्तविक प्रगति होगी। आप जो पाना चाहते हैं, हमने नए और सक्षम रूप में वह सब पाया है, ये ऐसे उपाय हैं जो आपको आश्चर्यचकित कर देंगे।

## समय तय करना

मैं आपको सलाह दूँगा कि आप इस प्रक्रिया को लागू करने के लिए समय तय करें और उचित स्थान, फर्नीचर व साधनों के साथ अपना वर्कस्टेशन भी तैयार कर लें। अगर आपकी जगह सही तरह से तैयार होगी, तो इससे सामान समेटने से जुड़ी अनिश्चित बाधा कम होगी और आपके लिए उस जगह पर बैठकर काम पूरा करना अच्छा भी लग सकता है। अधिकतर लोगों के लिए दो दिन का समय आदर्श होता है। (इस बात से परेशान न हों कि आपके पास एक साथ इतना समय नहीं है: मैं जिन भी गतिविधियों पर काम करने की सलाह दे रहा हूँ, उनमें से कुछ पर काम करना भी उपयोगी हो सकता है, भले ही आपने उन पर बहुत ही कम समय लगाया हो। इन तकनीकों और नियमों से लाभ पाने के लिए पूरे दो दिन लेना ज़रूरी नहीं है - ये आपके लिए झटपट नतीजे देनेवाले हो सकते हैं।) कैप्चरिंग की पूरी प्रक्रिया को लागू करने में छह घंटों से अधिक समय लग सकता है और फिर अगले आठ घंटों के समय में क्लेरीफाई करने के साथ-साथ उन चीज़ों को भी छाँटा जाएगा, जिन्हें आप अपने सिस्टम में जगह देना चाहेंगे। बेशक आप सामान जमा करने और उस पर काम करने की प्रक्रिया को कई हिस्सों में भी बाँट सकते हैं। परंतु अगर आप काम का एक हिस्सा एक बार में पूरा कर सकें तो आपके लिए भी सब कुछ आसान हो जाएगा।

अगर ऐसा कोई संकेत मिल रहा हो तो बड़ा कदम उठाने से पीछे न हटें। आप दो छोटी छलाँगों से एक बड़ी खाई नहीं लाँघ सकते।
- डेविड एल.जॉर्ज

मैं अक्सर किसी के साथ किसी सप्ताह के अंत में या अवकाश के समय इस कार्य प्रणाली पर काम करना पसंद करता हूँ क्योंकि उस समय बाहरी हस्तक्षेप कम से कम होता है। अगर मैं किसी के साथ उसके कामकाजी दिन में काम करता हूँ, तो पहले हमें यह देखना पड़ता है कि उस दिन कोई मीटिंग न हो और केवल आपातकालीन स्थिति में ही कोई बाधा दे। फोन कॉल को

वॉइस मेल पर डाल देते हैं या फिर सहायक उन्हें ले लेते हैं ताकि ब्रेक के दौरान ज़रूरी कॉल्स के जवाब दिए जा सकें। मैं इस काम के लिए, कामकाजी दिन के बाद बचे हुए समय की सलाह नहीं देता। अक्सर इस तरह काम करने से ताकत कम हो जाती है और काम 'अनुत्पादक कामों' में कहीं उलझ जाता है। जिसे मैं 'रैबिट ट्रेल्स'[1] कहता हूँ।

मैंने जितने अधिकारियों के साथ काम किया, उनमें से अधिकतर के लिए दो दिन तक लगातार यह काम करने के लिए समय निकालना आसान नहीं है। उन्हें लगातार मीटिंग्स और बातचीत के लिए उपलब्ध रहना होता है और जब वे काम पर हों तो उन्हें आप काम से परे नहीं रख सकते। यही वजह है कि हम अक्सर सप्ताह के अंत में अपना काम करने की योजना बनाते हैं। अगर आपका ऑफिस किसी बंद कमरे के बजाय सबके बीच खुले में हो तो कामकाजी दिनों में हमारे काम के लिए समय निकालना असंभव होता है।

ऐसा नहीं कि यह प्रक्रिया भयभीत करनेवाली है, दरअसल कैप्चर के काम को पूरा करने के लिए बहुत मानसिक ऊर्जा चाहिए और आपको कई अधूरे छूटे हुए कामों और वस्तुओं के बारे में उस समय निर्णय लेने होते हैं, जो जाने कब से अटके हुए हैं। इस तरह की बाधाओं के साथ काम में लगनेवाला समय भी दुगना हो जाता है। अगर आप दिए गए समय में ग्राउंड जीरो पर आ जाते हैं, तो आपको पूरा संतोष मिलता है और लगता है कि सब कुछ अपने हाथ में आ गया है। यह आपके लिए ऊर्जा व रचनात्मकता के भारी स्रोत के समान होगा। बाद में, आप अपने रोज़मर्रा के काम के दौरान, बीच में मिलनेवाले अवकाश में अपने सिस्टम को बनाए रख सकते हैं।

इस प्रक्रिया को पूरे दो दिन का समय दें, यह आपकी उत्पादकता और मानसिक सेहत के मामले में कहीं अधिक सार्थक होगा।

## स्थान तय करना

आपको अपने नियंत्रण में रहनेवाली जगह के लिए कोई कोना या स्थान तय करना होगा। अगर आपके पास पहले से काम करनेवाला ऑफिस डेस्क

[1] काम के बाद अक्सर आपको ऐसे काम करने चाहिए, जिन्हें आप अपने सामान्य कामकाजी दिनों के दौरान नहीं करना चाहेंगे, जैसे बहुत सारे कागज जगह पर रखना, डेस्क की दराज साफ करना, आनेवाली छुट्टियों की योजना बनाने के लिए वेब सर्फिंग करना या फिर खर्चों का ब्यौरा लिखना।

या मेज है तो वहीं से आप आरंभ कर सकते हैं। अगर आप घर में बने ऑफिस से काम क़रते हों तो आपके लिए वही जगह खास होगी। आपके पास पहले से दोनों जगह हैं और आप दोनों जगह पर ऐसा सिस्टम बनाना चाहते हैं, जो परस्पर पूरक हों और उन्हें एक साथ चलाया जा सके। हालाँकि इनमें से एक ही मुख्य होगा। अगर आपके पास इन दोनों में कोई जगह नहीं है - आपके पास ऐसा कोई भौतिक स्थान नहीं है, जहाँ से काम शुरू कर सकें तो आपको उसे तैयार करना होगा। भले ही आपके पास एक मोबाइल हो, पर हाई-टैक जीवन प्रमुख रूप से आभासी या बनावटी होता है, आपको एक बेस कैंप जैसे निजी स्थान की ज़रूरत होगी, जहाँ बैठकर आप काम कर सकें। आप इस प्रोग्राम को ऐसी जगह लागू करना चाहेंगे, जहाँ आप काम करते हैं परंतु किसी एक खास जगह से आरंभ करना उचित होगा।

अगर हम काम करने की जगह पर बुनियादी सामान की बात करें तो हमें एक मेज़ और इन-ट्रे रखने की जगह चाहिए। इसके अलावा अधिकतर लोगों के लिए डिजीटल टूल्स की भी ज़रूरत होगी। किसी मशीन की दुकान के फोरमैन, अस्पताल की नर्स या फिर आपके बच्चों की आया के लिए इससे अधिक की ज़रूरत नहीं होगी। अधिकतर होममेकर्स को भी अपने कार्य के प्रवाह को नियंत्रित करने के लिए बहुत बड़ी जगह की आवश्यकता नहीं होती परंतु फिर भी उसे नोट्स संभालने, मेल्स भेजने, घर और बाहर के प्रोजेक्ट्स से जुड़ी गतिविधियों, वित्त आदि के लिए जगह चाहिए। अक्सर यह सब रसोई, दालान, डाइनिंग टेबल, किताबों और मीडिया के दराजों आदि में बिखरा रहता है।

काम करनेवाले व्यावसायिकों की मेज़ पर फोन, कंप्यूटर, एक साथ जमाकर रखी गई ट्रे, काम आनेवाली फाइलों के दराज, संदर्भ फाइलों के दराज आदि हो सकते हैं। कुछ लोगों को प्रिंटर, व्हाईटबोर्ड, मल्टीमीडिया कॉन्फ्रेंसिंग उपकरणों की ज़रूरत हो सकती है। संजीदा व्यक्ति भी अपने व्यायाम, विश्राम और रुचियों से जुड़े सामान को सही तरह से रखना चाहेंगे।

काम करने की जगह बहुत महत्त्व रखती है। अगर आपके पास पहले से ऐसी कोई जगह या इन-ट्रे नहीं

आपके पास काम करने के लिए एक समर्पित, व्यक्तिगत, अपने आपमें पर्याप्त कार्य करने का स्थान होना चाहिए, जो घर में, काम के दौरान या आपके साथ सफर में भी हो सकता है।

है, तो उनका प्रबंध करें। यह छात्रों, होममेकर्स और सेवानिवृत्त लोगों के लिए भी ज़रूरी है। हर किसी के पास भौतिक तौर पर एक केंद्रित जगह होनी चाहिए, जिससे वे बाकी सारा काम संभाल सकें।

अगर मुझे अपने लिए आपातकाल में काम करने की जगह तैयार करनी पड़ती तो मैं दो-दो दराजवाली फाइलिंग केबिनेट पर एक अधूरा बना दरवाज़ा टिकाकर मेज़ बना देता और उस पर तीन ट्रे एक साथ रखकर, कागज, कलम और पैड रख देता। वही मेरे काम करने की जगह होती। अगर मैं बैठना चाहता तो एक स्टूल भी खरीदता। मानें या न मानें, मैं ऐसे कई अधिकारियों के कार्यालय में गया हूँ, जिनमें काम करना बहुत मुश्किल होता है।

## चाहे आप ऑफिस जाते हों, पर फिर भी आपको घर में जगह चाहिए

घर में अपने काम करने की जगह को नज़रंदाज़ न करें। आप इस प्रक्रिया में देखेंगे, आपके लिए घर में अपने ऑफिस की तरह एक सैटेलाइट होम सिस्टम रखना कितना आवश्यक है। मैंने ऐसे कई लोगों के साथ काम किया है, जो अपने घर की अस्त-व्यस्तता के बीच बहुत परेशान हुए, जबकि ऑफिस में सब कुछ ठिकाने पर था। जब उन्होंने दोनों जगहों पर एक जैसा सिस्टम बनाने के लिए अपने आपको अनुमति दी, तो यह उनके लिए एक अमूल्य निर्णय रहा। अगर आप भी उनमें से बहुत सारे लोगों की तरह हैं, तो आप देखेंगे कि घर में बने ऑफिस पर सप्ताहांत बिताने से, आपके जीवन को व्यवस्थित करने की योग्यता में क्रांतिकारी बदलाव आएगा।

### यात्रा के दौरान कार्यालय

अगर आपको बहुत अधिक यात्रा करनी पड़ती है, आप काम के सिलसिले में बाहर ही रहते हैं या फिर आपकी जीवनशैली में बहुत से दौरे होते हैं, तो आपको भी अपने पास माईक्रो ऑफिस - इन-ट्रांजिट रखना चाहिए। इसमें आपके पास एक ब्रीफकेस, बैग, उपयुक्त फोल्डर्सवाला पैकेट और काम आनेवाला सामान होना चाहिए।

कई लोग केवल इसलिए उत्पादक (प्रोडक्टिव) नहीं हो पाते क्योंकि वे एक जगह से दूसरी जगह जाने के दौरान याद आनेवाले पुराने क्षणों या अतीत की खिड़कियों का पूरा लाभ नहीं ले पाते। अक्सर ऐसे क्षण तभी आते हैं जब

वे अपने ऑफिस के बजाय कहीं यात्रा में होते हैं। घर तथा ऑफिस में, आपस में जुड़े हुए सिस्टम, उचित उपकरण और उनका संसाधन मिलाकर 'गेटिंग थिंग्स डन' का आश्वासन देते हैं। हममें से अधिकतर लोगों को टेक्नोलॉजी द्वारा अधिक शक्तिशाली मोबाइल हार्डवेयर और पूरी दुनिया में पहुँचने में आसानी हो रही है, जिससे आपके जीवन को वास्तव में व्यवस्थित करने की योग्यता बढ़ी है। परंतु इसमें समस्या यह छिपी है कि आपको अपने मोबाइल उपकरणों के सभी विकल्पों के बीच पैदा होनेवाले भ्रम को भी सुलझाना पड़ता है। एक अच्छी कैप्चरिंग, क्लेरीफाइंग और ऑर्गेनाइजिंग के बिना, आप अपने साधनों को सही तरह से लागू नहीं कर सकते। इस स्थिति में अगर यह अनुत्पादक बाधा या तनाव का कारण न भी बने, तो भी आप वैश्विक पहुँच की इस नई दुनिया के साधन का पूरी तरह से उपयोग नहीं कर सकेंगे।

**स्पेस न बाँटें!**

यह बहुत मायने रखता है कि आपके पास काम करने की अपनी जगह हो - या कम से कम अपनी इन-ट्रे और ऐसी जगह हो, जिसमें आपका ज़रूरी सामान रखा जा सके। मैंने कई ऐसे जोड़ों के साथ भी काम किया है, जो अपने काम को घर में, एक ही मेज़ से चलाने की कोशिश करते हैं। जब वे अपने काम को दो मेज़ों पर बाँट लेते हैं तो प्रकाश वर्षों[2] जितना अंतर आ जाता है। उन्हें पहले यह भय होता है कि इस तरह मेज़ अलग करना परेशानीभरा हो सकता है, परंतु वे ऐसा करते ही अपने संबंध में छिपे हुए तनाव से भी छुटकारा पा लेते हैं। एक जोड़े ने तो यह भी तय किया कि वे रसोई में एक छोटा सा वर्कस्टेशन तैयार करेंगे ताकि घर में रहनेवाली मम्मी, कमरे में अपने नवजात बच्चे पर नज़र रखने के साथ-साथ अपना काम भी कर सके।

आपको अपने सिस्टम का प्रयोग करना है, हर बार उसे नए सिरे से रचना नहीं है।

कुछ संगठन 'होटल-इंग' के सिद्धांत पर अमल करते हैं, जिसके अनुसार कर्मचारी अपने गतिशील वर्कस्टेशन को पूरी क्षमता के साथ, किसी भी समय, कंपनी में किसी भी जगह ले जाकर काम कर सकता है। इस तरह ऑफिस में जगह खरीदने का खर्च भी घटता है क्योंकि कर्मचारी प्रमुख

---

2 प्रकाश वर्ष लंबाई की एक मापन इकाई है। यह करीब 95 खरब यानी 9.5 ट्रिलियन किलोमीटर की होती है।

कंपनी से परे, वास्तविक दुनिया में काम करते हैं। परंतु यह तभी संभव है, जब इसमें शामिल हर कर्मचारी के पास अपना एक केंद्र स्थल हो। लेकिन इस योजना में किए गए प्रयोग असफल रहे क्योंकि उन्होंने स्थायी वर्कस्टेशन को अस्त-व्यस्त कर दिया। अगर हम इन तकनीकों का प्रयोग करना चाहें, तो हमारी ओर से शून्य प्रतिरोध होना चाहिए। हमें लगातार अपनी इन-ट्रे, हमारे फाइलिंग सिस्टम वगैरह पर ध्यान देना पड़ेगा और देखना पड़ेगा कि हम अपने सामान को कैसे संभालेंगे व व्यवस्थित करेंगे। (जैसे पोस्ट-इट और स्टेपलर कहाँ रखे हैं?) तो यह हमारे ध्यान को पूरी तरह से भंग कर सकता है।

अगर आपके पास एक साफ-सुथरा और छोटा सा सिस्टम हैं, इसके साथ ही आप जानते हैं कि अपने सामान को पूरी फुर्ती के साथ कैसे सहेजना है, तो वस्तुतः आप कहीं पर भी काम कर सकते हैं। परंतु फिर भी आपको एक केंद्रीय जगह की ज़रूरत होगी, जो घर पर भी हो सकती है। यहाँ आपके पास हर तरह के सामान के अलावा सारी संदर्भ सामग्री भी होनी चाहिए ताकि ज़रूरत पड़ते ही सामान मिल सके। मैंने जितने लोगों के साथ काम किया है, उनमें से अधिकतर को अपनी फाइलें रखने के लिए दो दराजों की ज़रूरत होती है। एक में सामान्य संदर्भ की फाइलें और दूसरे में प्रोजेक्ट्स से जुड़ी फाइलें रख सकते हैं। इस मामले में अगर डिजीटल स्कैनर और नई उन्नत तकनीकों को देखें, तो यह लगता है कि आनेवाले समय में सारी सहायक सामग्री क्लाउड में हो सकती है और इसे जब भी ज़रूरत पड़े, उसके अनुसार ही निकाला जा सकता है। परंतु फिर भी ऐसे कई दस्तावेज़ और कागज होंगे, जो आपको अपने पास रखने ही होंगे जैसे आपका पासपोर्ट, विदेश यात्रा में बचा हुआ EU नकद और कई तरह के अस्थायी दस्तावेज़ आदि। छोटे हों या बड़े, आपको उन सभी कागजों व दस्तावेजों को संभालकर रखने के लिए घर में कोई कोना या जगह बनानी ही होगी।

## आपकी ज़रूरत से जुडे टूल्स

अगर आप इस वर्कफ्लो प्रक्रिया को पूरी तरह से लागू करना चाहते हैं, तो आपको शुरुआत करने के लिए कुछ बुनियादी सामग्री व उपकरणों की ज़रूरत होगी। इस दौरान आपका मन बार-बार आपकी पुरानी आदतों और नए काम से जुड़ी संभावनाओं के बीच भटकता रहेगा।

यह ध्यान दें कि इन बड़े टूल्स का महँगा होना ज़रूरी नहीं है। मेरा तो यही मानना है कि जो चीज़ कुछ ज़्यादा ही 'कार्यकारी' टाइप लगती है, वह सही मायनों में काम करने में उतनी ही अयोग्य होती है।

## प्रोसेसिंग के बुनियादी साधन

मान लेते हैं कि आप आरंभ से ही शुरुआत कर रहे हैं। एक डेस्कटॉप वर्कस्पेस के अलावा आपको निम्नलिखित चीज़ों की ज़रूरत होगी :

- पेपर रखने की ट्रे (कम से कम तीन)
- पत्र के आकार के कागज़ों का पुलिंदा
- पेन/पेंसिल
- एक स्टेपलर और उसके पिन
- स्कॉच टेप
- रबड़ बैंड
- एक ऑटोमेटिक लेबलर
- फाइल फोल्डर्स
- एक कैलेंडर
- कचरे की टोकरी/रीसाइकिल बिन
- डाटा कैप्चर करने व ऑर्गेनाइज के साधन, टू-डू लिस्ट, मोबाइल उपकरण, निजी कंप्यूटर्स और कागज़ के प्लानर व नोटबुक (अगर हों तो)...

### पेपर रखने की ट्रे

ये आपके लिए इन-ट्रे और आउट-ट्रे का काम करेंगी। इसके अलावा आप रोज़मर्रा की पठनीय सामग्री रखने के लिए भी कुछ ले सकते हैं। ज्यादा बेहतर ट्रे वही है, जिसमें आप काम के साथ-साथ सामान को निकालकर इस्तेमाल कर सकें और बाकी कागज़ों का ढेर भी न फिसले।

### सादा कागज़

आप आरंभ में कलेक्शन की प्रक्रिया के लिए सादे कागज का प्रयोग करेंगे। आप मानें या न माने, लेकिन एक कागज़ की बड़ी शीट पर लिखा विचार अपने

आपमें बहुत महत्त्व रखता है। अधिकतर लोग अपने नोट्स को किसी लिस्ट ऑर्गेनाइजर में रखना चाहेंगे पर अगर आपने उसे शुरुआती दौर में किसी कागज़ की शीट पर लिख रखा होगा, तो आपके लिए उस पर काम करना आसान रहेगा। प्रोसेसिंग और ऑर्गेनाइजिंग के चरणों में आप उससे बेहतर नतीजे पा सकते हैं। किसी भी दशा में, आपको अपने आसपास लिखने व कैप्चर करने के लिए सादे कागज़ रखने चाहिए ताकि यह प्रक्रिया आसान हो सके।

**पोस्ट-इट्स, क्लिप व स्टेपलर आदि**

पोस्ट-इट्स, क्लिप, स्टेपलर, टेप व रबड़ बैंड जैसी चीज़ें आपके कागज़ों पर आधारित सामग्री को संभालने और रखने के काम आ सकती हैं। हालाँकि उनका प्रयोग अब घट रहा है, पर अभी भी हम कागज़ और अन्य भौतिक सामान रखना पसंद करते हैं (अगर आपने अभी तक ध्यान नहीं दिया) और इनके प्रबंधन के लिए साधारण टूल रखना अनिवार्य है।

हर पल चीज़ों को जमा करना, उनके बारे में सोचना, क्रिया करना और फिर उन्हें ऑर्गेनाइज करना अपने आपमें एक चुनौती है; यह हमेशा ध्यान रखें कि आपके पास उन्हें यथासंभव आसान बनाने के साधन मौजूद हों।

**लेबलर**

इस प्रक्रिया में लेबलर आपके लिए आश्चर्यजनक तौर पर काम कि चीज़ हो सकती है। हमने जिन हज़ारों लोगों के साथ काम किया है, अब उनके पास अपने ऑटोमेटिक लेबलर हैं और हमें समय-समय पर उनके कमेंट्स मिलते रहते हैं जैसे - बहुत बढ़िया!... मैं कभी सोच नहीं सकता था कि इसकी वजह से इतना अंतर आ जाएगा! लेबलर का प्रयोग फाइल फोल्डर्स को लेबल करने के लिए किया जाता है। इन्हें बाइंडर स्पाइन और अन्य कई चीज़ों पर भी लगाते हैं।

मैं कंप्यूटर के लिए एक प्लग एंड प्ले जैसे सादे टूल की सिफारिश करता हूँ, जो किसी भी क्षण में एक सिंगल लेबल लगा सकता है और फाइलिंग करते समय किसी भी तरह की परेशानी से बचा जा सकता है।

**फाइल फोल्डर्स**

आपको बहुत सारे फाइल फोल्डर्स की आवश्यकता होगी। हो सकता है कि आपको उसी संख्या में फाइल-फोल्डर हैंगर्स की भी ज़रूरत हो, अगर आपके

फाइलिंग सिस्टम को उसकी ज़रूरत है। सादे रंग के फोल्डर्स सही रहेंगे – रंगों से की गई कोडिंग बहुत जटिल होती है और बहुत अच्छे नतीजे नहीं आते। आपका सामान्य संदर्भवाला फाइलिंग सिस्टम एक सादे पुस्तकालय की तरह होना चाहिए।[3]

**कैलेंडर**

हालाँकि आपको केवल अधूरे कामों की जानकारी लिखने के लिए कैलेंडर की ज़रूरत नहीं है, पर हो सकता है कि आप कुछ ऐसे कामों के लिए भी इसका इस्तेमाल करें, जो आपने सोचे नहीं थे। जैसा कि मैंने पहले भी देखा, कैलंडर को एक्शन लिस्ट के लिए नहीं बल्कि उन कामों की जानकारी के लिए उपयोग में लाना चाहिए, जो किसी खास दिन या समय पर पूरे होने हैं।

इन दिनों कई व्यावसायिक अपने सिस्टम में कुछ खास तरह के वर्किंग कैलेंडर रखने लगे हैं, जिनमें खुले पन्नोंवाले ऑर्गेनाइजर से लेकर, कई तरह के मोबाइल डिवाइस भी शामिल हैं ताकि कंपनी के उपक्रम (एंटरप्राइस) की सॉफ्टवेयर एप्लीकेशंस बाँटी जा सकें।

कैलेंडर ऐसा साधन होता है, जिस पर लोग ऑर्गेनाइज्ड होने के लिए विश्वास करते हैं। यह निश्चित समय और दिनों से जुड़े वचनों व सूचनाओं की याद दिलाने के लिए खास तरह के आँकड़ों के प्रबंधन में महत्त्वपूर्ण सहयोग देता है। ऐसे बहुत से अनुस्मारक और आँकड़े होंगे, जिनके लिए आप कैलेंडर का प्रयोग करना चाहेंगे, पर आप यहीं नहीं रुकेंगे। आपके कैलेंडर को इतना विस्तृत होना चाहिए कि वह इस सिस्टम को लागू करने में भी आपकी मदद कर सके।

**कचरे की टोकरी/रीसाइकलिंग बिन्स**

अगर आप भी अधिकतर लोगों की तरह हैं, जब आप इस प्रक्रिया को लागू करने जाते हैं, तो आप अपनी उम्मीद से बहुत ज़्यादा सामान जमा कर लेंगे इसलिए एक कचरे की टोकरी भरने के लिए तैयार रखें। मैंने जिन अधिकारियों को कोचिंग दी थी, उनमें से कुछ को अपने ऑफिस के ठीक बाहर एक बड़ा

---

[3] कई देशों में अनिवार्य किंतु साधारण रेफरेंस सिस्टम के लिए ऐसे सादे और सस्ते फोल्डर्स मिलना कठिन है, जिनकी मैं सिफारिश करता हूँ। आपको अपने लिए कोई कारगर चीज़ स्वयं ही खोजनी होगी और उसे अपने काम के अनुकूल बनाना होगा।

सा कचरेदान रखने का विचार बहुत पसंद आया। जिन दिनों हम एक साथ काम करते थे, तब उसकी बहुत ज़रूरत पड़ती थी।

**क्या आपको एक ऑर्गेनाइजर की ज़रूरत है?**

> एक बार जब आप जान लेंगे कि अपने सामान को कैसे संसाधित करना है और किसे व्यवस्थित करना है तो आपको केवल सूची बनाकर उनका प्रबंधन करना होगा।

आपको ऑर्गेनाइजर टूल की ज़रूरत है या नहीं? और अगर है, तो किस तरह का टूल चाहिए, यह कई बातों पर निर्भर करेगा। क्या आप अपनी सूचियों के प्रबंधन और संदर्भ सूचनाओं को सँभालने के लिए किसी चीज़ का इस्तेमाल करने का पक्का इरादा कर चुके हैं? आप अपने किए जानेवाले कामों के रिमाइंडर, एजेंडा और प्रोजेक्ट्स को कैसे देखना चाहेंगे? आपको कहाँ और कितनी बार, उनकी समीक्षा करने की ज़रूरत होगी? क्योंकि आप सही जगह पर पूरी तरह से दिमाग नहीं लगा पा रहे इसलिए आपको किसी ऐसी चीज़ की ज़रूरत होगी, जो आपको बाहरी तौर पर केंद्रित होने में सहायक हो सके। आप पूरी तरह से सब कुछ कम तकनीक के साथ व्यवस्थित कर सकते हैं, जिसके लिए बस फोल्डर में कागज के टुकड़े रखने होंगे या फिर आप किसी नोटबुक, प्लानर या फिर डिजीटल संस्करण को भी प्रयोग में ला सकते हैं या फिर इनमें से किसी एक मेल को अपने काम के लिए चुन सकते हैं।

पिछले भाग में कम तकनीक से जुड़ी सामग्री की सूची दी गई है, जिसे आप कलेक्ट, प्रोसेस व ऑर्गेनाइज करने से जुड़े विभिन्न पहलुओं में इस्तेमाल कर सकते हैं। आप कलेक्ट करने के लिए एक ट्रे और कुछ कागज़ों का इस्तेमाल करेंगे। जब आप अपनी इन-ट्रे में रखे गए कामों को करना शुरू करेंगे, तो उसी दौरान आप ऐसे बहुत से काम पूरे कर लेंगे, जो दो मिनट से कम समय में पूरे हो सकते हैं, जिनके लिए पोस्ट-इट, स्टेपलर और पेपर क्लिप्स की ज़रूरत होगी। मैगज़ीन लेख और कागज की रिपोर्ट दूसरी ट्रे में रखेंगे, उन्हें पढ़ने में आपको दो मिनट से अधिक समय लगता है। और हो सकता है कि आप उनमें से कुछ को फाइल भी करना चाहें। क्या बचा - आपको प्रोजेक्ट्स की सूची बनानी है, कैलेंडर में लिखनेवाली सूची बनानी है, किए जानेवाले काम और एजेंडा रिमाइंडर का हिसाब रखना और उन चीज़ों के बारे में पता करना है, जो आप जानना चाहते थे।

अगर आप अपनी उत्पादकता बढ़ाना चाहते हैं, तो उसके लिए बेहतर उपाय यही होगा कि आप वही ऑर्गेनाइजिंग टूल्स इस्तेमाल करें, जो आपको पसंद हों।

इन सूचियों का प्रबंधन करने के लिए बहुत तकनीक नहीं चाहिए। जैसे कागजों को फाइल फोल्डर में रख सकते हैं (जैसे कॉल्स की फाइल में उस हर व्यक्ति के नाम के अलग नोट्स होने चाहिए, जिन्हें आपको कॉल करना हो, भरे जानेवाले सारे बिल, बिलों का भुगतान नामक फाइल में रखने चाहिए आदि)। इसके अलावा आप थोड़ा और तकनीकयुक्त अंदाज़ में, खुले पन्नोंवाली नोटबुक या प्लानर का उपयोग भी कर सकते हैं। ये हाई-टैक या डिजीटल संस्करण भी हो सकता है (जैसे किसी सॉफ्टवेयर एप्लीकेशन के टू-डू सेक्शन में कॉल्स की श्रेणी बनाना)।

पोर्टेबल संदर्भ सामग्री प्रबंधन के अलावा (जैसे संपर्क जानकारी) अधिकतर ऑर्गेनाइजिंग टूल्स सूचियों के प्रबंधन के लिए तैयार किए जाते हैं। (आपका कैलेंडर वास्तव में एक सूची है, जिसमें तयशुदा समय और दिनों के हिसाब से सूचियों को तैयार किया गया है।)

बीसवीं सदी के बाद से, संभवत: बाज़ार में हज़ारों तरह के ऑर्गेनाइजर होंगे, जिनमें अर्ली-डे टाइमर, फाइलोफैक्स से लेकर अधिक जटिल प्लानर भी शामिल हैं। जैसे टाइम/सिस्टम फ्रेंकलिन कोवी, सादी मोलेसकाइन नोटबुक या फिर हाई-टैक टास्क-मैनेजमेंट सॉफ्टवेयर एप्लीकेशंस।[4]

आप अभी जो सिस्टम प्रयोग में ला रहे हैं, क्या आपको गेटिंग थिंग्स डन की सारी प्रक्रिया उसमें ही पूरी करनी चाहिए या आपको कुछ नया स्थापित करना होगा? इसका जवाब है- उसे ही स्थापित करें, जो आपके व्यवहार को बदलने में सहायक हो और आप साधनों का सही तरह से इस्तेमाल कर सकें। आपको उसकी क्षमता पर भी ध्यान देना होगा। क्या आपको बहुत सारी डिजीटल सूचना मिलती है, जिसे किसी डिजीटल टूल पर संभालना आसान होगा? क्या आपको अपनी सारी मुलाकातों और उनमें आनेवाले बदलावों को दर्ज करने के

---

[4] गेटिंग थिंग्स डन के मूल संस्करण के प्रकाशित होने के बाद से ऐसे अनेक सॉफ्टवेयर प्रोग्राम आ गए हैं, जो अपने मॉडल के लिए बुनियादी तौर पर जीटीडी कार्यप्रणाली को ही इस्तेमाल करते हैं। इनमें से अधिकतर डिजीटल हैं और ऐसे टास्क लिस्ट मैनेजर हैं, जिनमें आप आसानी से सुधार करते हुए, कनेक्शन और ग्राफिक व्यू पर ध्यान दे सकते हैं।

लिए कागज के कैलेंडर की ज़रूरत होगी? आपके लिए वह कौन सा तरीका आसान होगा, जो आपको सही समय पर कॉल्स के बारे में याद दिला दे? इसके अलावा सौंदर्य बोध और आनंद जैसे कारक तो हैं ही। मैंने कई बार अपने स्मार्टफोन पर अपना बेहतर नियोजन और अपडेट करने का काम किया है, जब मैं रेस्त्राँ में अकेला बैठा, डिनर आने की प्रतीक्षा में था।

यदि हमारी संदर्भ प्रणाली हमारे बस में नहीं है, तो यह आपके कार्य के प्रवाह में बाधा उत्पन्न कर देता है। जिससे आपकी दुनिया में ऐसी बहुत सी सामग्री जमा हो जाती है, जिसका कोई महत्त्व नहीं है।

हालाँकि आपको यह भी ध्यान रखना होगा, जो उपकरण आप इस्तेमाल करने जा रहे हैं, वह आपको तनाव-मुक्त उत्पादकता नहीं देगा। यह कुछ ऐसा है, जिसे आप जीटडी मैथड से पा सकते हैं। आप जो भी सिस्टम तैयार करेंगे, वह इस बात के लिए बहुत महत्त्वपूर्ण होगा कि आप इस प्रक्रिया को कैसे प्रकट करते हैं या इसे कैसे लागू करते हैं, परंतु यह इसका विकल्प नहीं है। एक अच्छी हथौड़ी एक अच्छा बढ़ई नहीं बन सकती, पर एक अच्छा बढ़ई अपने लिए हमेशा एक अच्छी हथौड़ी ही चाहेगा।

जब भी लगे कि आपको कोई ऑर्गेनाइजिंग टूल चाहिए तो आपको कुछ ऐसा खोजना होगा, जो आपकी सूचियों का प्रबंधन कर सके। आप आसानी से अपनी सूचियों को तैयार कर सकें और नियमित रूप से उन पर काम कर सकें। जब आप जान लेंगे कि सूची में क्या लिखना है और उनका इस्तेमाल कैसे करना है तब माध्यम बहुत मायने नहीं रखता। बस सादगी, गति और मौज को ही आधार मानें।

## फाइलिंग सिस्टम के लिए आवश्यक बातें

अगर आपका रेफरेंस सिस्टम फुर्तीला, कारगर और मजेदार नहीं होगा, तो शायद आप सूचना जमा करने की सारी प्रक्रिया को सही तरह से पूरा नहीं करना चाहेंगे।

इस प्रक्रिया में एक सादी और कारगर निजी संदर्भ प्रणाली बहुत महत्त्व रखती है। किसी के भी कार्यालय में वर्कफ्लो का सिलसिला चालू करने से पहले मैं सबसे पहले उनके फाइलिंग सिस्टम का मूल्यांकन करता हूँ। जैसा कि मैंने दूसरे अध्याय में भी कहा, एक अच्छी सामान्य संदर्भ प्रणाली (General Reference

System) के अभाव को निजी प्रबंधन प्रणाली (Personal Management System) को लागू करने की बड़ी बाधा माना जा सकता है। मैंने जितने अधिकारियों को कोचिंग दी है, उनमें से अधिकतर के लिए यही सुधार के बड़े अवसरों के रूप में सामने आया। ऐसा नहीं कि यह विषय बहुत महत्त्वपूर्ण या रणनीतिपरक है - परंतु अगर इसका प्रबंधन न हो सके तो यह शारीरिक और मानसिक उलझन से घिरता है। आमतौर पर काम न आनेवाली, परंतु संभवतः उचित सामग्री संसाधित या व्यवस्थित न होने पर मानसिक दबाव और कोलाहल का कारण बनती है। सबसे महत्त्वपूर्ण बात यह है कि यह वर्कफ्लो के 'प्रवाह (फ्लो)' भाग में बाधा बनती है और सारी चीज़ें कचरे के ढेर की तरह जमा होने लगती हैं। मैं कई बार स्वयं अपने ग्राहक के साथ स्थानीय ऑफिस-सप्लाई स्टोर जाकर फाइलिंग कैबीनेट लाया हूँ, इसके साथ ही बहुत सारे फाइल फोल्डर और एक लेबलर भी रहता है ताकि हम उसके ऑफिस में और मेज पर रखे दो-तिहाई सामान को उसके उपयुक्त स्थान पर रख सकें। काम से जुड़े केंद्र व स्पष्टता का रूपांतरण वास्तव में प्रभावशाली होता है।

हम इस जगह जनरल-रेफरेंस फाइलिंग की बात कर रहे हैं, जो अनुबंधों, आर्थिक जानकारी, मरीजों के रिकॉर्ड, किसी भी श्रेणी के आँकड़ों आदि की गोपनीय फाइलों से अलग है, जिसके लिए अलग जगह और इंडेक्सिंग की ज़रूरत होती है। सामान्य संदर्भ की फाइलों में लेख, ब्रोशर, कागज़ के टुकड़े, नोट्स, प्रिंटआउट, दस्तावेज और भौतिक वस्तुओं को रखा जा सकता है- जैसे टिकट, चाबी, बायर्स क्लब की सदस्यता और पेनड्राईव आदि। इनमें वह सब रखा जा सकता है, जो आप दिलचस्प समझकर रखना चाहेंगे या फिर वह आपके विशेष फाइलिंग सिस्टम में कहीं जगह न पा सके और उसे अलग से पूरी शेल्फ भी न देनी हो। जैसे बड़े सॉफ्टवेयर निर्देशिका और सेमीनारों के बाइंडर्स रखे जाते हैं।

अपने अनुभव को कहीं लिखने और फिर उसकी छंटनी करने के लिए आपको एक फाइल बनानी चाहिए। जब भी आप कुछ घटनाओं या विचारों के बारे में सोचें तो उन्हें दिमाग से यूँ ही निकलने का अवसर दिए बिना, अपनी फाइलों का हिस्सा बना दें, स्वयं को दिखाएँ कि ये भावनाएँ या विचार कितने मूर्खतापूर्ण हो सकते हैं या फिर आप उन्हें किस तरह उत्पादक आकार दे सकते हैं।

- सी राइट मिल्स

अगर आपको डिजीटल होना पसंद है तो हो सकता है कि आपको लगे कि अब आपको भौतिक सामान रखने के लिए फाइल फोल्डर्स की ज़रूरत नहीं है। हो सकता है कि आनेवाले समय में, मुझे भी अपना पासपोर्ट, बर्थ सर्टिफिकेट, किचन के पुराने सामान की निर्देशिका, मेडिकल रिकॉर्ड्स, कम खुलनेवाले बक्सों की चाबियाँ या दूसरे देशों की करेंसी आदि रखने की ज़रूरत न हो परंतु तब तक मुझे यह सब रखने के लिए एक उपयुक्त स्थान चाहिए।

अगर आपके पास कोई भरोसमंद सचिव या सहायक हो, जो आपके लिए उस सिस्टम को बनाए रखता हो तो आप उस पर पोस्ट-इट लगाकर उसे दे सकते हैं, 'इसे एक्स फाइल का नाम देना'। परंतु स्वयं से पूछें कि अगर आपके पास कोई संभावित रोचक, गोपनीय या उपयोगी सहायक सामग्री हो और ज़रूरत पड़ने पर आपका सहायक आसपास न हो तो? अगर ऐसा हो सकता है तो आपको अपना एक निजी सिस्टम चाहिए, जो आपके मेज या इसके आसपास हो सकता है।

जब आपका संदर्भ कागज या डिजीटल रूप में हो, तो भी ऐसा ही करना होगा। हमारे पास आभासी सूचना का भंडार जमा होता जा रहा है, आपके अपने कंप्यूटर या मोबाइल में अस्थायी तौर पर उस जानकारी को सामान्य संदर्भ जमा करने की लोकेशन में डालना होगा। कई लोग अब भी अपनी ई-मेल इन-ट्रे एरिया को सामान्य संदर्भ की बातों के लिए इस्तेमाल कर रहे हैं (मुझे यह ई-मेल रखना होगा क्योंकि इसमें मेरे बेटे के स्कूल इवेंट का सारा ब्यौरा है)। परंतु वे अपने ई-मेल एप्लीकेशन में रॉबर्ट या स्कूल के ब्यौरे नामक इलेक्ट्रॉनिक फोल्डर बनाने से बचते हैं। जिसमें आसानी से ऐसी सारी सूचना और जानकारी एक ही मिनट में कॉपी पेस्ट की जा सकती है। अब ऐसे कई सॉफ्टवेयर मिलते हैं, जिनमें आप कई तरह के उपकरणों में जमा सूचना को आपस में उचित ताल-मेल के साथ उपयुक्त स्थानों पर दर्ज कर सकते हैं, परंतु इस तरह काम करने के लिए अपने डिजीटल परिवेश पर थोड़ा विचार करना होगा। जब मैंने अपने कंप्यूटर में एक सामान्य संदर्भ फाइलिंग एप्लीकेशन चालू की, तो इसके लिए प्रयोग करने में मुझे तीन महिने लगे ताकि इसे पूरी तरह से बस में किया जा सके। अब मैं इसके बारे में बहुत अधिक सोचने के बजाय इसका प्रयोग कर रहा हूँ।

**फाइलिंग के लिए सफलता के कारक**

मैं आपको सलाह देना चाहूँगा कि आप एक निजी और आसानी से काम आनेवाला फाइलिंग सिस्टम तैयार करें, जो भौतिक और डिजीटल दोनों रूपों में हो। आपको किसी चीज़ को इन-ट्रे से उठाने, उसे ई-मेल से प्रिंट करने, संभावित भविष्य के अनुसार उस पर क्रिया करने का निर्णय लेने और उसे अपने भरोसेमंद सिस्टम का हिस्सा बनाने में केवल एक मिनट का समय लगेगा। यही आपकी दस्तावेज़ों को स्कैन करने, जमा करने या कंप्यूटर में सूचना को कॉपी और पेस्ट करने के लिए भी कह सकते हैं। हो सकता है कि आप कागज़ों पर आधारित संदर्भ सामग्री के बजाय डिजीटल होना पसंद करें या फिर इसके विपरीत भी हो सकता है। परंतु दोनों के लिए एक सुसंगत प्रणाली के अभाव में, आप संभावतः उपयोगी सूचना को संभाल नहीं सकेंगे या फिर जो भी रखेंगे वह अनुपयुक्त ढेर में ही बदल जाएगा। अगर किसी चीज़ को आसानी से मिलनेवाले फॉरमेट में रखने में एक मिनट से अधिक समय लग रहा है तो हो सकता है कि आप उसे कहीं और रख दें। आपके सिस्टम को फुर्तीला होने के अलावा थोड़ा रोचक, आसान, ताज़ा और संपूर्ण होना चाहिए। अन्यथा आप अचेतन तौर पर अपनी इन-ट्रे को खाली नहीं करना चाहेंगे क्योंकि आप जानते हैं कि इसमें बहुत सारा सामान ऐसा है, जो अपनी जगह नहीं है और अपने सामने जमा हो गए कागजों व ई-मेल के ढेर को देखना तक नहीं चाहेंगे। हिम्मत रखें, मैंने ऐसे लोग देखे हैं, जो इस सोच से उबरे और वाकई उन्हें अपने सामान के ढेर और डिजीटल दुनिया को संभालने में आनंद आने लगा। यह सब उनके निजी फाइलिंग सिस्टम को पहली बार संभालने के बाद आरंभ हुआ।

आपको किसी नए विषय पर केवल कागज़ के एक टुकड़े को भी फाइल करने के लिए आरामदेह महसूस करना चाहिए - चाहे उसे यूँ ही क्यों न लिखा गया हो - आप इसकी निजी फाइल में इसका अधिक औपचारिक और बड़ा दस्तावेज़ पाएँगे। अक्सर फाइलों को बनाने और व्यवस्थित करने में समय लगता है इसलिए लोग अक्सर उन्हें नहीं रखते या उन्हें अंधाधुंध ठूँस देते हैं। इसके अलावा उसमें और भी रद्दी चीज़ें रखी रहती हैं, जैसे किसी स्थानीय होटल का ऑर्डर मेन्यू कार्ड या किसी ट्रेन की समय सारणी। अगर आपको भरोसा है कि इस तरह की सारी जानकारी वेब पर तत्काल और आभासी रूप से मौजूद है, तो आपको उन कागज़ों की ज़रूरत

कभी नहीं पड़ेगी। तब आप बेवजह सिस्टम में दोहराव नहीं लाएँगे। आप क्या चुन सकते हैं और उसे कैसे प्रयोग में ला सकते हैं, इसकी कोई सीमा नहीं है।

आपको अपने रेफरेंस सिस्टम को आसान और व्यवस्थित करने के लिए जो भी करना हो, उसे तत्काल करें। मेरा सिस्टम मेरे लिए बहुत बढ़िया काम करता है और इसे अपनानेवाले दूसरे लोगों का भी यही कहना है। मैं आपसे सिफारिश करता हूँ कि आप अपनी ओर से इस रेफरेंस फाइलिंग सिस्टम को ऑटोमैटिक बनाने के लिए सभी निर्देषों का अच्छी तरह पालन करें।

### अपनी सामान्य रेफरेंस फाइलों को अपने पास रखें

फाइलिंग का काम बहुत आसान और झटपट होना चाहिए। अगर आपको हर बार किसी भी कागज़ को लगाने के लिए अपनी जगह से उठना पड़े या आपको अपने कागज के टुकड़े को उसकी सही जगह या जानकारी को उचित फाइल तक पहुँचाने के लिए अपने कंप्यूटर में कई जगह की खोज करनी पड़े, तो हो सकता है कि आप उसे किसी गलत जगह पर छोड़ दें या उसे फाइल करने के बजाय यूँ ही रख दें। हो सकता है कि आप इस सारी इन-ट्रे प्रक्रिया का ही विरोध करें (क्योंकि आप जानते हैं कि उसमें बहुत सा सामान ऐसा है, जिसे फाइल में लगाने की ज़रूरत है)। बहुत से लोगों ने मुझसे कोचिंग लेकर अपने ऑफिस को नए तरीके से डिजाइन किया ताकि उनके पास एक पूरे कमरे के बजाय, अपने आसपास ही सामान्य रेफरेंस की फाइलें रखने के दराज हों।

### एक अल्फा सिस्टम

मेरे पास सामान्य संदर्भ के लिए एक ए टू जैड अल्फाबेटीकल (वर्ण-माला के अनुसार) फाइलिंग सिस्टम है। मेरे ई-मेल रेफरेंस के फोल्डर भी इसी तरह व्यवस्थित होते हैं। लोग अक्सर इन फाइलों को व्यक्तिगत मैनेजमेंट के तौर पर प्रयोग में लाना चाहते हैं। और इसलिए वे उन्हें प्रोजेक्ट्स या अपनी एकाग्रता के क्षेत्र के अनुसार व्यक्तिगत मैनेजेंट प्रक्रिया में शामिल करना चाहते हैं। इस तरह, जब आप यह भूल जाते हैं कि आपने किसी चीज़ को कहाँ रखा था तो आपकी ओर से उसे रखने के संभावित स्थान

> एक सरल, प्रभावी और आसानी से पहुँचनेवाला सामान्य रेफरेंसवाला फाइलिंग सिस्टम आपको आज़ादी देता है कि आप मनचाही जानकारी जमा कर सकते हैं।

ज्यामितीय रूप से और भी कई गुना हो जाते हैं। जब आप एक बार काम करने के रिमाइंडर को अपनी नेक्स्ट-एक्शन सूची में डाल लेंगे, तो आपके लिए इस तरह के आँकड़े, केवल आपकी निजी पुस्तकालय की सामग्री है। आपके पास अपनी तरह से काम करने की पूरी आज़ादी होनी चाहिए। बस आपको इस बात का ध्यान रखना है कि आपके पास चीज़ों के संग्रह के लिए कितनी जगह है और ज़रूरत पड़ने पर आप उसे कितनी आसानी से पा सकते हैं। एक सादे अल्फा सिस्टम में फाइलों को विषय, व्यक्ति, प्रोजेक्ट या कंपनी के अनुसार लगाया जाता है ताकि अगर आप यह भूल जाए कि फलाँ विषय की फाइल को वास्तव में किस जगह रखा था, तो उसे केवल तीन या चार जगह ही खोजना पड़े। आप हर लेबल पर उपविषय तैयार कर सकते हैं जैसे - बागबानी - पॉट्स, बागबानी- आइडिया। इन्हें आप वर्णमाला के अक्षर के अनुसार 'ब' श्रेणी में डाल सकते हैं।

डिजीटल दुनिया, आपके आँकड़ों की विस्तृत दुनिया को की-वर्ड्स से जोड़ने की आज़ादी देता है ताकि आप उसे कभी भी अपनी सुविधा के अनुसार पा सकें। हालाँकि डाटा जमा करने के लिए इतने सारे विकल्प और लोकेशन उपलब्ध हैं कि अक्सर जटिलता और भ्रम पैदा होता है। मैं ऐसे कई लोगों को जानता हूँ जो बहुत अधिक व्यस्त नहीं होते, फिर भी इन साधनों की मदद से अपनी जानकारी को सहेजने के लिए समय और श्रम नहीं देते। कंप्यूटर हमें यह ताकत और लचीलापन देता है, साथ ही यह अवसर भी देता है कि हम अपने लिए एक बड़ा संदर्भ पुस्तकालय तैयार कर सकें। यह आपको चुनौती देता है कि आप अपने सरल और प्रभावी फॉरमेट को संदर्भ की जानकारी के लिए जमा कर सकें। यहाँ तक कि डिजीटल रूप से भी, एक विजुएल मैप का होना फायदेमंद हो सकता है, जिन्हें आप डाटा ग्रुप या इंडेक्स की मदद से बना सकते हैं। अगर अल्फा फॉरमेट में तैयार कर सकें तो बेहतर होगा। मैं लंदन में अपने पसंदीदा रेस्त्राँ तक जाने के लिए, अपने नए जनरल-रेफरेंस एप्लीकेशन पर जाता हूँ और 'लोकल', लंदन' और 'रेस्त्राँ' नामों से उसे खोजता हूँ।

डिजीटलीकरण को पसंद करनेवाले बहुत से लोगों के साथ परेशानी यह है कि सामग्री को आसानी से जमा करने और सहेजने के कारण, राईट-ओनली सिंड्रोम बढ़ गया है; वे केवल सूचना व जानकारी का संग्रह कर रहे हैं, उसे पूरी समझदारी

से इस्तेमाल नहीं कर पा रहे। अगर आपके पास डिजीटल पुस्तकालय है तो आपको थोड़ा सा दिमाग लगाना होगा वरना आप सूचनाओं और जानकारी के अंतहीन ढेर में उलझकर रह जाएँगे। अक्सर अनुभवी और पढ़े-लिखे लोगों से सुनने को मिलता है, 'मुझे अपनी सारी जानकारी व आँकड़ों को ऑर्गेनाइज करने की ज़रूरत नहीं है, सर्च फीचर की मदद से कंप्यूटर उन्हें आसानी से खोज सकता है।' हमें एक प्रभावशाली वर्गीकरण की मदद से अपनी जमा की हुई जानकारी व सूचनाओं को ऑर्गेनाइज करना होगा।

कई बार लोगों के पास किसी एक विषय या प्रोजेक्ट पर इतनी अधिक जानकारी होती है कि उसे उसके लिए बने दराज, अलमारी या डिजीटल डायरेक्टरी में रखना ज़रूरी हो जाता है। परंतु अगर केवल आधे दराज में रखने लायक ही सामग्री है, तो मैं सलाह दूँगा कि सिंगल जनरल अल्फाबेटीकल सिस्टम का ही प्रयोग किया जाए। और अगर यह डिजीटल ग्रुपिंग है, तो शायद इसके लिए सबडायरेक्टरी की ज़रूरत पड़ सकती है।

**एक नया फोल्डर आसानी से तैयार करें**

मैं अपने पास बहुत सारे नए फोल्डर तैयार रखता हूँ और वे ऐसी जगह रहते हैं, जहाँ से मैं अपनी इन-ट्रे प्रोसेस करता हूँ। अगर आपके पास जमा करने को बहुत कुछ हो और फिर भी आप फोल्डर के अभाव में ऐसा न कर सकें, तो इससे बुरा कुछ नहीं हो सकता। हमेशा इन्हें बड़ी संख्या में अपने पास रखें। अगर आप आभासी तौर पर (किसी पर प्रभाव डालने के लिए) काम करते हों तो कंप्यूटर में नया फोल्डर आसानी से तैयार होता है और आप आसानी से नई डायरेक्टरी तैयार कर सकते हैं।

**यह ध्यान दें कि आपके आसान स्टोरेज के लिए बहुत सारी जगह हो**

आपके फाइल दराज तीन-चौथाई से अधिक भरे हुए न हों। अगर वे पूरी तरह से भरे होंगे, तो आप अनजाने में ही उसमें सामान रखने से बचेंगे और दूसरी जगह पर संदर्भ सामग्री का ढेर बन जाएगा। अगर कोई दराज खुलने में मुश्किल हो तो शायद मैं एक हाथ में फोन लेकर उसे खोलने से कतरा सकता हूँ। अगर आप अपने डिजीटल यंत्रों में भी जानकारी का संग्रह करते हैं, तो उन्हें एक बार देखने और छाँटने का उचित समय यही है।

मैंने आज तक ऐसा व्यक्ति नहीं देखा, जो अपनी फाइलों की दराज में

उसकी क्षमता से कहीं अधिक फाइलें न रखता हो। अगर आप चाहते हैं कि इन बातों से आपके दिमाग पर बोझ न आए तो अपने दराज में इतनी फाइलें न भरें कि उसे खोलना भी मुश्किल हो जाए। तब आप अनजाने में ही उसके इस्तेमाल से बचेंगे। अगर आपके पास इसका डिजीटल संस्करण है तो कंप्यूटर में या क्लाउड पर स्पेस की समस्या आ सकती है। आपको स्वयं अपने विवेक से देखना होगा कि आपको अपनी सामग्री को कितना स्थान देना है कि वह आसानी से मिल जाए और आपके पास ऐसी जानकारी का निरर्थक भंडार जमा न हो, जिसे व्यवस्थित करना भी आपके लिए कठिन हो। कई बार जब कोई मुझे फोन पर होल्ड करवाता है तो मैं उस दौरान अपने ई-मेल फोल्डर और पुराने दस्तावेजों की डायरेक्टरी देखने का काम निपटा लेता हूँ।

कुछ लोग यह सुनकर कहेंगे, 'ओह, मुझे और कैबीनेट खरीदने होंगे।' 'मुझे बड़ी हार्ड ड्राईव की ज़रूरत होगी।' मानो ऐसा करना बहुत कठिन हो। पर अगर कोई सामग्री रखने लायक है तो वह इस तरह रखी जानी चाहिए कि आप उस तक अपनी पहुँच बना सकें। और अगर ऐसा नहीं हो पाता, तो आप इसे रख ही क्यों रहे हैं? अगर हम सूचना के युग में हैं और आप कुछ ऐसा कर रहे हैं, जो इसकी प्रगति में बाधा है तो आप सही नहीं कर रहें।

हो सकता है कि आपको अपनी सामान्य संदर्भ फाइलों को संभालने के लिए एक और पूरे स्टोरेज की ज़रूरत हो। इसके अलावा पूरी हो चुके प्रोजेक्ट्स के नोट्स व ऐसे ग्राहकों की फाइलें जो अब हमारे साथ नहीं हैं, उनकी फाइलों को रखने के लिए भी जगह चाहिए। इन्हें आप अपने काम की जगह से दूर रख सकते हैं क्योंकि इनकी बार-बार ज़रूरत नहीं पड़ती।

**अपनी फाइल फोल्डर्स पर ऑटो लेबलर लगा दें**

भले ही आपकी फाइलों की संख्या कितनी भी कम क्यों न हो, आपको उनके साथ सकारात्मक जुड़ाव रखना होगा। टाइपसैट लेबल, आपकी फाइल का रूप ही बदल देते हैं और आपके साथ उनका संबंध भी बदलता है। लेबलयुक्त फाइलें, बोर्डरूम के मेज़ पर भी आरामदेह लगती हैं; उन्हें हर कोई पहचान सकता है; आप दूर से ही देख सकते हैं कि आपके ब्रीफकेस में क्या

जिन चीज़ों को आप नाम देते हैं, आप उनके मालिक हैं। आपके द्वारा जमा किया गया परंतु बिना नाम का सामान आपको अपने अधीन कर लेता है।

है; और जब आप अपनी फाइलों के दराज खोलते हैं तो आपको एक क्रम में लगी रंगीन फाइलों का अंबार दिखता है। इन फाइलों को रखने और निकालने के सिलसिले में बहुत आनंद आता है।

> अगर काम करने के दौरान, आपको सही जगह पर कोई चीज़ फाइल करने में साठ सैकेंड से अधिक समय लगता है तो इस बात की पूरी संभावना है कि आप उसे किसी ढेर में शामिल कर देंगे।

हो सकता है कि नई सहस्राब्दी में, मस्तिष्क विज्ञानी हमें कोई गुप्त या जटिल न्यूरोसंबंधी व्याख्या दे सकें कि लेबलयुक्त फाइलों के साथ काम करना इतना असरदार क्यों होता है। तब तक, आप मेरा भरोसा करें। एक लेबलर लें या अपना तैयार करें। अगर आप चाहते हैं कि सारा सिस्टम सही तरह से काम करे तो आपको यह सब तैयार करना होगा ताकि आप जब जी चाहे, कोई चीज़ फाइल कर सकें। लेबल्स को बिलकुल न बाँटें। अगर आपको कोई कागज फाइल में लगाना है और आपके पास लेबलर नहीं हैं तो आप उसे फाइल करने के बजाय वहीं कहीं ठूँस देंगे। लेबलर भी उसी तरह होना चाहिए जैसे आपके पास बुनियादी सामान में स्टेपलर शामिल रहता है।

**साल में एक बार फाइलों की छंटाई अवश्य करें**

अगर आप समय-समय पर फाइलों को देखते रहेंगे तो उन्हें देखकर आपको ऐसा नहीं लगेगा कि कुछ समझ में नहीं आ रहा। उन्हें बार-बार पलटने से कई नए विचार और उपाय भी सामने आ सकते हैं। आप हर कुछ माह में अपनी फाइलों को देखें, इससे यह तय करना आसान होगा कि उनमें से कौन सी फाइलें आपके लिए महत्त्वपूर्ण हो सकती हैं। यह डिजीटल और कागज पर आधारित सामग्री, दोनों के लिए ही समान रूप से लागू होता है। जैसा मैंने कहा, जब मैं फोन पर होल्ड पर होता हूँ या कॉन्फ्रेंस कॉल के लिए प्रतीक्षा में होता हूँ, तब यही काम करता हूँ।

मैं सलाह देता हूँ कि हर संस्था को अपनी फाइलों की छंटाई के लिए एक दिन तय करना चाहिए। उस दिन पर सारे कर्मचारी जींस पहनकर आएँ, फोन एक ओर रखें और इस काम में जुटें।[5] उनके आसपास बेकार फाइलों को फेंकने के

---

[5] आप क्रिसमस से पहले या फिर सप्ताह में अवकाश के आसपास यह काम कर सकते हैं। अधिकतर लोग उस समय पार्टी के मूड में होते हैं इसलिए वह कंप्यूटर और घर की सफाई का बेहतर समय होगा।

लिए कचरे की टोकरियाँ और रीसाइकिल डिब्बे रखे हों। हर किसी को अपने ऑफिस और कंप्यूटर की छंटाई के लिए पूरे दिन का समय दिया जाए। आपको अवकाश के दौरान, वर्ष के अंत में या फिर किसी खास समय पर यह काम निजी रूप से अवश्य कर लेना चाहिए।

## फाइलिंग सफलता का माध्यम है

संदर्भ और सहायक सामग्री को अक्सर आपातकाल सामग्री से नहीं जोड़ा जाता और न ही वे किसी योजना के बड़े हिस्से के रूप में जानी जाती हैं। इसलिए अकसर उनके प्रबंधन को बहुत कम प्राथमिकता पर लिया जाता है। समस्या यह है कि आपका मानसिक और भौतिक कार्य क्षेत्र ऐसे संभवतः उचित और उपयोगी सामान से अस्त-व्यस्त हो जाता है। अगर आपने सख्ती से इनका प्रबंधन न किया हो तो आपके दिमाग में लगातार ऐसे ही सवाल गूँजते हैं- 'ये क्या है, ये इस जगह क्यों है?, मुझे इसका क्या करना चाहिए? वह फाइल खोजने के लिए किस जगह देखना होगा?' आदि। यदि आपकी दुनिया के इस पहलू को कठोरता से स्थापित नहीं किया गया, तो यह चेतना की अचेतन आवाज बनेगी।

अगर आपकी अलग-अलग फाइलें एक ही जगह जमा हैं, तो आपके लिए लगातार उनके विषयों पर सोचना मुष्किल होगा और दिमाग उस ढेर को देखकर बौखला जाएगा।

संदर्भ सामग्री को उसकी तयशुदा सीमाओं में ही रखना चाहिए - भौतिक और डिजीटल दोनों तरह से अच्छी तरह संभालें ताकि वे आपके सिस्टम में अन्य श्रेणियों में न मिलें और आप तयशुदा उद्देश्य के लिए उनका प्रयोग कर सकें, उन तक आसानी से पहुँच सकें। उनकी मात्रा काफी अधिक हो सकती है इसलिए उनका प्रबंधन और भी आवश्यक हो जाता है ताकि वे आपके दूसरे कामों में बाधा न बनें और सही समय आने पर आसानी से मिल सकें। मैंने दुनिया के कुछ हुनरमंद पेशेवरों के साथ अनगिनत घंटों तक काम करते हुए, उन्हें उनके सादे और कारगर संदर्भ प्रणाली के प्रबंधन में साथ दिया है। जब वे इन छोटी बातों पर ध्यान देते हैं, तो उनके पास बड़े कामों पर ध्यान देने के लिए पर्याप्त समय बच जाता है।

## अंत में एक और बात...

आपने कुछ समय निकाल लिया है, आपने काम करने की जगह तय कर ली है और आपने इस कार्यप्रणाली पर काम करने के लिए साधन भी जमा कर लिए हैं।

अगर आपने अपने वर्कफ्लो सिस्टम को तय करने का निश्चित समय निकाल लिया है तो आपको इसे और अधिक प्रभावशाली बनाने के लिए एक काम और करना होगा। आपको इस दौरान, मेज़ से दूसरे कामों को हटाना होगा।

अगर कोई ज़रूरी कॉल हो तो उसे आपका सेक्रेटरी ले सकता है या फिर अगर आपको किसी से ज़रूरी काम हो तो आप पहले ही उसे पूरा कर लें। अपने साथ यह तय कर लें कि आप उसे कब करना चाहेंगे, फिर उसके लिए कहीं लिखकर रख दें कि आप उस काम को कब पूरा करना चाहेंगे।

बिना किसी अपवाद के, जब मैं लोगों को कोचिंग देता हूँ, तो वे मेरे साथ काम का समय तय करने और इसके लिए पैसा खर्च करने के बावजूद अपने रोज़मर्रा के कामों को पूरा नहीं कर पाते या अपने तरीके से उनका प्रबधन नहीं कर पाते। वे कहते हैं, 'ओह, इस ग्राहक से बात करना बहुत ज़रूरी है' या 'ज़रा अपने दोस्त से पता करना है कि उसने शाम के शो के लिए टिकट लिए हैं या नहीं।' इससे हमारी संस्कृति में सजगता और परिपक्वता की कमी का परिचय मिलता है। मेरा मानना है कि बहुत सभ्य लोग भी इस मामले में अपनी ज़िम्मेदारी को सही तरह से नहीं समझते।

तो क्या आपने अपनी ओर से सारा प्रबंध कर लिया है? अब समय आ गया है कि आप अधूरे छूटे हुए कामों को एक स्थान पर जमा कर लें।

# 5

## कैप्चरिंग : अपने सामान को संभालना

इस पुस्तक के भाग 2 में, आपके संभावित काम और इनपुट को संग्रह करने की प्रक्रियाओं के बारे में बात की गई है। यह अध्याय आपको और अधिक विस्तार में ले जाएगा, जिसमें आप अपने सारे अधूरे कामों और सामान को एक जगह संग्रह कर सकते हैं। शांत मानसिक अवस्था पाने के लिए यह पहला कदम है। आपके पास जो भी है, उसके अलावा बस थोड़ी सी और चीज़ों का संग्रह आपके लिए सकारात्मक एहसास पैदा करेगा। पर अगर आप पूरे सौ प्रतिशत तक इस प्रक्रिया को पूरा कर सके, तो यह आपके अनुभव को नाटकीय रूप से बदल देगा और आपको अपने काम और दुनिया में सबसे आगे जाने के लिए अहम संदर्भ बिंदु देगा।

जब मैं इस प्रक्रिया के लिए एक ग्राहक की कोचिंग करता हूँ तो कैप्चर (अधिकृत या वश में करना) के काम में एक से छह घंटे का समय लगता है। हालाँकि एक व्यक्ति को इसे पूरा करने में बीस घंटे का समय लगा। आखिर में मैंने उसे बताया कि उसे अपना काम करने का आइडिया मिल गया। अगर आपके पास पहले से बहुत सारा संग्रह है, तो हो सकता है कि आपको कैप्चर करने के काम में और अधिक समय लगे। आपको अपने कंप्यूटर के अलावा हर जगह के कोने में खोजबीन करनी होगी, जिनमें आपकी कार, नाव, घर में रखे गए अन्य उपकरण आदि शामिल हैं, अगर वे आपके पास हैं।

भरोसा करें, अगर आपने खुद को यह सब संभालने के लिए दो घंटे का समय भी दे दिया, तो आप बहुत कुछ समेट सकेंगे। इस तरह आप बाकी सामान को अपने नोट्स की मदद से भी समेट सकते हैं जैसे, 'नाव के स्टोरेज शेड की मरम्मत' या 'हॉल की अलमारी की देख-रेख'।

जब तक आप हर चीज़ पर अपना पूरा ध्यान नहीं देते, तब तक आपको यह भरोसा नहीं हो सकता कि आप अपनी दुनिया की बड़ी तस्वीर को संभालकर काम कर रहे हैं।

असली दुनिया में, आप हमेशा अपने सारे सामान को सौ प्रतिशत संभाल नहीं सकते। अगर आप भी अधिकतर लोगों की तरह ही हैं, तो आप बहुत तेज़ी से आगे बढ़ते हुए, एक ही सप्ताह में अन्य कामों में इतना मग्न हो चुके होंगे कि बाकी काम आपके दिमाग से बाहर हो जाएँगे।

पर अगर आपने इस आदर्श मापदंड को अपना लिया तो नियमित रूप से घर व काम को व्यवस्थित रखते हुए काम और जीवन पर पूरा ध्यान दे सकेंगे।

## रेडी, सेट ...

आप सब कुछ समेटना आरंभ करें, इससे पहले आपको बता दें कि इसके क्या व्यावहारिक कारण हो सकते हैं :

1. आपको पता होना चाहिए कि कितना सामान संभालना है, इससे उसे संभालने में मदद मिलती है।
2. इस तरह आपको सुरंग के छोर का पता रहता है।
3. जब आप हर चीज़ छाँटकर व्यविस्थत कर रहे हों (क्लैरीफाइंग और ऑर्गेनाइजिंग) तो उस समय आप नहीं चाहेंगे कि कोई ऐसा सामान आपके आगे आ जाए जो आपका ध्यान भंग कर दे। जब आपके ध्यानाकर्षण से जुड़ी सारी चीज़ें एक जगह होंगी तो आप स्वचालित तौर पर अधिक केंद्र और नियंत्रण के साथ काम कर सकेंगे।

एक बार में, एक ही जगह पर बहुत सारी चीज़ों को संभालने की बात भी भयभीत कर सकती है, खासकर तब, जब उन चीज़ों के बारे में निश्चित तौर पर कुछ पता न चल रहा हो। हो सकता है कि आपको ऐसा करना सही भी न लगे क्योंकि उनमें से बहुत कुछ इतना ज़रूरी नहीं है, और यही वजह है कि वह अब तक इधर-उधर पड़ा है। जब वह सामान पहले दिखा था तो इतना ज़रूरी नहीं था और शायद अब तक भी काम नहीं आया क्योंकि आपने उसकी ओर ध्यान ही नहीं दिया। आपने अपनी जेब में वह बिजनेस कार्ड यह सोचकर रख दिया था कि वह शायद किसी दिन संपर्क करने के काम आएगा। यह आपके सबसे निचले दराज में एक टैक्नो-गीयर का टुकड़ा है, जिसका एक हिस्सा कहीं खो गया या आपको उसे सही करने का समय नहीं मिला। एक प्रिंटर पड़ा है, जिसके लिए आप कहते रहते हैं कि उसे ऑफिस में किसी अच्छी जगह रखवाना है। ऐसा

बहुत सा सामान है, जिसके लिए आप अभी तक तय नहीं कर सके कि उसे संभालना है या अपने सामान की सूची से पूरी तरह से बाहर कर देना है। चूँकि अब भी उसमें से कुछ काम आने की संभावना है इसलिए वह सामान आपको अपने बस में रखे हुए है और आपकी इतनी ऊर्जा ले रहा है, जिसे पाने का वह हकदार नहीं है।

तो अब शुरुआत करने का समय आ गया है। अपने हाथ में नोट्स बनाने के लिए कागज़ ले लें, और ...

जब आप जानते हैं कि आप सब कुछ नहीं कर रहें, तो उसके बारे में बेहतर महसूस कर सकते हैं, जो आप नहीं कर रहें।

## ...गो!

### भौतिक रूप से सामान समेटना, गैदरिंग

सबसे पहले तो आपको अपने आसपास का माहौल देखना होगा, जो स्थायी तौर पर ऐसा नहीं रहता। आपको ऐसा सामान समेटना है, जो अधूरा है और कुछ ऐसी चीज़ें जिनके बारे में आपको कोई फैसला करना था। इन सबको कहीं लिखें और एक साथ रखें ताकि आगे चलकर इन पर काम हो सके।

### क्या रखें, क्या नहीं

कोई चीज़ आपकी इन-ट्रे में जाएगी या नहीं, उसका फैसला करने का सबसे सही तरीका यही होगा कि आप तय कर लें, आप इसमें क्या नहीं रखेंगे। आपको वस्तुओं की ऐसी चार श्रेणियों के बारे में बताया जा रहा है, जो जहाँ हैं, वहीं रह सकती हैं, वे जिस रूप में हैं, उन्हें वैसे ही बिना किसी फैसले के रखा जा सकता है :

- आपूर्ति
- संदर्भ सामग्री
- सजावट का सामान
- उपकरण

*आपूर्ति या सप्लाई* – इस श्रेणी में ऐसा सामान आता है, जिसे आपको

रखना है क्योंकि इसकी बार-बार ज़रूरत होती है। जैसे स्टेशनरी, बिजनेस कार्ड, स्टैंप, स्टेपल, पोस्ट-इट पैड, पेपर क्लिप, बॉलपेन की रीफिल, बैटरीज, फॉर्म्स, रबड़ बैंड आदि। कई लोगों के पास निजी सामान के दराज में दाँत साफ करने का उपकरण, क्लीनेक्स या साँस की बदबू दूर करनेवाले मिंट वगैरह भी रहते हैं।

*संदर्भ सामग्री /रेफरेंस मटीरियल* – इस श्रेणी में ऐसा सामान आएगा, जिसे आप सूचना या जानकारी के लिए रखना चाहेंगे, जैसे आपके काम के मेन्युअल, मेन्यू, आपके बच्चे के स्पोर्ट्स टीम के शेड्यूल, आपके इंटरनेट फोन के एक्सटेंशन वगैरह। इसी श्रेणी में आपके फोन और पतों की जानकारी भी शामिल है। आपके प्रोजेक्ट्स, थीम और विषय से जुड़े स्रोत जैसे डिक्शनरी, इंसाक्लोपीडिया, डायरी या कार्पोरेट रिकॉर्ड भी इसी श्रेणी में आते हैं। इसमें ऐसी पुस्तकों या पत्रिकाओं को भी शामिल कर सकते हैं, जिन्हें आप एक लाईब्रेरी की तरह रखना चाहें।

*सजावट का सामान* – आपके परिवार, आर्टवर्क या मौज-मस्ती से जुड़ी तस्वीरें जो आपको प्रेरित करती हों। हो सकता है कि आपके पास अन्य सजावटी सामान, मोमेंटो या पौधे भी हों।

*उपकरण* – इनमें आपका फोन, कंप्यूटर, प्रिंटर, स्कैनर, कूड़े की टोकरी, फर्नीचर, घड़ी, चार्जर, पेन और नोटपैड शामिल हैं।

बेशक आपके पास ऐसा बहुत सारा सामान होगा, जो इन चारों श्रेणियों में नहीं आता – आपके बहुत सारे टूल और गीयर इस श्रेणी से बाहर हैं। ऐसा बहुत सारा सामान हो सकता है, जिसे पहले आपने इन चारों श्रेणियों में से किसी एक का माना हो पर बाद में उनका काम न रहा हो पर फिर भी अभी उनके लिए कुछ तय नहीं किया गया है।

उदाहरण के लिए, अधिकतर लोग अपने मेज की दराजों, अपने शेल्फ और बुलेटिन बोर्ड पर या फिर कंप्यूटर की फाइलों में ऐसी बहुत सारी सामग्री और सूचना सहेजकर रखते हैं, जो कब से चलन से बाहर हो गई है या उसे कहीं और व्यवस्थित करने की ज़रूरत है। इन्हें 'इन-ट्रे' में रखें। अगर आपके सप्लाई दराज में ऐसा सामान है, जो संभाले नहीं संभल रहा तो आपको पहले अपने अधूरे काम को समेटना है। क्या आपके बच्चों की तस्वीरें नई हैं? क्या आपको दीवारों पर यही आर्टवर्क चाहिए? क्या आप सच में यही मोमेंटो रखना चाहते हैं? क्या फर्नीचर ठीक उस

तरह है, जैसे उसे होना चाहिए? कंप्यूटर सैट-अप ठीक वहीं है, जिस जगह आप उसे चाहते हैं? क्या ऑफिस के पौधे ठीक हैं? दूसरे शब्दों में, अगर आपूर्ति, संदर्भ सामग्री, सजावट का सामान व उपकरण अपनी सही जगह और स्थान पर न हों तो उन्हें भी इन-ट्रे में लाना पड़ सकता है।

**कैप्चरिंग से जुड़े मसले**

जब आप इस चरण पर होंगे तो हो सकता है कि आपको निम्नलिखित दशाओं का सामना करना पड़े :

- सामान इतना ज्यादा होगा कि आपकी इन-ट्रे में नहीं समाएगा।
- हो सकता है कि आप सामान समेटते हुए पटरी से उतर जाएँ यानी उसे छाँटने और व्यवस्थित करने में लग जाएँ।
- हो सकता है कि आपने काफी सामान पहले ही समेटकर व्यवस्थित कर लिया हो।
- हो सकता है कि आप अपने सामने रखे कुछ और ज़रूरी काम में लगे हों।

*अगर कोई बड़ा सामान इन-ट्रे में नहीं आ रहा?* - अगर आप किसी सामान को भौतिक रूप से इन-ट्रे में नहीं रख सकते तो उसके बारे में किसी कागज पर लिख दें। मिसाल के लिए, अगर आपके ऑफिस के दरवाजे के पीछे बड़ा सा पोस्टर या आर्टवर्क है तो लिखें, 'दरवाजे के पीछे का पोस्टर'। फिर इस कागज को अपनी ट्रे में रख लें।

इसके साथ तारीख भी लिखें। इसके दो लाभ होंगे। अगर आपका ऑर्गेनाइजेशन सिस्टम बंद हुआ, तो उसमें मिले ऐसे नोट्स की बदौलत जाना जा सकता है कि उन्हें कब लिखा गया था। इस तरह आपको अपने हर काम, ई-मेल या नोट पैड पर भी तारीख लिखने की आदत हो जाएगी। अगर आप डिजीटल साधन प्रयोग में ला रहे हों तो उन पर भी तारीख लिखने का विकल्प चालू कर दें। आपने इस छोटी सी आदत को अपने जीवन का हिस्सा बना लिया तो यह आनेवाले समय में आपके बहुत काम आ सकती है।

*अगर आपका सामान का ढेर इन-ट्रे के हिसाब से बड़ा है?* - अगर आप उन 98 प्रतिशत लोगों में से हैं, जिनके साथ हम व्यक्तिगत तौर पर काम करते हैं तो

बेशक आपके सामान का ढेर इतना बड़ा होगा कि आप उसे ट्रे में नहीं रख सकेंगे। अगर ऐसा है तो ट्रे के पास ही सामान जमा करें या फिर उसके पास के फर्श पर भी ढेर लगा सकते हैं। इस तरह जब आप हर चीज़ को व्यवस्थित करते रहेंगे, तो वह ढेर समाप्त होता जाएगा। इस दौरान, यह ध्यान रहे कि आपके ट्रे के बाहर और अंदर रखे हुए सामान के बीच थोड़ी दूरी हो ताकि उन दोनों को आराम से देखा जा सके।

*तुरंत फेंकनेवाला सामान* - अगर ऐसा लगता है कि कोई सामान कचरे में जानेवाला है तो उसे फेंकने का काम उसी समय करें। मेरे कुछ ग्राहक ऐसे भी हैं, जिन्होंने पाया कि उन्होंने आज तक यह काम किया ही नहीं था।

अगर आप तय नहीं कर पा रहे कि क्या रखने या फेंकने लायक है, तो उसे अपने सामान में संजो लें। जब आप अपनी इन-ट्रे का सामान देखेंगे तो उस समय आपके लिए तय करना आसान होगा कि इस सामान का क्या करना है। आप भी यह नहीं चाहेंगे कि आप एक-एक चीज़ को तय करने में इतना उलझ जाएँ कि आगे काम ही न हो सके। चीज़ों को छाँटने का काम करते समय आपके दिमाग का शांत होना ज़रूरी है। अगर उस समय कुछ समझ में नहीं आ रहा तो उस काम को बाद में आराम से किया जा सकता है। हर चीज़ को इन-ट्रे के साथ या उसमें रखने का मकसद इतना ही है कि जब आप चीज़ों के बारे में निर्णय लेने लगें तो वह सब आपको एक साथ ही मिल जाए और आप झटपट उनका समाधान कर सकें।

*सफाई और व्यवस्था का कीड़ा* - कई लोगों को अपने घर और ऑफिस में हर काम को झटपट निपटाने की आदत होती है। अगर आपके साथ भी ऐसा ही है और आपके पास पर्याप्त समय है तो इसमें कोई हर्ज नहीं है। चूँकि इस काम में लगभग एक सप्ताह का समय लग सकता है इसलिए अगर आपके पास एक बार में इतना वक्त न हो तो आप इसे कई टुकड़ों में बाँट सकते हैं। इन्हें करने योग्य छोटे कामों या प्रोजेक्ट्स का रूप दिया जा सकता है और इनके लिए अपने सिस्टम में रिमाइंडर लगाए जा सकते हैं जैसे, 'चार दराजवाली अलमारी व्यवस्थित करो' या 'ऑफिस की अलमारी का सामान जाँचो।'

जो भी व्यक्ति पढ़ नहीं सकता है, वह कभी एक अलमारी टिकाने में सफल नहीं हो सकता।
- एन लैंडर्स

आप अपने साथ ऐसा कभी नहीं चाहेंगे कि आप एक कोने को ही सँवारकर व्यवस्थित करते रह गए और फिर सारा काम करने की प्रक्रिया वहीं बीच में ही

छूट गई। हो सकता है कि इस काम में आपकी सोच से ज़्यादा समय लगे और आप चाहेंगे कि जल्दी से जल्दी अपने सारे सिस्टम से अस्त-व्यस्तता को दूर कर दिया जाए।

*उन चीज़ों का क्या करें, जो पहले से आपकी सूची या ऑर्गेनाइजर में हैं?* - हो सकता है कि आपने पहले से अपनी चीज़ों को व्यवस्थित करने का कोई सिस्टम बना रखा हो। लेकिन जब तक आप इस वर्कफ्लो प्रोसेसिंग मॉडल से परिचित नहीं होते या आपने पहले इस पर काम नहीं किया, तो मैं आपको सलाह दूँगा कि आप उस सूची को इसी तरह लें कि अभी आपको उस पर काम करना है, जैसे 'इन' वाली दूसरी वस्तुएँ हैं। आप चाहते हैं कि आपके सिस्टम की निरंतरता बनी रहे और इसके लिए आपको हर चीज़ को एक ही दृष्टिकोण से देखना होगा।[1]

*पर मैं इसे नहीं छोड़ सकता...!* - अक्सर सामान छाँटने की प्रक्रिया में कई बार सुनने को मिलता है, 'हे भगवान, यह तो भूल ही गया था। इस पर तो काम करना था।' यह किसी कॉल के बारे में कोई नोट हो सकता है। यह उस कॉल के बारे में हो सकता है, जिसे दो दिन पहले करना था या फिर किसी मीटिंग के नोट्स हो सकते हैं, जिन पर लिखा काम दो सप्ताह पहले किया जाना था। वह ऐसे नोट्स को इन-ट्रे में नहीं रखना चाहता क्योंकि उसे लगता है कि इतने बड़े ढेर में वे नोट्स फिर से भूल न जाए।

अगर आपके साथ ऐसा होता है, तो अपने आपसे सवाल करें कि क्या कुछ ऐसा है, जिसे लागू करने के आरंभिक समय से भी पहले पूरा करना ज़रूरी है। अगर ऐसा है, तो बेहतर होगा कि इसे दिमाग से निकलने से पहले ही पूरा कर लें। अगर ऐसा नहीं है तो इसे 'इन ट्रे' में रखें। देर-सवेर आप इन सभी पर काम पूरा कर ही लेंगे, इनके खोने का तो सवाल ही नहीं पैदा होता।

अगर आप उसी समय काम को पूरा नहीं कर सकते और फिर भी उसे याददाश्त में बनाए रखना चाहते हैं, तो अपने आसपास कहीं भी आपको दिखाई दे इस प्रकार से एक आपातकाल कामों का ढेर बना लें। हालाँकि यह कोई आदर्श हल नहीं है,

---

[1] अगर आपने जीटीडी का कोई संस्करण लागू किया हो और आपके पास पहले से एक्शन और प्रोजेक्ट लिस्ट मौजूद है, परंतु उसकी सामग्री ताज़ा और सक्रिय नहीं है, तो बेहतर होगा कि आप उसका प्रिंट लें, उसे अपनी ट्रे में रखकर, ताज़ी सामग्री प्रयोग में लाएँ और नए सिरे से आरंभ करें। आप नहीं चाहेंगे आपके सिस्टम के नए संस्करण में एक अप्रचलित सामग्री रखी हो।

पर इससे आपका काम चल जाएगा। यह याद रखें जब आप अपने सामान पर और ध्यान देंगे तो आपके मन में थोड़ी बेचैनी पैदा होना स्वाभाविक ही है। अपने लिए जिस भी सहारे की ज़रूरत हो, उसे तैयार करें।

## अपनी डेस्कटॉप से शुरू करें

आप तैयार हैं? ठीक। अपनी मेज़ की उन चीज़ों को 'इन ट्रे' में रखना आरंभ करें, जिनके बारे में आपको निर्णय लेना है। अक्सर आपके पास ऐसी बहुत सी चीज़ें होंगी, जिन्हें उसमें रखा जाना चाहिए। कई लोग तो अपनी मेज़ के सारे सामान को उसी सूची में रखते हैं; अगर आप भी उनमें से हैं, तो आपके पास मेज़ पर पहले से कई ढेर जमा होंगे। अपने काम करने की जगह पर एक कोने से आरंभ करें, सामने आनेवाले हर सामान की छँटनी करें। इनमें प्राय: निम्नलिखित वस्तुएँ शामिल हो सकती हैं :

- मेल, मेमो, रिपोर्ट और पठनीय सामग्री का ढेर
- पोस्ट-इट नोट्स
- जमा किए गए बिजनेस कार्ड
- रसीदें
- मीटिंग के नोट्स

स्वयं को ऐसा कहने से रोकें, जैसा कि सामान का ढेर बनानेवाला हर इंसान कहता है, 'मुझे पता है कि इस ढेर में कौन सा सामान रखा है और मैं इसे यहीं रखना चाहता हूँ।' यही चीज़ पहले भी काम नहीं आई और यह सारा सामान इन-ट्रे में जाना चाहिए।

मुझे कभी कोई ऐसा इंसान नहीं मिला, जिसे अपने सारे सामान को इस सिस्टम के हिसाब से संभालने के बाद सुकून न मिला हो।

जब आप मेज़ के पास खड़े हों, तो स्वयं से प्रश्न करें कि क्या आप अपने उपकरण या यंत्रों में कोई बदलाव लाना चाहते हैं? क्या आपके मोबाइल के यंत्र और फोन सिस्टम ठीक हैं? ठीक? आपका कंप्यूटर? आपकी डेस्क? क्या किसी बदलाव की ज़रूरत है, इसके बारे में

> आपके हिसाब से जिस भी चीज़ के बारे में थोड़ा सोचने की ज़रूरत है, उसके मोह से आसानी से बचा जा सकता है।

एक नोट लिखकर उसे 'इन ट्रे' में डाल दें।

### मेज़ के दराज

अगर मेज़ में दराज हों तो एक-एक कर उन्हें देखें। क्या उनमें कोई खास ध्यान देने लायक कुछ है? कोई ऐसी वस्तु, जिस पर काम हो सके? क्या उसमें कुछ ऐसा है, जो उस जगह से संबंध नहीं रखता? अगर इनमें से एक भी प्रश्न का उत्तर 'हाँ' में है तो उस चीज़ को 'इन ट्रे' में डालें और उसके बारे में एक नोट लिखें। चाहे आप इस दौरान दराज को साफ करके, उसे व्यवस्थित करें या फिर उसे बाद में करने का नोट लिखें, यह इस बात पर निर्भर करेगा कि आपके पास कितना समय है या दराज में कितना सामान पड़ा है।

### कांउटरटॉप्स

अपने ऑफिस में इसी तरह से काम करना जारी रखें। अपनी मेज़ और काउंटर पर रखी उन सभी चीज़ों को उठा लें, जो उस जगह स्थायी तौर पर नहीं रखी रहतीं। हो सकता है कि उन पर काम करने या प्रोजेक्ट्स के लिए पठनीय सामग्री, मेल, रिपोर्ट और बहुत सारे फोल्डर व सहायक सामग्री का ढेर रखा हो। उन सबको संग्रह कर लें।

हो सकता है कि कोई ऐसी संदर्भ सामग्री हो, जिसे आपने इस्तेमाल कर लिया हो और यूँ ही छोड़ दिया हो। अगर ऐसा है और आप उसे फाइल कैबीनेट या बुकशेल्फ में वापस रख सकते हैं, तो झट से यह काम कर दीजिए। यह सामान रखते हुए सावधानी से जाँच लें कि इसमें कुछ ऐसा तो नहीं रखा, जो आगे काम आनेवाला हो। अगर ऐसा है तो इसे 'इन ट्रे' में रखें, ताकि उस पर बाद में काम हो सके।

### कैबीनेट के अंदर

अब आपको अपने कैबीनेट के अंदर देखना है कि उनमें क्या रखा है? इन जगहों पर ही अक्सर संदर्भ सामग्री की बहुत सारी आपूर्ति देखने को मिल सकती है और इसके अलावा इसमें और भी कई गहरे स्तर का सामान रखा हो सकता है। क्या इसमें कोई टूटी हुई या चलन से बाहर गई हुई चीज़ रखी है? अक्सर मुझे इनमें ऐसा सामान मिलता है, जो उस व्यक्ति की पुरानी यादों से जुड़ा होने की वजह से उसके लिए महत्त्व

यह गौर करें कि आपकी यादों से जुड़ा सामान क्या अब भी आपके लिए कोई सार्थक मूल्य रखता है।

रखता है। मिसाल के लिए, एक बीमा कंपनी के जनरल मैनेजर ने उसे कई सालों में मिले हुए, तीन दर्जन पुरस्कार जमा कर रखे थे। अगर इनमें से कुछ क्षेत्र ऐसे हैं, जिन्हें छँटाई करने और व्यवस्थित करने की ज़रूरत है तो उन्हें एक नोट में लिखें और 'इन ट्रे' में डाल दें।

**फर्श, दीवारें और दराज**

क्या बुलेटिन बोर्ड पर ऐसा कुछ है, जिस पर कार्य करना है? क्या दीवारों पर ऐसा कुछ लगा है, जो अब काम का नहीं रहा? क्या आपको अपनी तस्वीरों, कलात्मक वस्तुओं या सजावटी सामान पर ध्यान देना होगा? आपके खुले हुए दराजों को गौर करने की ज़रूरत है। क्या कुछ किताबें ऐसी हैं, जिन्हें पढ़ना है या दान करना है? कोई कैटलॉग, मैन्युअल आदि पुराने हो गए हैं या आगे भविष्य नें काम आ सकते हैं। क्या किसी सामान का ढेर फर्श पर जमा है? बस उन्हें अपनी इन-ट्रे के पास जमा कर दें या सामान की सूची में शामिल करें।

**उपकरण, फर्नीचर और अन्य सामान**

क्या आपके ऑफिस के उपकरणों, फर्नीचर आदि में ऐसा कोई सामान है, जिसे आप बदलना चाहते हैं? क्या हर चीज़ काम कर रही है? क्या आपके पास कमरे में भरपूर रोशनी है? अगर ऐसे कुछ करनेवाले काम हों तो उन्हें कागज पर लिखकर इन ट्रे में रखें।

**अन्य स्थान**

आप इस प्रक्रिया में कितना काम करने जा रहे हैं, उसके अनुसार आप उन जगहों पर भी कुछ ध्यान दे सकते हैं, जहाँ आपने कभी कोई सामान रखा होगा। जैसा कि मैंने पिछले अध्याय में भी कहा, हो सकता है कि अगर आप सही मायनो में दिमाग का भार उतारना चाहते हैं, तो आपको हर संभावित जगह पर सामान की जाँच करनी होगी।

मैंने जिन लोगों के साथ काम किया, उनमें से कुछ मुझे अपने साथ घर या अपने ऑफिस की दूसरी जगह ले गए और इस प्रक्रिया में अपना हिस्सेदार बनाया। अक्सर वे घर या दूसरे ऑफिस में ऐसे बहुत से सामान से घिरे होते हैं, जो उन्होंने बहुत महत्वपूर्ण

> आपने जिन कामों को बहुत महत्वपूर्ण नहीं समझा, कहीं ऐसा न हो कि वे ही आपकी ऊर्जा और केंद्र का नुकसान करनेवाले न बन जाएँ।

नहीं माना था। वही उनकी ऊर्जा का क्षय करने लगता है।

## यह उन वस्तुओं को फेंकने के बारे में नहीं है, जैसा कि आप करने के बारे में सोच सकते हैं

लोग अक्सर मेरी सलाह को सही तरह से समझ नहीं पाते। उन्हें लगता है कि मैं उन्हें कम से कम सामान रखने को कह रहा हूँ। इसके विपरीत, अगर आपको कोई सामान फेंकना उचित नहीं लगता तो आपको उसे अपने पास रख लेना चाहिए।[2] वरना आपका ध्यान बार-बार उसकी ओर जाता रहेगा। मेरी सलाह यही है कि आपके पास केवल वही सामान होना चाहिए, जो एक बार संभालने के बाद बार-बार आपका ध्यान अपनी ओर न खींचे। कई क्षेत्र ऐसे हैं, जिनमें आपके पास अच्छा-खासा संग्रह होगा जैसे आपकी डिजीटल तस्वीरें। सवाल यह पैदा होता है कि आपके पास कितनी जगह है और आपने पूरी तरह से तय कर लिया है कि कोई सामान आपके प्रोजेक्ट्स में काम आनेवाला है या नहीं। हो सकता है कि आप कॉलेज के जमानों से पुरानी पत्रिकाओं और बनाए हुए नोट्स के बारह संदूक संभालकर रखना चाहें। आप अपने रचनात्मक चिंतन को बढ़ावा देने के लिए ऑफिस में कई तरह के बचकाने खिलौने, यंत्र और आर्टवर्क संभालकर रखना चाहते हैं। इसमें कोई दिक्कत नहीं, बस वह सारा सामान ठीक उस जगह होना चाहिए, जहाँ उसे होना है। वह किसी भी रूप में हो सकता है और आपने उससे जुड़े हर काम को अपने सिस्टम में कैप्चर और प्रोसेस कर लिया हो।

## मानसिक संग्रह : माइंड स्वीप

जब आपको लगे कि आपने अपने आसपास से सारा सामान संग्रह कर लिया है, तो आप चाहेंगे कि आपके मानसिक रैम स्पेस में कुछ और बचा है, तो उसे भी देख लिया जाए। जो काम किसी भी रूप में आपकी इन-ट्रे तक नहीं आया, आपको उसे देखना होगा।

यहीं सादे कागजों के ढेर आपके काम आ सकते हैं। मैं आपको सलाह दूँगा कि आप अपने हर विचार, उपाय और दिमाग में आनेवाले हर प्रोजेक्ट और काम

---

[2] अगर आप आब्सेसिव-कंप्लसिव संग्रह (कुछ चीज़ों को लगातार संग्रह करते जाना) की बात करें तो वह एक अलग मामला है और आपको मेरी कार्य प्रणाली और विशेषज्ञता के क्षेत्र से बाहर जाकर इस पर काम करना होगा।

को कागज पर लिख लें। आप चाहें तो पैड पर एक लंबी सूची बना सकते हैं या फिर उसे किसी डिजीटल रूप में रख सकते हैं। यह सब इस बात पर भी निर्भर करता है कि आप आगे चलकर हर चीज़ को किस तरह लेना चाहेंगे। वैसे इस काम के लिए अलग-अलग कागज के शीट्स ही उपयोगी होते हैं। आरंभ में आपको पूरे अनुशासन के साथ, एक समय में एक ही काम पर केंद्रित होना होगा। आपको हर विचार को उसकी सही जगह पर रखना है, भले ही दिखने में छोटा सा काम लगे परंतु यह सारी प्रक्रिया को सरल बनाने में सहायक होता है। आपका सबसे पहला कैप्चर किया हुआ आइडिया या विचार ऐसा नहीं होगा, जिसे आप अपना अंतिम विचार मान लें, इसके बाद आपको मनचाहा नतीजा पाने के लिए नेक्स्ट एक्शन पर ध्यान देना होगा। हो सकता है कि आप कागज के उन टुकड़ों को न रखना चाहें परंतु इन्हें प्रोसेस करते हुए रखना उपयोगी हो सकता है।[3]

आपको अपने दिमाग में बसी सारी बातों को नोट्स की तरह लिखने में बीस मिनट से एक घंटे का समय लगेगा और आप इससे पहले बाकी सामान सहेज ही चुके हैं। आप पाएँगे कि आपके सामने का सामान स्वयं ही कुछ श्रेणियों में बँट जाएगा – छोटी चीज़ें, बड़ी चीज़ें, निजी चीज़ें, व्यावसायिक चीज़ें आदि। और इनका कोई उचित क्रम नहीं होगा।

इस दौरान आपको मात्रा पर ध्यान देना है। कुछ भूलने से बेहतर होगा कि इस प्रक्रिया को थोड़ा अधिक समय देते हुए, सही तरह से पूरा किया जाए। आप चाहें तो दोबारा सारे सामान पर गौर कर सकते हैं। हो सकता है कि पहले आपके दिमाग में विचार आया हो, 'वैश्विक जलवायु परिवर्तन को लागू करना है' और फिर उसके बाद आपके दिमाग में आ सकता है, 'मुझे कैट फूड मँगवाना है।' आपको सब कुछ नोट कर लेना है। अगर आपको लगे कि 'इन' प्रक्रिया के दौरान आपके आगे कागजों का ढेर लग गया है तो आपको हैरान होने की ज़रूरत नहीं है।

### ट्रिगर्स लिस्ट

अपने दिमाग में बसी बातों को निकालने में मदद करने के लिए आप

[3] अधिकतर लोग, जिनमें उच्च-तकनीकयुक्त लोग भी शामिल हैं, जब वे किसी एक विचार को कागज पर लिखने के अनुभव का मूल्य जान जाते हैं, तो यह उनके स्व-प्रबंधन अभ्यास का एक अंग बन जाता है। अगर आप अपने संभावित सार्थक विचारों को उनका देय दे सकें, तो यह अपने आपमें बड़ी बात होगी।

निम्नलिखित अधूरे ट्रिगर्स को देख सकते हैं। इसमें वह सारा सामान लिख दिया गया है, जो शायद आप भूल गए हों। अक्सर आपको अपने दिमाग पर थोड़ा सा जोर डालने से ही ऐसे बहुत सारे सामान की याद आ जाती है। याद रखें, जब आपके साथ कुछ ऐसा हो, तो उसे झट से कागज पर लिखें और 'इन' में डाल दें।

**अधूरे ट्रिगर्स**

**व्यावसायिक**

प्रोजेक्ट आरंभ हुआ पर अभी अधूरा है
प्रोजेक्ट को आरंभ करना है
'ध्यान दो...' वाले प्रोजेक्ट्स
**दूसरों से किए गए वादे**
- बॉस/साझेदार
- सहकर्मी
- अधीनस्थ
- संगठन में दूसरे लोग
- बाहरी लोग
  - ग्राहक
  - अन्य संगठन
  - व्यावसायिक
  - विक्रेता/व्यापारी

बाहरी/भीतरी पहल या प्रत्युत्तर के लिए संचार
आरंभ या प्रतिक्रिया :
- फोन काल्स
- वॉइस मेल्स
- ई-मेल
- टैक्स्ट मैसेज
- पत्र
- सोशल मीडिया पोस्टिंग

**रिपोर्ट जमा करने के लिए अन्य लेखन**
- विवरण (रिपोर्ट)
- आकलन/रिव्यू
- प्रस्ताव
- आलेख (आर्टिकल)
- मार्केटिंग सामग्री
- मैन्युअल/निर्देष
- सारांश
- पुन: लेखन और संपादन
- स्टेटस रिपोर्टिंग

वार्तालाप और संचार को दर्ज करना
जो मीटिंग होनी बाकी है
किसे किन निर्णयों के बारे में बताना है?
महत्वपूर्ण पाठ/समीक्षा
**वित्तीय**
- नकद
- बजट
- पूर्वानुमान/अनुमान
- लाभ और हानि
- बैलेंस शीट
- पूर्वानुमान
- अधिकतम ब्याज की सीमा
- बैंक
- प्राप्ति
- भुगतान
- खुदरा नकद/पेटी कैश
- निवेशक

संपत्ति प्रबंधन

**नियोजन/संगठन**

औपचारिक नियोजन (लक्ष्य, निर्देशन, उद्देश्य)

वर्तमान प्रोजेक्ट्स

व्यावसायिक योजनाएँ

विपणन/मार्केटिंग योजना

वित्तीय योजना

संगठनात्मक पहल

आनेवाली घटनाएँ

मीटिंग्स

प्रेजेंटेशन

कॉन्फ्रेंस

संगठनात्मक ढाँचा

सुविधाओं में बदलाव

नए तंत्र या उपकरण लगाना

यात्रा

अवकाश

व्यावसायिक दौरे

ग्राहक सेवा

**सिस्टम**

मोबाइल उपकरण

फोन

कंप्यूटर

सॉफ्टवेयर

डाटाबेस

टेलीकम्यूनिकेशंस

इंटरनेट

फाइलिंग और संदर्भ

सूची तैयार करना

स्टोरेज

**ऑफिस/साइट**

स्थान/व्यवस्था

फर्नीचर

उपकरण

सजावट

उपयोगिता

आपूर्ति

रख-रखाव/सफाई

सुरक्षा

**मीटिंग्स**

आगामी

जिन्हें तय करना है

जिनके बारे में संक्षिप्त जानकारी रखनी हो

**पेशेवर विकास**

प्रशिक्षण/सेमीनार

सीखने योग्य काम

**संगठनात्मक विकास**

संगठनात्मक चार्ट

नए सिरे से ढाँचा तैयार करना

भूमिकाएँ

नौकरी का विवरण

सुविधाएँ

नई प्रणाली

लीडरशीप

पहल में बदलाव

उत्तराधिकार की योजना

संगठनात्मक संस्कृति

**मार्केटिंग/प्रमोशन**

- अभियान
- सामग्री
- जनसंपर्क

**प्रशासन**

- कानूनी
- बीमा
- कर्मचारी वर्ग
- स्टाफिंग
- नीति/प्रक्रिया
- प्रशिक्षण

**स्टाफ**

- काम पर रखना / निकालना / पदोन्नति
- समीक्षा
- संप्रेषण/संचार
- स्टाफ विकास
- नुकसान भरपाई
- फीडबैक
- प्रेरणा

**सेल्स**

- ग्राहक
- संभावना
- लीड
- सेल्स प्रक्रिया
- प्रशिक्षण
- संबंध निर्माण
- रिपोर्टिंग
- संबंधों का पता करना
- कुछ चीज़ों का पता करना

- सीखने योग्य कौशल
- पढ़ने या अध्ययन योग्य पुस्तकें
- शोध
- औपचारिक शिक्षा
- कैरियर शोध
- रेज्यूम
- प्रदर्शन उद्देश्य

व्यावसायिक वार्डरोब

**प्रतीक्षा है :**

- सूचना
- काम/प्रोजेक्ट वितरण
- प्रोजेक्ट्स को पूरा करना
- प्रश्नों के उत्तर
- निम्नलिखित के उत्तर
  - ई-मेल
  - पत्र
  - प्रस्ताव
  - कॉल
  - निमंत्रण
- माँग करना
- भरपाई/पैसे की वापसी
- जीवन बीमा दावा
- आदेश दी गई वस्तुएँ
- मरम्मत
- टिकटें
- दूसरों के निर्णय

**व्यक्तिगत**

प्रोजेक्ट आरंभ, परंतु अधूरी

जो प्रोजेक्ट शुरू होना है

**प्रोजेक्ट-संगठन के अलावा**

- सेवा
- समुदाय
- स्वयंसेवक
- आध्यात्मिक संगठन

**दूसरों से किए गए वादे**

- साथी/साझेदार
- बच्चे
- माता-पिता
- परिवार
- मित्र
- व्यावसायिक
- वापस करने योग्य वस्तुएँ
- उधार

**संप्रेशण के लिए**

- कॉल
- ई-मेल
- कार्ड व पत्र
- थैंक्यू
- टेक्स मैसेजेस
- सोशल मीडिया पोस्टींग

**आने वाली घटनाएँ**

- जन्मदिन
- सालगिरह
- विवाह
- ग्रेजुएशन
- रिसेप्शन
- बाहर जाना
- छुट्टियाँ
- अवकाश
- यात्रा
- डिनर
- पार्टीज
- सांस्कृतिक घटना
- स्पोर्टिंग इवेंट

**प्रशासन**

- घर के ऑफिस की सप्लाई
- उपकरण
- फोन
- मोबाइल डिवाइस
- ऑडियो/वीडियो मीडिया
- वॉयस मेल
- कंप्यूटर
- सॉफ्टवेयर
- इंटरनेट
- फाइलिंग व रिकॉर्डस
- डाटा स्टोरेज/ बैकअप

**सुख/सुविधा**

- किताबें
- संगीत
- वीडियो
- यात्रा

**मालिक**

- हीटिंग व एयर कंडीशनिंग
- प्लंबिंग
- उपयोगिता
- छत
- लैंडस्केप
- ड्राईववे
- गैराज

दीवारें
फर्श
सजावट
फर्नीचर
उपकरण
बिजली और वायरिंग
रसोई के उपकरण
लांड्री
छँटनी और सफाई
स्टोरेज
सर्विस प्रोवाइडर

**सेहत**

डॉक्टर
डेंटिस्ट
नेत्र चिकित्सक
स्वास्थ्य विशेषज्ञ
चेकअप
आहार
भोजन
व्यायाम

**व्यक्तिगत विकास**

कक्षा
सेमीनार
शिक्षा
कोचिंग/सलाह
कैरियर
रचनात्मक भाव

**ट्रांसपोर्टेशन**

मोटर वाहन
बाइसाइकिल
घूमने योग्य स्थान
जिन लोगों से भेंट करनी है
वेब ब्राउजिंग
फोटोग्राफी
स्पोर्टस उपकरण
रुचियाँ
खाना पकाना
नव निर्माण

**वित्तीय**

बिल
बैंक
निवेश
ऋण
कर
बजट
बीमा
बंधक
बुककीपिंग
एकाउंटेंट

**पालतू**

सेहत
प्रशिक्षण
आपूर्ति

**कानूनी**

वसीयत
ट्रस्ट
एस्टेट
कानूनी मामले

**परिवार के प्रोजेक्ट्स/गतिविधि**

साथी/साझेदार

बच्चे
माता–पिता
संबंधी
घर/गृहस्थी
रियल इस्टेट
मरम्मत
निर्माण
रीमॉडलिंग
मरम्मत
रख/रखाव
आना–माना
कपड़े
व्यावसायिक
आम
औपचारिक
खेलों के लिए
सहायक सामग्री
सामान
मरम्मत
कपड़े सिलवाना
काम-काज
खरीददारी
स्टोर्स
हार्डवेयर
सप्लाई
राशन
उपहार
फार्मेसी
बैंक
क्लीनर्स
रिपेयर्स
समुदाय
पड़ोस
पड़ोसी
स्कूल
नागरिक साझेदारी
मतदान
प्रतीक्षा :
उत्पाद आदेश
मरम्मत
प्रतिपूर्ति
उधार की वस्तुएँ
सूचना
आरएसवीपी
प्रोजेक्ट्स/परिवार या मित्रों की ओर से किए जानेवाले काम

## 'इन' विस्तृत सूची

अगर आपके दिमाग में अब कोई व्यावसायिक या निजी सामान या काम का भार नहीं है, तो अब तक आपकी इन–ट्रे पूरी तरह से भरकर छलकने को तैयार होगी।

आपकी इन–ट्रे में कागजों की सूचियों और भौतिक सामान के अलावा,

> जब आप आसानी से हर उस काम के बाहरी छोर को देख सकते हैं, जो बार-बार आपका ध्यान अपनी ओर खींचता है, तो इसका अर्थ है कि आपकी कैप्चरिंग का काम पूरा हो गया है।

ऐसे ई-मेल और वॉयस मेल का ब्यौरा भी शामिल होना चाहिए, जो आपके कम्यूनिकेशन सॉफ्टवेयर का हिस्सा हों। इसमें आपकी ऑर्गेनाइजर सूची के वे काम भी शामिल हों, जिनके लिए अभी आपने नेक्स्ट एक्शन तय नहीं किया।

मैं अक्सर लोगों को सलाह देता हूँ कि वे अपने वॉयस मेल्स के बारे में कागज पर लिख लें और उन्हें इन-ट्रे में रखें। इसके साथ ही वे ऑर्गेनाइजर नोटबुक भी रख सकते हैं, जिनके विषयों पर अक्सर गंभीर विचार करने की ज़रूरत होती है। अगर आप कैलेंडर या संपर्क सूचना के अलावा किसी भी अन्य डिजीटल एप्लीकेशन का प्रयोग कर रहे हैं, तो आपको सलाह दी जाती है कि आप अपने काम और टू-डू लिस्ट को प्रिंट करें और उन्हें भी इन-ट्रे में रखें। ई-मेल जिस जगह हैं, वहीं ठीक हैं क्योंकि उनकी मात्रा अधिक होगी और उन्हें उनके अपने सिस्टम में ही बेहतर तरीके से संभाला जा सकता है।

## परंतु 'इन', 'इन' में नहीं रहता

जब आप यह सारा काम कर लें तो आप अगला कार्य करने को तैयार हैं। आप किसी भी चीज़ को अनिश्चित समय के लिए 'इन' में नहीं रखना चाहेंगे वरना यह फिर से आपकी चेतना पर छा जाएगा और आपको अपने भीतर से पता होगा कि आप इस बारे में कुछ नहीं कर पा रहे। बेशक, लोग 'इन' प्रक्रिया को नहीं करना चाहते, उसकी एक वजह यह भी है कि उनके पास चीज़ों को प्रोसेस और ऑर्गेनाइज करने के लिए कोई विशेष कार्यप्रणाली या पद्धति नहीं है।

अब हम अपने अगले अध्याय, 'गेटिंग 'इन' टू एम्टी' की ओर चलते हैं।

# 6

# क्लैरिफाइंग : गेटिंग 'इन' टू एम्पटी

मान लेते हैं कि आपने वह सब सामान जमा कर लिया है, जो आपका ध्यान अपनी ओर खींचता है। गेटिंग 'इन' टू एम्पटी का अर्थ यह नहीं है कि आपने जिन कामों या प्रोजेक्ट्स के बारे में लिखा है, आपको उसी समय उन्हें पूरा करना है। इसका अर्थ है कि हर चीज़ को पहचाना जाए कि वह क्या है, उसका क्या अर्थ है और आप उसका क्या करनेवाले हैं।

इस प्रक्रिया को पूरी तरह से जानने के लिए आपको उस वर्कफ्लो डायग्राम को दोबारा देखना चाहिए, जिसे आपकी सुविधा के लिए इस अध्याय में पुन: दिया गया है। इसमें आप सारी प्रक्रिया को देखते हुए, अपने लिए नेक्स्ट एक्शन तय कर सकते हैं।

यह अध्याय, चित्र के बीच में दिखाए गए चरणों पर केंद्रित है। आप तत्काल उस स्वाभाविक व्यवस्था को देख सकेंगे, जो आपके सारे अधूरे कामों पर इसे लागू करने से सामने आएगी। उदाहरण के लिए, अगर आपको 'इन' में यह लिखा मिलता है, 'मुझे आंद्रा को सोमवार के दिन उस समय कॉल करना है, जब वह ऑफिस में हो' तो आप उसी समय अपने कैलेंडर में इस बात को सोमवार पर नोट कर लेंगे।

मैं आपको सलाह दूँगा कि आप इस पुस्तक का छठवाँ और साँतवाँ अध्याय पढ़ने के बाद ही अपने सारे कामों को ऑर्गेनाइज करें। इस तरह आप कुछ अतिरिक्त क्रिया करने से बचेंगे। जब मैं लोगों को इस कार्य प्रणाली की शिक्षा देता हूँ, तो यह अधूरे छूटे कामों को पूरा करने और उसके साथ ही उन निर्णयों को उनके ऑर्गेनाइजेशन सिस्टम में शामिल करने का बेहतर तरीका खोजने का ऐसा सिलसिला बन जाता है, मानो आप पैरों को आगे-पीछे ले जाते हुए कोई नृत्य कर रहे हों।

मिसाल के लिए, हम जिन लोगों के साथ काम करते हैं, उनमें से बहुत सारे

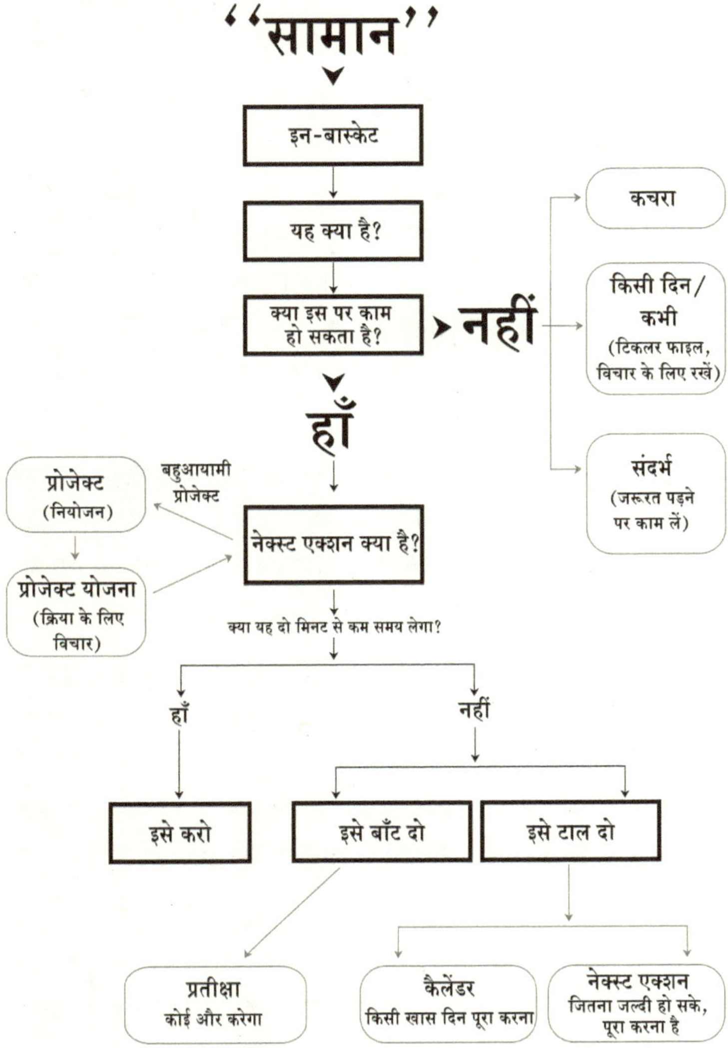


## वर्कफ्लो डायग्राम, क्लैरीफाइंग

ऐसा मोबाइल यंत्र चाहते हैं, जो उन्हें उस यंत्र से जोड़ सके जो उनकी कंपनी ई-मेल और शिड्यूलिंग के लिए प्रयोग में ला रही है। हमें सबसे पहले अपने सारे सॉफ्टवेयर और हार्डवेयर की जाँच करनी होगी और देखना होगा कि वे सही तरह से काम कर रहे हैं या नहीं। फिर हम उनकी ओर से पिछली सारी सूचियों को हटाकर, सब कुछ 'इन' के हवाले कर देते हैं।

फिर हम कुछ श्रेणियों के अनुसार काम करते हैं, जैसे - कॉल्स, काम, एजेंडा, कंप्यूटर में आदि। जब हम इन-ट्रे की प्रक्रिया आरंभ करते हैं तो व्यक्ति सीधा अपने कंप्यूटर की अपडेटेड सिस्टम में किए जानेवाले कामों को टाइप या दर्ज कर सकता है।

अगर आप अभी तक तय नहीं कर सके कि आप निजी रिमाइंडर के तौर पर किसे इस्तेमाल करनेवाले हैं तो चिंता न करें। आप कागज के खुले पन्नों या उन शीट्स का प्रयोग कर सकते हैं, जिन पर आप आज तक लिखते आए थे। आप बाद में भी अपने साधनों को अपडेट कर सकते हैं, बस एक बार सिस्टम को सही तरह से पटरी पर आने दें।

## प्रोसेसिंग के निर्देश

इस मॉडल को सीखने का सबसे अच्छा तरीका यही है कि आप इस पर काम करें। लेकिन इससे पहले आपको कुछ बुनियादी नियमों का पालन करना होगा :

- सबसे ऊपरवाली चीज़ों पर पहले काम करें।
- एक बार में एक चीज़ पर ही कार्य करें।
- किसी भी चीज़ को फिर से 'इन' के हवाले न करें।

### टॉप चीज़ें पहले लें

भले ही सबसे पहली चीज़ आपके लिए कोई बेकार ई-मेल और दूसरी चीज़, अपने देश के प्रधान नेता की ओर से आया कोई विचार ही क्यों न हो, लेकिन आपको उस जंक मेल को पहले प्रोसेस करना होगा। चाहे मैंने कुछ बढ़ा-चढ़ाकर बोल दिया हो परंतु यह नियम बहुत महत्त्व रखता है : हर चीज़ को समान रूप से प्रोसस करना है, यहाँ 'प्रोसेस' शब्द का मतलब उस पर समय

बिताने से नहीं है। इसका मतलब है कि आपको तय करना है कि वह क्या है और उस पर क्या क्रिया की जाएगी, उसके अनुसार ही उसे सही जगह पर रखना है। जब आप इस तरह से काम करेंगे तो जल्दी ही 'इन ट्रे' के तले तक आ जाएँगे। आप कभी नहीं चाहेंगे कि सब देखने के बाद भी उसमें कुछ ऐसा बचा रहे, जिस पर विचार करना ज़रूरी हो।

प्रोसेस करने का मतलब, उस पर समय बिताने से नहीं है।

## आपातकालीन पड़ताल को क्लैरीफाइंग नहीं कहते

अधिकतर लोग अपनी इन-ट्रे या ई-मेल में से सबसे पहले ज़रूरी, मजेदार या रोचक चीज़ों पर काम करना चाहते हैं। कई बार इस तरह की एमरजेंसी पड़ताल होना योग्य है और ज़रूरी भी होती है (मैं भी इसे नियमित तौर पर करता हूँ)। हो सकता है कि आप किसी ऑफ-साइट मीटिंग से आए हों और अब आपको पंद्रह मिनट की लंबी कॉन्फ्रेंस कॉल में बैठना हो, तो आप उस दौरान यह देख लेते हैं कि कहीं किसी खदान में विस्फोट तो नहीं होनेवाला या आपके उस ग्राहक ने प्रस्ताव के लिए मंजूरी दी या नहीं, जिसका आप कब से इंतज़ार कर रहे हैं।

परंतु इसे 'इन-ट्रे' प्रोसेस करना नहीं कहते, यह तो आपातकालीन पड़ताल है। जब आप प्रोसेसिंग की क्रिया करें तो आपको एक छोर से आरंभ करते हुए, क्रम से, एक-एक वस्तु पर काम करना होगा। ज्यों ही आप इस नियम को तोड़ेंगे और मनचाहे तरीके से केवल मनचाही वस्तुओं पर काम करेंगे, तो बहुत सी चीज़ों पर कार्य नहीं हो सकेगा। फिर वे चीज़ें प्रोसेसिंग की प्रक्रिया में नहीं आ सकेंगी। अंत में वह सब दोबारा आपके काम की मेज या ऑफिस के ई-मेल बॉक्स में आ जाएगा। कई लोग एमरजेंसी पड़ताल को ही पसंद करते हैं और लगातार 'इन' में आनेवाली चीज़ों से उनका ध्यान भटकता रहता है। अगर वे लगातार चीज़ों को अपने कंप्यूटर या फोन पर तलाश न करें तो वे सुविधाजनक महसूस नहीं करते। अगर उन्हें 'इन' पर इतना भरोसा होता कि वे उसे एक या दो दिन में एक बार देखते, तो उन्हें इस तरह बार-बार सब कुछ जाँचने में समय नहीं लगाना पड़ता।

## लीफो या फीफो?

सैद्धांतिक तौर पर, आपको अपनी 'इन-ट्रे' को पूरी तरह से पलट देना चाहिए और सबसे पहले दिखनेवाली चीज़ को पहले प्रोसेस करना चाहिए। जब तक आप सही तरह से एक से दूसरे छोर तक, उपयुक्त समय देते हुए कार्य कर रहे हैं तब इससे ज्यादा अंतर नहीं पड़ता। आप जल्दी ही सब कुछ एक साथ देख सकेंगे। और अगर आप 'इन' में दिए गए ई-मेल्स के बड़े ढेर से एक साथ निपटना चाहेंगे, तो आप पाएँगे कि आपके लिए सबसे पुराने मेल को देखना ही बेहतर होगा। क्योंकि आप नहीं चाहेंगे कि किसी बातचीत के पुराने सिरों को अच्छी तरह पढ़े बिना ही, आप उसे जवाब दे दें।

'इन-ट्रे' एक प्रोसेसिंग स्टेशन है, यह कोई स्टोर करने का डिब्बा नहीं है।

## एक बार में एक ही चीज़

हो सकता है कि आपके अंदर भी यही प्रवृत्ति हो कि आप 'इन-ट्रे' से कोई चीज़ लें और जब आपको यह पता न चले कि उसका क्या करना है तो आपका ध्यान झट से उस ढेर में किसी दूसरी चीज़ की ओर आकर्षित हो जाए। फिर आप उस चीज़ के बारे में नहीं सोचना चाहेंगे, जो आपके हाथ में है। यह अपने आपमें खतरनाक हो सकता है क्योंकि आप आसानी से अपने हाथ के काम को मेज के एक ओर रखकर; किसी आसान, अधिक महत्त्वपूर्ण या अधिक रोचक लगनेवाले अन्य कार्य की ओर खिंचते चले जाएँगे।

आपने जो सामान जमा किया है, उसके बारे में आप सहज भाव से विचार नहीं करते। आपको उसके बारे में सोचने के लिए सजग रूप से प्रयास करना होगा, मानो आप अपने घर की सफाई करने के बारे में सोच रहे हों।

अधिकतर लोग यह भी चाहते हैं कि 'इन-ट्रे' से सारा सामान एक बार में ही बाहर निकाल लिया जाए, उसे अपने आगे रखते हुए, एक-एक चीज़ पर तत्काल कार्यवाही हो। हालाँकि मैं इस तरह काम करनेवालों से सहानुभूति रखता हूँ पर मैं लगातार उन लोगों को यह भी याद दिलाता रहता हूँ कि जब वे सब कुछ वापस रखें तो एक ही चीज़ ऊपर दिखाई दें। जब आप किसी एक वस्तु पर पूरा ध्यान व ऊर्जा लगाते हैं, तो आपके लिए उससे जुड़ा निर्णय लेना आसान हो जाता है। और इस दौरान अगर आपको काम में कोई रुकावट

आएगी, तो कम से कम आप 'इन-ट्रे' के बाहर बिखरे हुए बहुत सारे सामान से नहीं घिरे होंगे, जिसे आप किसी तरह से वश में नहीं कर सकेंगे।

### बहुकार्य (मल्टीटास्किंग) अपवाद

एक बार में एक ही वस्तु के नियम का एक अपवाद है। कई लोग ऐसे होते हैं कि उन्हें किसी खास चीज़ के बारे में निर्णय लेने के लिए उससे अपना ध्यान कुछ देर तक हटाना बहुत ज़रूरी होता है। जब मैं किसी के साथ ऐसा होते देखता हूँ, तो उससे कहता हूँ कि वह कम से कम दो या तीन वस्तुओं को एक साथ प्रोसेस करे। तब उसके लिए अगली क्रिया का निर्णय तुरंत लेना आसान हो जाता है।

### 'इन-ट्रे' में वापस कुछ न जाए

'इन-ट्रे' में केवल एक ओर जाने का ही रास्ता होता है। 'चीज़ों से एक बार में निपटें', हम अक्सर यह सुनते आए हैं, हालाँकि यह बात सुनने में अजीब लगती है। परंतु अगर आपने ऐसा नहीं किया तो आपके पास कभी कोई सूची नहीं होगी क्योंकि आप ज्यों ही किसी काम को देखेंगे, उसे उसी समय निपटा देंगे। आप पूरी तरह से अक्षम और अयोग्य होंगे क्योंकि आप जितने भी काम करेंगे, उनमें से अधिकतर पूरी क्षमता के साथ नहीं हो सकेंगे। बस आपको अपनी यह आदत त्यागनी होगी कि आप 'इन-ट्रे' से कोई चीज़ निकालें और उसके बारे में कोई निर्णय न ले पाने की वजह से उसे वहीं कहीं छोड़ दें। बेहतर तरीके से कहा जा सकता है, 'जब भी आप 'इन-ट्रे' से पहली बार कुछ लें, तो तय करें कि उसका क्या करना है और वह कहाँ जाएगी, उसे दोबारा 'इन-ट्रे' में कभी न रखें।'

ज्ञान संबधी वैज्ञानिकों ने 'निर्णय से जुड़ी थकान' की हकीकत को साबित कर दिया है - आप छोटा या बड़ा, जो भी निर्णय लेते हैं, वह आपकी दिमागी ताकत को थोड़ा सा घटाता है। जब आप यह निर्णय लेते हैं कि आप किसी ई-मेल या किसी दूसरी चीज़ के बारे में कोई निर्णय नहीं लेंगे, तो वह भी ऐसे ही निर्णयों में से एक है, जो आपके मनोवैज्ञानिक ईंधन टैंक को सोख रहा है।

## प्रोसेसिंग से जुड़ा महत्वपूर्ण प्रश्न : नेक्स्ट एक्शन क्या है?

आपको संदेश मिल गया। आप एक बार में एक चीज़ पर कार्य करेंगे और

आप हर चीज़ के बारे में एक पक्का निर्णय लेनेवाले हैं। भले ही यह सुनने में आसान लगे और आसान हो - परंतु इसके लिए आपको थोड़ी तेज़ी से कुछ ठोस विचार करने की आवश्यकता होगी। आपको कोई काम दिखाई नहीं देगा, स्वयं ही कार्य के बारे में सोचना होगा।

मिसाल के लिए, क्या आपको किसी को कॉल करने की ज़रूरत है? कोई जानकारी भरनी है? बेव से सूचना लेनी है? स्टोर से कुछ खरीदना है? अपने सहयोगी से बात करनी है? बॉस को ई-मेल करना है? क्या? अगर कोई कार्य है, तो उसकी प्रकृति ही तय करेगी कि उसके लिए अगले विकल्प क्या हैं। पर अगर आप कहते हैं, 'इसका तो मुझे कुछ नहीं करना।' तब क्या करें?

मैं एक न्यूडिस्ट कैंप में किसी मच्छर की तरह हूँ; मैं जानता हूँ कि मैं क्या करना चाहता हूँ, परंतु मैं नहीं जानता कि आरंभ कैसे करना है।
- स्टीफन बेन

## अगर कोई क्रिया या एक्शन न हो तो?

हो सकता है कि आपकी इन-ट्रे के कुछ हिस्सों को किसी एक्शन की ज़रूरत न हो। इस श्रेणी में तीन तरह की चीज़ें होंगी :

- कचरा
- जिन कामों के होने में समय है
- संदर्भ सामग्री

### कचरा

अगर आप मेरी सलाह पर चल रहे हैं, तो मुझे पूरा यकीन है कि आपने बहुत सारी सामग्री को खंगाल लिया होगा। हो सकता है कि आपने 'इन' में उस सामग्री को भी शामिल कर लिया हो, जिसकी अब आपको ज़रूरत नहीं है। जब आप अपने सामान का प्रबंधन करेंगे, तो यह देखकर हैरान न हों कि अब भी आपके पास इतना कुछ है, जिसे फेंकने की ज़रूरत होगी।

अगर आप अपने आसपास के सारे सामान की सार-संभाल कर लेते हैं तो आपको अच्छी तरह पता चलेगा कि आप क्या करने जा रहे हैं और क्या नहीं करने जा रहे हैं। मैंने एक फाउण्डेशन के डायरेक्टर के साथ काम किया था, उन्हें

पता चला कि उन्होंने भारी संख्या में अपने पास ई-मेल जमा कर लिए थे - जिनका शायद वे कभी जवाब नहीं देनेवाले थे। उन्होंने कहा कि मेरी कार्यविधि का प्रयोग करते हुए उन्हें जबरन एक 'स्वस्थ आहार' लेना पड़ा और उन्होंने जाना कि उनके आसपास ऐसे कौन से काम थे, जो अधूरे पड़े थे।

मानो आप ऐसे बिंदु पर आ गए, जिस पर खड़े होकर आपको यह सवाल करना है कि कोई चीज़ भविष्य के संदर्भ के लिए रखनी है या नहीं? मेरे पास इससे निबटने के दो उपाय हैं :

- जब संदेह में हों, तो उसे फेंक दें
- जब संदेह में हों, इसे रख लें

मुझे तो दोनों ही पहल पसंद हैं, आप अपनी मर्जी से कुछ भी चुन सकते हैं। बस आपको अपने मन की बात सुननी होगी और अपनी जगह के बारे में विचार करना होगा। अधिकतर लोगों के मन में इन सबके लिए थोड़ी चिंता रहती है क्योंकि इससे पहले उनके तंत्र (प्रणाली) कभी इतने सुचारू या सही तरह से काम करनेवाले नहीं रहे। अगर आपको यह फर्क करना आ जाए कि कौन सी सामग्री संदर्भ सामग्री है या किस पर एक्शन लेना है, तो आप आसानी से यथासंभव सामग्री संजोकर रख सकते हैं। आपको उस पर कोई कार्य नहीं करना है इसलिए आप अपनी जगह और साधनों के हिसाब से जितनी चाहे सामग्री जमा कर सकते हें। आप अपनी संदर्भ लाइब्रेरी या टूलबॉक्स कितना बड़ा रखना चाहेंगे?

बहुत अधिक जानकारी से भी बहुत कम नतीजे आते हैं; आपको जो चाहिए, वह आपके पास सही समय पर, मनचाहे रूप में उपलब्ध नहीं हो पाता।

फाइलिंग विशेषज्ञ आपको इस बारे में और अधिक जानकारी दे सकते हैं। आपका एकाउंटेंट भी आपको रिकॉर्ड रखने के बारे में समय सारणी दे सकता है कि आपको कितने समय तक, किस प्रकार के वित्तीय दस्तावेज़ों को संभालकर रखना चाहिए। मेरी सलाह यही है कि आप केवल इतना तय करें कि किसी चीज़ पर कार्य करना है या नहीं। एक बार यह स्पष्ट हो जाए कि उस पर कोई कार्य नहीं करना है तो उसके लिए बहुत सारे विकल्प मौजूद होंगे, जो आपकी निजी प्राथमिकता, स्टोर करने की क्षमता और पहुँच रखने की क्षमता पर निर्भर करेगा।

क्या रखना है बनाम क्या फेंकना है, डिजीटल दुनिया इस बारे में आपके लिए अतिरिक्त अवसर और चुनौतियाँ पैदा करती है क्योंकि कंप्यूटर और क्लाउड का स्टोरेज स्पेस लगातार बढ़ता जाता है और अच्छी खबर यह है कि लंबे समय तक हमें अपनी सामग्री स्टोर करने के लिए स्थान मिलता रहता है। इसके अलावा एक और अच्छी खबर यह है कि इसके साथ ही सर्च करने की क्षमता और शक्ति में भी निखार आया है। बुरी खबर यह है कि इसकी वजह से अंधाधुंध फाइलिंग भी हो सकती है। बहुत सारी जानकारी जमा होने के बाद सामग्री के बारे में भ्रम होने लगता है और सर्च इंजन के अच्छा होने के बावजूद समस्या बढ़ जाती है। क्योंकि बहुत अधिक सोच-विचार के अभाव में, डिजीटल स्टोरेज लगभग अपने आप ही होता चला जाता है, यह भी संभव है कि एक ऐसा माहौल भी बन जाए - जिसमें आपकी इनपुट तो है पर उसका कोई भी उपयोग नहीं हो पा रहा। आप इतनी बड़ी और भ्रामक लाइब्रेरी तैयार कर लेते हैं, तो आपके लिए अपना महत्वपूर्ण कार्य करने की क्षमता ही सीमित हो जाती है। आपको अपनी पुरानी जानकारी की बार-बार समीक्षा करते हुए, सजग भाव से उसकी छंटाई करनी होगी और स्वयं से पूछना होगा, 'क्या यह सचमुच मेरे लिए उपयोगी है? क्या मैं यह भरोसा कर सकता हूँ कि ज़रूरत पड़ने पर यह सामग्री मुझे इंटरनेट या किसी अन्य स्रोत से मिल सकती है?'

**जिन कामों के होने में समय है**

आपके पास इन-ट्रे में ऐसी सामग्री भी हो सकती है, जिसके लिए आप स्वयं से कहेंगे, 'अभी तो इसके बारे में कुछ नहीं करना है, पर हो सकता है कि ये आगे काम आए।' इस तरह की सामग्री के निम्नलिखित उदाहरण हो सकते हैं :

- एक ई-मेल में बताया गया है कि आपको एक वक्ता अतिथि के साथ चैंबर ऑफ कॉमर्स में नाश्ते के समय बुलाया गया है। यह आयोजन दो सप्ताह बाद है और आप यकीन से नहीं कह सकते कि उस दौरान आप शहर में होंगे या आपको काम के सिलसिले में बाहर जाना पड़ सकता है।
- तीन सप्ताह बाद एक बोर्ड मीटिंग में जाने का न्यौता है, जिसका एजेंडा भेजा गया है। इस पर आपको कोई क्रिया नहीं करनी है, आपको केवल मीटिंग से एक दिन पहले एजेंडा पढ़कर जायज़ा लेना होगा।

- आपकी किसी मनपसंद एप्लीकेशन के अगले सॉफ्टवेयर अपग्रेड का विज्ञापन है। क्या आपको सच में उसके अगले संस्करण की आवश्यकता है? आप नहीं जानते इसलिए आप एक और सप्ताह तक इस बारे में गौर करना चाहेंगे।
- एक ऐसा उपाय है, जिसे आप अगले साल की सेल्स मीटिंग में लागू करना चाहेंगे। अभी इस बारे में कुछ नहीं करना है, परंतु आप चाहते हैं कि जब आप मीटिंग की योजना बना रहे हों तो उस दौरान आपको उसकी याद आ जाए।
- आपने अपने नाम एक नोट लिखा है कि आप आगे चलकर वॉटरकलर की कक्षा में जाना चाहेंगे, जिसके लिए अभी आपके पास बिलकुल समय नहीं है।

इस तरह की बातों के लिए आप क्या करेंगे? इस जगह दो विकल्प काम आ सकते हैं।

- उन कामों को समडे/मेबी लिस्ट में डाल दें।
- अपने कैलेंडर या टिकलर फाइल में उनके नाम से रिमाइंडर लगा दें।

इन सभी प्रक्रियाओं को पूरा करने से यह लाभ होगा कि वे इस समय आपके दिमाग से निकल जाएँगी और आपको लगेगा कि सही समय आने पर वे स्वयं ही याद आ जाएँगी, इससे आपके आत्मविश्वास में निखार आएगा। मैं ऑर्गेनाइजिंगवाले अगले अध्याय में इनके बारे में विस्तार से बात करूँगा। अभी के लिए ऐसे सामान पर पोस्ट-इट लगाकर लेबल करें; 'मेबी' या '17 अक्टूबर को याद दिलाना' फिर उन्हें उस सामान में डाल दें जिनकी आप बाद में छंटाई करेंगे।[1]

किसी चीज़ के बारे में कोई निणर्य न लेने का निर्णय भी ठीक है। आपको उसे अपने दिमाग से निकालने के लिए कोई न कोई कदम तो उठाना ही है।

**संदर्भ**

आपको अपनी इन-ट्रे में ऐसा बहुत सारा सामान मिलेगा, जिस पर कोई

[1] इस काम के लिए सामान रखने की एक अतिरिक्त ट्रे लेना ठीक रहेगा। इस आरंभिक प्रक्रिया के दौरान इसका इस्तेमाल करें ताकि चीज़ों को आगे चलकर व्यवस्थित किया जा सके। बाद में आप उन कागज़ों को इसमें रख सकते हैं, जिन पर काम चल रहा हो या आगे कोई कदम उठाना हो।

कार्य नहीं करना हो, लेकिन हो सकता है कि उसमें प्रोजेक्ट्स और विविध विषयों के बारे में संभावित उपयोगी जानकारी हों। आदर्श तौर पर, आपने अपनी संदर्भ और सहायक सामग्री के लिए पहले से एक कारगर फाइलिंग सिस्टम बना लिया है, जिसके बारे में हमने अध्याय चार में चर्चा की। जब आप अपनी इन-ट्रे में रखी ऐसी सामग्री व ई-मेल को देखें तो उन्हें उचित जगह पर फाइल कर दें।

हो सकता है कि आपको ऐसा बहुत सारा सामान मिले, जिसे आप रखना चाहते हैं पर वह आपके दराज में अंबार बन गया है क्योंकि आपका रेफरेंस सिस्टम बहुत औपचारिक था या फिर उसका कोई अस्तित्व ही नहीं था। मैं इस जगह आपको यह याद दिलाना चाहूँगा कि इस कार्यविधि को पूरी तरह से लागू करने के लिए आपको अपने सामान्य संदर्भ के फाइलिंग सिस्टम को इस तरह रखना है कि आप एक मिनट से भी कम समय में उस तक पहुँचकर फाइलिंग कर सकें। जिंदगी की आपाधापी के बीच अगर आप किसी चीज़ को झटपट और आसानी से फाइल नहीं कर सके तो आप उसे व्यवस्थित करने के बजाय किसी और जगह ढेर बनाते चले जाएँगे। तब आपके लिए यह सब संभालना और भी कठिन होगा।

जब भी कुछ रखना हो तो उसके लिए लेबल तैयार करें, उसे फाइल फोल्डर में रखें और फिर फाइलिंग दराज में लगा दें। या फिर पोस्ट-इट लगाकर अपने सहयोगी से यह काम करने को कहें। आप डिजीटली उस पर उचित टैग लगा सकते हैं। मैं अपनी कोचिंग के आरंभिक दिनों में, अपने ग्राहकों को यह अनुमति देता था कि वे फाइलिंग होनेवाली फाइलों का अंबार बना लें और उन्हें बाद में रख दें। अब ऐसा नहीं करता क्योंकि मुझे एहसास हो चुका है कि अगर आप किसी फाइल को अपने सिस्टम में तुरंत नहीं डाल सकते तो शायद आपको आगे भी इसके लिए समय नहीं मिलेगा। अगर उसी समय यह काम न किया तो आगे भी नहीं कर सकेंगे।

आप जिस डिजीटल इनपुट को अपने संदर्भ के लिए रखना चाहें, उसके लिए विकल्पों की कमी नहीं है। अगर आप कोई ऐसा ई-मेल ही रखना चाहते हैं, जिसे आप बाद में देखना चाहेंगे तो इसके लिए भी ई-मेल एप्लीकेशन में स्टोरेज के लिए फोल्डर होते हैं – ये यूजर विंडो के एक ओर नेवीगेटर कॉलम में मिलेंगे। कई लोग ऐसे ई-मेल को 'इन' सेक्शन में ही छोड़ देते हैं, जिन पर कोई कार्य नहीं होगा। इससे उनका सिस्टम वाकई में काफी अव्यवस्थित हो जाता है। आपको किसी भी नए विषय, थीम, व्यक्ति या प्राजेक्ट के लिए झट से एक नई रेफरेंस फाइल तैयार करनी

चाहिए और ई-मेल को सही जगह पर सेव करना चाहिए।

अगर आप ई-मेल के डॉक्यूमेंट, अटैचमेंट, टेक्स्ट या ग्राफिक्स को भी रखना चाहें तो उसके लिए आपको अपनी फाइलिंग प्रक्रिया करनी होगी। इन दिनों क्लाउड में बहुत ही प्रभावशाली डॉक्यूमेंट स्टोरेज एप्लीकेशन मौजूद हैं। इसके साथ आप कई तरह के डिवाईस में नोट बनाने के अलावा ऑर्गेनाइजिंग टूल भी पा सकते हैं। इस तकनीक की शक्ति, विविधता और तेज़ी से जुड़ाव करने की योग्यता इसे किसी भी तरह से एक सामान्य अभ्यास की श्रेणी में लाती है। यह हमें हमारी डिजीटल लाइब्रेरी से जुड़े प्रयोग और संशोधन का अवसर देती है ताकि हम अपने लिए बेहतरीन का चुनाव कर सकें। इसे प्रभावी रखने का तरीका यही होगा कि हम नियमित रूप से अपनी सामग्री का आकलन करते हुए देखें कि उसे कैसे व्यवस्थित किया जा रहा है। हमें इसे हर हाल में उपयोगी और अपडेट बनाए रखना होगा।

यह बात पूरी तरह से ध्यान में रखें - क्या मेरा ध्यान अब भी मेरी संदर्भ सामग्री या तंत्र पर है? अगर ऐसा है, तो उसे सामने लाने के लिए एक प्रोजेक्ट और नेक्स्ट एक्शन तैयार करें ताकि यह महत्त्वपूर्ण क्षेत्र पूरी तरह से आपके वश में हो सके।

## और अगर कोई क्रिया करनी है... तो वह क्या है?

शायद यह इस कार्यविधि का सबसे बुनियादी अभ्यास है। अगर 'इन' में रखी किसी चीज़ के बारे में कोई एक्शन लेना है, तो आपको उसी समय तय करना होगा कि उसके लिए क्या एक्शन लेनी है और उसका नेक्स्ट एक्शन क्या है। हालात को अंत तक ले जाने के लिए जो करना होगा, वही उस काम के लिए नेक्स्ट एक्शन है।

> कोई ऐसा काम करना जिसका आरंभ और अंत पूरी तरह से सटीक हो, वह अक्सर उन कामों को संतुलित करता है, जिनका कोई अंत नहीं होता और वे मेरे जीवन पर छाए हुए हैं। पवित्र सादगी।
> - रॉबर्ट फल्गम

यह केवल सुनने में ही आसान लगता है और अपने आपमें कठिन होता है।

नेक्स्ट एक्शन का पता लगाना आसान होना चाहिए, पर अक्सर कई ऐसे तुरंत विश्लेषण और नियोजन से जुड़े चरण होते हैं, जो अभी आपके मस्तिष्क में नहीं आए और इससे पहले कि

आप किसी काम को पूरा करने का निर्णय लें, आपको उन्हें पूरा करना होगा।

आइए, एक उदाहरण सूची देखें, जो किसी भी मनुष्य का ध्यान अपनी ओर खींच सकती है।

- गैराज की सफाई
- टैक्स भरना
- कॉन्फ्रेंस में जाना
- बॉबी का जन्मदिन
- प्रेस रिलीज
- प्रदर्शन के रिव्यू
- प्रबंधन में बदलाव

हालाँकि इनमें से सब कुछ आपको किसी काम या प्रोजेक्ट जैसा दिखेगा पर इन पर नेक्स्ट एक्शन तय करने के लिए आपको थोड़ा विचार करना होगा।

- गैराज की सफाई

बस मुझे अंदर जाकर काम शुरू करना है। नहीं, एक मिनट, उस जगह एक बड़ा सा फ्रिज रखा है, पहले उसका निपटारा करना होगा। मुझे पता करना होगा कि क्या जॉन पैट्रिक इसे अपने कैंप के लिए लेना चाहेगा। मुझे ...।

- जॉन को कॉल करना है; संदर्भ- गैराज का फ्रिज

इसके बारे में क्या करना है...?

- मेरे टैक्स का भुगतान

जब मेरे पास पिछले निवेश की आय के दस्तावेज नहीं आते, तब तक यह काम नहीं हो सकता। तब तक मैं कुछ नहीं कर सकता। इसलिए मुझे ...

- एक्मे ट्रस्ट से आनेवाले दस्तावेजों की प्रतीक्षा करनी है

और उसके लिए .....

- मुझे जिस कॉन्फ्रेंस में जाना है

मुझे पता करना होगा कि सांड्रा ने हमारे लिए प्रेस किट तैयार की है या

नहीं। शायद उसकी ज़रूरत होगी...।

- सांड्रा को ई मेल करना है - कॉन्फ्रेंस के लिए प्रेस किट चाहिए।

....और इसी तरह। एक्शन स्टेप - 'कॉल जॉन', 'दस्तावेजों की प्रतीक्षा' और 'सांड्रा को ई मेल करना है' - इससे पहले कि सब कुछ क्रिया करने योग्य तरीके से आपकी इन-ट्रे में आए, आपको हर चीज़ के बारे में तय करना होगा।

## ये एक्शन स्टेप ठीक वही होने चाहिए, जो काम को आगे ले जाने के लिए आवश्यक हैं

> जब तक आपको यह पता नहीं चलता कि अगला भौतिक एक्शन क्या है तब तक किसी भी काम को पूरा करने के लिए अधिक सोचने की ज़रूरत होगी और पूरी तरह से काम से जुड़ने से पहले ऐसा करना अनिवार्य है।

याद रखें कि ये भौतिक रूप से दिखनेवाले काम हैं। कई लोगों को लगता है कि जब मीटिंग तय होगी तो वे किसी काम से जुड़े एक्शन स्टेप भी वहीं तय कर लेंगे। परंतु वह नेक्स्ट एक्शन नहीं है क्योंकि उसमें भौतिक व्यवहार की चर्चा नहीं है। आप कोई मीटिंग कैसे तय करेंगे? यह काम मेल या कॉल से हो सकता है पर आप किसे फोन करेंगे या किसे ई-मेल करेंगे, यह तय करें। अगर आप अभी तय नहीं करना चाहते, तो आपको कभी न कभी तो तय करना ही होगा। यह प्रक्रिया इसलिए बनाई गई है कि आप वास्तव में इस चीज़ से जुड़े सोच-विचार के काम को यहीं पूरा कर लें। अगर आपने काम की शुरुआत के लिए एक्शन तय नहीं किया है तो जब भी आपके दिमाग में इसका विचार आएगा तो यह आपके लिए एक विचार भर ही होगा। आप इस पर ध्यान देने से बचेंगे और यह काम लगातार टलता चला जाएगा। जब भी आप फोन करनेवाले हो या अपने कंप्यूटर पर आएँ तो आपका उस चीज़ के बारे में सोच-विचार पूरा हो जाना चाहिए ताकि आप अपने साधनों का बेहतर उपयोग कर सकें और पहले से ही परिभाषित हो चुका हो कि आपको करना क्या है।

अगर आप स्वयं से कहें, 'अब मुझे अगला काम यह करना है कि इसके बारे में कुछ करने का निर्णय लेना है?' यह थोड़ी उलझी हुई बात होगी। केवल निर्णय लेने से बात नहीं बनती। काम करने में समय लगता है, निर्णय लेने में समय नहीं लगता। आपको अपने निर्णय के साथ कोई न कोई काम जोड़ना

होगा, जिसे भौतिक रूप से किया जाना हो। निन्यानवे बार तो यही होगा कि आपको कोई भी निर्णय लेने से पहले और अधिक जानकारी की ज़रूरत होगी। यह अतिरिक्त सूचना बाहरी स्रोतों से मिल सकती है (प्रस्ताव पर उसकी जानकारी के लिए सूझन को कॉल करो) या आंतरिक चिंतन से (नए सिरे से व्यवस्था करने के लिए कुछ नए उपाय लिखो)। दोनों ही तरह से प्रोजेक्ट को आगे ले जाने के लिए कोई नेक्स्ट एक्शन तय करना होगा।

तय करें कि आपको निर्णय लेने के लिए कौन सी शारीरिक गतिविधि करनी होगी।

**जब आप एक बार कार्य के चरण तय कर लें :**

जब आप सही मायनो में नेक्स्ट एक्शन तय कर लेंगे, तो आपके पास तीन विकल्प हैं :

- इसे कर लें (अगर इसे करने में दो मिनट से कम समय लगता है)।
- इसे बाँट दें (अगर आप उसे करने के लिए उपयुक्त व्यक्ति नहीं हैं)।
- इसे अपने संगठन के सिस्टम में डाल दें ताकि इसे बाद में किया जा सके।

**इसे कर लें**

अगर नेक्स्ट एक्शन करने में दो मिनट या उससे भी कम समय लगे तो उस वस्तु को हाथ में उठाते ही काम निपटा दें। अगर किसी ई-मेल को पढ़कर उसका झट से हाँ या ना में जवाब देने में एक या दो मिनट का समय लगे, तो उसे झट से पूरा कर लें। फिर अपनी ज़रूरत के अनुसार उसे सही जगह पर फाइल करें। अगर नेक्स्ट एक्शन के रूप में, किसी को कोई मैसेज देना है या वॉयस मेल करना है तो अभी करें।

भले ही वह काम प्राथमिकतावाला न हो, उसे अभी पूरा करें वरना आप उसे कभी नहीं कर सकेंगे। दो मिनट के नियम के पीछे तर्क यह है कि अगर आप किसी छोटे काम को पहले ही पूरा कर लेंगे, तो उसे संजोने या फिर से देखकर विचार करने से भी कम समय लगेगा। अगर कोई काम करने लायक या ज़रूरी नहीं है, तो उसे कचरे में डालें। अगर कुछ समय बाद भी यही करना है तो अभी क्यों नहीं, इस तरह आप अपनी बहुत सारी ऊर्जा बचा लेंगे।

कई लोगों ने पाया कि दो मिनट के नियमवाली आदत अपनाने से उनकी

उत्पादकता में प्रभावशाली सुधार आया। एक बड़ी सॉफ्टवेयर कंपनी के वाइस प्रेजीडेंट ने बताया कि इस तरह की आदत अपनाने के बाद वह पूरे दिन में अपने लिए गुणवत्ता से भरपूर पूरा एक घंटा बचाने में सफल रहा। वह उन लोगों में से था, जिन्हें एक दिन में सैंकड़ों ई-मेल देखने पड़ते हैं और वे पूरे सप्ताह उच्च प्राथमिकतावाले कामों में व्यस्त रहते हैं। बहुत सारे ई-मेल ऐसे थे, जिन्हें केवल एक बार देखना और 'हाँ, ना या ओके' में जवाब देना ही काफी था। परंतु पहले वह उन्हें अक्सर टाल दिया करता और जब वे हज़ारों की संख्या में जमा हो जाते तो अपने ज़रूरी काम छोड़कर, किसी सप्ताहांत में उन्हें निबटाना पड़ता है। यदि वह कोई नौजवान होता तो शायद यह इसी तरह चलता रहता परंतु उसके बच्चे बड़े हो गए थे और अवकाशवाले दिन उसका ऐसा व्यवहार बच्चों को पसंद नहीं था। जब मैंने उसे दो मिनटवाला नियम सिखाया और हमने उसके जमा हुए ई-मेल देखे तो पता चला कि उनमें से बहुत सारे तो बेकार थे, कुछ को संदर्भ की तरह रखने की ज़रूरत थी और बाकी ऐसे थे, जिन पर एक नज़र दौड़ाकर दो शब्दों में उत्तर देना था। मैंने एक साल बाद उससे बात की तो पता चला कि अब उसके ई-मेल कभी जमा नहीं होते। उसने यह भी बताया कि इस नियम को अपनाने के बाद उसकी अपनी प्रतिक्रिया देने की आदतें भी बदली हैं। स्टाफ के बीच आपसी भरोसा और विश्वसनीयता बढ़ गई हैं।

यह भले ही आपको नाटकीय सा साक्ष्य लगे परंतु यह इस बात का सूचक है कि कई बार आपके लिए आसान सी लगनेवाली प्रक्रिया भी कितनी कारगर हो सकती है। निजी तौर पर आपके लिए इनपुट की गति और मात्रा भी बढ़ जाती है।

दो मिनट का यह नियम किसी जादू से कम नहीं है।

दो मिनट वास्तव में एक दिशानिर्देश है। अगर आपके पास इन-ट्रे देखने के लिए लंबा समय है, तो आप हर काम के लिए पाँच से दस मिनट का समय रख सकते हैं। अगर आपको झटपट सारा सामान देखकर क्रिया करनी है और यह देखना है कि दोपहर का सही इस्तेमाल कैसे हो सकता है, तो शायद आप उस समय को एक मिनट या तीस सैकेंड में बदलना चाहें ताकि आप थोड़ा तेज़ी से सारे सामान पर नज़र मार सकें।

जब आप इस प्रक्रिया से अच्छी तरह परिचित हो जाएँ तो आप इस नियम को अपने अनुसार प्रयोग में ला सकते हैं। मैंने जितने लोगों के साथ काम किया

है उनमें से अधिकतर को यह अनुमान लगाने में कठिनाई होती है कि वास्तव में किसी काम को करने में कितने मिनट लगेंगे। मिसाल के लिए, अगर आपको किसी को एक मैसेज देना है और अगर आप उसे वॉयस कॉल करने के बजाय कॉल करते हैं तो दो मिनट से ज़्यादा का समय लगेगा।

आपको यह देखकर हैरानी होगी कि आप दो मिनट के इस नियम को अपने कितने अहम प्रोजेक्ट्स पर भी लागू कर सकते हैं।

आप दो मिनटवाले कामों का हिसाब नहीं रख सकते - उन्हें बस निपटाया जा सकता है। अगर आपने कोई काम किया और वह प्रोजेक्ट पूरा नहीं हुआ तो आपको तय करना होगा कि उस पर अगली एक्शन कौन सी लेनी है। मान लेते हैं कि आपको प्रिंटर में कार्टेज बदलना है और पता चलता है कि कार्टेज खत्म हो गए हैं। तब आपको उन्हें लाने के लिए नेक्स्ट एक्शन तय करना होगा (ऑर्डर प्रिंटर कार्टेज रीफिल ऑनलाइन) फिर इसे करें, दूसरे को सौंपे या सही तरीके से सिस्टम में शामिल कर दें ताकि उसे बाद में किया जा सके।

दो मिनटवाले नियम को मानकर चलें और देखें कि आपने 'इन' के संग्रह को निपटाने में कितना समय लगाया। कई लोग यह देखकर हैरान होते हैं कि उनके अहम प्रोजेक्ट्स में भी कितने सारे काम ऐसे थे, जो दो मिनट में आसानी से पूरे हो सकते थे। वे अपने उन अधूरे कामों पर इसे लागू करके आनंदित होते हैं, जो बहुत समय से उनके पास बिखरे हुए थे और उनके लिए परेशानी का कारण बन रहे थे।

बहुत से लोगों के लिए दो मिनट का यह समय मुक्ति का मंत्र बना और उन्हें अपने ई-मेल के बड़े संग्रह से छुटकारा पाने में मदद मिली। जब आपको बहुत सारे ई-मेल आते हों, तो यह संभव है कि आपको बहुत सारे ई-मेल पर विचार करने और उनका ज्वाब देने में दो मिनट से भी कम का समय लगे, बशर्ते आपको की-बोर्ड पर फुर्ती से हाथ चलाना भी आता हो। अगर आप अपनी ई-मेल के लिए इस नियम को लागू करते हैं, तो आपके प्रत्युत्तर देने के कौशल और इकोसिस्टम में उत्पादकता पर महत्वपूर्ण सुधार आ सकता है। जब मैं किसी के साथ उसके ई-मेल के अंबार को निपटाने में

इस संसार को मनन से नहीं, काम से ही संभाला जा सकता है। हाथ आँख से अधिक महत्त्वपूर्ण है... हाथ से दिमाग के सोचे हुए काम पूरे होते हैं।
- जे. ब्रोनोवस्की

समय देता हूँ, तो उन्हें कुछ ही देर में बहुत सारे काम के बोझ से मुक्ति मिल जाती है और यह अंतर वे स्वयं अनुभव करते हैं।

वैसे आपको, अपना सारा दिन इस दो मिनटवाले नियम को लागू करने में नहीं बिताना है। यह नियम प्रमुखत: तभी लागू किया जाना चाहिए, जब आप किसी नए इनपुट के साथ हों। उदाहरण के लिए, आपको अपनी 'इन-ट्रे' संभालनी है, घर या कार्यालय में किसी से भेंट करनी है या फिर हॉल के गलियारे में कुछ काम करवाना है। परंतु यदि आपने इन कामों को सामने आते ही नहीं निपटाया और आपको इन्हें अब भी करना है, तो आपको इन्हें कैप्चर, क्लैरीफाई और ट्रैक करने के लिए समय और ऊर्जा का निवेश करना होगा ताकि ये आपके दिमाग में कब्जा करके न बैठ जाएँ।

**किसी को सौंप दें**

अगर आपका नेक्स्ट एक्शन दो मिनट से अधिक का समय लेनेवाला है तो स्वयं से पूछें, 'क्या मैं इसे करने के लिए सबसे बेहतर इंसान हूँ?' अगर ऐसा नहीं है तो इसे पद्धतिबद्ध तरीके से दूसरे को करने के लिए सौंप दें।

काम सौंपना हमेशा प्रवाह के साथ बहना नहीं है। आप तय कर सकते हैं, 'इसे तो ग्राहक सेवा के लिए भेजना ही होगा।', 'मेरे बॉस को इसके बाद इसी पर ध्यान देना होगा।' या 'हो सकता है कि इसके बारे में मुझे अपने साथी का नज़रिया जानना हो।'

कोई भी सिलसिलेवार ढाँचा ऐसा हो सकता है:

- उपयुक्त व्यक्ति को ई-मेल करें।
- एक कागज पर संदेश लिखें और उस व्यक्ति को भेज दें।
- उसे वॉयस मेल के माध्यम से संदेश दें।
- इसे अपनी सूची में एक काम की तरह शामिल करें, आपको उस व्यक्ति से अगली भेंट में बात करनी है।
- उससे प्रत्यक्ष बातचीत करें। आप आमने-सामने, फोन पर, संदेश आदि के माध्यम से भी बात कर सकते हैं।

हालाँकि इनमें से कोई भी विकल्प कारगर हो सकता है। मैं चाहूँगा कि आप

इन्हें ऊपर से नीचे के क्रम में पूरा करें। सिस्टम में ई-मेल सबसे तीव्र गति से पहुँचने का साधन है; यह इलेक्ट्रॉनिक रिकॉर्ड बनाता है और इसे पानेवाला अपनी सुविधा के अनुसार कभी भी उत्तर दे सकता है। इसके बाद लिखित नोट की बारी आती है क्योंकि इन्हें भी सिस्टम में तुरंत डाल सकते हैं और पानेवाला इसे अपने पास रिमाइंडर या अनुस्मारक के तौर पर रख सकता है। अगर आप कागज पर लिखा कोई नोट भेज रहे हैं, तो इस तरह आपके बीच एक ई-मेल की तरह लिखित संप्रेषण संभव हो रहा है। वॉयस मेल और टैक्स्ट भी प्रभावशाली हो सकते हैं और कई व्यावसायिक इसकी ही मदद लेते हैं। इसमें नुकसान यह है कि आपको और इसे पानेवाले को इन्हें खोजना पड़ता है और आप जो कहते हैं, ज़रूरी नहीं कि हमेशा ठीक वही सुना भी जाए। टैक्स्ट भी अक्सर अप्रकट भाव ही रखते हैं। इसके बाद आप अपने एजेंडा में लिखकर रख सकते हैं कि आपको उक्त व्यक्ति से अगली बार बात करनी है। कई बार विषय के संवेदनशील या विस्तृत होने के कारण ऐसा करना अनिवार्य हो जाता है परंतु इसे अगली मीटिंग तक टाल देना चाहिए। इसके अलावा एक विकल्प यह होगा कि उस समय आप या वह व्यक्ति जो भी कर रहे हों, उसमें बाधा देकर, आप दोनों इस बारे में बात करें। यह तुरंत पूरा होनेवाला विकल्प है पर इससे आप दोनों के कार्य प्रवाह में अड़चन आएगी और इसमें भी वॉयस मेल वाला ही नुकसान है - इसका कोई लिखित रिकॉर्ड दर्ज नहीं होगा।

*दूसरे को काम सौंपने के बाद उस पर नज़र रखना* अगर आपने कोई काम किसी दूसरे को सौंपा है और आपको यह परवाह है कि उसका कोई नतीजा आया या नहीं तो आपको उसका पता लगाना होगा। जब मैं अगले अध्याय में ऑर्गेनाइजिंग की बात करूँगा तो आपको एक अलग से श्रेणी मिलगी, जिसे 'वेटिंग फॉर' का नाम दिया गया है।

जब आप अपना निजी सिस्टम विकसित कर लें, तो आप जो काम दूसरों को सौपेंगे, उनका पता लगाना आसान होगा। यह प्लानर में एक लिस्ट की तरह लगेगा, आपके पास हर काम के दस्तावेज फाइलों में सही तरह से लगे होंगे और आपके सॉफ्टवेयर में 'वेटिंग फॉर' नामक सूची भी शामिल होगी। अगर अभी तक आपके पास अपने लिए कोई भरोसेमंद सिस्टम नहीं है तो इसे एक कागज के टुकड़े पर लिख दें जैसे - वेटिंग फॉर, बॉब से उत्तर आना है - फिर इसे नोट्स के ढेर में लगा दें या उस ट्रे में भी रख सकते हैं, जो आपकी प्रोसेसिंग के बाद तैयार हुई है।

*अगर पहले से काम दूसरे के भरोसे पर हो ?* पहले आपको टैक्स अदा करनेवाला जो उदाहरण दिया गया, उसमें आपका नेक्स्ट एक्शन सामनेवाले पर निर्भर करता है। उसके दस्तावेज भेजने के बाद ही आप अपने टैक्स भर सकते हैं। ऐसे हालात में, आप इस काम को सौंपे हुए काम में रखना चाहेंगे या इसे वेटिंग फॉर में डालेंगे ? जिस कागज पर लिखा है - मुझे टैक्स भरना है, उस पर यह भी लिखें - एक्मे ट्रस्ट की ओर से दस्तावेज आने की प्रतीक्षा। फिर इसे अपने बचे हुए काम के अंबार में रख दें।

यह बहुत महत्त्व रखता है कि आप जिस दिन किसी काम को दूसरे को सौंपे, उस दिन की तारीख लिख लें। आपके निजी सिस्टम की सभी श्रेणियों में से, यह श्रेणी बहुत महत्वपूर्ण है। कई बार आप वास्तव में उस सूचना का सदंर्भ पाना चाहेंगे (पर मैंने 12 मार्च को उसके लिए कॉल करके ऑर्डर किया था)। इस तरह आप इसे एक आजीवन चलनेवाली आदत के रूप में अपना सकते हैं और यह निश्चित रूप से आपके लिए सार्थक होगी।

इसे टाल दें

हो सकता है कि आपने 'इन' में रखे जितने भी काम हैं, उनके लिए नेक्स्ट एक्शन तय कर लिया हो और आपको उन्हें करने से दो मिनट से अधिक समय न लगे। किसी ग्राहक को कॉल करना, अपनी टीम को ई-मेल करने से पहले दो मिनट का विचार, अपने भाई के लिए कोई उपहार खरीदना, किसी वेब से सॉफ्टवेयर एप्लीकेशन डाउनलोड करना, अपने पति/पत्नी से बेटी के नए स्कूल के बारे में विचार-विमर्ष करना - ये सभी काम इसी श्रेणी में आते हैं।

इन सभी कामों को कहीं लिखना होगा ओर फिर इन्हें उचित श्रेणियों में विभाजित करना होगा ताकि आप ज़रूरत पड़ने पर इन तक पहुँच सकें। एक क्षण के लिए, आगे बढ़ें और 'इन' में रखे कागजों पर पोस्ट-इट लगा दें, उन पर किए जानेवाले काम लिखे हों और उन्हें एक साथ रखे हुए कागजों के बीच रख दें, जिन पर कार्य होना बाकी है।

## ऐसे बचे हुए काम जो रह गए हैं

अगर आपने इस अध्याय में दिए निर्देशों का पालन किया है तो आप बहुत सी चीज़ों को कचरे के हवाले करेंगे, किसी ढेर को फाइल करेंगे। ऐसे बहुत सारे

काम और होंगे, जो आप दूसरों को सौंप देंगे। ऐसे भी बहुत सारे काम बचेंगे, जिन्हें आप आनेवाले समय में कभी करना चाहें – समडे या फिर किसी खास तारीख पर। यह बचा हुआ काम उन सभी कामों का अंबार होगा, जिन्हें आप टाल देंगे या आगे आनेवाले समय में करना चाहेंगे। इसे भी आपके निजी सिस्टम में किसी अच्छे तरीके से सहेजा जाना चाहिए। अगले अध्याय में चरण दर चरण इसी विषय के बारे में बताया जाएगा।

## अपने प्रोजेक्ट्स की पहचान

'इन' की आखिरी तह तक जाने का अंतिम चरण यह होगा कि आप एक-एक काम करने के नज़रिए से उठकर विशाल परिदृष्य को देखें – आपके प्रोजेक्ट्स!

मेरे अनुसार, किसी प्रोजेक्ट की परिभाषा यही है कि कोई ऐसा नतीजा जिसे पाने के लिए आप वचनबद्ध हों और उसे पूरा करने के लिए एक से अधिक चरणों की आवश्यकता हो। अगर आप अपने कामों की सूची पर ध्यान दें – 'कार अलार्म के लिए जॉन का कॉल करना है', 'लीना को ई-मेल करना है; कॉन्फ्रेंस सामग्री लेनी है' – तब निःसंदेह आप ऐसे बहुत से कामों को पहचान सकेंगे, जो आपकी ओर से तय किए गए उस एक काम से कहीं अधिक बड़े हैं। आपको जॉन को कार अलार्म के लिए कॉल करने के बाद भी बहुत कुछ करना है। लीना के ई-मेल के बाद भी कॉन्फ्रेंस का बहुत सारा काम करना बाकी होगा

मुझे आशा है कि आप मेरी तरह प्रोजेक्ट को विस्तृत रूप से परिभाषित करने का कारण समझ सकेंगे : अगर आपकी ओर से तय किया गया काम आपके वचन को पूरा नहीं करता, तो आपको उस काम के पूरा होने तक उसके लिए रिमाइंडर रखना होगा। आपको प्रोजेक्ट्स की एक सूची बनानी होगी। प्रोजेक्ट्स की एक सूची में कुछ भी शामिल हो सकता है जैसे – 'हॉलीडे पार्टी देना', 'सॉफ्टवेयर प्रोडक्ट लाइन पर काम करना', 'मुआवजे के बारे में विचार' आदि। इस सूची का काम आपकी प्राथमिकताओं को दिखाना नहीं है, यह केवल इतना आश्वस्त करने के लिए है कि आपके अपने सारे अधूरे कामों को सही जगह रख सकें।

इस समय आप संभवतः तीस से सौ प्रोजेक्ट्स के बीच होंगे।

इससे कोई अंतर नहीं पड़ता कि आप अपने प्रोजेक्ट सूची

को 'इन–ट्रे' पर काम करते समय तैयार करते हैं या वह काम करने के बाद बनाते हैं। बस आपको किसी न किसी बिंदु पर इसे पूरा करना है और इसे अपडेट रखना होगा क्योंकि आप इसी से अनुमान लगा सकेंगे कि आप कहाँ हैं और आप कहाँ होना चाहते हैं। आपको अपने जीवन में प्रति सप्ताह सब कुछ नियंत्रित रखने का भाव बनाए रखना होगा।

अभी के लिए, बस इतना ध्यान दें कि आपके सेटअप में सारे सिस्टम सही तरह से काम कर रहे हैं या नहीं।

# 7

# ऑर्गेनाइजिंग : व्यवथित रूप दें

सब कुछ उचित रूप से व्यवस्थित और संगठित होने से, आपको असीम शक्ति प्राप्त होती है। यह शक्ति आपके मन को निम्न स्तर के विचारों से ऊपर उठाकर, आपका ध्यान सहजज्ञान संबंधी बातों पर लगाने में सहायक होती है ताकि आप बिना किसी बाधा के उन मसलों पर काम कर सकें, जिन पर अभी तक ध्यान नहीं दिया गया। परंतु ऐसा करने के लिए आपकी भौतिक संगठन प्रणाली का आपके मानसिक प्रणाली से बेहतर होना ज़रूरी है।

आपको पूरी सख्ती से हर चीज़ व्यवस्थित करनी होगी ताकि आपका केंद्र विस्तृत क्षितिज पर लग सके और चीज़ों को याद रखने या याद करने के निरंतर दबाव से मुक्ति मिल सके।

व्यवस्थित होने का अर्थ यही है कि सब कुछ आपके अनुसार ही संभाला गया हो। अगर आप किसी चीज़ को अपने संदर्भ के लिए उपयुक्त जानकर, संदर्भ सामग्री में रखते हैं तो वह व्यवस्थित या ऑर्गेनाइज ही कहलाएगा। अगर आपको लगता है कि आपको किसी को कॉल करने के लिए रिमाइंडर लगाना होगा और आप रिमाइंडर को उसी जगह लिखते हैं, जो उसका फोल्डर है तो आप व्यवस्थित हैं। भले ही सुनने में सरल लगे पर इसके साथ एक बड़ा सा प्रश्न जुड़ा है : किसी चीज़ से आपका क्या अभिप्राय है? इससे यह पता चला कि बहुत से लोग जो ऑर्गेनाइज करना चाह रहे हैं, परंतु वे अभी पूरी तरह से स्पष्ट नहीं हो पाए हैं। भले ही बुनियादी बात समझ में आ गई हो, अब भी कई सूक्ष्म विवरण उनकी समझ से परे हैं, अगर उन्हें जान लिया जाए तो आप बेहतर समझ और नियंत्रण हासिल कर सकेंगे। मैं इस अध्याय में उन्हें ही थोड़ा विस्तार से बताने की चेष्टा करूँगा। मैं आपको ऑर्गेनाइज करने के ऐसे चरण व साधनों की जानकारी दूँगा, जो इन-ट्रे को संभालते समय काम आ सकते हैं। जब आप

आरंभ में 'इन' पर काम करेंगे, तो आप सूचियों को तैयार करते हुए वस्तुओं की श्रेणियों पर काम करेंगे और सोचेंगे कि उनमें क्या-क्या शामिल किया जा सकता है। दूसरे शब्दों में, आपकी ऑर्गेनाइजिंग प्रणाली कुछ ऐसी नहीं है, जिसे आप अचानक कहीं जादू से प्रकट कर देंगे। जब आप धीरे-धीरे चीज़ों को सहेजकर व्यवस्थित करेंगे, तो यह प्रकट होगा और उसमें आपको अपने लिए हर चीज़ सही जगह रखी मिलेगी। इसे आपके अनुसार ही उन्नत होना चाहिए और ऐसा ही होगा।

जो चीज़ें आपके लिए बहुत मायने रखती हैं, उनका महत्त्व हमेशा बना रहेगा। परंतु आपके लिए बेहतर होगा कि आप उन चीज़ों का प्रबंधन कुछ इस तरह करें, जैसे आप उन्हें आज से एक साल बाद देखना चाहेंगे, आपको आज की दुनिया जैसी दिखती है, हो सकता है कि उस समय ऐसी न दिखे।

वर्कफ्लो डायग्राम का बाहरी चक्र उन श्रेणियों को दिखाता है, जिनमें आपके अनुसार चीज़ों पर निर्णय लेने के बाद उन्हें रखा जाएगा।

मुझे अपने लिए एक सिस्टम बनाना चाहिए या दूसरे लोगों के बने सिस्टम का दास बनना चाहिए।
- विलियम ब्लेक

## आधारभूत श्रेणियाँ

ऐसी सात प्रमुख प्रकार की वस्तुएँ हो सकती हैं, जिन्हें आप संगठनात्मक और कार्य संबंधी नजरिए से पता लगाना और फिर उनका प्रबंधन करना चाहेंगे:

- एक प्रोजेक्ट सूची
- प्रोजेक्ट सहायक सामग्री
- कैलेंडर एक्शन और जानकारी
- नेक्स्ट एक्शन लिस्ट
- वेटिंग फॉर सूची
- संदर्भ सामग्री
- समडे/मेबी लिस्ट

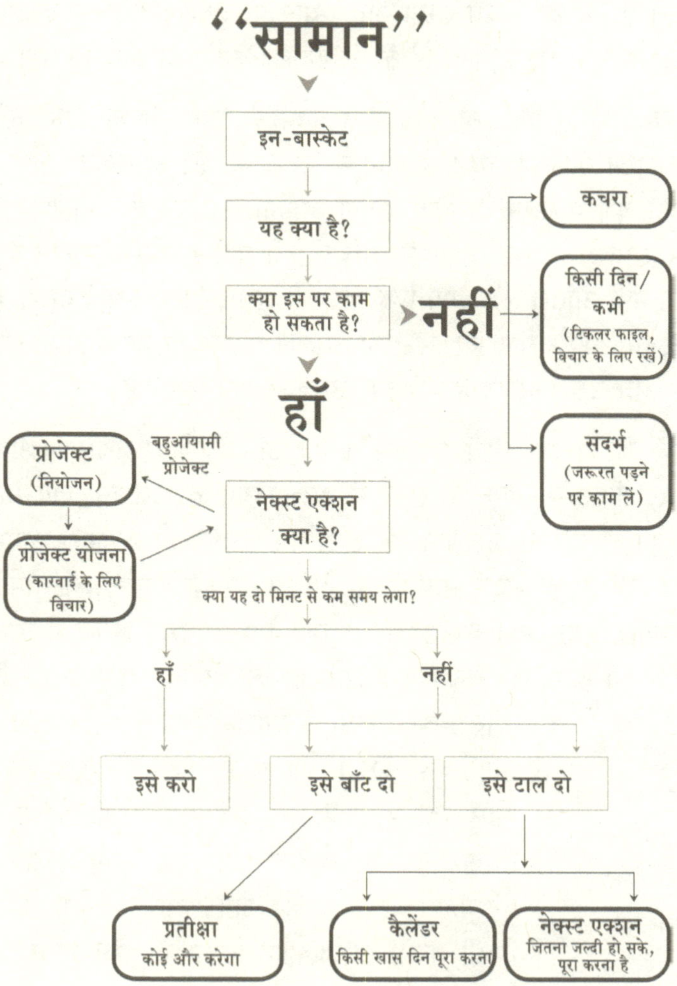


## वर्कफ्लो डायग्राम, ऑर्गेनाइजिंग

## इन्हें अलग-अलग रखने का महत्त्व

यह बहुत ज़रूरी है कि आप इन श्रेणियों को आपस में किसी भी तरह से मिलने न दें। ये इस तरह के गुप्त वादों के प्रतीक हैं, जो हम स्वयं से करते हैं। हम चाहते हैं कि हमें नियत समय और स्थान पर तयशुदा चीज़ याद आ जाए। अगर ये आपस में घुल-मिल गईं तो ऑर्गेनाइज करने का अर्थ ही नहीं बचेगा।

यही वजह है कि उन्हें व्यवस्थित करने से पहले कैप्चर और क्लैरीफाइ करने के चरण को सही तरह से लागू करना ज़रूरी है। अधिकतर लोग अपनी दुनिया को वश में करने के लिए केवल ऑर्गेनाइज करने की कोशिश करते हैं और उनके पास अस्पष्ट व अधूरी सूचियों को पुन: व्यवस्थित करने के सिवा कुछ हाथ नहीं आता। जब आप एक बार मेरी सुझाई पिछली प्रक्रियाओं को पूरा कर लेंगे, तो आपके लिए यह समझना आसान हो जाएगा कि आपको क्या पता करना है और उसे किस तरह छाँटकर, उसका वर्णन करना है।

यदि आपने इस श्रेणी की उपेक्षा की और विभिन्न अर्थोंवाले एक जैसे दिखनेवाले कामों को एक ही सूची में डाल दिया, तो आपके लिए मानसिक तौर पर इन चीज़ों को सुलझाना और अधिक कठिन हो जाएगा। अगर आप पठनीय सामग्री में ही संदर्भ सामग्री रख देंगे तो आपको पढ़नेवाली सामग्री नहीं मिल सकेगी। अगर आप कैलेंडरवाले काम, नेक्स्ट एक्शन लिस्ट में डाल देंगे, चूँकि वे किसी खास दिन को होने हैं, तो आपको कैलेंडर पर भरोसा नहीं होगा और आपको लगातार एक्शन लिस्ट को खंगालना पड़ेगा। अगर कुछ ऐसे प्रोजेक्ट्स हैं, जिन पर कुछ समय तक काम नहीं होना है, तो उन्हें समडे/मेबी लिस्ट में रखें ताकि आप उन प्रोजेक्ट्स पर पूरा ध्यान दे सकें, जिन पर काम चल रहा है। अगर आपने वेटिंग फॉर वाले किसी काम को, एक्शन लिस्ट में डाल दिया, तो यह अनुत्पादकता की सोच लगातार आपका मनोबल तोड़ती रहेगी।

स्पष्टता को प्रोत्साहित करने के लिए श्रेणियों को आभासी, भौतिक और मानसिक तौर पर पूरी तरह से अलग रखें।

## बस आपको लिस्ट और फोल्डर चाहिए

जब आप एक बार जान लेंगे कि आपको किन बातों का पता करना है,

उसके बाद बस आपको लिस्ट और फोल्डर चाहिए – आपके पास रिमाइंडर, संदर्भ और सहायक सामग्री के लिए पर्याप्त साधन होने चाहिए। आपकी लिस्ट प्रोजेक्ट्स का ध्यान रखेगी। आपके पास समडे/मेबी वाले कामों की जानकारी होगी। आप यह जान सकेंगे कि आपको अपने कामों के लिए कौन से नेक्स्ट एक्शन का पालन करना है। फोल्डर्स में आपकी सहायक सामग्री आएगी और सक्रिय प्रोजेक्ट्स की सामग्री के लिए अलग से फोल्डर तैयार होंगे।

बहुत से लोग कई बरसों से लिस्ट बनाते आ रहे हैं परंतु उन्हें निश्चित तौर पर प्रभावी बनने के लिए कभी कोई कार्य पद्धति नहीं मिल पाई। अलग-अलग प्रणालियों के बारे में लगातार एक तरह के संदेह और आशंका का माहौल बना हुआ है। परंतु अधिकतर सूची बनानेवाले, अपनी सूची में चीज़ों को सही तरह से शामिल नहीं करते या उन्हें अधूरा छोड़ देते हैं, जिस वजह से लिस्ट दिमाग में ही बसकर रह जाती हैं। जब आप एक बार जान लेते हैं कि सूची में क्या लिखा है तो आपके लिए काम करना आसान हो जाता है, फिर आपके उनके प्रबंधन के लिए एक उचित तरीके की ज़रूरत होती है। जैसा कि मैंने कहा, आपको अपनी सूचियों में प्राथमिकताओं को बाहरी तौर पर रचने की ज़रूरत नहीं है, तब आपको बदलाव आने पर सब कुछ नए सिरे से लिखना और व्यवस्थित करना होगा। कई लोग आर्गेनाइज करते हुए, इसी गलती के कारण निराशा का शिकार हो जाते हैं। जब आप सभी सूचियों में बहुत सारी चीज़ों को बदलते हुए देखेंगे, तो आप स्वयं ही मन में चीज़ों की प्राथमिकता तय कर सकेंगे। ये लिस्ट, आपके किए जानेवाले कामों और प्रोजेक्ट्स की सक्रिय सूची हैं, जिन्हें आपको पूरा करना हैं और फिर उनकी समीक्षा की जानी है।

> मुझे जटिलता के इस ओर सरलता की परवाह नहीं है, परंतु मैं जटिलता के दूसरी ओर सरलता पाने के लिए अपना जीवन भी दे सकता हूँ।
> - ओलिवर वैंडल होम्स

मैं जिसे सूची कहता हूँ, मेरे अनुसार उसमें कुछ कामों को श्रेणीबद्ध तरीके से लिखना शामिल है। एक सूची में तीन में से कम से कम एक चीज़ दिखनी चाहिए – 1. एक फाइल फोल्डर, जिसमें हर श्रेणी की वस्तुओं के लिए अलग से कागज के नोट्स हों; 2. एक बड़े कागज पर असली सूची, अक्सर यह ऑर्गेनाइजर या प्लानर पर खुले पन्नें पर बनी होती है; 3. किसी सॉफ्टवेयर प्रोग्राम

में किए जानेवाले कामों की लिस्ट या फिर डिजीटल मोबाइल डिवाइस में शामिल की गई वस्तुएँ।

## किए जानेवाले कामों के रिमाइंडर ऑर्गेनाइज करना

अगर आपने इन-ट्रे को खाली कर लिया है तो निश्चित तौर पर आपके पास अपने लिए रिमाइंडर का ढेर बना होगा, वे उन दो मिनटवाले कामों से लंबे हैं, जो किसी दूसरे को नहीं सौंपे जा सकते। हो सकता है कि आपके पास ऐसे कामों की संख्या बीस से पचास या फिर सत्तर तक हो। यह संख्या इससे भी अधिक हो सकती है। आपके पास उन कामों के रिमाइंडर भी जमा हो गए होंगे, जो आपने दूसरे लोगों को सौंपे होंगे और कई चीज़ें आपने कैलेंडर या समडे/मेबी लिस्ट में डाली होंगी।

आप इन सभी श्रेणियों को इस तरह विभाजित करना चाहेंगे ताकि आप खाली समय में किए जानेवाले कामों को खोजते वक्त इन पर विचार कर सकें। आप उन्हें भौतिक तौर पर भी सही तरह से विभाजित करना चाहेंगे ताकि एक ग्रुप व्यवस्थित हो, फिर चाहे वे फोल्डर पर लिखे काम हों या सूचियाँ, पेपर लिखे गए हों या डिजीटल रूप में हों।

### आपके कैलेंडर में लिखे जानेवाले काम

जैसा कि मैंने कहा, सब कुछ आर्गेनाइज करने के लिए आपको बुनियादी रूप से दो तरह के काम करने हैं : कुछ ऐसे काम हैं, जो किसी निश्चित दिन होने हैं... या फिर किसी खास समय में होने हैं... कुछ काम समय और अवसर मिलते ही करने हैं...। इसके अलावा इसमें आपके पास कैलेंडर पर अंकित करने के लिए कुछ और काम भी होंगे, जिनके लिए तारीख दी गई होगी। कैलेंडर पर लिखे गए काम समय के अनुसार हो सकते हैं, जैसे आपको दस बजे जिम से मिलना है या वे दिन के अनुसार हो सकते हैं जैसे मंगलवार को रैचल को कॉल करके पूछना है कि उसे प्रस्ताव मिला है या नहीं।

कैलेंडर में केवल 'बाहरी रूपरेखा' ही दिखनी चाहिए, जिसके अनुसार आप अपने काम पूरे करेंगे।

आपको अपनी इन-ट्रे पर काम करते हुए, ऐसी बहुत सी चीज़ें मिली होंगी,

जिन्हें आप तुरंत कैलेंडर में लिखना चाहेंगे। हो सकता है, आपको एहसास हुआ हो कि आपको मेडिकल चैकअप से जुड़ा नेक्स्ट एक्शन तय करना है। मिसाल के लिए, आपको कॉल करके भेंट का समय लेना था, इस काम में दो मिनट से कम समय लगना था इसलिए हो सकता है कि आपने इसे तुरंत निबटा दिया होगा। फिर आपने अपने कैलेंडर पर मुलाकात का समय और दिन लिखा होगा।

हालाँकि रोज किए जानेवाले कामों की सूची लिखनेवाले बहुत से लोग पुरानी आदतों के चलते कैलेंडर में ऐसे काम भी लिख देते हैं, जो उन्हें अगले सोमवार को करने हैं, परंतु अगर वे पूरे नहीं होते तो वे उन्हें अगले सोनवार के लिए फिर से लिख देते हैं। अपने आपको ऐसा करने से रोकें। आपको अपने कैलेंडर पर किसी पवित्र स्थान की तरह ही भरोसा करना होगा, उसे देखकर आपको दिन और समय विशेष से जुड़े काम ही याद आने चाहिए, जिन्हें आप एक नज़र देखने के बाद पूरा कर सकें। जब कैलेंडर को सही तरह से ऑर्गेनाइज किया जाता है, तो आपके अधिकतर काम केवल एक ही श्रेणी में रह जाते हैं, 'जितनी जल्दी हो सके, अन्य सभी चीज़ों से पहले करनेवाले काम।'

## 'जितनी जल्दी हो सके', वाले कामों को संदर्भ के अनुसार व्यवस्थित करना

मैंने पिछले वर्षों के दौरान यह पाया कि 'जितनी जल्दी हो सके' वाले कामों को याद रखने का सही तरीका यही है कि उस काम से जुड़ा कोई निश्चित संदर्भ होना चाहिए – वह कोई साधन, स्थान या फिर उसे पूरा करने की परिस्थिति हो सकती है। मिसाल के लिए, अगर किसी काम के लिए कंप्यूटर चाहिए, तो इसे 'कंप्यूटर सूची' में जाना चाहिए। अगर आपका काम चाहता है कि आप घर से बाहर जाते हुए उसे पूरा करें, जैसे आपको बैंक जाना है या हार्डवेयर की दुकान पर ठहरना है तो उसे आपको 'किए जानेवाले कामों' की सूची में लिखना होगा। यदि अगला चरण है कि आपको किसी से आमने-सामने बात करनी है, जैसे आपको अपनी पत्नी एमिली से कुछ कहना है, तो उसे 'एमिली' फोल्डर या फिर उससे जुड़ी सूची में डाल दें।

ये सूचियाँ कितनी विचारशील होंगी यह इस बात पर निर्भर करेगा कि आपको कितने कामों के बारे में पता करना है और आप उनसे जुड़े संदर्भों को कितनी बार बदलते हैं।

यदि आप उन दुर्लभ लोगों में से हैं, जिनके पास केवल पच्चीस नेक्स्ट एक्शन हैं तो आपके लिए एक नेक्स्ट एक्शन लिस्ट ही काफी होगी। इसमें विविध कामों को शामिल कर सकते हैं जैसे, कीलें खरीदनी हैं, बॉस से स्टाफ बदलने के बारे में बात करनी है या कमेटी मीटिंग के नोट्स बनाने हैं। अगर आपके पास ऐसे पचास या सौ कामों की सूची है तो आपके लिए वह देखना मुश्किल होगा, जो आपको देखना है। जब भी आपको थोड़ा काम करने का समय मिलेगा, आपको नए सिरे से छंटाई करने का अनुत्पादक काम भी करना पड़ेगा। अगर आप किसी कांफ्रेंस के दौरान थोड़े से खाली समय में केवल कॉल कर सकते हैं, तो आपको पता करना होगा कि किन कामों के लिए कॉल करना था। जब आप इस तरह की छंटाई न कर सकें तो बेहतर होगा कि इन कामों को अलग से कहीं लिखें।

इस तरह की ऑर्गेनाइजिंग करने से उत्पादकता में वृद्धि के साथ-साथ, आपकी ऊर्जा में भी बढ़ोत्तरी होती है। जब आप फोन करने के मूड में हों तो यह आपको कई तरह के फोन करने में सहयोग देगी। बस आपको अपनी 'कॉल लिस्ट' पर ध्यान देना होगा। जब कंप्यूटर ऑन हो तो केवल कंप्यूटर लिस्ट देखें और अपने ऑनलाइन किए जानेवाले काम पूरे करें। अक्सर लोग समझ नहीं पाते कि एक से दूसरे काम में बार-बार ध्यान बदलने से समय और ऊर्जा की हानि होती है। वैसे भी यह समझदारी होगी कि अगर कोई ऑफिस में ठीक सामने बैठा हो तो आपके पास पूरी सूची होनी चाहिए कि आपको उससे किन मुद्दों पर क्या बात करनी है।

**एक्शन रिमाइंडर के लिए सबसे सामान्य श्रेणियाँ**

आप संभवत: पाएँगे कि इनमें से कुछ सामान्य शीर्षक आपके नेक्स्ट एक्शन के लिए भी उपयोगी हो सकते हैं :

- कॉल्स
- कंप्यूटर में
- आगे किए जानेवाले काम
- ऑफिस में
- घर में

- कहीं भी
- एजेंडा, लोग व मीटिंग
- पढ़ें/समीक्षा करें

कॉल्स : इस सूची में वे नाम शामिल हैं, जिन्हें आपको फोन करना है, हाथ में फोन हो तो यह काम कहीं भी हो सकता है। आप जितना गतिशील हैं, आपके लिए सारे कॉल की एक सूची रखना उतना ही लाभदायक होगा; काम के दौरान कभी-कभी मिलनेवाले कुछ मिनट, यात्रा, उड़ान की प्रतीक्षा, बच्चे के स्कूल से आने तक, आप इस सूची का बेहतर उपयोग कर सकते हैं। अगर प्राथमिकता के हिसाब से सूची बना सकते तो आपके लिए यह तय करना आसान होगा कि पहले कौन सी कॉल करनी है।

मैं आपको सुझाव दूँगा कि अगर स्मार्ट फोन न हो तो हर नाम के साथ नंबर भी लिख दें। कई बार मोबाइल पास नहीं होने पर, किसी लैंडलाइन से बात करनी पड़ सकती है।

कंप्यूटर में : अगर आप कंप्यूटर पर और घर में लैपटॉप या टैब पर काम करते हैं तो आपके लिए कंप्यूटर और लैपटॉप पर होनेवाले कामों की सूची तैयार करना बेहतर होगा। इस तरह आप कंप्यूटर का काम करते हुए अपने विकल्प देख सकते हैं, आपको भेजे जानेवाले ई-मेल या दस्तावेजों का पता चल सकता है। मैंने अपनी विमान यात्राओं के दौरान काम करने के लिए ऑन लाइन काम की लिस्ट भी बना रखी है, जो मेरी कंप्यूटर सूची से अलग है। जब विमान में वाई-फाई की सुविधा नहीं होती तो कंप्यूटर सूची में दिमाग लगाए बिना, मैं दूसरे मापदंड के आधार पर काम कर लेता हूँ, जिनमें मुझे इंटरनेट नहीं चाहिए।

ध्यान से सोचें कि किन हालात में आप कौन से काम, किस तरह कर सकते हैं और अपनी सूची उसी तरह व्यवस्थित करें।

अगर आपके पास घर और ऑफिस में काम करनेवाले कंप्यूटर और लैपटॉप अलग हैं तो आप लोकेशन के अनुसार काम की सूची बना सकते हैं। हालाँकि इन्हें एक साथ लिख लेना भी फायदेमंद हो सकता है। अगर आपके पास मोबाइल, लैपटॉप, टैब और स्मार्टफोन हैं और आप उन सभी पर काम करते हों तो रिमाइंडर को सिंगल डिजीटल संदर्भ सूची में डालें या एनीवेयर श्रेणी

में रख सकते हैं।

> हमें उसी सहजता तक जाने का प्रयत्न करना चाहिए, जो परिष्कार के पीछे छिपी है।
> - जॉन गार्डनर

आगे किए जानेवाले काम : जब आप घर से बाहर हों तो उस समय बाहर के कामों की एक सूची तैयार करना भी सही रहेगा। सूची में देखें कि एक ही दौरे में, एक ओर के कितने काम निपटाए जा सकते हैं। जैसे अगर आपको बैंक से सर्टिफिकेट लेने जाना है तो आप दर्जी से कपड़े उठा सकते हैं या रास्ते में आते हुए किसी के लिए फूल खरीद सकते हैं।

हालाँकि यह सूची उन पोस्ट-इट से बढ़कर नहीं होगी, जिन्हें आप अक्सर अपनी अलमारी या प्लानर पर लगा देते हैं। या किसी डिजीटल टास्क मैनेजर के कामों की सूची में डालते हैं।

अगर आप किए जानेवाले कामों की व्यक्तिगत सूचियों में से उपसूचियाँ भी बना सकें, तो यह आपके लिए और सहायक हो सकता है। मिसाल के लिए, ज्यों ही आपको लगे कि आपको हार्डवेयर की दुकान से कुछ सामान लेना है तो आप हार्डवेयर नामक लिस्ट में वे सब चीज़ें लिख सकते हैं, जो उस जगह से लेनी हैं। अगर आप तकनीक के बहुत अधिक संपर्क में नहीं हैं तो आप पोस्ट-इट लगा सकते हैं या फिर तकनीक का प्रयोग करते हुए डिजीटल लिस्ट बना सकते हैं। आप हार्डवेयर स्टोर के नाम एक 'नोट' भी लिख सकते हैं और सारे विवरण उसमें डाल सकते हैं।[1]

ऑफिस में : अगर आप ऑफिस में काम करते हैं तो कुछ काम ऐसे

---

[1] निजी उत्पादकता तकनीक, जो काफी हद तक जीटीडी कार्यपद्धति की लोकप्रियता के साथ बढ़ी है, उसे प्रयोग में लाते हुए स्थानों पर आधारित अनुस्मारकों का विकास हो सकता है। आपका मोबाइल उपकरण (जीपीएस के साथ) पता लगा सकते हैं कि आप हार्डवेयर की दुकान पर हैं, घर में, शहर के बाहर हैं या कहीं और; वह उसके अनुसार ही आपको उस जगह से जुड़े कामों की जानकारी देगा। यदि सुविधा की दृष्टि से देखें तो सही लगता है परंतु व्यावहारिक तौर पर, बहुत सारे कामों को विभिन्न कोणों से देखा जाए, तो यह केवल पूरे सोच-विचार से तैयार की गई सूची के साथ विकल्प के तौर पर शामिल हो सकता है जो कि पूरी तरह से समीक्षा किए गए तंत्र का हिस्सा है। इस तरह आपको उस स्थान विशेष पर जाकर कामों की याद आ जाएगी और इससे उपयोग के लिए सूचियों की ही आवश्यकता होगी। तकनीक के भरपूर प्रयोग और उपयोग के लाभों की संभावना पर आपको ही विचार करना होगा।

होंगे, जिन्हें वहीं करना होगा। उसके लिए आपके पास उन कामों की सूची होना उपयुक्त होगा, जैसे अगर आपके पास फोन और कंप्यूटर है और उस जगह कॉल्स और कंप्यूटर में होनेवाले कामों की सूची भी है तो आपके लिए काम में आसानी होगी। मैं 'ऑफिस में किए जानेवाले काम' या 'ऑफिस में' नामक सूचियाँ तैयार करता हूँ और उनमें किए जानेवाले काम लिखे जाते हैं, जैसे ऑफिस में अलमारी का सामान जगह पर रखना या किसी स्टाफ सदस्य के साथ मिलकर किसी बड़े दस्तावेज का मुद्रण व समीक्षा करना।

अगर आप अपने कामों के केंद्र को सरल कर सकेंगे तो उनमें से अधिकतर के पूरे होने की संभावना बढ़ जाएगी।

आजकल अधिकतर संगठनों में अधिक लचीले, मुक्त और आभासी होने का चलन बढ़ रहा है। होटल-इंग का चलन बढ़ा है, इसके अनुसार कार्यालय के लिए कोई स्थायी स्थान नहीं होता और किसी भी उपयुक्त स्थान पर काम कर लिया जाता है। नतीजन, 'ऑफिस में' लिस्ट का मतलब उन कामों से होगा जो कंपनी की किसी भी जगह में पूरे हो सकते हैं। या फिर कुछ लोगों के लिए 'ए ऑफिस सूची' या फिर 'बी ऑफिस सूची' रखना सहायक हो सकता है, जिन्हें किसी एक खास जगह के साथ जोड़ा जा सकता है।

घर में : कई काम केवल घर में ही हो सकते हैं इसलिए इस सूची को उसी सदंर्भ में बनाया जाना चाहिए। बेशक आपके पास घर में करने के लिए भी कई तरह के काम और प्रोजेक्ट्स होंगे और अक्सर उन्हें किए बिना कोई उपाय नहीं होता। आपको यात्रा के लिए सामान संजोना है, अलमारी में सर्दियों के कपड़े लगाने हैं; इस सूची में इसी तरह के काम होते हैं।

अगर आपके पास घर में ऑफिस भी है, तो इस सूची में ऑफिस के कामों की भी सूची शामिल होगी। अगर घर से ही काम करते हैं तो केवल घर के कामोंवाली सूची से काम चल जाएगा।

जिस तरह लोगों का अस्थायी कार्यालय कई जगह होता है, उसी तरह लोगों के पास कई तरह के घर भी होते हैं; जैसे अवकाश बितानेवाले घर, नाव और स्थानीय कैफे शॉप आदि। तब एक्शन लिस्ट में उनके काम भी शामिल होंगे।

एजेंडा[2] : आप पाएँगे कि आपके नेक्स्ट एक्शन में ऐसे काम होंगे, जिनमें आपको किसी से कमेटी, टीम या स्टाफ मीटिंग में मिलना है। जैसे आपको अपने साथी से अगले साल के लिए किसी योजना पर बात करनी है, आपको अपनी पत्नी से अगले अवकाश की चर्चा करनी है, आपको सहायक को एक ई-मेल के बारे में समझाना है, आपको सोमवार की मीटिंग में खर्चों की रिपोर्ट के बारे में बात करनी है।

लोगों से भेंट व मीटिंग के दौरान अक्सर उनके लिए एजेंडा लिस्ट की आवश्यकता होती है।

इन नेक्स्ट एक्शंस को अलग से, हर व्यक्ति और मीटिंग के अनुसार तैयार करना होगा। हम मानकर चलते हैं कि आपको नियमित रूप से ऐसी मीटिंग्स का हिस्सा बनना पड़ता होगा। जिन पेशेवरों को अपने बॉस को दिखाने के लिए सारे कागज फाइल फोल्डर में पास रखने पड़ते हैं, वे पहले ही इस विधि का एक संस्करण प्रयोग में ला रहे हैं। अगर आप भी अपने सारे नेक्स्ट एक्शन पहले ही तय करने के लिए तैयार हैं, तो हो सकता है कि आपको तीन से पंद्रह के बीच सूचियों पर काम करना पड़े। मैं सलाह दूँगा कि आप बॉस, पति/पत्नी, सहायक व बच्चों के लिए अलग-अलग सूची रखें। आपको अपने वकील, वित्तीय सलाहकार, एकाउंटेंट, कंप्यूटर सलाहकार आदि के लिए ऐसी ही लिस्ट रखनी चाहिए क्योंकि ये वे लोग हैं, जिनसे अगली बार मिलने पर आपको बहुत सारी बातें पूछनी होंगी।

आपके दायित्व जितने विस्तृत और संगठन की भूमिका जितनी बड़ी होंगी, आप दूसरे लोगों से संप्रेषण और सौदेबाजी में उतना ही अधिक पा सकेंगे।

अगर आप स्टाफ मीटिंग, प्रोजेक्ट मीटिंग, बोर्ड मीटिंग, कमेटी मीटिंग, पेरेंट/टीचर मीटिंग आदि का हिस्सा बनते हैं, तब भी आपको अपनी सूची तैयार करनी होगी, जिसमें उन अवसरों पर कही जानेवाली बातों और कामों का संग्रह होगा।

अक्सर आप कुछ ऐसी लिस्ट भी तैयार करना चाहेंगे, जिनमें कम समय के लिए मिलनेवाले लोगों के साथ होनेवाली बात और काम के बारे में लिखा हो। जैसे आपके घर या संपत्ति के रख-रखाव के लिए कोई काम चल रहा

---

2 मैंने एजेंडा शब्द को यू.एस/अमेरिकी अर्थ में लिया है - किसी मीटिंग के दौरान की जानेवाली बातों के विषय और दूसरी संस्कृतियों के अनुसार कैलेंडर, शिड्यूल, डायरी आदि।

है तो आप उस प्रोजेक्ट के दौरान ज़रूरी बातों की सूची बनाकर रखेंगे ताकि ठेकेदार से उनके बारे में बात हो सके। जैसे आप उसके साइट की जगह पर गए हो, लेकिन ठेकेदार वहाँ पर नहीं है, ऐसे में आपको लगेगा कि उससे बहुत सारी बातें पूछनी थीं। उस समय आप उन्हें कहीं लिख लें ताकि उन्हें अगली मुलाकात में पूछा जा सके।

इस तरह की लिस्ट की उपयोगिता को देखते हुए, आपके सिस्टम में ऐसे एजेंडा की लिस्ट भी होनी चाहिए, जो अस्थायी हों, जिस पर झट से काम हो सके और जिन्हें जल्दी से सिस्टम में शामिल किया जा सके। मिसाल के लिए किसी व्यक्ति या मीटिंग से जुड़े एजेंडा को खुले पन्नोंवाले नोटबुक प्लानर में शामिल करने में केवल कुछ सैकेंड का समय लगेगा और इसी तरह अपने डिजीटल साधन में 'एजेंडा श्रेणी' में एक 'नोट' भी झट से शामिल हो सकता है।

रीड/रिव्यू (पढ़ें/समीक्षा करें) : बेशक आपको अपनी इन-ट्रे में ऐसी बहुत सी वस्तुएँ मिलेंगी, जिनके लिए आपको नेक्स्ट एक्शन तय होना है। आशा करता हूँ कि आपने दो मिनटवाले नियम का पालन किया है और उन पर झटपट कार्य करते हुए, उन्हें अगले चरण की ओर बढ़ा दिया होगा।

आपको पढ़ी जानेवाली मुद्रित सामग्री को अलग से रीड/रिव्यू लेबल के साथ रखना चाहिए, जिसे दो मिनट के समय में पढ़ सकते हैं। यह मेरी परिभाषा के अनुसार एक लिस्ट ही है परंतु यह दूसरी सूचियों से अपने आपमें कहीं अधिक प्रभावी और उपयोगी है।

जो लोग समय को बुरी तरह से नष्ट करते हैं, वही सबसे पहले उसकी कमी का रोना रोते हैं।
- जीन डि ला ब्रूयरे

कई लोगों के लिए, रीड/रिव्यू सामग्री का ढेर काफी बड़ा हो सकता हैं, इसकी यह वजह है कि इन्हें उन वस्तुओं के संग्रह में रखना चाहिए, जिन्हें देखने में दो मिनट से अधिक का समय लगता है और जिन्हें आप समय मिलने पर वाकई पढ़ना चाहते हैं। अगर आपने इस श्रेणी को सही तरह से विभाजित नहीं किया, तो आगे चलकर आपकी पठनीय और समीक्षा करने योग्य सामग्री सारे सामान के बीच कहीं उलझकर रह जाएगी। अगर इन्हें सही तरह से अलग रखा रहेगा और आप दूसरे लोगों की तरह स्वयं-नियमन पर ध्यान दे सकें, तो आपके लिए तय करना आसान होगा कि आप क्या रखना चाहते हैं और आपको किससे छुटकारा पा लेना चाहिए।

वकील जैसे पेशेवरों के पास अब भी काफी मुद्रित सामग्री रहती है और भले ही उनके सारे दस्तावेज डिजीटल तौर पर भी सुरक्षित हों, उन्हें फिर भी भौतिक रूप से उन पर काम करना होता है। इस लिहाज से एक रिव्यू/रिस्पांड श्रेणी होनी चाहिए ताकि वह सामग्री एक ट्रे में रखी जाए और उपयुक्त समय मिलते ही उस पर काम हो सके।

जब आप किसी मीटिंग के लिए निकलें या सेमीनार में जाना हो तो अपने साथ कुछ पढ़ने के लिए रखें ताकि उन जगहों पर समय मिलते ही पढ़ने का काम कर सकें। कई बार किसी ने मिलने का समय लिया होता है पर उसे आने में देर हो जाती, या फिर आपको विमान या रेलयात्रा के दौरान थोड़ा समय मिल सकता है। जिन लोगों पास उस दौरान कुछ पढ़ने के लिए नहीं होता, उनका काफी समय बरबाद होता है।

हमारे पास ऐसी बहुत सारी सामग्री पढ़ने के लिए मौजूद है, जो हमारे जीवन या काम से न जुड़ी होने पर भी रोचक हो सकती है। अगर आपके ई-मेल फोल्डर सिस्टम में एक रिव्यू/वॉच फाइल या फिर कोई सर्फ वेब एक्शन लिस्ट होगी तो आपके लिए सुझाए गए वीडियो, ब्लॉग या ऑनलाइन लेखों से जुड़े ई-मेल संभालकर रखने में आसानी होगी।

## 'वेटिंग फॉर' को व्यवस्थित करना

जिस तरह आपको किए जानेवाले कामों को याद रखना है। उसी तरह उन कामों को भी याद रखना है, जिन्हें दूसरों को सौंपना है या जिनके बारे में दूसरों से पूछताछ करनी है। आपको इस जगह बीच-बीच में छोटी-छोटी जानकारी नहीं लेनी है, बस आपको उन प्रोजेक्ट्स के बारे में पता करना है, जिनके बारे में दूसरे जिम्मेदार हैं जैसे आपको थिएटर के लिए जो टिकट लेने थे, ऑफिस में स्कैनर आना था, ग्राहक से प्रस्ताव की मंजूरी मिलनी थी। जब आपके काम का नेक्स्ट एक्शन किसी दूसरे द्वारा पूरा होगा, तो आपको रिमाइंडर नहीं लगाना है। बस आपको ध्यान में आना चाहिए कि कौन सा काम किसे पूरा करना था। आपकी भूमिका यही है कि आप उस सूची पर ध्यान दें, जो काम आपको पूरे करने हैं ताकि आपका प्रोजेक्ट पूर्णता की ओर जा सके।

दूसरों की उपेक्षा से संकट पैदा हो, उससे पूर्व ही उन्हें दिए गए वचन पूरे कर देने चाहिए।

जो लोग प्रबंधन या निरीक्षण से जुड़े काम करते हों, उनके लिए अधूरे कामों की यह सूची बहुत कारगर होती है। वे बार-बार अपने महत्त्वपूर्ण कामों की छानबीन, समीक्षा और छंटाई जैसे चरणों को पूरा करते हुए सुकून महसूस करते हैं और उनके लिए पूरी एकाग्रता से काम करना और भी आसान हो जाता है।

हो सकता है कि आपको अपने उसी सिस्टम में 'वेटिंग फॉर' सूची रखना भी आरामदेह लगे, जिसमें आप नेक्स्ट एक्शन याद रखनेवाली सूची रखते आए हैं। जब तक प्रोजेक्ट पूरा नहीं हो पाता, उससे जुड़े नेक्स्ट एक्शन की जिम्मेदारी कई बार आपके सिर आ सकती है। मिसाल के लिए, हो सकता है कि आपको किसी ग्राहक को प्रस्ताव भेजने के लिए कॉल करना हो, तो वह काम फिर आपकी 'वेटिंग फॉर' लिस्ट में चला जाएगा। जब प्रस्ताव आएगा तो आपको उसकी समीक्षा करनी होगी (यह आपकी 'एट कंप्यूटर' लिस्ट में रीड/रिव्यू सूची में होगा)। इस पर काम पूरा होने के बाद आप इसे बॉस के पास मंजूरी के लिए भेजेंगे और यह फिर से आपकी 'वेटिंग फॉर' सूची में होगा। और यह सिलसिला जारी रहेगा।[3]

अगर आप किसी ऐसे व्यक्ति से मिल रहे हैं, जिसे आपका काम पूरा करना है, उस समय भी वेटिंग फॉर लिस्ट आपके काम आ सकती है, उसे अपने पास ही रखें। बेहतर होगा कि आप ऐसे किसी प्रोजेक्ट के बारे में जल्दी ही बात आरंभ कर दें जैसे, 'ओह, वह गोंजालेवाले प्रोजेक्ट का क्या हुआ?' फिर सही मौका पाते ही विस्तार से बात करें।

इस श्रेणी में हर काम के आगे उसकी तारीख और उसके पूरा होने की नियत तारीख डालना ठीक रहेगा। अगर आपके पास तिथि लिखी होगी तो वह संदर्भ के काम आ सकती है, 'पर मैंने तो आपको बीस तारीख को ऑर्डर दिया था।' मेरे अनुभव में यह तरीका अपने आपमें बहुत कारगर होता है।

जब आपको यह एहसास होगा कि आपकी वेटिंग फॉर सूची में वह सब शामिल है, जो आपको लोगों से पूछना है या आपको पूरा करना है तो आप वाकई बेहतर महसूस करेंगे।

---

3 डिजीटल लिस्ट मैनेजर (और अलग फोल्डर्स में लो-टैक कागज) का अपना लाभ होता है क्योंकि इनकी मदद से आप एक्शन बदलने से आसानी से एक वस्तु को दूसरी श्रेणी में स्थानांतरित कर सकते हैं और आपको उन्हें दोबारा लिखने या सोचने की भी ज़रूरत नहीं होगी।

## मूल वस्तु को उसके रिमाइंडर की तरह लें

आपके कामों के रिमाइंडर का पता लगाने का प्रभावी तरीका यह हो सकता है कि जब वे आपके सामने हों तो उन्हें तुरंत ही लिस्ट या फोल्डर्स में डाल दें। जब आप इस पर काम कर लेंगे तो मूल वस्तु को ट्रिगर की तरह लेने की आवश्यकता नहीं रहेगी। हो सकता है कि आपने बॉस के साथ किसी मीटिंग के दौरान कुछ नोट्स लिए हों, पर जब आप उनसे जुड़े प्रोजेक्ट्स और कामों में जुटे हों तो उन्हें दोबारा भी देख सकते हैं। कुछ लोग संदेश या वॉयस मेल को दोबारा देखते हैं कि उन्हें इस बारे में कुछ करना तो नहीं, पर इसे आप बहुत असरदार तरीका नहीं कह सकते।

जिन ई-मेल और कागजों पर काम होना है, उन्हें बाकी दस्तावेजों से अलग रखें।

हालाँकि इस नियम के कुछ अपवाद भी हैं। कुछ काम ऐसे होंगे जो स्वयं ही अपने लिए रिमाइंडर का काम करेंगे, उनके लिए अलग से सूची में कुछ लिखने की ज़रूरत नहीं है। यह कागज पर आधारित सामग्री और ई-मेल के लिए कहा जा सकता है।

### कागजों पर आधारित कार्य-प्रवाह का प्रबंधन

कुछ चीज़ें किए जानेवाले कामों का बेहतर रिमाइंडर होती हैं। रीड/रिव्यू श्रेणी के लेख, प्रकाशन और दस्तावेज इसके अच्छे उदाहरण हो सकते हैं। अगर आपकी रीड/रिव्यू ट्रे में कोई 'वॉग (प्रचलन या फैशन)' पत्रिका रखी है तो आपको अपनी एक्शन लिस्ट में यह लिखने की ज़रूरत नहीं है कि आपको समय मिलते ही वॉग पत्रिका पढ़नी है।

अगर आप अब भी अपने बिलों का भुगतान कागजों पर छपे बिलों से करते हैं तो बेहतर होगा कि आप उन्हें एक साथ ही भरें ताकि उनकी रसीदों को एक ही बार में किसी ट्रे में रखा जा सके और आप उसे 'भरे जानेवाले बिल' श्रेणी में डाल सकें। इसी तरह खर्चों से जुड़ी रसीदों को भी लिफाफों और फोल्डर्स में रखना चाहिए।[4]

---

4 हालाँकि यह पहल खतरनाक भी हो सकती है, अगर आपने 'भरे जानेवाले बिल' की सूची को लगातार अपने आगे न रखा, जितना आपको रखना चाहिए। उन्हें केवल व्यवस्थित करके ही बात नहीं बनेगी। आपको यह भरोसा भी होना चाहिए कि आपने उनकी उचित समीक्षा करते हुए प्रबंधन किया है।

आपके काम, आपके इनपुट और काम करने के स्थान की प्रकृति विशेष आदि के साथ आप मूल दस्तावेज का प्रयोग करते हुए दूसरी श्रेणियों को भी व्यवस्थित कर सकते हैं। उदाहरण के लिए, ग्राहक-सेवा से जुड़े पेशेवर को कई तरह के निवेदनों पर काम करना पड़ सकता है और ऐसे में बेहतर यही होगा कि वह उन्हें किसी ट्रे या फाइल में जमा करे ताकि उन पर आसानी से काम हो सके। एक वकील या एकाउंटेंट ऐसे दस्तावेजों को अलग से रख सकता है, जिन्हें पढ़ने के बाद तय होगा कि उनके लिए क्या काम करने हैं। इन्हें इनकी प्रकति के अनुसार किसी अलग ट्रे में लगाया जा सकता है।

आप चीज़ों को रिमाइंडर लिस्ट में लिखेंगे या उन्हें किसी ट्रे या फिर डिजीटल फोल्डर में रखेंगे, यह काफी हद तक आपके साधनों पर भी निर्भर करता है। क्या आप अपनी मेज के सिवा उन रिमाइंडर्स का कहीं और प्रयोग कर सकते हैं? यदि ऐसा है, तो उस सामग्री को दूसरे स्थान पर ले जाने की संभावना पर विचार होना चाहिए। अगर आप अपने मेज के बजाय उस काम को और कहीं नहीं कर सकते, तो उसके रिमाइंडर अपने कार्यस्थल पर संभालना ही उचित होगा।

सब कुछ व्यवस्थित करने का प्रमुख कारण यही है कि आपका संज्ञानात्मक भार घटे, आपको लगातार चीज़ों के बारे में सोचना न पड़े, जैसे 'मुझे इसके बारे में क्या करना था?'

आप चाहे जो भी विकल्प चुनें, आपके रिमाइंडर श्रेणियों में दिखने चाहिए जो नेक्स्ट एक्शन पर आधारित होंगे। यदि किसी काम से जुड़ा नेक्स्ट एक्शन कॉल करना है तो इसे कॉल्स ग्रुप में रखें; अगर सूचना की समीक्षा करके इसकी इनपुट कंप्यूटर में जानी है तो इसे 'एट कंप्यूटर' का नाम दें। अधिकतर वर्कफ्लो सिस्टम की क्षमता पर इस बात से भी असर पड़ता है कि लोग एक जैसे दस्तावेज़ों को एक ही ट्रे या फाइल में रख देते हैं, भले ही उनमें से प्रत्येक के लिए अलग-अलग तरह के कामों की आवश्यकता हो। किसी काम के लिए कॉल करना है, दूसरे काम में आँकड़ों की समीक्षा करनी है और किसी और में दूसरे व्यक्ति से सूचना का संग्रह करना है - परंतु इन पर एक साथ काम करना है। ऐसी व्यवस्था में ढेर देखकर ही दिमाग कुंद होने लगता है क्योंकि ये सभी निर्णय अभी काम के नेक्स्ट एक्शन स्तर तक आने के लिए अधूरे हैं।

मेरा निजी तंत्र कहीं भी आसानी से लाया-ले जाया जा सकता है, सब

कुछ सूचियों में लिखा रहता है परंतु फिर भी मैं अपने ऑफिस में एक रीड/रिव्यू का ढेर बनाकर रखता हूँ और यात्रा संस्करण के रूप में, एक प्लास्टिक फोल्डर में वही सामग्री इसी शीर्षक से रहती है। हालाँकि मेरे पास डिजीटल पत्रिकाओं का संग्रह है परंतु सौंदर्य और सुविधा की दृष्टि से मुझे अपने पास भौतिक रूप में पत्रिकाएँ रखना भी अच्छा लगता है।

**ई-मेल पर आधारित कार्यप्रवाह का प्रबंधन**

कागज पर आधारित सामग्री की तरह, जिन ई-मेल पर एक्शन लेना है, उनमें से कई तो स्वयं ही रिमाइंडर का काम करती हैं। यदि आपके पास बहुत सारे ई-मेल आते हैं और आप इसी सॉफ्टवेयर पर अपना काफी समय बिताते हैं, तो यह आपके लिए पूरी तरह से सच होगा। आपको जिन ई-मेल्स पर काम करना है, उन्हें दूसरी सूची में लिखने या बाँटने के बजाय अपने सिस्टम में ही देख सकते हैं।

कई लोगों को अपने ई-मेल सिस्टम में दो या तीन अनूठे फोल्डर रखना पसंद होता है। यह सच है कि ई-मेल के सभी फोल्डर्स का प्रयोग संदर्भ या आर्काइव सामग्री के लिए होना चाहिए, परंतु एक ऐसा कारगर तंत्र भी होना चाहिए जो आपके उन मैसेज को 'इन' एरिया से कहीं बाहर व्यवस्थित कर सके जिन पर काम होना है (जहाँ उन्हें अधिकतर लोग रखते हैं)।[5]

यदि आप इस मार्ग को चुनते हैं तो मैं आपको सलाह दूँगा कि आप दो मिनट से अधिक समय लेनेवाले मेल्स का एक अलग फोल्डर तैयार करें। जब आप ऐसा करेंगे तो बहुत सारे मेल्स तो दो मिनट के भीतर ही निपट जाएँगे।

1. फोल्डर का नाम किसी प्रतीक या बड़े अक्षर से आरंभ हो ताकि वह आपके अन्य संदर्भ फोल्डर्स से अलग दिखे और 2. यह आपके दूसरे फोल्डर्स से अलग दिखाई दे। आप @ या हाइफन वगैरा कोई और निशान भी चुन सकते हैं। आपका @एक्शन फोल्डर उन सभी ई-मेल्स को संभालकर रखेगा, जिनके

---

[5] यदि आपकी जीवनशैली ऐसी है, जिसमें बहुत सारे ई-मेल नहीं होते तो आपके लिए उन्हें एक जगह रखना ही बहुत होगा। वे ही आपके लिए रिमाइंडर का काम करेंगे। जब आपको लगे कि उनका ढेर बढ़ता जा रहा है, तो उन्हें अपने 'इन' क्षेत्र के बाहर कहीं व्यवस्थित कर दें ताकि वे आपके लिए भ्रम पैदा न करें।

बारे में आपको कुछ करना है।

इसके बाद आप @वेटिंग फॉर फोल्डर तैयार करें, जो ठीक उस जगह दिखेगा जहाँ आपने @एक्शन फोल्डर रखा है। फिर जब भी आपको कोई ऐसा मेल आता है, जिसमें कोई ऐसा काम हो रहा है जिसके बारे में आपको खोज-खबर रखनी होगी तो उसे खींचकर @वेटिंग फॉर फोल्डर में डाल दें। इसमें आपके दूसरे रिमाइंडर भी रखे जा सकते हैं, जिन्हें आपको ई-मेल के माध्यम से पूरा करना है। जब भी आप कुछ फॉरवर्ड करें, किसी मेल से काम का आग्रह करें तो उस समय अपनी @वेटिंग फॉर फाइल में उसकी सीसी या बीसीसी कॉपी सेव करके रख लें।[6]

**ई-मेल 'इन' को खाली करना :**

> हजार के बजाय जीरो से ई-मेल बैकलॉग तैयार करने में कम ऊर्जा लगती है।

इस जगह बताया गया उपाय आपको इस योग्य बना देगा कि आप अपनी ई-मेल ट्रे से सब कुछ निकाल सकेंगे, जो आपकी स्पष्टता, नियंत्रण और रोज़मर्रा के काम के लिए किसी वरदान से कम नहीं होगा। आप 'इन' का दावा नए सिरे से 'इन' की तरह ही कर सकेंगे ताकि उसमें जो भी रहे, वह आपके वॉयस मेल के लिए नए मैसेज या फिर आपके मोबाइल के लिए न पढ़े गए मैसेज जैसा ही होगा। आपको संकेत मिलता रहेगा कि आपको इन पर काम करना है। अधिकतर लोगों के ई-मेल इन बॉक्स में बहुत सारे ऐसे काम रहते हैं, जिन पर अभी काम होना है, कुछ संदर्भ होते हैं तो कुछ किसी काम के नहीं होते, यह अभ्यास दिमाग को लगातार कुंद करता है: वे जानते हैं कि उन्हें जब भी किसी एक चीज़ को खोजना होगा तो हर चीज़ को नए सिरे से फिर से आंकना होगा।

गेटिंग 'इन' का अर्थ यह नहीं कि आपने सब कुछ संभाल लिया है। इसका अर्थ यह है कि आपने वह डिलीट कर दिया है जो आप कर सकते थे, वह सब भर लिया है जो आप रखना चाहते थे परंतु आपको उस पर काम करने की

---

[6] कुछ ई-मेल एप्लीकेशन ऐसे भी होते हैं, जिनमें आप अपने ई-मेल को टास्क लिस्ट में डाल सकते हैं, वह भी पूरी तरह से कारगर है। हालाँकि इसके लिए आपको सॉफ्टवेयर की कार्यवाही से पूरी तरह परिचित होना होगा ताकि यह कार्य आसानी से, बिना किसी बाधा के पूरा हो सके।

आवश्यकता नहीं है।

आपने दो मिनट में पूरे होनेवाले काम भी कर लिए हैं। उन सभी चीज़ों को रिमाइंडर फोल्डर्स में डाल दिया है, जिन्हें आप बाद में याद करना चाहते हैं और इसके साथ ही उन ई-मेल को भी देख लिया है जिनके लिए कोई कार्यवाही करनी है। अब आप @एक्शन फाइल खोलकर उन ई-मेल पर काम कर सकते हैं, जिन पर कुछ समय लगना है। बहुत सारे ई-मेल्स के जाल में उलझने के बजाय यह प्रक्रिया सरल है न! तब आपको यह आशंका भी नहीं रहेगी कि आपके हाथों कुछ ऐसा छूट गया जो बहुत महत्वपूर्ण था।

**अपने कामों के रिमाइंडर हटाने से जुड़ी सावधानी**

अगर आप किए जानेवाले कामों से जुड़े रिमाइंडर किसी ऐसी जगह रखते हैं जहाँ आप उन्हें देख न सकें तो इसमें खतरा है। किसी भी व्यवस्थित करनेवाले तंत्र का प्रमुख कार्य यही कि आपको सही समय पर रिमाइंडर दिख सकें ताकि आपको अपने किए जानेवाले कामों से जुड़े चुनावों पर भरोसा हो। जब आप दिन के अंत में ऑफिस से निकलें या दिन के लिए कुछ करने की योजना बना रहे हों तो आपको उन ई-मेल्स पर एक नज़र मारनी चाहिए, जिनके लिए कुछ काम करना है जैसे आप अपनी कॉल्स या एट कंप्यूटर श्रेणी देखते हैं। कुल मिलाकर, @एक्शन फाइल, आपकी एट कंप्यूटर लिस्ट का ही विस्तार है और इसका प्रबंधन भी ठीक उसी तरह किया जाना चाहिए। आपके कागज पर आधारित बचे हुए काम को भी उसी सूची की तरह लें क्योंकि आप उन्हें अपने रिमाइंडर्स की तरह ले रहे हैं।

कई बार कागज पर आधारित सामग्री पर उपयोगिता के अनुसार भरोसा करना, डिजीटल संस्करण की तुलना में आसान लगता है।

यदि आप अपने सारे ट्रिगर्स को सही तरह से फाइल, फोल्डर या सूची में रख रहे हैं और उन्हें समय-समय पर देखते हुए कार्य कर रहे हैं, तो यह करना भी उचित है। आप कभी नहीं चाहेंगे कि सिस्टम में सब कुछ हो और आप उसे अपने उद्देश्य के लिए प्रयुक्त न कर सकें। इस मामले में डिजीटल दुनिया भी खतरनाक हो सकती है क्योंकि ज्यों ही डाटा नजर से ओझल होगा, इसे भूलने की संभावना अधिक हो जाएगी। कई बार इसी वजह से तकनीक पसंद करनेवाले भी कागज पर बने प्लानर की मदद लेने लगते हैं - उसे आप भौतिक रूप से

हाथों में लेकर देख सकते हैं और चीज़ों को याद रख सकते हैं।

जब आप दोस्तों के साथ मौज करें, बेवजह टहलने निकलें और दिमाग पर भार न हो तो उस समय आपको पता होना चाहिए कि आपके किए जानेवाले काम किस जगह लिखे हैं, वे क्या हैं और वे आपके काम पर आने की प्रतीक्षा कर लेंगे। और आपको यह काम करने में कई घंटे नहीं बल्कि कुछ सैकेंड का ही समय लगना चाहिए।

## प्रोजेक्ट्स से जुड़े रिमाइंडर व्यवस्थित करना

आपके सभी प्रोजेक्ट्स की एक सूची बनाना और प्रबंधन करना एक गहन अनुभव हो सकता है। (ऐसा हर काम या नतीजा, जिसे पूरा करने के लिए एक से अधिक कामों की ज़रूरत हो, वह प्रोजेक्ट है।) आप जितना सोचते हैं, वे संख्या में उससे कहीं अधिक होंगे। अगर आपने अब तक ऐसा नहीं किया तो मेरी सलाह यही है कि आप पहले आसान से ढाँचे में एक प्रोजेक्ट सूची बना लें, जैसे आप अपनी एक्शन लिस्ट बनाते थे, यह डिजीटल ऑर्गेनाइजन की एक श्रेणी हो सकती है, खुले पन्नोंवाले प्लानर का पन्ना हो सकता है या प्रोजेक्ट नामक फोल्डर हो सकता है, जिसमें एक मास्टर लिस्ट या हर प्रोजेक्ट के लिए अलग से एक पृष्ठ मौजूद होगा।

### प्रोजेक्ट सूची

प्रोजेक्ट सूची इसलिए नहीं होती कि आप उसमें अपने प्रोजेक्ट के विवरण और योजनाओं की चर्चा शामिल कर सकें। आपको इन्हें प्राथमिकता, आकार या आपातकाल के अनुसार भी रखने की कोशिश नहीं करनी चाहिए - यह आपके अधूरे कामों की सूची भर है। आप अपनी दिन-प्रतिदिन की गतिविधियों के बीच इस प्रोजेक्ट सूची पर काम नहीं करते; अधिकतर समय आपको अपने कैलेंडर, एक्शन लिस्ट और अचानक सामने आनेवाले कामों के आधार पर ही अपना केंद्र स्थापित करना होता है। याद रखें, आप किसी प्रोजेक्ट को नहीं कर सकते, आप केवल इससे जुड़े एक्शन स्टेप्स कर सकते हैं। प्रोजेक्ट्स की ओर से प्रस्तुत किए गए आयामों से सावधान रहें, हालाँकि दीर्घकाल में यह

एक संपूर्ण और ताज़ी प्रोजेक्ट सूची एक प्रमुख साधन है, जिसके बल पर आप पेड़ों से लिपटने के बजाय वन प्रबंधन की ओर जा सकते हैं।

आपके नियंत्रण और केंद्र में आपकी सुविधा के विस्तार के लिए महत्त्व रखता है।

प्रोजेक्ट सूची का असली महत्त्व इसी बात में है कि आप कम से कम सप्ताह में एक बार इसे देखते हुए जान लें कि आपने अपने प्रोजेक्ट्स के लिए सारे एक्शन स्टेप्स तय कर लिए हैं और कुछ भी ऐसा नहीं है, जो करने से छूट गया हो। समय-समय पर इस सूची पर नजर डालने से आपका नियंत्रण का भाव बना रहेगा। आप यह भी जानेंगे कि जब भी काम के भार का आकलन करना हो तो आपके पास पहले से सूचियाँ उपलब्ध हैं, जिन्हें देखकर सारा अनुमान लगा सकते हैं।

**संपूर्ण प्रोजेक्ट सूची का महत्त्व**

मैंने प्रोजेक्ट के लिए जो सरल और विस्तृत परिभाषा दी है (वांछित परिणाम पाने के लिए एक से अधिक कदम उठाना), वह बहुत सी सूक्ष्म और गूढ़ चीज़ों को भी आपकी चेतना की ओर प्रभावित कर सकती है। अगर आप किसी ऐसे उद्योग से हैं जो औपचारिक तौर पर प्रोजेक्ट केंद्रित है (जैसे निर्माण, सॉफ्टवेयर, परामर्श आदि), तो यह एहसास होना चुनौतीपूर्ण हो सकता है कि आपको बच्चों के लिए एक कुत्ता देखना है या फिर किसी अच्छे दर्जी की तलाश करनी है, ये सब भी प्रोजेक्ट ही कहलाते हैं। जो भी हो, उनकी ओर थोड़ा ध्यान तो देना ही होगा ताकि आपके मस्तिष्क से एक तरह का दबाव हट सके।

आपके पूरे, अधूरे और वर्तमान कामों का पूरा ब्यौरा लेना और उसे बरकरार रखने की आदत आपकी तनावरहित उत्पादकता के लिए सबसे अनमोल चीज़ों में से एक हो सकती है। इसके कुछ कारण निम्नलिखित हैं :

* **नियंत्रण व केंद्र के लिए अनिवार्य**

आप अगर लगातार खुद को याद दिलाते रहते हैं कि आपको कौन से छोटे-बड़े काम करने हैं, तो सचमुच आपके लिए सही मायनों में विश्रांत और अपनी पूरी उत्पादक अवस्था में रहना असंभव होगा। अगर आपकी बाहरी कामों की सूची पूरी तरह से तैयार न हुई और उसकी समय पर समीक्षा न की गई तो आपके लिए हर तरह के काम तलवार की तरह लटकते रहेंगे, जैसे आपको अपनी कार का लाईसेंस नया बनवाना है या आपको अगले साल की कॉन्फ्रेंस

का एजेंडा तैयार करना हैं।

प्रोजेक्ट्स कभी भी पैकेज में नहीं आते। छोटी चीज़ें अनपेक्षित रूप से बड़ी चीज़ों में बदल जाती हैं।

***  छिपे हुए तनाव को दूर करती है**

हम स्वयं से जो छोटी-छोटी बातें लगातार कहते हैं, बार-बार उनके प्रबंधन की बात करते हैं, इन बातों से भी भारी तनाव हो सकता है। प्रोजेक्ट बिलकुल सटीक रूप में सामने नहीं होती। ये एक सादे हालात, संप्रेषण या गतिविधि से आरंभ होकर, आपकी अपेक्षा से बड़ी होती चली जाती है। आपको लगता है कि आपने अपनी बेटी को प्रीस्कूल में भेजकर अपना काम पूरा कर लिया पर उसके बाद आपको पता चलता है कि रजिस्ट्रेशन फार्म और कुछ दूसरे दस्तावेजों को लेकर समस्या आ गई है। आपको लगता है कि जो बिल भेजा गया था, वह बिलकुल ठीक और पूरा था पर ग्राहक उससे राजी नहीं है और वह आपसे नया बिल चाहता है। ऐसे हालात को अपने सिस्टम में पहचानकर, उनके लिए मनचाहे नतीजों पर काम करने से आपको ताजी ऊर्जा के साथ अपेक्षित सकारात्मक नतीजे मिलते हैं।

***  साप्ताहिक समीक्षा का सार**

जैसा कि मैंने दूसरे स्थानों पर भी कहा है, अपनी बड़ी वचनबद्धताओं का रोज़मर्रा की गतिविधियों से मेल करने के लिए साप्ताहिक समीक्षा एक महत्त्वपूर्ण सफलता कारक हो सकती है। और इस काम के लिए अब भी एक संपूर्ण प्रोजेक्ट सूची अपने आपमें अहम है। आपको साप्ताहिक रूप से स्वयं को आश्वस्त करना होगा कि आप अपने बच्चों के लिए लाए जानेवाले कुत्ते, अगले सालवाले सत्र की तैयारी वगैरा के लिए जो कर रहे हैं, वह सही है या नहीं। सभी चीज़ों को एक उचित नज़रिए से देखने की क्षमता विकसित करने के लिए आपके पास संपूर्ण प्रोजेक्ट सूची होनी ज़रूरी है, जिसे आप समय-समय पर अपडेट कर सकें।

***  संबंध प्रबंधन**

चाहे आप बॉस, स्टाफ, साथी या दोस्त के साथ बातचीत कर रहे हों, आपके संबंधों के संदर्भ में सभी वचनबद्धताओं का कुल परिदृश्य और नियंत्रण की भावना बहुत महत्त्व रखते हैं। अकसर आपके सामने सीमित संसाधनों को बाँटने की समस्या आ सकती है जैसे समय, धन और आपका ध्यान। और जब

उन संसाधनों के साथ दूसरे लोग भी शामिल होते हैं, तो आपको अपने सारे प्रत्यक्ष और अप्रत्यक्ष समझौतों के साथ उन दबावों को कम करना होता है। एक बार लोगों को उनके जीवन और काम का पूरा ब्यौरा मिल जाए तो उनके लिए रचनात्मक वार्तालाप करना आसान हो सकता है, परंतु यह सब एक संपूर्ण प्रोजेक्ट सूची के अभाव में नहीं हो सकता।

## अधूरी प्रोजेक्ट सूची

ऐसे तीन प्रमुख क्षेत्र हैं, जिनमें आपको अपने छिपे हुए प्रोजेक्ट्स मिल सकते हैं -

**वर्तमान गतिविधियाँ :** अक्सर आप अपने कैलेंडर, एक्शन सूची और काम करने के स्थान पर इन प्रोजेक्ट्स की जानकारी पा सकते हैं।

आपकी कौन सी मीटिंग्स होनेवाली हैं - कौन सी मीटिंग्स हो चुकी हैं या अभी होनी हैं। आप किसी मीटिंग से क्या पाना चाहते हैं, क्या वह नतीजा केवल मीटिंग करने से पूरा होगा? आपको यह पता लग सकता है कि आपको जो कॉन्फ्रेंस कॉल करनी थी, वह किसी ग्राहक की ओर से है जिसे अपने लिए व्यक्तिगत रूप से कोई प्रोग्राम तैयार करवाना है। वाह! एक नया प्रोजेक्ट -'अ ब स ग्राहक के लिए संभावित व्यक्तिगत कार्यक्रम की खोज'। हो सकता है कि आपको अपने बेटे की पेरेंट-टीचर मीटिंग में जाना हो और साथ ही यह भी याद आ जाए कि उसकी कक्षाओं के बारे में भी बात करनी है। आपके निजी या व्यावसायिक दौरे, आपके कैलेंडर में कॉन्फ्रेंस की तारीखें आदि - इन सबका मूल्यांकन उन प्रोजेक्ट्स के लिए होना चाहिए, जो आपसे स्वीकृति चाहती हैं। आपकी सूची के नेक्स्ट एक्शन के साथ भी बहुत सारी अधूरी प्रोजेक्ट्स होंगी। जैसे कई बार हम लोगों की प्रोजेक्ट सूची में लिखा देखते हैं - 'मारियो को कॉल करो: फंड रेजिंग इवेंट के बारे में', पर अभी उन्होंने यह नहीं लिखा कि फंड-रेजर को अंतिम प्रारूप दो'। जबकि उनकी प्रोजेक्ट सूची में यह भी होना चाहिए।

अक्सर आपकी सोच में स्पष्टता नहीं रह पाती - ब्रीफकेस में प्रस्तावों और अनुबंधों (समझौता) का पुलिंदा रखा है, जिन्हें आपको देखना है, मेज पर बैंक में भरे जानेवाले फॉर्म रखे हैं, पर्स में टूटी घड़ी रखी है, जिसे ठीक करवाना है, ये सब प्रोजेक्ट्स से जुड़ा सामान है। आपको दो बार जाँच करनी होगी कि उनके

बारे में पूरे नतीजे पाने के लिए, आप उन्हें अपने साथ रख रहे हैं या नहीं।

**उच्चतम क्षितिज दिलचस्पी और वचनबद्धता :** अब भी ऐसा संभव है कि आप अंदर ही अंदर अपनी जिम्मेदारियों, लक्ष्यों, विजन और मूल मूल्यों के लंबे और ऊँचे परिदृश्य के साथ वचनबद्धताओं और हितों को ध्यान में रख रहे हों।

आपके व्यावसायिक जीवन की जिम्मेदारियों, काम से जुड़ी आपकी भूमिकाओं और आपके जीवन से जुड़े कुछ क्षेत्रों पर काम करते हुए, आपको कुछ और ऐसे काम याद आ सकते हैं, अगर आप उनके लिए कुछ प्रोजेक्ट्स को परिभाषित कर सकें तो यह बहुत सार्थक होगा।

अगर आपके पास व्यावसायिक लक्ष्य, कंपनी के उद्देश्य और रणनीति से जुड़ी योजना हैं, तो क्या आपने उन सभी प्रोजेक्ट्स को पहचाान लिया है, जो आपके लिए चुने गए हैं, ताकि आप सही तरह से उन्हें दिशा दे सकें? मैं अपने व्यावसायिक जीवन में कभी ऐसा कोई काम अधूरा नहीं रखता, जिसे पहले से परिभाषित न कर दिया गया हो। क्या आपके निजी जीवन में निकट भविष्य में कुछ ऐसे काम आनेवाले हैं जो आपका ध्यान अपनी ओर खींच रहे हैं और आपको उनके लिए कुछ करना है - बच्चे, बूढ़े होते मात-पिता, आपकी रिटायरमेंट, जीवन साथी की इच्छाएँ, आपके जीवन में मौज-मस्ती और रचनात्मकता से जुड़े काम। इस तरह के मनन के साथ अक्सर आपको कुछ ऐसे प्रोजेक्ट्स दिखते हैं, जिन्हें अगर एक बार पहचान मिल जाए तो आपको अपने संसार में सब कुछ नियंत्रित होने की भावना महसूस हो सकती है।

**ताजा समस्याएँ, मुद्दे और अवसर :** कई बार बहुत से ऐसे मुद्दे अधूरे छूट जाते हैं, जो सही पहचान न मिलने पर आपके केंद्र और एकाग्रता को लगातार भंग करते हैं। उन्हें असली प्रोजेक्ट्स में बदलने के लिए एक्शन स्टेप्स तय करना ज़रूरी हो जाता है। उन्हें तीन श्रेणियों में रख सकते हैं :

- समस्याएँ
- प्रक्रिया से जुड़े सुधार
- रचनात्मक और क्षमता-निर्माण अवसर

कोई समस्या प्रोजेक्ट कब बनती है? हमेशा। जब आप किसी चीज़ को

सामान्य रूप से स्वीकार करने के बजाय उसे एक समस्या के तौर पर लेते हैं। आप यह मान रहे हैं कि कोई संभावित हल है। ऐसा है या नहीं, अभी यह तय होना बाकी है। परंतु आपको यह जानने के लिए थोड़ी खोजबीन करनी होगी। 'फ्रेडरिक के साथ स्कूली संबंधों में सुधार लाने के लिए कुछ करना', 'व्यावसायिक साझेदार के साथ क्षतिपूर्ति विवाद का निपटारा' आदि ऐसे प्रोजेक्ट्स थे, जिन्हें आप अभी तक परिभाषित करने से बच रहे थे। जब आप सही मायनों में इसे शब्द देते हैं, अपनी सूची में शामिल करते हुए इसके लिए नेक्स्ट एक्शन तय करते हैं, तो आप स्वयं को तनावरहित उत्पादकता के खेल में आगे तक ले जा सकते हैं।

इसी तरह आपके प्रशासन, रख-रखाव और व्यावसायिक व निजी कार्यप्रवाह प्रक्रियाओं में भी कई तरह के प्रोजेक्ट्स शामिल होंगे। आप अपने सिस्टम और कामों के होने या न होने के बारे में किस तरह की शिकायतें करते हैं? क्या आपकी फाइलिंग, स्टोरेज, संप्रेषण व रिकॉर्ड आदि रखने की प्रक्रियाओं से जुड़ी कुछ कुंठाएँ हैं? क्या आप निजी और व्यावसायिक खर्चों से जुड़ी रिपोर्टिंग, बैंकिंग या निवेश प्रक्रियाओं के लिए कुछ कर रहे हैं? या फिर अपने मित्रों व परिवार के संपर्क में हैं? ऐसे कुछ प्रोजेक्ट्स भी हो सकते हैं, जो चुपके से परेशानी की वजह बन जाते हैं और यह भी पता नहीं चलता कि यह कब हुआ। उस समय उन पर ध्यान देना और भी ज़रूरी हो जाता है।

अंत में कुछ ऐसे काम हो सकते हैं, जो आप स्वयं से कहते आ रहे हों कि आपको अपने विकास या रचनात्मक अभिव्यक्ति के लिए सीखने हैं। क्या आप इतालवी कुकिंग या चित्र बनाना सीखना चाहेंगे? क्या आप सोशल मार्केटिंग या डिजीटल फोटोग्राफी का कोई कोर्स करना चाहते हैं? यह भी हो सकता है कि इनमें से कोई भी प्रोजेक्ट आपके समडे/मेबी लिस्ट से निकलकर सामने आ जाए। जब आप जीटीडी की प्रभावी उत्पादकता से परिचित हो जाएँगे तो आप प्रोजेक्ट सूची में मनचाहे परिणाम तय करने के बाद अपने जीवन में नए, रोचक और अनूठे अनुभव शामिल करना चाहेंगे।

**एक सूची या फिर उपविभाजित?**

अधिकतर लोगों को लगता है कि एक ही सूची उचित है क्योंकि यह रोज़मर्रा की चीज़ों को प्राथमिकता देने के लिए उचित होगी। यह ऑर्गेनाइज

करनेवाला सिस्टम आपके दिमाग में चल रहे अधूरे कामों को विल्कप देते हुए, आपको मौका देता है कि आप उनके बारे में रणनीतिपरक निर्णय लेते हुए आगे बढ़ सकें।

इससे कोई अंतर नहीं पड़ता कि आपके पास प्रोजेक्ट्स की कितनी सूचियाँ हैं, जब तक कि आप ज़रूरत पड़ने पर उनकी सारी सामग्री पर बार-बार नजर दौड़ा रहे हैं। अधिकतर तो आप साप्ताहिक समीक्षा के दौरान उन्हें एक बार अवश्य देख ही लेंगे।

**प्रोजेक्ट्स की पुनः छंटाई के कुछ साधारण उपाय**

ऐसे भी कुछ हालात हो सकते हैं, जिनमें यह उपाय काम आ सकते हैं और कुछ हद तक तनाव भी घटता है। आप अपने प्रोजेक्ट्स की सूची की छंटाई कर सकते हैं। आइए, कुछ विकल्पों पर गौर करें।

निजी/व्यावसायिक : कई लोग निजी और व्यावसायिक प्रोजेक्ट्स की सूचियों को अलग-अलग देखना पसंद करते हैं। अगर आप भी उनमें से हैं तो आपको सलाह दी जाती है कि आपको अपनी निजी सूची को भी उसी तार्किक रूप में देखना होगा, जैसे आप अपनी व्यावसायिक सूची को देखते हैं। उसे केवल सप्ताह के अंत के लिए सुरक्षित न रखें। निजी बातों से जुड़े कई काम आपको सप्ताह के अंत में करने होंगे, जैसे आप अपने बाकी काम करते हैं। और अक्सर जीवन के निजी कामों को अनदेखा कर दिया जाए तो वे आगे चलकर व्यावसायिक कामों पर बोझ बनकर सामने आ जाते हैं।

विलंबित प्रोजेक्ट : यदि आप कोई वरिष्ठ प्रबंधक या कर्मचारी हैं, तो आपके पास ऐसे कई प्रोजेक्ट्स होंगे, जिनके लिए आप प्रत्यक्ष तौर पर उत्तरदायी होंगे पर आपने उन्हें अपने अधीन काम करनेवालों को सौंप दिया है। हालाँकि आप इन कामों को वेटिंग लिस्ट सूची में डाल सकते थे पर बेहतर होगा कि आप इन्हें विलंबित प्रोजेक्ट सूची में रखें ताकि समय-समय पर इनके बारे में पता किया जा सके। आपका काम यही होगा कि आप हर सप्ताह इनके बारे में पता करते रहे ताकि आपको दिलासा रहे कि सारा काम सही समय पर सही तरीके से हो रहा है।

निश्चित प्रकार का प्रोजेक्ट : कई लोगों का काम और जीवनशैली में एक

जैसे अनेक प्रोजेक्ट्स होते हैं, जिन्हें वे कुछ मामलों में प्रोजेक्ट्स की सह-सूची के रूप में लिख सकते हैं। मिसाल के लिए, एक कार्पोरेट प्रशिक्षक या प्रमुख वक्ता प्रोजेक्ट - प्रेजेंटेशन, नाम से एक अलग सूची रख सकता है, जिसमें होनेवाले इवेंट्स का सिलसिलेवार ब्यौरा हो सकता है। इन प्रोजेक्ट्स पर तब तक काम करना होगा, जब तक ये पूरे नहीं होते, पर इन्हें एक ही सूची में व्यवस्थित देखना भी लाभदायक हो सकता है। यदि ये दूसरे प्रोजेक्ट्स से अलग, कैलेंडर पर दिखेंगे तो इससे काम करने में आसानी होगी।

जटिलता की उचित मात्रा वही है, जो आदर्श सादगी पैदा कर सकती है।

यदि आप रियल एस्टेट एजेंट हैं, परामर्श सेवाएँ देते हैं या किसी भी पेशे में संभावित ग्राहकों के लिए प्रस्ताव विकसित करते हैं, तो आपके लिए 'सेल्स रिलेशनशिप इन प्रोग्रेस' नामक सूची बनाना बेहतर होगा। यह आपके प्लानर या डिजीटल एप्लीकेशन में एक अलग सूची हो सकती है पर यदि इसे पूरी तरह से कारगर बनाना हो तो आपको हर चीज़ को नियमित रूप से जाँचना होगा ताकि मौजूदा कार्य हो सके।

कुछ लोग अपने प्रोजेक्ट्स को केंद्र के प्रमुख क्षेत्रों की तरह छाँटना पसंद करते हैं - बच्चों के संदर्भ में माता-पिता, किसी उद्यमी द्वारा अपने लिए वित्त, सेल्स व ऑपरेशन आदि के प्रोजेक्ट्स को अलग करना आदि।

आप अपने प्रोजेक्ट्स का समूह किस तरह बनाना चाहते हैं, वह बड़ी बात नहीं है, बस आपको यह देखना है कि आप उनके बोझ को अपने दिमाग से उतार सकें, इसके लिए तरीका कोई भी हो सकता है। भले ही आप इसे किसी भी रूप में व्यवस्थित करें, जब आप अपने सिस्टम का सही तरह से उपयोग करेंगे और जीवन व काम के केंद्र में बदलाव लाएँगे तो आपके काम करने का ढाँचा भी बदल जाएगा।

## सह-प्रोजेक्ट्स, क्या करें?

आपके कुछ प्रोजेक्ट्स में प्रमुख सह-प्रोजेक्ट्स हो सकते हैं, जिन्हें आप सैद्धांतिक रूप से एक संपूर्ण प्रोजेक्ट के रूप में देख सकते हैं। मिसाल के लिए अगर आप किसी नए घर में जा रहे हैं और उस जगह कुछ बदलाव लाना चाहते

हैं तो आपको कुछ काम भी करने होंगे, जैसे बरामदे के बारे में विचार करना है, रसोईघर को नए सिरे से संवारना है, घर में ऑफिस की जगह बनानी है आदि। ये सब काम ऐसे हैं, जिन्हें अलग-अलग प्रोजेक्ट की संज्ञा दी जा सकती है। आप ऐसा तो नहीं करेंगे न कि 'नए घर को अपग्रेड करो', सूची में एक प्रोजेक्ट की तरह दिखाई दे। आप हर काम को सह-प्रोजेक्ट के रूप में लिखेंगे ताकि उन पर एक-एक करके कार्य हो सके।

दरअसल, जब तक आप प्रोजेक्ट पर लगातार पूरी उत्पादकता से काम कर रहे हों, तो किसी बात से कोई अंतर नहीं पड़ेगा। आपकी सारी प्रोजेक्ट्स को नीचे से ऊपर या ऊपर से नीचे छंटाई करने के लिए कोई बाहरी साधन या व्यवस्थित करने का सिस्टम काम नहीं आ सकता। आपको स्वयं ही इस पर ध्यान देना होगा और इसके लिए साप्ताहिक समीक्षा करना आवश्यक है। अगर आप प्रोजेक्ट सूची में किसी बड़े प्रोजेक्ट को एक ही जगह लिखते हैं, तो आप सह-प्रोजेक्ट सूची भी रखना चाहें या प्रोजेक्ट सहायक सामग्री नाम से सूची रखेंगे ताकि प्रमुख काम करते हुए, इस सूची को भी देखा जा सके। मैं आपको सलाह दूँगा कि किसी भी बड़े प्रोजेक्ट के इस तरह हिस्से कर लें और उन कामों को पहले पूरा करें जिन पर प्रोजेक्ट निर्भर करता हो। हो सकता है कि उस समय आपके पास ऐसा सह-प्रोजेक्ट हो, जिस पर नेक्स्ट एक्शन नहीं लेना होगा क्योंकि वे आगे बढ़ने के लिए कुछ दूसरे काम पूरे होने की प्रतीक्षा में होंगी। मिसाल के लिए, आप घर में बिजली व्यवस्था का काम पूरा होने तक रसोईघर को नए सिरे से नहीं संवार सकते या आप एक बार में घर में एक ही बड़ा काम करवा सकते हैं इसलिए आप उन्हें अपनी प्राथमिकता या सुविधा के अनुसार पूरा करेंगे। हालाँकि आप बरामदे के रख-रखाव पर काम कर सकते हैं क्योंकि वह अन्य सह-प्रोजेक्ट्स से स्वतंत्र है। इस तरह आपको लगातार अपने विशाल प्रोजेक्ट से जुड़े नेक्स्ट एक्शन पर काम करना होगा ताकि आप स्वतंत्र रूप से प्रगति कर सकें।

कौन सा तरीका बेहतर होगा, इस बारे में बहुत अधिक चिंता न करें। अगर आप आश्वस्त न हों, तो मैं सलाह दूँगा कि आप बड़े प्रोजेक्ट्स को प्रोजेक्ट सूची में लिखें और सह-प्रोजेक्ट्स को प्रोजेक्ट सहायक सामग्री सूची में लिख दें, इस तरह वे आपकी साप्ताहिक समीक्षा का हिस्सा होंगी। आपके लिए कुल मिलाकर

देखना आसान हो जाएगा कि आपके जीवन में उच्च परिदृष्य में क्या हो रहा है। परंतु यदि आपको यह व्यवस्था उचित न लगे, तो सक्रिय और स्वतंत्र सह-प्रोजेक्ट्स को अपनी प्रमुख सूची में लिखें।

सारे प्रोजेक्ट्स की जानकारी रखने के लिए कोई संपूर्ण प्रणाली नहीं हो सकती। आपको यह जानना होगा कि आपके पास प्रोजेक्ट्स हैं और अगर उनसे जुड़े कुछ सह-प्रोजेक्ट्स हैं, तो उन्हें याद रखने के लिए आपके रिमाइंडर्स कहाँ हैं।[7]

आप अपने प्रोजेक्ट्स या सह-प्रोजेक्ट्स को किस तरह लिखते हैं, यह आप पर निर्भर करता है, बस यह ध्यान रहे कि आप उन्हें किस जगह लिख रहे हैं और उनका उचित समय पर आकलन व समीक्षा करते रहें ताकि वे आपके दिमाग पर बोझ न डालें।

## प्रोजेक्ट सहायक सामग्री

प्रोजेक्ट सहायक सामग्री, किसी प्रोजेक्ट का एक्शन नहीं और न ही वे उसके रिमाइंडर्स होते हैं। वे ऐसे संसाधन हैं, जो आपके एक्शन को अपना सहयोग देते हैं ताकि आपके प्रोजेक्ट्स पर विचार हो सके।

याद दिलाने के लिए सहायक सामग्री का प्रयोग न करें :

अक्सर लोग अपने कागजों के ढेर, ई-मेल के अंबार और डिजीटल दस्तावेजों को देखकर रिमाइंडर की तरह प्रयोग में लाते हैं कि उनके पास प्रोजेक्ट्स हैं और उन्हें उनके बारे में कुछ करना है। वे अपने प्रोजेक्ट सहायक सामग्री को काम के रिमाइंडर के रूप में उपयोग करते हैं। समस्या यह है कि अक्सर इन प्रोजेक्ट्स पर नेक्स्ट एक्शन या वेटिंग की कारवाई तय नहीं होती और ये मनोवैज्ञानिक तौर पर फाइल्स या ई-मेल के अंबार के रूप में होते हैं - ये व्यवस्थित होने के स्थान पर और अधिक बिखराव का आभास देते हैं। ये लगातार एक ही मंत्र दोहराते हैं - हमारे बारे में कुछ करो! हमारे बारे में कुछ तय करो! हमारे लिए कोई फॉलो-अप लो। जब आप दिनभर के कामों में मग्न

[7] यह सब लिखते हुए, मैं कैलीफोर्निया से यूरोप स्थानांतरण के दौर से गुज़र रहा हूँ। मैंने कई माह तक, अपनी प्रोजेक्ट सूची में एक प्रोजेक्ट को लिखकर रखा : एम्सटर्डम की ओर। पिछले सप्ताह में जब हालात बिलकुल सामने आ गए और कई मोर्चों पर काम करना ज़रूरी हुआ, तो मैंने उसी प्रोजेक्ट को पंद्रह हिस्सों में विभाजित कर दिया - जिन पर मुझे हर सप्ताह नज़र रखनी ज़रूरी थी, जैसे डच बैंक खातों पर काम करना या फिर सांटा बारबरा से आर्टवर्क स्टोरेज फाइनल करना आदि।

होते हैं, तो आप कभी नहीं चाहेंगे कि आप इन कामों को उठाकर पूरा करने के बारे में सोचें। दरअसल आप इनके बारे में उदासीन हो जाते हैं क्योंकि ये आपको कोई काम करने की प्रेरणा नहीं देते और वे आपके भीतर निरंतर मानसिक शोर और भावात्मक व्याकुलता ही पैदा करते हैं।

आपके मन में जो लगातार चल रहा हो, वह आपसे यही चाहता है कि आप उसके बारे में कुछ करें।

अगर आप भी कुछ इसी तरह की परिस्थितियों में हों, तो आपको अपने प्रोजेक्ट को प्रोजेक्ट सूची में लिखना चाहिए, वह एक रिमाइंडर होगा कि आपको किसी नतीजे तक आना है। फिर एक्शन स्टेप्स और वेटिंग फॉर को भी समुचित एक्शन रिमाइंडर सूची में लिखना चाहिए। आखिर में, जब कार्य करने का समय हो, जैसे किसी को प्रोजेक्ट के बारे मे कॉल करना, तो आप वह सारी सामग्री निकाल सकते हैं, जो आपके अनुसार उस कॉल के समय आपके लिए सहायक हो सकती है।

अगर आप अपनी सहायक सामग्री को केवल रिमाइंडर के रूप में नहीं लेना चाहते, तो उन्हें अपनी एक्शन लिस्ट में डाल दें। हालाँकि प्रोजेक्ट की योजनाओं से जुड़ी सामग्री को आप अस्थायी तौर पर संदर्भ के लिए रखना चाहेंगे, परंतु वे इस तरह रखे जाने चाहिए कि वे आपको समय-समय पर दिखते रहें और आपकी फाइल्स या कंप्यूटर की फाइल में केवल संदर्भ सामग्री बनकर न रहें। अगर आपको सहायक सामग्री का संग्रह करना है तो यह ठीक है, बस आपके भीतर इतना अनुशासन होना चाहिए कि आप सही समय पर फाइल खोलकर या कंप्यूटर फाइल को हर सप्ताह देखकर इनकी समीक्षा करते रहें। यदि आप ऐसा नहीं कर सकते, तो बेहतर होगा कि आप इन्हें अलग से किसी फाइल होल्डर या बचे हुए काम के ढेर में रखें या कहीं ऐसी जगह रखें जहाँ आप उसे आसानी से देख सकें।

अब हम नए घर में जानेवाले उदाहरण पर वापस आते हैं, आप अपने पास एक फोल्डर रख सकते हैं - अपग्रेड- 37 पिंकरटन प्लेस'। इसमें आपके बरामदे, रसोईघर और ऑफिस के लिए जगह से जुड़ी सारी योजनाओं के लिए विवरण और नोट्स होंगे। आपकी साप्ताहिक समीक्षा के दौरान जब आप प्रोजेक्ट सूची में इस फोल्डर को खोलेंगे तो आप उस प्रोजेक्ट की फाइल खोलकर, सारे नोट्स को देख सकते हैं ताकि आप किसी संभावित नेक्स्ट एक्शन से चूक न

जाएँ। फिर वे काम पूरे होंगे, आप उन्हें अपनी एक्शन सूची में डालेंगे या दूसरों को सौपेंगे, और फोल्डर को अगली साप्ताहिक समीक्षा तक संभालकर रखेंगे।

कई लोगों ने वर्तमान और संभावित ग्राहकों के साथ पेश आने के लिए, सीआरएम यानी क्लाइंट-रिलेशनशिप मैनेजमेंट नामक सॉफ्टवेयर का प्रयोग करना आरंभ किया है। इसमें समस्या यह है कि कुछ सामग्री केवल तथ्य या फिर ऐतिहासिक आंकड़ों के रूप में होती है, जिसे पृष्ठभूमि के रूप में छाँटना पड़ता है ताकि समय पड़ने पर काम आ सके और कुछ को आगे आनेवाले कामों के लिए संजोना होता है। बादवाले कामों को आप एक्शन लिस्ट सिस्टम में बेहतर तरीके से रख सकते हैं। ग्राहकों की सूचना को आप सामान्य संदर्भ फाइल में रख सकते हैं पर अगर मुझे किसी ग्राहक को कॉल करना होगा तो मैं यही चाहूँगा कि मुझे उसका रिमाइंडर कॉल लिस्ट में ही मिल जाए।[8]

## एड हॉक प्रोजेक्ट चिंतन को व्यवस्थित करना

एड हॉक यानी तदर्थ, तीसरे अध्याय में मैंने आपसे ऐसे उपायों की बात की थी, जिन्हें आप प्रोजेक्ट के लिए रखना चाहेंगे पर वे अनिवार्य तौर पर नेक्स्ट एक्शन नहीं हैं। उन विचारों या उपायों को आप प्रोजेक्ट सहायक सामग्री की तरह रख सकते हैं और हो सकता है कि आप अपने अगले अवकाश या प्रोजेक्ट की योजना पर काम करने के दौरान उन्हें प्रयुक्त करें। रेडियो सुनते हुए या फिर कोई मिलता-जुलता लेख पढ़ते हुए भी आपके मन में इस तरह के विचार आ सकते हैं। आप इस तरह की सामग्री का क्या करते हैं?

> आपको किसी प्रोजेक्ट, विषय या थीम के बारे में अपने किसी उपाय को खोना नहीं चाहिए।

मेरी सलाह यही है कि आप सोचें, आप इस प्रोजेक्ट को किसमें रखना चाहेंगे, आप इस ढाँचे में जानकारी को कैसे शामिल करेंगे या फिर इससे जुड़े विस्तृत विवरण हुए,

---

8 सॉफ्टवेयर तकनीक लगातार उन्नत होती रहेगी, जैसे आप सीआरम जैसे सॉफ्टवेयर देख रहे हैं। इस तरह आपको चीज़ों की खोजबीन में अधिक समय नहीं देना पड़ता। अभ्यास में, हर व्यक्ति को निजी रूप से अपने काम के प्रति जवाबदेह होना चाहिए। सॉफ्टवेयर में काम को देखने के बाद उसे अपने तरीके से पूरा करना चाहिए। इसके अतिरिक्त, हमारे जुड़ाव और गतिविधियों में अक्सर इतनी तेजी से बदलाव आते हैं कि उन्नत से उन्नत तकनीक भी कई बार हमें आनेवाले समय के लिए विस्तृत दिशा निर्देश नहीं दे पाएगी।

तो उन्हें किस जगह रखेंगे। अधिकतर व्यावसायिकों के पास बहुत सारे विकल्प होंगे कि वे सहायक सामग्री को कैसे संभाल सकते हैं, जिनमें किसी सूची से नोट्स जोड़ना, ई-मेल में डिजीटल सूचना को व्यवस्थित करना और कागजों की फाइलें या नोटबुक में नोट्स लिखना शामिल हो सकता है।

**अटैच्ड नोट्स**

कई सॉफ्टवेयर ऐसे भी हैं, जिनमें आप सूची या कैलेंडर प्रविष्टि के साथ डिजीटल नोट को जोड़ सकते हैं। अगर आप प्रोजेक्ट सूची को सॉफ्टवेयर में डाल रहे हैं, तो आप उस प्रोजेक्ट तक जा सकते हैं, जिसके बारे में आपने विचार किया हो, उसे खोलकर उसमें नोट को शामिल कर सकते हैं। इस तरह आप प्रोजेक्ट से जुड़ी किसी भी सोच को उसका हिस्सा बना सकेंगे। अगर आपकी प्रोजेक्ट सूची कागज पर हैं, तो आप इसमें पोस्ट-इट नोट लगा सकते हैं। यदि आप तकनीक की जानकारी बिलकुल नहीं रखते तो अलग से एक पन्ने पर अपना उपाय लिख दें। किसी भी दशा में, जब भी आप प्रोजेक्ट की समीक्षा करें तो आपको उस नोट को भी देखना होगा ताकि आप समय पर उस सामग्री को प्रयोग में ला सकें।

**ई-मेल और सॉफ्टवेयर एप्लीकेशन**

डिजीटल दुनिया आपको प्रोजेक्ट से जुड़े विचारों पर काम करने के लिए असंख्य तरीके और उपाय सुझाती है। आपके प्रोजेक्ट से जुड़े ई-मेल जानकारी संग्रह के लिए सुरक्षित रखे जा सकते हैं और उन पर उचित लेबल किया जा सकता है। अगर आपके पास किसी एक प्रोजेक्ट के लिए बहुत सारे ई-मेल हैं, तो दो अलग फोल्डर भी बना सकते हैं, जैसे जॉनसन साझेदारी - एक्टिव और जॉनसन साझेदारी - आर्काइव या फिर ऐसा ही कुछ। आपके लिए यह भी कारगर हो सकता है - अगर अभी आपने किसी प्रोजेक्ट या विषय पर अपनी सोच को व्यवस्थित करने के लिए कोई डिजीटल डाटाबेस नहीं बनाया तो इसे भी तैयार करें। इस सदी में इस तरह के अनेक साधन सामने आए हैं, जो सरल से लेकर जटिल स्तर तक उपलब्ध हैं, जैसे क्लाउड पर आधारित नोट-टेकिंग और नोटबुक-ऑर्गेनाइजिंग सॉफ्टवेयर। वे आपको अपने तथ्यों व आंकड़ों को व्यक्तिगत रूप से प्रस्तुत करने की सुविधा देते हैं। आप फाइल्स को ग्रुप शेयर करने के अलावा प्रोजेक्ट प्रबंधन तंत्रों और निजी प्रोजेक्ट-ऑर्गेनाइजिंग

एप्लीकेशंस को भी अपना सकते हैं। इनमें फ्री-फॉर्म माइंड मैपिंग से लेकर बड़े लेखन और शोध प्रयासों के लिए भी पूरी गुंजाईश है।

डिजीटल प्रोजेक्ट सहायकों के इन मिले-जुले रूपों की अच्छी खबर के साथ बुरी खबर यह है कि हम इनके साथ अपनी संभावित और सार्थक जानकारी को इतनी अलग जगह और तंत्रों में संग्रहित कर देते हैं कि यह हमें फिर से पहले पायदान पर ला खड़ा करती है : हम नहीं जानते कि हमारा संग्रह कहाँ रखा गया है, इसे सही समय पर उचित नज़रिए से एक साथ देखना संभव नहीं होता और आपको कई बार यह भी पक्का पता नहीं होता कि किस डाटा को किस जगह और कैसे रखना है। इस तरह हम इन सभी बातों व जानकारियों को दिमाग में ही रखने पर विवश हो जाते हैं। मैं भी अपने किए जा रहे कामों से जुड़ी जानकारी का पता लगाने के लिए विविध साधनों के प्रयोग में दिलचस्पी लेता हूँ परंतु मुझे शांति तभी मिलती है जब मैं पूरी तरह से स्पष्ट और पहुँच में रहनेवाली प्रोजेक्ट सूची बना लेता हूँ और आश्वस्त हो जाता हूँ कि मैं अपने सिस्टम के उन हिस्सों को लगातार देख सकूँगा, जिनमें ये विवरण संजोए गए हैं।

डिजीटल दुनिया का सबसे बड़ा जोखिम यही है कि कितना डाटा, कितनी अलग तरह की जगह में आसानी से फैलाया जा सकता है, जिनके भीतर आपस में संयोजन की कोई कड़ियाँ नहीं हैं।

**कागज पर आधारित फाइलें**

अगर आपके पास हर प्रोजेक्ट के लिए अलग से फाइल फोल्डर है तो यह कागज पर आधारित फाइलों के लिए जायज़ है; भले ही यह तकनीक के लिहाज़ से कमतर लगे परंतु यह अपने आपमें एक बेहतरीन हल है। आप आसानी से अपने संदर्भों को संभालते हुए फाइलिंग सिस्टम तैयार कर सकते हैं। आपके लिए किसी मीटिंग में जाने से पहले आवश्यक कागजों को निकालना भी आसान रहेगा। कई बार किसी डिजीटल साधन से देखने के बजाय प्रोजेक्ट से आधारित सूचना को फाइल के कागजों में देखना और ज्यादा आसान लगता है। मैं भी अक्सर प्रोजेक्ट से जुड़ी चीज़ों के प्रिंट आउट निकाल लेता हूँ, जैसे - स्प्रेडशीट्स, शेड्यूल, ई-मेल, वेब पेज आदि। इस तरह ये संदर्भ ज़रूरत पड़ते ही हाथ में आ जाते हैं।

### नोटबुक के पन्ने

खुले पन्नोंवाली नोटबुक पास होने का लाभ यह होता है कि आप व्यक्तिगत प्रोजेक्ट के नाम पूरा एक पन्ना कर सकते हैं। मैं कई सालों तक अपने पास एक मध्यम आकार की नोटबुक रखता था, जिसमें पन्ने के एक ओर प्रोजेक्ट सूची और दूसरी ओर प्रोजेक्ट सहायक अंश रहते थे। इसके अलावा कुछ खाली पन्ने भी रहते ताकि मैं प्रोजेक्ट से जुड़े विचारों को उसमें लिख सकूँ। इसके अलावा उनमें मेरी प्रोजेक्ट्स से जुड़ी योजनाओं का भी विवरण रहता था। हालाँकि कागज पर आधारित साधन बड़ी आसानी से डिजीटल साधनों के लिए जगह बनाते जा रहे हैं परंतु खुले पन्नोंवाली नोटबुक अब भी मूल्यवान है, यह समय-समय पर आपके मस्तिष्क में आनेवाले विचारों के संग्रह का उत्तम साधन है।

इस जगह जितने भी उपायों पर चर्चा की गई, वे प्रोजेक्ट से जुड़ी सोच के लिए प्रभावशाली हो सकते हैं। कुंजी यही है कि आपको अपने प्रोजेक्ट नोट्स में लगातार एक्शन स्टेप्स पर ध्यान देना चाहिए और ज़रूरत के मुताबिक उन नोट्स की समीक्षा भी करनी चाहिए, जो उस प्रोजेक्ट की प्रकृति पर निर्भर होगा।

आप उन नोट्स को भी हटाना चाहेंगे, जो आपके लिए बेकार, असक्रिय और नाकारा हो गए हैं और आपके सिस्टम में जगह घेरे हुए हैं। मुझे लगा कि ऐसे प्रकार के विचारों को कैप्चर करना बहुत लाभदायक हो सकता है। इस तरह मेरी चिंतन प्रक्रिया बनी रहती है और मैं अपने हर विचार को कहीं दर्ज करने में सफल होता हूँ। हालाँकि मेरी कोशिश यह भी रहती है कि पुराने विचार लंबे समय तक साथ न रहें, वे उपयोगी न होने पर भी, उपयोगी होने का दिखावा न करें।

## ऐसे डाटा को व्यवस्थित करना जिस पर कोई कार्य नहीं होना है

रोचक बात यह है, अधिकतर लोगों के प्रबंधन तंत्र में सबसे बड़ी समस्या यह आती है कि वे कुछ करने योग्य कामों को उस डाटा और सामग्री को आपस में मिला देते हैं, जिसका मूल्य तो है पर उस पर कोई कार्य नहीं होगा। हमारे जीवन और काम के दौरान हमारे पास निरंतर गतिशील रहनेवाले ऐसे अच्छे ढाँचे होने चाहिए, जो कामों और प्रोजेक्ट्स से जुड़े रिमाइंडर्स पर काम करने के साथ-साथ उन चीज़ों को भी संभाल सकें, जिन पर आपको कोई कार्य नहीं करना है।

जब ऐसी चीज़ों का उचित प्रबंधन नहीं होता, तो ये सारी प्रक्रिया को धुँधला कर देती हैं।

इन्हें तीन विस्तृत श्रेणियों में विभाजित कर सकते हैं - संदर्भ सामग्री, चीज़ों के रिमाइंडर, जिनके लिए कोई कार्य नहीं चाहिए, परंतु उनकी आगे ज़रूरत हो सकती है और कुछ ऐसी वस्तुएँ जिनकी आपको अभी ज़रूरत नहीं है (कचरा)।

## संदर्भ सामग्री

आपके मेज और जीवन पर जो भी सामग्री आती है, उसमें से अधिकतर संदर्भ सामग्री होती है। इसके लिए कोई कदम नहीं उठाना होता है, परंतु आप विविध कारणों से इस सूचना को अपने पास रखना चाहेंगे। आपके प्रमुख निर्णय यही होंगे कि कितना रखना है, इनके लिए कितनी जगह बनानी है, इसे किस रूप में और कहाँ रखना चाहिए। इसमें से अधिकतर निजी या संगठनात्मक परख होगी जो कानूनी और आंकड़ों से जुड़े मसलों एवं निजी प्राथमिकताओं पर आधारित हो सकती है। आपको अपनी संदर्भ सामग्री पर तभी ध्यान देना चाहिए, जब आपको किसी तरह अपने सिस्टम में बदलाव लाना हो क्योंकि आपके पास बहुत कम सूचना है, जो आपकी माँग या प्राथमिकता पर निर्भर हो सकता है।

लोगों के साथ समस्या यही होती है कि उनका सारा सामान हर रूप में, सामान है - उन्होंने तय नहीं किया कि उन्हें किस पर कार्य करना है या किस पर कार्य नहीं करना है। जब आप एक बार यह तय कर लेते हैं कि कौन सी चीज़ क्या है, जो भी बचेगा, वह संदर्भ है और उसका आप पर किसी तरह का दबाव या तनाव नहीं होना चाहिए - वह केवल आपकी लाइब्रेरी है। तब आपका एकमात्र निर्णय केवल यही होगा कि आप कितनी बड़ी लाइब्रेरी चाहते हैं। जब आप इस कार्य-प्रबंधन कार्य पद्धति को पूरी तरह से लागू कर देंगे, तो आप आसानी से बाकी चीज़ों का प्रबंधन कर सकेंगे। जैसे कि मैंने अपने कंप्यूटर में हार्ड डिस्क का आकार बढ़ा दिया और साथ जुड़ी ड्राईव्स व क्लाउड में असीम बैकअप की क्षमता पा ली है, मैं अपने आर्काइव में पहले से कहीं ज़्यादा ई-मेल और कहीं अधिक डिजीटल फोटोग्राफ रख सकता हूँ। जहाँ तक मुझे लगता है, जितनी सामग्री पास होगी, उतना ही बेहतर है। इस तरह संदर्भ सामग्री की मात्रा बढ़ाने से मुझे किसी तरह का मनोवैज्ञानिक दबाव भी सहन नहीं करना पड़ता।

## संदर्भ तंत्रों की विविधता

अब संदर्भ सामग्री कई आकारों में उपलब्ध है, जैसे विषय और मीडिया आदि, इसे व्यवस्थित करने के असंख्य तरीके मौजूद हैं। इसके बाद हम कुछ सामान्य उपायों पर संक्षिप्त चर्चा करेंगे।

### सामान्य-संदर्भ फाइलिंग - पेपर, ई-मेल व सादी डिजीटल स्टोरेज

> आपका संदर्भ और फाइलिंग सिस्टम, डाटा की सादी लाईब्रेरी होना चाहिए, इसे अपने एक्शन, प्रोजेक्ट, प्राथमिताओं या संभावनाओं के रिमाइंडर में न बदलें।

जैसा कि मैंने पिछले अध्यायों में भी बल दिया, आपके सामान को प्रोसेस और ऑर्गेनाइज करने के लिए आपके पास एक अच्छा फाइलिंग सिस्टम होना चाहिए। कागज पर आधारित सामग्री और अन्य डिजीटल सामग्री के लिए भी इसका होना ज़रूरी है, जो कभी किसी कारणवश आपके काम आ सकती है और आपको दोनों को स्टोर करना होगा। आदर्श तौर पर जब आपने 'इन' को प्रोसेस किया था, तो आप एक सामान्य संदर्भ फाइलिंग सिस्टम बना चुके हैं। आपको एक कागज संभालने के नाम पर भी आरामदेह महसूस होना चाहिए क्योंकि हो सकता है कि आप उसे बाद में पढ़ना चाहें या फिर कोई ऐसा लेख जो आपने ऑनलाइन पढ़ा हो। आपका सामान्य संदर्भ फाइलिंग सिस्टम सरल और पहुँच में होना चाहिए। यह आपके काम करने की जगह के आसपास होना चाहिए ताकि चीज़ों को उठाकर देखने के लिए उठना न पड़े। अगर अभी आपने इसे उस तरह तैयार नहीं किया तो इस विषय में मदद के लिए अध्याय 4 देखें।

अधिकतर लोगों को एक से चार फाइल दराजों की आवश्यकता होती है, इसके अलावा कई दर्जन ई-मेल संदर्भ फोल्डर, अन्य डिजीटल स्टोरेज लोकेशन जो कुछ से सैंकड़ों की संख्या में हो सकती हैं।[9] यह वेब भी एक बड़े से डिजीटल फाइलिंग कैबीनेट जैसा ही है, जो आपकी डिजीटल संदर्भ लाइब्रेरी का काम

[9] स्वभाव से ही फूडी होने के नाते मेरी आदत है कि पूरी दुनिया में, किसी भी ऐसे रेस्त्रां का पता रखता हूँ, जिसके बारे में लोगों को बता सकूँ या उस जगह स्वयं जाऊँ। यह सॉफ्टवेयर एप में है, जो मुझे यह सब देखने की सुविधा देता है जैसे - लोकेल्स - लंदन - रेस्त्रां और मैं अपनी सूची देख लेता हूँ। केवल रेस्त्रां नामक विषय में ही मेरे कंप्यूटर में सैंकड़ों फोल्डर और सबफोल्डर रहते हैं जो मेरे काम आते हैं।

करने के साथ-साथ भारी मात्रा में ऐसी सूचना भी उपलब्ध करवाता है, जिसे आप अपने तंत्र में संग्रह करके रखना चाहते हैं। सूचना व जानकारी के बढ़ते भंडार और इसे व्यवस्थित करने के तरीके इस बात पर बल देते हैं कि आप कार्य योग्य और कार्य न करने योग्य सामान व सामग्री को अलग करें और संदर्भ डाटा स्टोरेज के लिए एक आसानी से प्रयोग में आनेवाला सिस्टम तैयार करें।

### बड़ी श्रेणी की फाइलिंग

ऐसा कोई भी विषय जिसके लिए पचास फोल्डर्स की ज़रूरत हो या फिर प्रमुख दस्तावेज, इन्हें इनके सैक्शन, दराज, डिजीटल डाटाबेस आदि में रखा जाना चाहिए। मिसाल के लिए, अगर आप एक कार्पोरेट विलयन पर काम कर रहे हैं, तो आपको बहुत सारी कागजी कारवाई करनी होगी। हो सकता है कि आप इस लंबी प्रक्रिया से जुड़ी फाइलों के लिए दो-तीन फाइल कैबीनेट लगाना चाहें। अगर बागबानी, पाककला या सेलिंग आपका शौक है, तो आप इनके लिए भी एक पूरा फाइल दराज दे सकते हैं।

यह याद रखें कि अगर आपके केंद्र के क्षेत्र में सहायक सामग्री है, तो यह केंद्र के अन्य क्षेत्रों में मिल सकती है, हो सकता है कि आपको दुविधा हो जाए कि उस सामग्री को सामान्य संदर्भ में रखना है या विशेष संदर्भ फाइलों में रखना चाहिए। जब आप लकड़ी की चारदीवारी के बारे में लेख पढ़कर उसे संजोना चाहें तो उसे आपके बागबानी केबिनेट में जाना चाहिए या घर से जुड़े प्रोजेक्टवाले फोल्डर में रखेंगे? नियम के अनुसार, बेहतर होगा कि आप एक ही संदर्भ सिस्टम रखें और गुप्त विषयों की संख्या सीमित रहे।

### कॉन्टेक्ट मैनेजर्स

आपको सबसे ज़्यादा जिस जानकारी की ज़रूरत होती है, वह आपके नेटवर्क से जुड़े लोगों की ही होती है। आपको सभी तरह के कॉन्टेक्ट सूचना का पता रखना होता है, जैसे - मोबाइल, घर और कार्यालय के नंबर, ई-मेल पते आदि। इसके अतिरिक्त, अगर आपको यह उपयोगी लगे तो आप सबके जन्मदिन, परिवार के सदस्यों के नाम व रुचियों आदि का ब्यौरा भी रखना चाहेंगे। यदि आप पेशेवर तरीके से चलेंगे तो हो सकता है कि आपको अपने लक्ष्यों व उद्देश्यों से जुड़े आंकड़ों व तथ्यों के साथ स्टाफ के विकास और कानूनी मामलों

के लिए अन्य संभावित और संबंधित आंकड़े भी रखने हों।

सारे डिजीटल और पेपर ऑर्गेनाइजर में कॉन्टेक्ट का भाग ही सबसे ज़्यादा प्रयोग में आता है। हर कोई नंबर और ई-मेल रखना चाहता है। यह पूरी तरह से सामान्य संदर्भ सामग्री है। इसके लिए आपको कोई कार्य नहीं करना है - यह केवल सूचना है, जो निकट भविष्य में काम आ सकती है। भले ही दुनिया कितनी भी डिजीटल क्यों न हो जाए, अब भी लोगों के पास बिजनेस कार्ड का ढेर रहता है, जो लगातार उनके आगे चिल्लाता है, 'मेरे बारे में कुछ करो, हमारा कुछ निपटारा करो।'

पर जब आप एक बार कार्य करने योग्य और कार्य न करने योग्य वस्तुओं को अलग कर लेते हैं, तो यह कोई बड़ा रहस्य नहीं रह जाता कि आपको अपनी व्यक्तिगत ज़रूरतों के अलावा संपर्क सूचना को कैसे व्यवस्थित करना है। समस्या तभी आती है जब लोग अपने कॉन्टेक्ट मैनेजर को किए जानेवाले कामों के रिमाइंडर के रूप में इस्तेमाल करने लगते हैं। यह कभी काम नहीं आता (जब तक यह अच्छी तरह से चलनेवाले सीआरएम का हिस्सा न हो, जिसमें ग्राहक सूचना के साथ अच्छी तरह से नियुक्त एक्शन ट्रिगर्स न हों।)

फिर केवल यही मसला रह जाता है कि आपको कितनी सूचना का संग्रह करना है और किस जगह करना है ताकि आप आसानी से इस तक पहुँच सकें। इस मामले में कुछ भी उत्कृष्ट नहीं माना जा सकता, परंतु जैसे मोबाइल डिजीटल संबद्ध साधनों की शक्ति बढ़ी और वे विभिन्न डाटा स्टोर्स से जुड़ने लगे हैं, इन विकल्पों के मामले में सरलता और भ्रम दोनों ही बढ़े हैं।

**पुस्तकालय व आकाईव**

जो सूचना आपके काम आ सकती है, वह कई स्तरों पर हो सकती है। हो सकता है कि थोड़ी खोजबीन करने से आप अपने लिए और बेहतर सामग्री पा लें। कितनी सामग्री, अपने कितने निकट और किस रूप में रखनी है, यह हकीकत लगातार बदलती रहेगी, जो आपकी माँगों, डाटा के साथ आपके आरामदेह घेरे और उस तकनीक पर निर्भर करेगा, जो वैश्विक सूचना से आपके संबंध लगातार बदल रही है। आपकी निजी व्यवस्था और उत्पादकता के संबंध में, यह कोई मूल समस्या नहीं है, बस आपके प्रोजेक्ट और कार्य एक ऐसे

नियंत्रणबद्ध प्रणाली में हो, जिसके साथ आप नियमित रूप से काम कर सकें। फिर सभी रूपों में संदर्भ सामग्री कैप्चर करने और अपनी ज़रूरतों, माँगों व क्षमताओं के अनुसार पहुँच बनाने योग्य सामग्री बन जाती है।

अगर कोई सामग्री केवल संदर्भ के लिए है, तो इससे जुड़ा मसला यही होगा कि क्या इसे कहीं संग्रह करना या इस पर समय लगाना जायज़ होगा।

कुछ हद तक कामों को निरंतरता से करते रहने से बहुत कुछ सरल हो जाता है। आप अपने साथ हमेशा किस तरह की चीज़ें रखना चाहेंगे? वे निश्चित तौर पर आपके मोबाइल या नोटबुक में होनी चाहिए। आपको मीटिंग या कार्यालय के बाहर साइट पर क्या चाहिए? उसे आपके ब्रीफकेस, पैक, सैशे या पर्स में होना चाहिए। ऑफिस में काम करते हुए क्या चाहिए? उसे आपके निजी फाइलिंग सिस्टम या नेटवर्क कंप्यूटर में होना चाहिए। आपके काम से जुड़े दुर्लभ हालात क्या हैं? उनके लिए आवश्यक सामग्री को विभागीय फाइल्स, ऑफ-साइट स्टोरेज या डिजीटल क्लाउड में रख सकते हैं। वेब पर ऐसा क्या मिल सकता है, जिसकी कभी भी ज़रूरत पड़ सकती है? आपको इस सूचना के लिए कुछ करने की आवश्यकता नहीं है, लेकिन आपको एक अच्छे इंटरनेट कनेक्शन की ज़रूरत होगी। यदि ऐसा संभव न हो तो सामग्री का प्रिंट आउट रख लें ताकि आप फाइल को अपने साथ ले जा सकें।

क्या आपने देखा कि संदर्भ सामग्री को निजी रूप से व्यवस्थित करना सहायक है और उद्देश्य पर आधारित है? इस क्षेत्र में कार्य करने योग्य और कार्य न करने योग्य कामों की पहचान ही सफलता की पहली कुंजी है। दूसरे, आपको तय करना होगा कि आपकी सूचना का संभावित उपयोग क्या है इसलिए इसे कहाँ और किस तरह रखा जाना चाहिए? एक बार ये संबोधित हो जाएँ, तो आप अपनी मर्जी से जितना जी चाहे, संदर्भ सामग्री को संजो सकते हैं। कोई संदर्भ तंत्र पूरी तरह संपूर्ण नहीं होता। इसके ढाँचे और सामग्री, व्यक्तिगत रूप से लिया गया निर्णय चाहते हैं, जो उन्हें बकरार रखने में लगे समय और प्रयत्न के मूल्य के अनुपात पर आधारित होना चाहिए। बेहतर होगा कि आप वास्तविक सूचना के संकलन से आरंभ करें, इसे ऐसी जगह रखें जहाँ से इसे देखना आसान हो। आप निश्चित तौर पर अपनी संदर्भ लाइब्रेरी को बड़े और कहीं उपयुक्त ढाँचे में लाना चाहेंगे परंतु यह तभी बेहतर तरीके से संभव होगा जब आप अपनी रोज़मर्रा

की वास्तविकताओं का उचित प्रबंधन करेंगे। आपको स्वयं पता करना होगा कि आपके लिए बेहतर उपाय क्या होगा। नियमित रूप से अपने तंत्र का मूल्यांकन और निरीक्षण करने से आपके हाथ कोई जानकारी लग सकती है।

### समडे/मेबी

जिन वस्तुओं पर कार्य नहीं होगा, उनका निपटारा करने के लिए आपको यह देखना होगा कि उन चीज़ों का पता कैसे करें, जिन्हें आप भविष्य नें पुन: देखना चाहेंगे। यह आपकी ओर से किया जानेवाला एकदिवसीय दौरा, आगामी वर्ष की वित्तीय योजना और ऐसे कौशल व प्रतिभा हो सकते हैं, जिन्हें आप विकसित करना चाहें। इस मॉडल को पूरी तरह से लागू करने के लिए आपको एक तरह के 'बैक बर्नर' की आवश्यकता होगी।

समडे/मेबी में ऐसी वस्तुएँ शामिल नहीं, जिन्हें आपको फेंकना है। उनमें कुछ रोचक और रचनात्मक चीज़ें हो सकती हैं, जिनके साथ आपका कभी जुड़ाव नहीं हुआ।

आगामी मूल्यांकन के लिए चीज़ों को कई तरह से संजो सकते हैं, इन सबका मकसद यही होगा कि ये काम आपके दिमाग से निकल जाएँगे। आप इन्हें समडे/मेबी की सूची में रख सकते हैं, अपने कैलेंडर में ट्रिगर कर सकते हैं, डिजीटल या कागज पर आधाति टिकलर सिस्टम में रख सकते हैं।

### समडे/मेबी लिस्ट

जब आप अपने दिमाग से सारी चीज़ों को हटाने की मुहिम पर थे तो आपको कुछ काम ऐसे भी मिले होंगे, जिन्हें आप कर नहीं सके पर निकट भविष्य में कभी करना चाहेंगे, जैसे स्पेनिश सीखना है, मर्सी को घोड़ा लेकर देना है, माउंट वॉशिंग्टन पर चढ़ना है, रहस्य व रोमांच से भरपूर उपन्यास लिखना है, अवकाश के लिए कॉटेज लेना है, आदि। इस श्रेणी में कुछ इसी तरह के प्रोजेक्ट्स को शामिल किया जा सकता है।

अगर आपने अभी तक ऐसा नहीं किया, तो मैं आपको सलाह दूँगा कि आप ऑर्गेनाइजिंग के लिए जो भी सिस्टम चुनें, उसमें एक समडे/मेबी सूची तैयार करें। फिर स्वयं को अनुमति दें कि आप उसमें वे सब चीज़ें शामिल करें, जो आप कभी करना चाहेंगे। आपको पता लगेगा कि केवल सूची बनाने से

आपके दिमाग में कितने रचनात्मक विचार आएँगे।

आपको यह जानकर भी हैरानी होगी कि सूची के बहुत सारे काम ऐसे ही हो जाएँगे और आपको पता भी नहीं चलेगा। अगर आप नज़रिए और प्रदर्शन में बदलाव के लिए कल्पना को मान्यता देते हैं, तो आपके लिए यह देखना आसान होगा कि ऐसी सूची सामने रखने से आपका दिमाग संभावित रूप से जीवन और काम के लिए अद्‌भुत रोमांच पैदा कर सकता है। यदि हमने पहले ही उन कामों को संभावना मान लिया, तो हमारे लिए उन्हें पहचानना और कैप्चर करना आसान होगा। यह निश्चित तौर पर मेरा निजी अनुभव रहा है - मुझे बाँसुरी बजाना सीखना है और खुले समंदर में तैरना है। आप अपनी इन-ट्रे के अलावा दो और जगहों पर अपनी समडे/मेबी सूची के लिए सामग्री देख सकते हैं - आपकी रचनात्मक कल्पना और आपकी वर्तमान प्रोजेक्ट्स की सूची।

समडे/मेबी सूची को सक्रिय करके बरकरार रखने से आप रचनात्मक चिंतन के प्रवाह को बनाए रख सकते हैं - आपको मर्जी से कल्पना की उड़ान भरने का पूरा हक और आपको उनके लिए कुछ करना भी नहीं है।

**रचनात्मक कल्पनाओं का संग्रह करें**

अगर आपके पास समय, पैसा और किसी काम में रुचि है, तो आप किस तरह के काम करना चाहेंगे? उन्हें अपनी समडे/मेबी सूची में लिखें। इसमें निम्नलिखित श्रेणियों को शामिल कर सकते हैं :

* आपके घर के लिए चीज़ें लाना या बनाना
* कुछ रुचियाँ
* सीखने के लिए कौशल
* रचनात्मक अभिव्यक्ति
* खिलौने
* दौरे
* संगठनों में हिस्सा लेना
* सेवा प्रोजेक्ट

* देखने और करने योग्य काम

**वर्तमान प्रोजेक्ट्स का पुनः आकलन**

अब आप और अधिक उन्नत नज़रिए से अपने प्रोजेक्ट्स की सूची का पुनः आकलन कर सकते हैं। यह आपकी नौकरी, निजी वचनों और लक्ष्यों से जुड़ी हो सकती हैं। आपको देखना है कि आप वर्तमान सूची से कुछ चीज़ों को समडे/मेबी लिस्ट में डालना चाहते हैं। अगर आपको लगता है कि फलाँ प्रोजेक्ट पर कुछ महीनों तक आपको कार्य नहीं करना है, तो आप उसे निकालकर इस सूची में डाल दें।

लोगों को कई बार समडे/मेबी के प्रोजेक्ट्स को कई श्रेणियों में विभाजित करना भी उपयुक्त लगता है। बेशक इन दोनों बातों में अंतर हो सकता है कि आप संसाधनों के हाथ में आते ही कुछ काम पूरे करना चाहते हैं या कुछ काम आपकी 'बकेट लिस्ट' में आते हैं, जैसे आपको नेपाल में किसी पहाड़ पर जाना है या आप विकलांग बच्चों के लिए कोई फाउंडेशन बनाना चाहते हैं। कपनी में एक तरह का अंतर पार्किंग लॉट आइडिया (ये आइडिया अगली तिमाही मीटिंग में उठाया जा सकता है) उन प्रोजेक्ट्स के बीच होता है, जिन्हें आप पर्याप्त पूंजी होने पर दोबारा सक्रिय करना चाहेंगे। इन विकल्पों पर काम करते हुए, आपको यह देखना है कि आप इन श्रेणियों के विभाजन से ऊर्जान्वित महसूस कर रहे हैं या नहीं।

**समडे/मेबी के लिए विशेष श्रेणियाँ**

आपकी भी कुछ रुचियाँ होंगी, जिनसे कई संभावनाएँ सामने आ सकती हैं। अगर आप इन्हें लिखें तो यह काफी रोचक हो सकता है। मिसाल के लिए :

* भोजन - विधियाँ, मेन्यू, रेस्त्रां, वाइन
* बच्चे - उनके साथ करनेवाले काम
* पढ़ने योग्य पुस्तकें
* डाउनलोड करनेवाला संगीत
* देखने लायक फिल्में

* उपहारों के उपाय
* अन्वेषण के लिए वेबसाइट
* सप्ताहांत दौरे
* आइडिया - अलग-अलग (आप नहीं जानते कि उन्हें किस जगह लिखा जाए)

ये सूची संदर्भ और समडे/मेबी के बीच हो सकती है क्योंकि आप अच्छी वाइन, रेस्त्रां और किताबों की जानकारी को संदर्भ सूची में शामिल कर सकते हैं; या आप इन्हें समय-समय पर समडे/मेबी लिस्ट में देखना भी चाहते हैं।

किसी भी दशा में, आपको अपने ऑर्गेनाइजिंग तंत्र को व्यवस्थित करना ही चाहिए ताकि आपकी कैप्चर की गई चीज़ें, आपके जीवन को विविधता और मूल्य दे सकें। वे न तो दिमाग पर बोझ होंगी और न ही अधूरे काम का आभास देते हुए तनाव पैदा करेंगी।

**'रोकने और समीक्षा करने' वाली फाइलों और अंबार से खतरा**

कई लोगों के पास रोकने और समीक्षा करनेवाली फाइलों का अंबार हो सकता है, दरअसल यह भी समडे/मेबी सूची में ही आना चाहिए। आप अक्सर उन सभी चीज़ों को ऐसी फाइलों में रख देते हैं, जिन पर भविष्य में विचार करना चाहते हैं। मैं निजी रूप से कोई हामी नहीं देता क्योंकि आभासी तौर पर, लोग फाइलें बना लेने पर भी उन पर गौर नहीं करते। इस तरह की फाइलों के लिए जड़ता सी आ जाती है। अगर आप अपनी ऐसी सूची पर पूरी सजगता से कभी-कभी ध्यान नहीं देते, तो उसका मूल्य एक दिन समाप्त हो जाएगा।

वैसे भी केवल जमा करके रखे गए सामान या समडे/मेबी लिस्ट की चीज़ों के बार-बार देखने में अंतर है। आपको बार-बार इसकी सामग्री को उलट-पुलट करना पड़ सकता है। कुछ सामग्री रीड और रिव्यू में चली जाएगी। कुछ संदर्भ में जाएगी, कुछ को कैलेंडर में लगाना होगा और कुछ टिकलर फाइल में रखी जाएगी। जिसे शायद अगले माह या तिमाही में रिव्यू करना होगा। कुछ चीज़ों पर कार्य भी शुरू हो सकता है। कई बार

> जो कुछ भी करना हमारी शक्ति में है, वह हमारे न करने की शक्ति में छिपा है।
> - अरस्तू

जब आप रिव्यू के लिए रखी फाइलों पर सही तरह से कार्य करते हैं, तो वे पूरी तरह से खाली भी हो जाती हैं।

## भावी विकल्पों के लिए कैलेंडर का प्रयोग

आपका कैलेंडर आगामी भविष्य में किए जानेवाले कामों की याद दिलाने का अच्छा विकल्प हो सकता है। मैंने जितने लोगों को कोच किया, उनमें से अधिकतर अपने कैलेंडर के साथ उतने आरामदेह नहीं थे, जितने वे हो सकते थे; वरना वे उसमें कुछ और चीज़ों को शामिल करते।

कैलेंडर का एक उपयोग यह है कि इसमें दिन से जुड़ी जानकारी शामिल हो। इस श्रेणी में बहुत सारी चीज़ें आ सकती हैं। पर कैलेंडर का सबसे रचनात्मक उपयोग यही होगा कि आप इसमें वे चीज़ें शामिल करें, जो आपके दिमाग का बोझ हल्का करें और आप निश्चित तिथि को उन्हें फिर से देख सकें। आप इसमें ये कुछ विचित्र चीज़ें भी शामिल कर सकते हैं :

* प्रोजेक्ट्स को आरंभ करने के ट्रिगर्स
* वे इवेंट, जिनमें आप हिस्सा लेना चाहें
* निर्णयों के उत्प्रेरक

### प्रोजेक्ट्स को आरंभ करने के ट्रिगर्स

अगर कोई ऐसा प्रोजेक्ट है, जिस पर अभी कोई विचार नहीं करना है परंतु भविष्य में उस पर काम होगा तो आप एक उपयुक्त तिथि चुनकर, उसे किसी निश्चित दिन में डाल दें और समय भी लिख दें। इस तरह आपको उस दिन उसकी याद आ जाएगी। तब वह दिन आपकी प्रोजेक्ट सूची में सक्रिय तौर पर आ जाएगा। इस श्रेणी में निम्नलिखित बातों को शामिल कर सकते हैं :

- एक निश्चित समय सीमा के साथ आनेवाले इवेंट्स (उत्पादों के लॉन्च या फंड रेजर्स आदि)
- नियमित अंतराल पर आनेवाले इवेंट जैसे बजट समीक्षा, वार्षिक कॉन्फ्रेंस, नियोजन इवेंट या मीटिंग, जैसे आपको अगले साल की वार्षिक सेल्स कॉन्फ्रेंस कब रखनी है या बच्चों को अगले स्कूल वर्ष के लिए तैयार करना है।

- खास लोगों से मिलने की तिथि, शायद आप उनके जन्मदिन, सालगिरह या अवकाश में दिए जानेवाले उपहारों आदि के लिए कुछ करना चाहें।

**वे इवेंट, जिनमें आप हिस्सा लेना चाहें**

आप प्राय: सेमीनार, कॉन्फ्रेंस, व्याख्यान, सामाजिक और सांस्कृतिक कार्यक्रमों आदि के बारे में सुनते रहते हैं और समय पास आने पर उनके बारे में निर्णय लेना चाहते हैं। जब भी उनका समय पास आनेवाला हो, तो कैंलडर में मार्क कर दें - जैसे :

'चैंबर ऑफ कॉमर्स का ब्रेकफास्ट कल?'
'लॉयन्स फुटबॉल टिकट आज मिलेगी'
'बीबीसी स्पेशल, जलवायु परिवर्तन, आज रात आठ बजे'
'अगले शनिवार गार्डन क्लब टी'

अगर आपको कुछ और ऐसे काम ध्यान में आते हों, तो आप उन्हें भी इस सूची में डाल सकते हैं।

**निर्णयों के उत्प्रेरक**

> निर्णय न लेने का निर्णय करना भी उचित है - जब तक आपके पास निर्णय लेने और निर्णय न लेने का तंत्र मौजूद है।

हो सकता है कि आपको आगे चलकर कोई खास निर्णय लेना हो, जिसे आप अभी नहीं ले पा रहें या नहीं लेना चाहते। यह स्व-प्रबंधन की प्रक्रिय का अंग है, बस आपको यह देखना है कि निर्णय से जुड़ी सूची सूचना का स्रोत बाहरी है और आपको उसकी प्रतीक्षा करनी है या फिर आपके पास उसे विलंबित करने का कारण है और आप स्वयं तय करेंगे कि उससे जुड़े सभी कारकों को इस तरह कैसे संजोया जाए कि सही समय आने पर वे आपके काम आ सकें। एक कैलेंडर आपका मकसद पूरा कर सकता है।[10]

इस श्रेणी के कुछ विशेष निर्णय निम्नलिखित हैं :

* काम पर रखना/निकालना

---

10 अगर आप ऐसा कैलेंडर प्रयोग में ला रहे हैं, जो पूरे समूह के लिए है तो आपको विवेक का प्रयोग करना होगा। डिजीटल कैलेंडरों में अकसर ऐसी निजी श्रेणी होती हैं, जिनमें आप उन कामों को शामिल कर सकते हैं, जिनके लिए आप नहीं चाहते कि दूसरे उन्हें देखें।

* अधिग्रहण/विलयन/विक्रय आदि
* अपनी नौकरी या कैरियर बदलना
* संभावित रणनीति संबंधी निर्देष

यह विषय अपने आपमें बड़ा है और स्थान का अभाव है, मैं इसे जानता हूँ परंतु स्वयं आगे बढ़ें और अपने आपसे पूछें, 'क्या कोई ऐसा प्रमुख निर्णय है, जिसके लिए मुझे आगामी ट्रिगर तैयार करना चाहिए ताकि मैं अभी कुछ समय के लिए सहज हो सकूँ?' यदि ऐसा है तो अपने कैंलेडर में उसके लिए रिमाइंडर लगा दें ताकि आप उस बारे में दोबारा विचार कर सकें।

## 'टिकलर' फाइल

अगर आप भविष्य में काम आनेवाली उन बातों पर ध्यान देना चाहते हैं जिन पर अभी कोई कार्य नहीं होगा, तो इसके लिए टिकलर फाइल एक बेहतर विकल्प होगा।[11] एक कैलेंडर का त्रिआयामी संस्करण, आपको अनुमति देता है कि आप उन वस्तुओं का भौतिक रिमाइंडर रख सकें, जिन्हें आप देखना या याद रखना चाहेंगे - यह अभी नहीं, भविष्य के लिए होगा। यह पूरी तरह से कारगर हो सकता है, आप किसी तिथि विशेष पर स्वयं को भी वे चीज़ें मेलकर सकते हैं। मैंने कई वर्षों से एक टिकलर फाइल बना रखी है। हालाँकि तकनीक ने इस तरह के रिमांडरों को सॉफ्टवेयर और मोबाइल आदि उपकरणों में और आसान बना दिया है, फिर भी संभव है कि आप कम तकनीक के माध्यम से भी, बहुत सारी बातों का उचित प्रबंधन कर सकते हैं। ऐसी चीज़ों के डिजीटल प्रबंधन का प्रचार बढ़ा है पर मेरे निजी तंत्र में अब भी ऐसी कई चीज़ें हैं, जिनके साथ इन रिमाइंडरों पर काम करना सहज और सरल है।

टिकलर फाइल एक सरल फाइल-फोल्डर सिस्टम है, जो आपको अनुमति देता है कि आप अपने कागजों और भौतिक रिमाइंडरों को इस तरह रख सकें कि वे आपको भविष्य में निश्चित तिथि पर मिल जाएँ और अपने-आप ही आपकी इन-ट्रे में वह दिन दिखाई दे जाए।

अगर आपके पास कोई सचिव या सहायक है, तो आप इस काम के लिए उस पर भरोसा कर सकते हैं, बस यह ध्यान रहे कि वह भी ऐसे ही तंत्र के

[11] इसे 'सस्पेंस, 'प्रीपैच्युअल' या 'फॉलो-अप' फाइल भी कहते हैं।

संस्करण जैसा तंत्र प्रयोग में लाता हो। इसके कुछ उदाहरण निम्नलिखित हैं :

* 'मुझे मीटिंगवाले दिन सुबह के समय यह एजेंडा सौंपना।'
* 'मुझे सोमवार को इस बारे में विचार करना होगा, यह हमारी बुधवार की बोर्ड मीटिंग के बारे में है।'
* 'मुझे हाँगकाँग दौरे के बारे में दो सप्ताह पहले याद दिला देना और हम बाकी बातों की योजना बना लेंगे।'

फिर सप्ताह के हर दिन, उस दिन के फोल्डर की समीक्षा कर ली जाती है।

भले ही आप किसी उच्च स्तरीय पेशेवर भूमिका में हों, जहाँ आपको स्टाफ का भी पूरा प्रबंधन संभालना पड़ता है (और संभालना भी चाहिए), तो मैं आपको सलाह दूँगा कि अगर आप इसे जीवनशैली का हिस्सा बना सकें, तो अपने लिए एक निजी टिकलर फाइल तैयार करें। आप बहुत से उपयोगी काम कर सकते हैं, कम से कम, उनमें से कुछ आप अपने सहायक की जिम्मेदारी से अलग अपने बूते पर पूरा करना चाहेंगे। मैं यात्रा से जुड़े दस्तावेजों के लिए टिकलर फाइल का प्रयोग करता हूँ। जिनकी मुझे किसी खास दिन को ज़रूरत होती है। इसके अलावा लोगों के जन्मदिन, जीवन में आनेवाले खास पल और दिन (वे मेरे डिजीटल कैलेंडर में बहुत जगह घेर लेते), आनेवाले समय में अन्वेषण के लिए चुने गए कामों के प्रिंटआउट आदि।

आधार रेखा : टिकलर फाइल चाहती है कि आप प्रतिदिन एक सेकेंड का समय देकर इसे अपने व्यवहार का अंग बना लें और यह आपके निजी निवेश से कहीं बढ़कर लाभदायक होगी। यह एक अनूठी एक्जीक्यूटिव काम करती है – यह तय करती कि आपको एक निश्चित बिंदु तक तय नहीं करना।

**एक टिकलर फाइल बनाना**

अगर आप इसे एक भौतिक सिस्टम में कर रहे हैं तो आपको 43 फोल्डरों की ज़रूरत होगी – जिनमें से 31 पर 1 से 31 लिखा होगा और 12 फोल्डर पर साल के महीनों के नाम होंगे। रोज़मर्रा की फाइलें आगे रखी जाती हैं, जो आनेवाले कल की तारीख से आरंभ होगी (अगर आज 5 अक्टूबर है, तो उसमें 6 अक्टूबर की फाइल होगी)। आगे आनेवाली फाइलों से महीने की तारीखों का

पता चलता है, जो 6 से 31 तक जाएँगी। 31 के बाद आपको अगले महीने की मासिक फाइल मिलेगी, जिस पर नवंबर लिखा होगा और उसके पीछे रोज़मर्रा की फाइलें होंगी। इसी तरह दिसंबर तक सारी फाइलें आती जाएँगी। अगली दैनिक फाइल हर रोज आपकी इन–ट्रे में खाली होगी और फिर फोल्डर को दैनिक फाइलों के पीछे रीफाइल कर दिया जाएगा। इसी तरह आप रोज की एक फाइल पर काम करते हुए सिस्टम में इस तरह लगाते जाएँगे कि यह सिलसिला जारी रहे और दैनिक फाइल इन–ट्रे में आपकी समीक्षा के लिए खाली होती रहे। यह एक ऐसा सिस्टम है, जिसमें हमेशा आपको एक पूरे महीने की फाइलों के साथ महीने की 12 फाइलों का सैट मिलेगा, बस आपको उनका प्रबंधन रोज करना होगा।

आपके टिकलर सिस्टम के लिए इन फाइल फोल्डर्स का प्रयोग करने का लाभ यह होगा कि ये आपको वास्तविक दस्तावेज संग्रह करने की अनुमति देती हैं (कोई ऐसा फॉर्म जिसे खास दिन भरना है, कोई मीटिंग एजेंडा, जिस पर विचार होना है या फिर कोई बिल, जिसे आपने किसी खास दिन भुगतान के लिए रोक रखा है।)

अगर आप चाहते हैं कि यह सिस्टम काम करे तो आपको इसे रोज जाँच

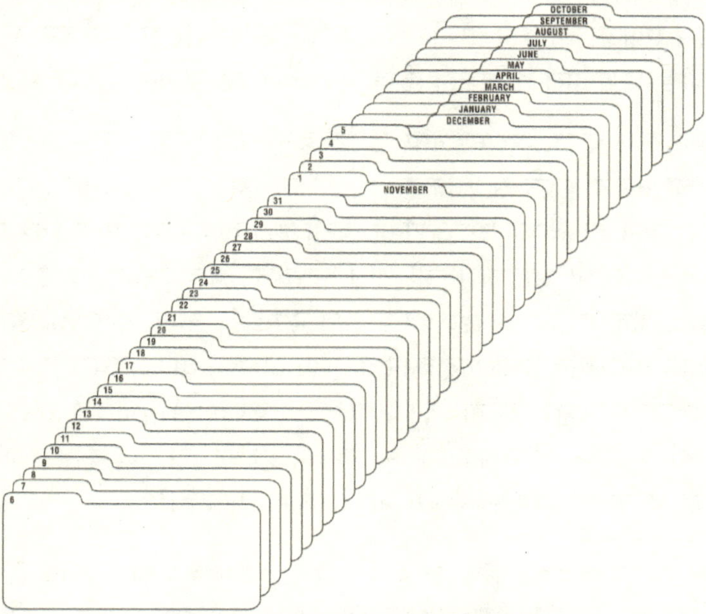


फाइल फोल्डर स्टाइल सेटअप (अक्तूबर ५)

करते हुए अपडेट करना होगा। अगर आप रोज की फाइल खाली करना भूल गए तो आप महत्वपूर्ण डाटा की संभाल के लिए सिस्टम पर भरोसा नहीं कर सकेंगे और आपको उन सभी चीज़ों को किसी और तरीके से संभालना होगा। अगर आप शहर से बाहर हों तो आपको उतने दिनों के फोल्डर पहले ही देखकर जाने होंगे।

## चेकलिस्ट : रचनात्मक और निर्माण संबंधी रिमाइंडर

निजी सिस्टम ऑर्गेनाइजेशन में, चेकलिस्ट सबसे आखिरी विषय है, जो आपका ध्यान और देख-रेख चाहता है। इसमें प्रोजेक्ट्स के लिए संभावित सामग्रियों की विधियाँ, कार्य से प्रक्रिया व पद्धति, इवेंट, महत्त्वपूर्ण स्थान, रुचि और दायित्व शामिल है। कुल मिलाकर, हमने रिमाइंडर की जितनी भी सूची या श्रेणी पर चर्चा की है, वह चेकलिस्ट हैं, वे आपको सुविधा देती हैं कि आप इन चीज़ों को समय रहते जाँच लें ताकि आप कुछ विशेष भूल न जाएँ। चेकलिस्ट को समझाने के लिए कुछ इस तरह भी कह सकते हैं कि यह एक विषय की सामग्री की सूची है, एक प्रक्रिया या कोई रुचि व गतिविधि है, जिसे आपने एक निश्चित समय में प्रयुक्त करना है या आपको किसी निश्चित समय में उस गतिविधि को पूरा करना है। ये आपके काम या जीवन में केंद्र के बड़े क्षेत्रों से जुड़ी रूप रेखाओं की बड़ी तस्वीर हो सकती है और साथ ही इसमें इस तरह की आम बातें भी शामिल हो सकती हैं कि एक वेबसाइट पर तस्वीरें कैसे डालते हें।

कई साल पहले, अल्फ्रेड नॉर्थ व्हाईटहैड ने लक्ष्य किया, 'सभ्यता महत्वपूर्ण कार्यों की संख्या बढ़ाने से उन्नत होती है, जिन्हें हम उन पर विचार किए बिना पूरा कर सकते हैं।' चेकलिस्ट आपको किसी बड़ी तस्वीर का सूक्ष्म चित्र प्रस्तुत करती है : जब भी आपको किसी चीज़ को देखने बाद उसके बारे में नए सिरे से सोचना होता है (हर कैलेंडर वर्ष के अंत में मुझे... करना होता है।) या कोई ऐसी खास परिस्थिति जिसे याद करने के लिए आपको और अधिक विवरण की आवश्यकता हो (मुझे सेमीनार देने से पहले... करना है)। आप ये सभी अपने बाहरी मस्तिष्क को सौंप सकते हैं - आपका प्रबंधन तंत्र, जो वे सभी विवरण रखता है, जिन्हें उपयुक्त समय पर आपके काम आना है।[12]

---

[12] इस काम की पूर्ण अभिव्यक्ति और मूल्य (और इस पर ध्यान न देने से हानि) को अतुल ग्वांडे की पुस्तक द चेकलिस्ट मेनीफेस्टो: हाउ टू गेट थिंग्स राइट में दिखाया गया था (मेट्रोपॉलिटन बुक्स, 2009)

संभव चेकलिस्ट की संख्या अंतहीन हो सकती है, जो आपको आपके जीवन और काम की विभिन्न परिस्थितियों में और अधिक विश्रांत नियंत्रण दे सकती हैं। अगर आपने कोई व्यंजन बनाने के लिए किसी कुक बुक में दी गई विधि को देखा है, तो आप अपने केंद्र और उत्पादकता को बढ़ाने के लिए चेकलिस्ट का प्रयोग कर रहे हैं। अगर आपके बोर्ड ने आपको इस वर्ष के लिए तीन प्रमुख काम दिए हैं, तो बोर्ड की मीटिंग से पहले, आप चेकलिस्ट की मदद से उनकी समीक्षा करके जा सकते हैं।

क्योंकि मैं क्लैरीफाइंग और ऑर्गेनाइजिंग की प्रक्रिया का वर्णन कर रहा हूँ, जो आपके दिमाग में हो सकते हैं। इस सिस्टम को आरंभ से लागू करने से पहले मैं उन विषयों पर बात करूँगा, जो लोगों के सामने आते हैं और जिनके लिए चेकलिस्ट ही बेहतर विकल्प होती है।

**आप जिन बातों पर ध्यान देना चाहेंगे :**

अक्सर, जब हम लोगों से किसी खास मसलों पर बात करते हैं तो कुछ इस तरह की बातें सामने आ सकती हैं :

* और अधिक नियमित व्यायाम करना है।
* बच्चों के साथ और अधिक गुणवत्तापूर्ण समय बिताना है।
* अपने विभाग के लिए और अधिक अग्र सक्रिय नियोजन करना है।
* अपने दल के लिए अच्छा मनोबल बनाए रखना है।
* यह ध्यान दें कि हम कार्पोरेट रणनीति के साथ हों।
* ग्राहक की बिलिंग प्रक्रिया अपडेट करनी है।
* आध्यात्मिक अभ्यास पर अधिक केंद्रित होना है।
* अपने स्टाफ के सदस्यों के निजी लक्ष्यों पर और अधिक ध्यान देना है।
* स्वयं को नौकरी के लिए प्रोत्साहित करते रहना है।
* कंपनी के खास लोगों के साथ बातीचत और अपडेट जारी रखना है।

आपको अपने दिमाग में चलनेवाले ऐसे आंतरिक संवादों और ध्यान देने योग्य क्षेत्रों का क्या करना चाहिए?

### पहला, छिपे प्रोजेक्ट्स और कार्य को पहचानें

इस तरह की अधिकतर सामग्री के लिए अभी आपको एक प्रोजेक्ट और कार्य को परिभाषित करना है। बहुत से लोगों के लिए, 'कसरत के लिए अधिक समय निकालना' अपने आपमें किसी प्रोजेक्ट को आरंभ करने जैसा ही है और उन्हें इस पर कार्य करना होगा, जैसे सैली को कॉल करके जिम और निजी ट्रेनर के बारे में पता लगाना है। ऐसे मामलों में, आपको एक निजी सिस्टम पर छिपे प्रोजेक्ट्स और कार्यों पर काम करना होगा। 'मुझे टीम का अच्छा मनोबल बढ़ाना है', इस प्रोजेक्ट को पूरा करने के लिए आपको अपने विभाग के साथ टीम-निर्माण प्रक्रियाओं का आरंभ करना है और अगर कार्य की बात करें, तो आपको इस बारे में एच आर डायरेक्टर को मेल करके उनकी राय लेनी होगी।

पर कई बार कुछ ऐसे काम होते हैं, जो इस श्रेणी में नहीं आते और उनका प्रबंधन करने के लिए चेकलिस्ट की आवश्यकता होती है।

### काम और जवाबदेही के प्रमुख क्षेत्रों की रूप रेख बनाना

आपको अपनी सेहत पर ध्यान देना है या टीम का मनोबल बढ़ाना है, हो सकता है कि आपको इनके लिए एक तरह की चेकलिस्ट की ज़रूरत हो, जिसका समय-समय पर आकलन किया जाएगा। आपके पास दिमाग में नतीजों और मापदंडों की बहुआयामी परतें हैं और दिए गए समय में आपके पास चयन की सुविधा भी होती है। अगर आप जानते हैं कि वे अलग-अलग स्तर पर क्या हैं, तो यह हमेशा एक अच्छा उपाय होगा हालाँकि इसे आदत का एक हिस्सा बनाना इतना आसान भी नहीं होता।

मैंने पहले भी सलाह दी थी कि आपके काम के कम से कम छह ऐसे स्तर होते हैं, जिन्हें आप परिभाषित कर सकते हैं। इनमें से प्रत्येक स्तर अपने लिए मान्यता और आकलन चाहता है। आप जिसे भी महत्वपूर्ण समझें, उसे पूरी तरह से दर्ज करें और इन स्तरों के प्रति वचनबद्ध हों, इस तरह आप एक बढ़िया चेकलिस्ट बना सकते हैं। इसमें निम्नलिखित बातें शामिल हो सकती हैं।

* कैरियर लक्ष्य
* सेवा

* परिवार
* संबंध
* समुदाय
* सेहत व ऊर्जा
* वित्तीय संसाधन
* रचनात्मक भाव

और फिर एक स्तर नीचे आते हुए, आप अपनी नौकरी में भी उत्तरदायित्व से जुड़े कुछ क्षेत्रों को याद रखना चाहेंगे। आपका स्टाफ और आपके मूल्य आदि। इस सूची में निम्नलिखित बातों को शामिल कर सकते हैं :

* टीम का मनोबल
* प्रक्रिया
* टाइमलाइन
* स्टाफ से जुड़े मसले
* काम का बोझ
* संप्रेषण (कम्युनिकेशन)
* तकनीक

ये सभी चीज़ें बारी-बारी से आपके निजी तंत्र में शामिल की जा सकती हैं, वे आपके लिए रिमाइंडर बन सकती हैं। कई बार केवल इतना ही ध्यान देना होता है कि कोई सुनिश्चित क्षेत्र ठीक है, उसमें कुछ जोड़ने या बदलने की आवश्यकता नहीं होती। परंतु इतना जानने से आपके लिए केंद्रित होना सरल हो जाता है।

**परिस्थिति जितनी नई होगी, उतने ही नियंत्रण की आवश्यकता होगी**

हमें किस हद तक चेकलिस्ट बनानी है और चीज़ों को वश में करना है, उसका हमारी जिम्मेदारी के किसी क्षेत्र के परिचय से गहरा संबंध है। अगर आप किसी काम को लंबे समय से करते आ रहे हैं और आप पर उस क्षेत्र में बदलाव का कोई दबाव नहीं है, तो हो सकता है कि आपको निजी तंत्र में नियंत्रण बनाए रखने के लिए ज़्यादा मेहनत न करनी पड़े। आप जानते हैं कि उन कामों को कब

और किस तरह करना है, साथ ही आपका सिस्टम उसके लिए बिलकुल ठीक है। आप उसे नींद में भी संभाल सकते हैं हालाँकि अक्सर ऐसा नहीं होता।

क्या कभी ऐसा हुआ कि आपको एक गुप्त प्रकार के वित्तीय सौदे के प्रबंधन के लिए विशेष प्रक्रिया का प्रबंधन करना पड़ा। आपने लॉग इन करके, सॉफ्टवेयर एप्लीकेशन को रिफ्रेश किया और उसके बाद भी एक दोस्त के वैकेशन केबिन को देखने के लिए कई दूसरे अनिवार्य चरणों से गुज़रे और आपको स्वयं से यह प्रश्न करने का अनुभव मिला, 'अरे रुको, अब मुझे क्या करना होगा?' ऐसे किसी भी हालात में आपको लगा कि फिर से सब कुछ आरंभ किया जाए, उस समय आपको चेकलिस्ट की ज़रूरत होगी। मैं कंप्यूटरों और सॉफ्टवेयर्स के मामले में कुछ हद तक अर्ध शिक्षित हूँ और जब भी मुझे आई. टी. विशेषज्ञ से निर्देश मिलते हैं कि किसी चीज़ की खराबी कैसे दूर करनी है, तो उस समय मुझे खुद को यह आश्वस्त करना आसान होता है कि वे जो बता रहे हैं, वह सब मुझे याद आ जाएगा। मैंने बड़ी मुश्किल से, उनके लिए चेकलिस्ट तैयार करना सीख लिया है।

कई बार आप कुछ इस तरह की चेकलिस्ट बनाना चाहते हैं कि आपको अपने काम से परिचित होने तक केंद्रित रहने में मदद मिले। मिसाल के लिए आपके सीईओ अचानक कहीं चले गए हों और आपको उनकी जगह लेनी पड़ें, तो आपको एक परिदृश्य देखते हुए रूप रेखा बनानी होगी ताकि सामने दिख रहे काम के आलोचनात्मक पहलुओं को संभाला जा सके। ये नए उत्तरदायित्व आपके लिए अनजाने हैं इसलिए आप इन्हें वश में करके प्रबंधन करने का ढाँचा बनाना चाहेंगे, जो आरंभिक कुछ माह में आपके लिए बहुत सहायक होगा। जैसे कि हमने एक नया संगठनात्मक ढाँचा बनाया है और कंपनी में ऑपरेटिंग सिस्टम भी नया है, हम कई तरह की चेकलिस्ट का प्रयोग करते आ रहे हैं ताकि इसे लागू करने से जुड़ी मीटिंग्स के दौरान मदद हो सके, जब तक वे सभी काम स्वचालित नहीं हो जाते।

चेकलिस्ट आपको यह बताने के लिए बहुत उपयोगी हो सकती है कि आपको इसके बारे में चिंता करने की ज़रूरत नहीं है।

फिर कई बार ऐसे भी समय आते हैं, जब मुझे उन क्षेत्रों की सूची बनानी पड़ती है, जिन पर अस्थायी रूप से तब तक काम होगा, जब तक वे नियंत्रण में नहीं

आ जाते। मिसाल के लिए, जब मैंने और मेरी पत्नी ने तय किया कि हम अपने बरसों पुराने चले आ रहे व्यवसाय को एक नया ढाँचा देंगे, तो मैंने उन जिम्मेदारियों को संभाला, जिन पर मैंने कभी काम नहीं किया था जैसे एकाउंट्स, कंप्यूटर्स, मार्केटिंग, कानूनी और प्रशासनिक आदि। मुझे कई महीनों तक अपनी जिम्मेदारियों की चेकलिस्ट सामने रखनी पड़ती थी ताकि आगे बढ़ने के साथ-साथ उन पर टिक किया जा सके। जब हमारा काम काफी हद तक संभल गया, तो हमें उस सूची की ज़रूरत नहीं रही।

## सभी स्तरों पर चेकलिस्ट

जैसी आपकी इच्छा हो, उसके अनुसार किसी भी तरह की चेकलिस्ट बनाने के लिए तैयार रहें। संभावनाओं का कोई अंत नहीं है - इसमें आपके जीवन मूल्यों से लेकर, कैंपिंग के लिए ले जानेवाले सामान, संभावित अवकाश उपहार से लेकर अनेक अस्थायी सूचियों को शामिल कर सकते हैं, जो आपके जीवन में अहमियत रखती हों। यह आज भी एक महत्वपूर्ण और सादी प्रक्रिया है, जो आप अपने जीवन में लागू कर सकते हैं।

आपकी रचनात्मक सोच को जगाने के लिए कुछ चेकलिस्ट के उदाहरण दिए जा रहे हैं, जिन्हें मैंने बरसों के दौरान देखा व इस्तेमाल किया :

* उत्तरदायित्व के क्षेत्र (प्रमुख उत्तरदायित्व क्षेत्र)
* व्यायाम से जुड़ी चर्चा (मांसपेशी प्रतिरोध प्रशिक्षण कार्यक्रम)
* यात्रा चेकलिस्ट (दौरे पर जाने और उस जगह के अनुसार हर चीज़ व काम)
* साप्ताहिक समीक्षा (साप्ताहिक स्तर पर समीक्षा व अपडेट करने के लिए सब कुछ)
* प्रशिक्षण कार्यक्रम (किसी इवेंट के आरंभ से अंत तक लेकर सभी संबंधित कार्य)
* प्रमुख ग्राहक
* जिन लोगों के संपर्क में रहना हो (नेटवर्क से जुड़े वे सभी लोग, जिनके संपर्क में आप रहना चाहेंगे)

* वर्ष के अंत से जुड़ी गतिविधियाँ (क्लोजिंग-अप के समय से जुड़ी सारी कारवाई)
* निजी विकास (निजी संतुलन व प्रगति बनाए रखने के लिए नियमित रूप से आकलन)
* चुटकुले

स्थायी और अस्थायी रूप से चेकलिस्ट के साथ सहज अनुभव करें। उन्हें तुरंत बनाने और समाप्त करने के लिए भी तैयार रहें। यह देखें कि आपने आसानी से नई सूची बना ली है, जो पहले से कहीं आकर्षक और मजेदार है। आप खुले पन्नोंवाली नोटबुक या सॉफ्टवेयर एप में ऐसा कर सकते हैं। यदि इस तरह से इस्तेमाल की जाए तो चेकलिस्ट आपके लिए निजी उत्पादकता को बढ़ाने और मानसिक दबाव को घटाने के के लिए उल्लेखनीय संपत्ति हो सकती है।

दरअसल अगर आपने अब तक वह सब कैप्चर कर लिया है, जो आपके जीवन और काम में अधूरे छूटे सिरों का प्रतिनिधित्व करता है... उन सभी कामों को क्लैरीफाई करते हुए संसाधित कर लिया है... और उन पर कार्य करने के निर्णय ले लिए हैं... नतीजों को इस तरह व्यवस्थित कर लिया है कि वे अपने आपमें एक ताज़ा और संपूर्ण परिदृश्य प्रस्तुत करते हैं... तो आप तनावरहित उत्पादकता की कला को लागू करने के अगले चरण के लिए तैयार हैं : मनन की प्रक्रिया।

तुरंत और आसानी से चेकलिस्ट बना लेने की क्षमता, ज़रूरत पड़ने पर उस तक आसान पहुँच, यह आपके लिए उच्च-प्रदर्शनयुक्त स्व-प्रबंधन का मूल कारक हो सकता है।

# 8

## चिंतन :
## सब कुछ ताज़ा और क्रियात्मक बनाए रखें

इस कार्य प्रबंधन का मुख्य उद्देश्य यही है कि आपके मस्तिष्क को इस योग्य बनाया जा सके कि वह और अधिक खूबसूरती, उत्पादकता एवं रचनात्मक गतिविधियों के साथ सोचने का अनुभव पा सके। यह आज़ादी पाने के लिए आपको अपने मस्तिष्क को निरंतर इन गतिविधियों और वचनबद्धता से जोड़े रखना होगा। आपको अपनी ओर से आश्वस्त होना होगा कि आप वही कर रहे हैं, जो आपको करना है और जो आप नहीं कर रहे हैं, उसे न भी करें तो ठीक है। इस तरह आप वर्तमान में रहते हुए उन सभी विषयों पर मनन कर सकेंगे, जो काम करने के लिए हमेशा एक आदर्श अवस्था मानी जाती है। आपको उस तरह की स्पष्टता और स्थिरता पाने के लिए निरंतर अपने कार्य पद्धती की समीक्षा करनी है और उसकी बनावट पर मनन करते हुए उसे चालू और कार्यरत रखना है।

मिसाल के लिए, अगर आपको एक कॉल्स की सूची दी गई है, उसमें सारे कॉल्स किए जाने लायक नहीं हैं तो अब आपको कार्य प्रणाली पर विश्वास नहीं होगा। आपके मस्तिष्क को कॉल्स की सूची को फिर से अपडेट करने जैसे निम्न स्तर के कार्य से आज़ादी नहीं मिली, वह ऐसा कार्य नहीं करना चाहता। तो आप जानते हैं कि वह उस काम को अच्छी तरह नहीं कर सकेगा।

इसका अर्थ है कि आपकी कार्य पद्धति स्थिर नहीं है। इसे उचित कार्यवाही के चुनाव देने के लिए आपको इसे अप-टू-डेट करना ही होगा। तभी आप कई हॉरीज़न (क्षितिजों) पर अपने जीवन और काम का उचित और निरंतर मूल्यांकन कर सकेंगे।

**इस बिंदु पर दो प्रमुख विषयों पर विचार करना होगा :**

- आप इन सबमें क्या तलाश रहे हैं और क्यों?
- आपको क्या करना है और कितनी बार, इसे एक निरंतर चलनेवाली प्रणाली

में बनाए रखने के लिए, आपको उच्चतम स्तर पर चिंतन और मनन करने का समय मिलता है?

एक वास्तविक मूल्यांकन प्रक्रिया आपके जीवन और कार्य के प्रमुख क्षेत्रों में निखरी हुई अनूठी सोच को सामने लाएगी और उसे सक्रिय करेगी। ऐसी सोच केंद्रित एकाग्रता और निरंतर की जानेवाली ब्रेनस्ट्रोमिंग का नतीजा होती है, जिसके लिए आपके कार्यों और प्रोजेक्ट्स का निरंतर निजी आकलन करना आवश्यक होगा।

## क्या और कब देखना है?

आपकी व्यक्तिगत प्रणाली और व्यवहारों को इस तरह स्थापित किया जाना चाहिए कि आप अपने कामों के विकल्पों को तब देख सकें, जब आप उन्हें देखना चाहें। यह वैसे तो सामान्य बुद्धि की बात है, पर कुछ लोग ही इसे समझकर, अपनी संगठनात्मक क्षमता को इतना निखार पाते हैं कि पूरी योग्यता के साथ काम कर सकें।

जब आपके पास फोन और सोचने-समझने के लिए पर्याप्त समय हो, तो आपको किए जानेवाले कॉल्स की सूची पर एक बार नज़र डालनी चाहिए या फिर सबसे बेहतर विकल्प उठाकर, अपने आपको बाकी चिंता से मुक्त कर लेना चाहिए। जब आप अपने बॉस या साथी से बात करने जा रहे हों, तो उस समय अपनी चर्चा के बिंदु मन में दोहरा लें ताकि आपके समय की बचत हो सके। आप अपने ड्राईक्लीन किए हुए कपड़े लेने जा रहे हैं, तो ज़रा सोच लें कि क्या रास्ते में और कोई काम पूरा किया जा सकता है?

लोग अक्सर मुझसे पूछते हैं कि 'आप अपने सिस्टम या कार्य प्रणाली को देखने में कितना समय लगाते हैं?' मेरा जवाब बिलकुल सादा है, 'उतना ही समय, जितना मुझे अपने काम के साथ सहजता महसूस करने के लिए चाहिए। कुल मिलाकर यह दो या तीन सैकेंड का ही काम है।' अधिकतर लोग यह नहीं समझ पाते कि मेरी लिस्ट ही मेरे लिए ऑफिस के समान है। यह एक तरह से मेरा ऑफिस ही है। जिस तरह आपके पास पोस्ट इट[1] या किए जानेवाले काम का ढेर लगा रहता है, उसी तरह मेरे पास नेक्स्ट एक्शन लिस्ट और कैलेंडर होते हैं। मान लें कि आपने अपने हर काम के उचित प्रबंधन के लिए उसे व्यवस्थित

---

[1] ये ऐसे अलग-अलग रंगों के कागज होते हैं, जिन पर आप अपने काम या छोटे नोट्स लिखकर चिपका देते हैं। इनके एक ओर गोंद लगा रहता है ताकि इन्हें कहीं भी चिपकाया जा सके।

आपको निरीक्षण के लिए पूरे दिन में कुछ देर का ही समय चाहिए, यदि आप सही समय पर सही तरह से काम कर रहे हों।

कर लिया है, इसके बाद आपको रोज़ अपने सिस्टम या कार्य प्रणाली पर थोड़ा सा काम करना होगा, फिर आपके लिए काम करना आसान हो जाएगा। उसके बाद हर दिन आपका सिस्टम ही याद दिलाएगा कि आज आपको क्या काम करना है।

**पहले अपना कैलेंडर देखें ...**

अगर आप डेली टिकट फोल्डर[2] या कैलेंडर रख रहे हैं तो रोज उन्हें देखना होगा ताकि किए जानेवाले कामों का अनुमान लगा सकें। आपको सबसे पहले यह देखना होगा कि आपके पास कितना समय और स्थान है। मिसाल के लिए अगर आप सुबह आठ बजे से शाम छह बजे तक मीटिंग में हैं और लंच के लिए मुश्किल से आधे घंटे का समय मिलेगा तो इस तरह आपको दूसरे कामों के लिए निर्णय लेने में आसानी होगी।

**...फिर एक्शन लिस्ट**

अपने पूरे दिन का निरीक्षण करने और समय से जुड़ी वचनबद्धताओं को देखने के बाद आपको उससे संबंधित आवश्यकताओं का प्रबंध करना होगा। समीक्षा करने के लिए आपको उन सभी कामों की सूची तैयार करनी होगी, जो आप वर्तमान में करनेवाले हैं। मिसाल के लिए, अगर आप ऑफिस में हैं तो आप अपनी कॉल सूची, कंप्यूटर पर होनेवाले काम और ऑफिस में होनेवाले काम देखेंगे। आप अपने आगे आनेवाले दूसरे कामों की तुलना में इन्हें देखेंगे ताकि यह समझा जा सके कि आपके लिए बेहतर विकल्प क्या हो सकते हैं। आपको यह भी देखना होगा कि आप किसी खास चीज़ को भूल नहीं रहे हैं।

सच कहें तो अगर आपका कैलेंडर भरोसेमंद है और आपकी एक्शन लिस्ट भी ताज़ा बनी है, तो हो सकता है कि आपको सिस्टम में हर दूसरे दिन केवल एक-दो बातों पर ध्यान देना पड़े। कई बार ऐसा भी होता है कि मुझे अपनी लिस्ट देखने की ज़रूरत नहीं पड़ती क्योंकि यह कैलेंडर से ही पता चल जाता है कि मैं क्या नहीं कर सकूँगा।

---

[2] यह तारीख अंकित किए गए फाइल फोल्डर का एक संग्रह है, जो भविष्य की तारीख के अनुसार समय संवेदनशील दस्तावेजों को दर्ज करने की अनुमति देता है।

### उचित सदंर्भ में उचित निरीक्षण

> जिंदगी का रख-रखाव और प्रसन्नता दो अलग मुद्दे नहीं हैं।
> - ऐन रैंड

हो सकता है कि आपको किसी भी समय अपनी कोई भी सूची देखनी पड़े। जब आप और आपका मित्र पूरे दिन के काम के बाद साथ हों और आप इस बारे में यकीन से कहना चाहें कि घर, परिवार या व्यक्तिगत जीवन में जो भी काम आप मिलकर करते हैं, आपने वह सब कर लिया है, तो आप स्वयं के और अपने मित्र के कामों का संग्रह देखना चाहेंगे। वहीं दूसरी ओर, अगर अचानक आपके बॉस ताजा हालात और प्राथमिकताओं के बारे में बात करने आ जाए, तो आपके लिए अपने प्रोजेक्ट्स की ताजा लिस्ट और एजेंडा बहुत मायने रखेगा। जब अचानक आपको किसी अनियोजित पर बहुत ही आवश्यक लंच मीटिंग का संदेश मिले, तो आप कितनी तेज़ी से अपनी डेस्क समेटकर, ज़रूरी आंकड़ों के प्रिंट और अन्य आवश्यक सामान के साथ मीटिंग में जा सकते हैं? अगर सब ठीक रहा तो शायद यह मीटिंग दोपहर तक भी चल सकती है।

## सिस्टम अपडेट करें

किसी पूरे संगठन के सिस्टम की विश्वसनीयता जाँचने का तरीका यही है कि आप अपनी सोच को तरोताजा करते हुए सिस्टम को और उन्नत नज़रिए से देखना सीखें। अगर आपकी लिस्ट आपकी हकीकत से कोसों दूर है तो ऐसा होना मुश्किल है। आप खुद को मूर्ख नहीं बना सकते। अगर सिस्टम अपडेट नहीं होगा तो आपके दिमाग को मजबूरन कामों को याद करने के निम्न स्तर से सारा काम शुरू करना होगा।

> ज्ञान को उत्पादक बनाने के लिए हमें पेड़ और जंगल को देखना सीखना होगा। हमें संपर्क स्थापित करना सीखना होगा।
> - पीटर एफ. ड्रकर

यही शायद सबसे बड़ी चुनौती है। जब आपको यह समझ में आ जाएगा कि स्पष्टता किसे कहते हैं और आप हर चीज़ को अपने बस में रखना सीख लेंगे, तो आप वही कर सकते हैं, जो सचमुच करना चाहते थे। मैंने असंख्य लोगों के साथ शोध करते हुए इस पद्धति को अपनाया और उनका भी यही कहना था कि इस प्रक्रिया को लंबे समय तक बनाए रखने के लिए साप्ताहिक निरीक्षण ही कुंजी है।

## साप्ताहिक निरीक्षण की शक्ति

> आपका सिस्टम रोज़ जितना ज्यादा संभाल सकता है, उतने ही अवसर आपके आगे होंगे।

अगर आप मेरे और दूसरे लोगों की तरह हैं, तो भले ही आपकी मंशा कितनी भी अच्छी क्यों न हो, सारी दुनिया आपकी सोच से कहीं ज्यादा तेजी से आगे बढ़ रही होगी। हममें से अधिकतर लोग लगातार खुद को इतने ज्यादा काम में उलझाए रखते हैं, जितना हम संभाल नहीं पाते। हम सारा दिन मीटिंग्स में व्यस्त रहते हैं, इवेंट के बाद नई तरकीबों व उपायों पर चर्चा होती है और उन प्रोजेक्ट्स में मग्न होकर हमारी रचनात्मक क्षमता कहीं खो सी जाती है।

गतिविधियों के बीच मग्न रहने के कारण ही यह आवश्यक हो जाता है कि आप साप्ताहिक निरीक्षण करें। आपको यह संतुलन बनाने के लिए हर चीज़ का फिर से मूल्यांकन करते हुए उसे नए सिरे से व्यवस्थित करना होगा। जब आप रोज़मर्रा के कामों में लगे होंगे, तो आपके पास इन कामों को करने का समय नहीं होगा।

साप्ताहिक निरीक्षण की मदद से आप नए इनपुट और आगे आनेवाले संभावित बाधाओं के बीच भी महत्वपूर्ण प्रोजेक्ट्स पर पूरा ध्यान रख सकेंगे। अगर आरामदेह रहना चाहते हैं, तो बहुत से कामों के लिए इंकार करना भी सीखना होगा। अगर आप अपने प्रोजेक्ट्स पर मनन और विचार के लिए थोड़ा समय निकाल सकें, तो यह आदत आपके बहुत काम आ सकती है।

### साप्ताहिक निरीक्षण क्या है?

बहुत सरल बात है, इस तरह आप अपने दिमाग को पूरी तरह से खाली करते हुए, आनेवाले दो सप्ताह के काम पर पूरी तरह से केंद्रित हो सकते हैं आपको अपने कार्यप्रवाह प्रबंधन (वर्कफ्लो मैनेजमेंट –कैप्चरिंग, क्लेरीफाइंग, ऑर्गेनाइजिंग और रिव्यूइंग) के सभी चरणों – संग्रह, स्पष्टीकरण, व्यवस्थित करना और बचे हुए कामों, झुकाव और इच्छाओं का निरीक्षण करना होगा ताकि आप कह सकें कि 'मैं अच्छी तरह जानता हूँ कि मैं इस समय कौन से काम नहीं कर रहा और अगर उन कामों को करने के लिए तय करता तो वे काम भी कर सकता था।'

अगर व्यावहारिक नज़रिए से देखें तो तीन चरणों में आप इसे पा सकते हैं – क्लियर, करंट और क्रिएटिव। क्लियर से मतलब है कि आप सारे काम को

व्यवस्थित करके स्पष्ट कर लें। करंट का मतलब है कि आपकी सारी लिस्ट अपडेट हैं। क्रिएटिव हिस्सा स्वयं ही पूरा होगा, आप सहज भाव से कुछ उपायों और नज़रिए की ओर आकर्षित होंगे, जो आपके काम और जीवन के लिए सोच का मोल बढ़ाने में सहायक होगा।

**क्लियर करें**

यह उन सभी बिखरे हुए अधूरे कामों के संग्रह की आरंभिक अवस्था है, जो आपके व्यस्त सप्ताह के दौरान जमा हो गए हैं। जैसे मीटिंग्स में लिए गए नोट्स, आपके जमा किए हुए कार्ड और रसीदें, बच्चों के स्कूल से आए नोटिस वगैरह। आपकी ई-मेल बॉक्स या सोशल मीडिया के अलावा और भी बहुत सी जगह हैं, जहाँ आपने इन्हें रखा होगा, जैसे आपके जैकेट या पर्स की जेब, ब्रीफकेस, स्मार्टफोन टेक्स्ट, जैकेट, ड्रेसिंग-रूम काउंटर वगैरह।

सारे कागज और सामग्री जमा करें : वे सारे कागज, बिज़नेस कार्ड और रसीदें वगैरह जमा कर लें, जो आपके डेस्क, कपड़ों या किसी और जगह पर रखी हों। इनके बारे में सोचने के लिए इन्हें ट्रे में रखें।

सब कुछ खाली करने की मुहिम पूरी करें : किसी मीटिंग के नोट्स या आपके मोबाइल में नोटपैड पर कुछ लिखी हुई सामग्री तय करने के बाद अपने एक्शन, प्रोजेक्ट्स, कैलेंडर इवेंट वगैरह की सूची तैयार करें। किसी भी संदर्भ नोट या सामग्री को लिखें। इस तरह अपने ई-मेल, संदेश बॉक्स या वॉयस मेल मैसेज खाली कर लें। बिना किसी हिचक के उन सभी चर्चा बिंदुओं, नई पहल, विचारों, सुझावों या पिछली डाउनलोड सामग्री को जमा कर लें और जो काम का नहीं है, उसे हटा दें।

अपना दिमाग खाली रखें : किसी भी नए प्रोजेक्ट, एक्शन आइटम, भावी कार्य, किसी समय या किसी दिन होनेवाले काम की सूचना लिखित में रखें ताकि आपके दिमाग पर उनका भार न रहे।

**वर्तमान में लौटें**

अब आपको अपने सिस्टम से पुराने रिमाइंडर हटाकर एक सक्रिय सूची तैयार करनी है, जिसके चरण निम्नलिखित हैं :

नेक्स्ट एक्शन लिस्ट पर ध्यान दें : जो काम पूरे हो गए हों, उन पर सही का

निशान लगा दें। कई बार मैं अपनी व्यस्तता की वजह से उन कामों पर भी निशान नहीं लगा पाता जो पूरे हो चुके हों। अब ऐसा करने का समय आ गया है।

पिछले कैलेंडर के आँकड़ों पर गौर करें : पिछले दो-तीन सप्ताह की कैलेंडर प्रविष्टि (Entries) पर ध्यान दें ताकि बचे हुए काम, संदर्भ सूचना आदि पर ध्यान देते हुए उसे सक्रिय सिस्टम में डाला जा सके। 'ओह! याद आया....' वाली कोई भी बात या काम दर्ज करना न भूलें। हो सकता है कि आप उन मीटिंग या इवेंट की जानकारी कहीं लिखना चाहें, जिनमें आपने भाग लिया था। इस तरह आपको उससे जुड़े अगले काम की जानकारी याद आ जाएगी। अपना पिछला कैलेंडर इस तरह पूरा करें कि उसमें ध्यान देने लायक कोई सामग्री अधूरी न छूटे।

आनेवाले कैलेंडर का निरीक्षण करें : फिर कैलेंडर की अल्पकालीन और दीर्घकालीन प्रविष्टियों (Entries) पर ध्यान दें। आनेवाली घटनाओं के अनुसार अपने प्रोजेक्ट्स के लिए तैयारी करें। आपका कैलेंडर नियमित तौर पर निरीक्षण के लिए बेहतरीन चेकलिस्ट में से है। इस तरह आपको आखिरी मिनट नें होनेवाले तनाव से छुटकारा मिलेगा।[3] आनेवाली यात्रा, कॉन्फ्रेंस, मीटिंग व अवकाश आदि, इन्हें भी अपने प्रोजेक्ट के लिए 'प्रोजेक्ट' या 'नेक्स्ट एक्शन' सूची में शामिल करें। भले ही आपने इन हालात पर पूरी तरह से विचार नहीं किया पर भविष्य में ये आपके सामने ज़रूर आ सकते हैं।

प्रतीक्षा सूची का निरीक्षण करें : क्या किसी के बारे में अधिक जानकारी के लिए ई-मेल करने की ज़रूरत है? क्या किसी की सूची में कुछ ऐसा शामिल करना है, जो उससे बात करते समय काम आ सके? किसी भी ऐसे काम को दर्ज करें और अगर उसे पहले से ही लिखा जा चुका है, तो उसकी भी जाँच कर लें।

प्रोजेक्ट लिस्ट का निरीक्षण करें : प्रोजेक्ट, लक्ष्य और नतीजों की एक-एक करके समीक्षा करते हुए तय करें। हरेक के लिए करने योग्य काम आपके सिस्टम में तैयार होने चाहिए। नए, अधूरे या प्रतीक्षा में रखे हुए कामों की जाँच के लिए अच्छी तरह से प्रोजेक्ट की योजना, सहायक सामग्री या अन्य किसी प्रकार की विचाराधीन सामग्री की जाँच कर लें।

---

[3] यह विशेष तौर पर और भी ज़रूरी हो जाता है, जब दूसरों को भी आपके कैलेंडर में एंट्री करने की अनुमति हो। अगर कोई दूसरा आपके लिए किसी मीटिंग का समय तय कर दे, तो आप अचानक उसे अपने सामने देखकर चौंक सकते हैं।

किसी भी संबंधित चेकलिस्ट का निरीक्षण : क्या कुछ ऐसा जो आपने अभी तक नहीं किया, जो आपको करना था या आप करना चाहते थे। यह आपके विविध कामों, रुचियों या जिम्मेदारियों में से एक हो सकता है।

**रचनाशील बनें**

यह पद्धति या सिस्टम केवल काम निपटाने या समेटने के लिए नहीं है। बेशक ये बहुत अहम मसले हैं, जो आपको स्पष्टता और केंद्र दे सकते हैं। अंतत: वे इस क्षेत्र में मेरी अपनी खोज के लिए प्रेरक रहें क्योंकि इनके बल पर ही मुझे नई और रचनात्मक जानकारी, अमूल्य चिंतन और दिशा पाने का अवसर मिला। काफी हद तक, आपको यह सब पाने के लिए बहुत अधिक ऊर्जा लगाने की आवश्यकता नहीं है, अगर आप वास्तव में इस पद्धति को समझ गए हैं तो यह आपके लिए आसान होगा। स्वाभाविक रूप से हम इंसान रचनात्मक प्राणी हैं। हम जीने के लिए, विकसित होने, स्वयं को प्रकट करने और विस्तार करने के लिए अपने अस्तित्व का निवेश करते हैं। यहाँ रचनाशीलता एक चुनौती नहीं है – हमें अपनी रचनात्मक ऊर्जा की राह में आनेवाली बाधाओं को दूर करने की चुनौती लेनी है। यदि व्यावहारिक तौर पर कहें, तो आपको एक साथ काम करना है ताकि निरंतर विचार पैदा होते रहें, आप उन्हें संग्रह कर, उनके मूल्य का उपयोग कर सकें। अगर आप इन तकनीकों को पढ़ने या लागू करने की प्रक्रिया में हैं और इन्हें पसंद भी कर रहे हैं या फिर आपको लग रहा है कि वास्तव में आप ऐसा ही करना चाहते थे, तो शायद आपके भीतर वह प्रक्रिया प्राकृतिक रूप से आरंभ हो गई है।

जैसा कि मैंने कहा, हो सकता है कि आपको इस समय किसी बिंदु पर ध्यान केंद्रित करने की आवश्यकता नहीं हो क्योंकि इस समय तक आपकी सारी रचनात्मक सोच इसी दिशा में लग चुकी है। हालाँकि, इस प्रक्रिया को पूरा करने के लिए आपको कुछ रचनात्मक प्रेरकों की आवश्यकता हो सकती है।

किसी दिन/हो सकता है, सूची पर गौर करें : उन प्रोजेक्ट्स पर ध्यान दें, जो आनेवाले समय में अधिक दिलचस्प या सार्थक हो सकते हैं, उन्हें प्रोजेक्ट सूची में डाल दें। कुछ प्रोजेक्ट बहुत समय से बने हुए हैं पर आपकी रुचि नहीं रही, उन्हें उस सूची से निकाल दें। उन संभावित संभावनाओं को शामिल करें, जिन पर आजकल आप सोच-विचार कर रहे हैं।

रचनाशील और साहसी बनें : क्या कोई ऐसे नए, अनूठे, रचनात्मक, सोच को उभारनेवाले, जोखिम से भरे विचार आपके दिमाग में चल रहे हैं, उन्हें सिस्टम या एस्र्ट्रनल ब्रेन सूची में शामिल करें।

यह रिव्यू प्रक्रिया या समीक्षा सामान्य बुद्धि से जुड़ी है पर हममें से बहुत कम लोग ही इसे पूरा करते हैं। हम इसे उतना नियमित रूप से नहीं कर पाते, जितना मानसिक स्पष्टता और सब कुछ वश में रखने की सोच पाने के लिए ज़रूरी है। अगर आपने निजी सिस्टम को जायज़ रूप से अपडेट और आँकड़ों के साथ पूरा नहीं किया है, तो ऐसा करना थोड़ा मुश्किल हो सकता है। भले ही आपके पास सब कुछ नियंत्रित व केंद्र में ही क्यों न हो, कई बार रोज़मर्रा के काम और दबाव के चलते इस तरह का चिंतन और समीक्षा संभव नहीं हो पाती।

सूचनाओं के अतिरिक्त भार के बीच, दृष्टिकोण को एक सर्वोत्कृष्ट मानव समाधान कह सकते हैं, चीज़ों को एक अनिवार्य प्रासंगिक और कम से कम प्रबंधन योग्य स्तर तक लाने की सहज प्रक्रिया ... आवश्यकता से अधिक सामग्री व सूचना के इस युग में, दृष्टिकोण ही सबसे दुर्लभतम संसाधन होगा।
- पॉल सैफो

**समालोचना के लिए उचित समय और स्थान**

साप्ताहिक रिव्यू या समालोचना इतनी ज़रूरी है कि यह आपको अच्छी आदतों, माहौल और इन्हें बनाए रखने के लिए प्रोत्साहित करती है। एक बार जब आप अपने आरामदायक दायरे में 'गेटिंग थिंग्स डन' (सभी काम समय पर पूरे होना) के नियंत्रित सुकून को पा लेते हैं, तो आपको इस समीक्षा के लिए चिंतित नहीं होना पड़ता। क्योंकि आपको हर सप्ताह अपने निजी मापदंडों व स्तर तक वापस आने के लिए इसे करना ही होगा।

तब तक, सप्ताह में एक बार, वही करें जो आपके लिए ज़रूरी हो ताकि आप स्वयं को रोज़मर्रा के काम से दो घंटे के लिए अलग कर सकें। आपको अपने काम के क्षेत्र से बाहर नहीं जाना है बल्कि अपनी सभी प्रोजेक्ट्स के हॉरीजन (क्षितिज) से ऊपर उठना है और उन सभी बातों पर ध्यान देना है, जो आपका ध्यान अपनी ओर खींच रही हैं।

अगर आपके पास कोई ऑफिस या काम करने की जगह है तो उसे लोगों या

किसी तरह की बाधाओं से मुक्त करें। अगर आप पाँच दिन काम करते हों तो अपने आखिरी दिन के दो घंटे इस रिव्यू के लिए निकालें। यह अपने आपमें एक आदर्श समय होगा :

- इस सप्ताह की सभी घटनाएँ अभी इतनी ताज़ा होंगी कि आप उनका पूरा खुलासा कर सकें (अरे, मुझे ध्यान देना है, उससे इस बारे में बात करनी होगी)।
- अगर आपके दिमाग में ऐसी कोई बात आती है, जो उसी दिन किसी व्यक्ति से की जानी है तो आपके पास उस काम को पूरा करने का भरपूर समय होगा।
- अपने मानसिक दराज़ों को खाली करना भी ज़रूरी है ताकि आप अपने सप्ताहांत का समय अच्छी तरह बिता सकें और आपके ऊपर कोई अनावश्यक दबाव न रहे।

हालाँकि आप ऐसे लोगों में से भी हो सकते हैं, जिनके पास आमतौर पर सप्ताहांत नहीं होते। मिसाल के तौर पर, जैसे मेरे लिए वे दिन भी सप्ताह के दिनों जैसे ही होते हैं। पर मेरे पास अपनी लंबी विमान यात्राओं के बीच समय रहता है, जो मेरे लिए किसी आदर्श मौके से कम नहीं है। कई लोगों ने अपने लिए इस साप्ताहिक आदत का अपनी तरह से समय निकाला है, जिसमें शनिवार को उनके कॉफीहाउस में बैठने से लेकर चर्च में उनकी बेटी के सामूहिक गायन अभ्यास के बीच का समय शामिल है।

जब भी समय मिले तो थोड़ा आराम करें। अगर आप लगातार काम करेंगे तो परखने की ताकत जाती रहेगी। काम से थोड़ी दूरी बनाते ही वह सही परिप्रेक्ष्य में दिखेगा और सामंजस्य का अभाव भी दिखने लगेगा।
- लियोनार्डो द विंसी

आपकी जीवनशैली चाहे जो भी हो, आपको अपने लिए हर सप्ताह स्वयं को व्यवस्थित करने की एक प्रक्रिया पूरी करनी ही चाहिए। हो सकता है कि आप पहले ही इससे मिलता-जुलता कुछ काम कर रहे हों।

जो लोग लगातार काम पर रहते हों या घरेलू कामों के बोझ तले दबे हों, उनके लिए इस तरह सप्ताह में एक बार समय निकालना बहुत मुश्किल होता है। मैं ऐसे अनेक लोगों से मिला हूँ, जो अपने कामों में बहुत बुरी तरह से व्यस्त रहते हैं। उनका मित्र भी अपने ऑफिस और घर के काम में उलझा हुआ है। उनमें से

कई लोग तो ऐसे हैं, जिन्हें रोज अपने ऑफिस जाने के लिए एक-दो घंटे का सफर भी करना पड़ता है।

> आपके काम से जुड़े बेहतरीन विचार काम के दौरान सामने नहीं होंगे।

अगर आप स्वयं को भी उसी तस्वीर में देख रहे हैं, तो आपके लिए सबसे बड़ी चुनौती यही होगी कि आप अपने लिए रीग्रुपिंग (फिर से एकत्रित हो जाना) करने की निरंतर प्रक्रिया जारी रखें। आपको शुक्रवार की रात, काम के बाद अपने लिए समय निकालना होगा या फिर घर के आरामदायक वातावरण में यह काम पूरा करना होगा।

**एक्जीक्यूटिव ऑपरेशनल रिव्यू टाइम**

मैंने कई अधिकारियों को यह प्रशिक्षण दिया है कि वे अपने सप्ताह के अंत में, दो घंटे का समय अपने इस काम के लिए दें। उनके लिए सबसे बड़ी समस्या यही होती है कि वे मिशन से जुड़े ज़रूरी कामों और गुणवत्ता चिंतन के बीच संतुलन नहीं बना पाते। यह एक मुश्किल काम है। अधिकतर वरिष्ठ जानते हैं कि ज़रूरी कामों की तुलना में कुछ महत्वपूर्ण कामों के लिए त्याग करना ही पड़ता है और वे अपने हिसाब से इसी प्रक्रिया के अपने कुछ संस्करणों पर काम भी करते हैं। हमारे ग्राहकों में से एक, दुनिया की विशालतम कंपनियों में से एक के एक्जीक्यूटिव डेवलपमेंट हैड हैं। उनका कहना है कि अपने भीतर छिपी निर्णय लेने की क्षमता पर भरोसा बनाए रखने के लिए रिव्यू और रीग्रुपिंग के लिए समय निकालना बहुत अहमियत रखता है और उनके संगठन के उच्चस्तरीय विभागों में इसका अभाव पाया जाता है।

> व्यवसाय और जीवन में चिंतन ही सार है और यही सबसे मुश्किल काम भी है। एंपायर निर्माता मानसिक कामों के लिए घंटों का समय देते हैं... जबकि कुछ लोग आंशिक तौर पर ऐसा करते हैं। अगर आप स्वेच्छा से आत्म-निर्देशित चिंतन के लिए प्रयास नहीं करते... तो आप आलस्य की चपेट में हैं और अपने जीवन को बस में नहीं कर सकेंगे।
> - डेविड केकिच

यहाँ तक कि अपने काम के लिए निरंतर मनन की प्रक्रिया पर ध्यान देनेवाले अधिकारी भी कई बार प्रोजेक्ट्स के स्तर पर आम रिव्यू और प्रक्रिया से ही काम चला लेते हैं। बंद दीवारों के बीच चलनेवाली मीटिंग्स और सूर्यास्त के समय स्वीमिंगपूल के पास वाइन का गिलास लेकर टहलने के बीच आपको

अपने सभी कामों को अपने अधीन और केंद्रित रखने के लिए थोड़े से उच्च स्तरीय रिव्यू की ज़रूरत होगी। अगर आपको लगता है कि आपने काम के अधूरे सिरों को अच्छी तरह पहचान लिया है, उन्हें छाँटकर समीक्षा करते हुए, उन्हें लागू कर लिया है तो हो सकता है कि आप अपने साथ मज़ाक कर रहे हों।

लक्ष्य बनाने से पहले ही आपके भीतर यह आत्मविश्वास होना चाहिए कि आप अपने रोज़मर्रा के संसार को वश में कर सकेंगे। अन्यथा आपकी प्रेरणा और ऊर्जा का स्तर बढ़ने की बजाय घट जाएगा।

## 'बड़ी तस्वीर' का रिव्यू

जी, कई बार आपको उन विशालतम नतीजों, दीर्घकालीन लक्ष्यों, विजन और उसूलों को भी छाँटना चाहिए, जो आपके निर्णयों की प्रेरणा, जाँच और प्राथमिकता तय करने के लिए ज़रूरी हैं। आपके काम से जुड़े प्रमुख लक्ष्य और उद्देश्य क्या हैं? आप अपने काम को आज से एक या तीन साल बाद किस जगह देखना चाहते हैं? आपका कैरियर कैसा चल रहा है? क्या यह जीवनशैली आपके लिए सार्थक है? क्या आप वही कर रहे हैं, जो आप वास्तव में करना चाहते थे? क्या यह काम गहरे और दीर्घकालीन नज़रिए के साथ हो रहा है?

इस किताब का मकसद केवल यही है कि आप एक ऊँचे स्तर से काम करना सीखें – इस तरह आपको आपके जीवन की अभिव्यक्ति को प्रकट होने में मदद मिलेगी और आप इस बड़ी तस्वीर के साथ बेहतर तालमेल बिठा सकेंगे। जब आप जीवन और कार्यक्षेत्र में ग्राउंड व हॉरीजन के पहले स्तर में पूरी गति और फुर्ती से आगे बढ़ें तो उस समय यह भी ध्यान रहे कि आप अन्य स्तरों का भी निरीक्षण करते रहें ताकि एक सच्ची मानसिक स्पष्टता बरकरार रखी जा सके।

आप स्वयं को उस तरह के रिव्यू के लिए कितनी बार चुनौती देते हैं, जिसके बारे में आप केवल जानते हैं? इस जगह मैं इन नियमों की बात करना चाहूँगा :

आपको उचित हॉरीजनों पर अपने जीवन और कार्य का रिव्यू करना होगा, उचित अंतराल पर उचित निर्णय लेने होंगे ताकि सब कुछ सही तरह से पूरा हो सके। यह आपके लिए आजीवन का आमंत्रण और दायित्व होगा ताकि आप

अपनी अधूरी नियति पूरी कर सकें या उसे जानकर घटने दें।

> इस संसार को सनझने के लिए कभी-कभी इससे दूर जाना होगा।
> - अल्बर्ट कामू

मैंने पिछले कई बरसों के दौरान पाया है कि रोज़मर्रा के जीवन में आत्मीय संपर्क रखने के कारण और जीवन के आम पहलुओं को बस में रखने से, अपने उच्चतम स्तर के कार्यों के लिए सहज भाव से प्रेरणा मिलती है। अपने भीतर छिपे झुकावों या लगन की वजह से हमने स्वयं को ऐसे कामों और जटिलताओं में उलझा लिया है, जो अक्सर उलझन पैदा करते हैं और हमें भावात्मक बना देते हैं। आपके भीतर संतान पाने की इच्छा पैदा होती है, फिर आपके बच्चे हो जाते हैं और उनमें से हरेक को बच्चे को कम से कम बीस साल तक पालने का काम करना होता है। आपके भीतर कुछ रचनात्मक और उत्पादक करने, पहचान पाने की इच्छा पैदा होती है, तो आप कोई व्यवसाय करते हैं या अपने लिए कोई व्यावसायिक कैरियर चुनते हैं। इस तरह आप ऐसे कई कामों में उलझ जाते हैं, जिन सबको एक साथ संभालना आसान नहीं होता। हो सकता है कि आपको इस समय अधिक लक्ष्यों की आवश्यकता न हो क्योंकि आप पहले से गतिशील हैं और आपके भीतर आत्मविश्वास की कमी नहीं है।

हम हमेशा अपने विजन, मूल्यों और उद्देश्यों का एक नया और ताज़ा नज़रिया पा सकते हैं। पर मेरा अपना अनुभव यह कहता है कि अगर आप यह नहीं सोचते कि आप अपनी रची दुनिया को बहुत अच्छी तरह संभाल पा रहे हैं तो शायद आप स्वयं से बात नहीं करना चाहेंगे। आप जो चाहते हैं, उस लक्ष्य या तस्वीर को बदलने में कितना समय लगता है? अगर कुछ ऐसा हो तो बहुत समय नहीं लगता। आपको इस बारे में आश्वस्त होने में कितना समय लगेगा कि आप अपने लिए तयशुदा कामों को पूरा कर सकते हैं? मेरा अनुभव कहता है कि अगर आप पूरे दो साल तक इसी पद्धति के अनुसार काम करते हैं, तो आप आत्म-विश्वास का यही स्तर पा सकते हैं। यह कोई बुरी खब़र नहीं - बस एक खब़र है। अच्छी खब़र यह है कि ज्यों ही आप इन बेहतरीन अभ्यासों को जीवन में लागू करते हैं, तो अपने जीवन और काम की सभी कार्यवाहियों को कहीं बेहतर तरीके से संभालने लगेंगे और आपके सामने उस बड़ी तस्वीर

> यह संसार स्वयं कभी भ्रमित या भावुक नहीं होता - केवल हम होते हैं, वह भी इस पर निर्भर करता है कि हम इसके साथ किस तरह पेश आते हैं।

के कई पहलू होंगे, जिन्हें आप अभी तक पहचान नहीं सके थे।

इस भावी-चिंतन से जुड़ी पहल का एक और पहलू यह होगा कि लक्ष्य निर्धारण के लिए बहुत अधिक लचीला और अनौपचारिक होना होगा। इस क्षेत्र में एक अहम बदलाव आया है, जिसे सॉफ्टवेयर की दुनिया में 'एजाइल (फुर्तीला) प्रोग्रामिंग' कहा जाने लगा है। यह सफल स्टार्ट-अप के लिए सामान्य होता जा रहा है। एक विजन तैयार करें और कल्पना करें कि यह कैसा दिख सकता है, कुछ ऐसा उत्पादित करें, जिसे बाज़ार में उतारा जा सके और फिर वास्तविक दुनिया से मिली फीडबैक के आधार पर अपने विजन और उसकी कार्यवाही को और अधिक परिपक्व करें। संदेश : सकारात्मक भावी चिंतन बहुत ही अद्भुत और कमाल का होता है, परंतु यह तब प्रभावी तौर पर प्रकट होता है, जब आपके भीतर अपनी दिशा में सुधार और प्रत्युत्तर देने की योग्यता के साथ इसे संसार में लागू करने की क्षमता हो।

इस तरह हम सारे निजी कार्यों, स्पष्टीकरण, संगठित करने और पद्धति पर चिंतन-मनन के बिंदु तक आ गए हैं। इस समय सुबह के नौ बजकर बाईस मिनट हुए हैं। बुधवार सुबह - आप क्या कर रहे हैं?

# 9

## एंगेजिंग :
## सबसे बेहतर एक्शन के चुनाव

जब भी काम को असल में करने की बारी आती है तो आप यह कैसे तय करते हैं कि किसी दिए गए समय में क्या किया जाना चाहिए?

अंततः और हमेशा आपको अपने सहज मन पर भरोसा करना चाहिए। आप बहुत से काम कर सकते हैं ताकि आपका यह भरोसा बढ़ सके।

जैसा कि मैंने कहा, 'मेरा सीधा सा उत्तर यही है कि अपने दिल की सुनें या अपनी आत्मा का स्वर सुनें।' अगर आप इस तरह के शब्दों के लिए एलर्जिक हैं तो इन्हें आज़मा सकते हैं : आपकी अंतड़ियाँ, आपका बड़प्पन, आपका जिगर आदि – संदर्भ बिंदु के तौर पर आपके लिए जो भी काम करे, उसे ही लागू करें और अपने आंतरिक विवेक को पा लें। अगर आपने पहले भी सावधानीभरे विचारों की तुलना में प्रतिक्रयाओं से भरे चुनाव किए हैं, तो आप मेरा मतलब अच्छी तरह समझ गए हैं।

इसका अर्थ यह भी नहीं कि आप अपना जीवन ही लहरों के हवाले कर दें। दरअसल मैं भी अपने जीवन में कभी प्रतिशोध की भावना में बह गया था। मैं दावा कर सकता हूँ कि भले ही वे पाठ अनिवार्य तौर पर आवश्यक न रहे हों परंतु मूल्यवान अवश्य थे।[1]

---

[1] हार मानने के विविध तरीके हो सकते हैं। आप भौतिक संसार और इसके यथार्थ को अनदेखा कर, ब्रह्माण्ड पर भरोसा कर सकते हैं। मैंने भी एक बार यही किया और यह एक शक्तिशाली अनुभव था। लेकिन मैं नहीं चाहता कि कोई दूसरा भी वही अनुभव करे। मैंने अपने व्यावहारिक संपर्कों की जाँच करनी चाही, हालाँकि मैंने अपने जीवन का अंत नहीं करना चाहा। मैंने अपने लिए जिस दुनिया को चुना, उसे सहयोग करने के लिए मुझे बहुत कुछ सीखना था। परंतु अपनी आंतरिक सजगता, समझदारी के लिए समर्पण और आप जिस दुनिया में रहते हैं, उसके लिए सलाह उच्चतम आधार है। अपने आप पर और अपनी समझदारी के स्रोत पर भरोसा करना स्वतंत्रता के अनुभव का मर्यादित संस्करण है, फिर आप निजी उत्पादकता को प्रकट कर सकते हैं।

जैसा कि दूसरे अध्याय में बताया गया, मैंने किसी भी एक्शन या कार्य को तय करने के लिए प्राथमिकता के तीन ढाँचों को बहुत ही सहायक पाया।

- निश्चित क्षण में एक्शन तय करने के लिए चार मापदंडोंवाला मॉडल
- रोज़मर्रा के काम के मूल्यांकन के लिए तीन स्तरोंवाला मॉडल
- आपके अपने काम के मूल्यांकन के लिए छह स्तरोंवाला मॉडल

इसे विपरीत श्रेणीबद्ध क्रम में दिखाया गया, जो ऊपर से नीचे की पारंपरिक पहल के उलट था। गेटिंग थिंग्स डन की कार्यपद्धति को ध्यान में रखते हुए, मुझे एक बार फिर से नीचे से ऊपर की ओर काम करने का तरीका ही उपयोगी लगा, जिसका अर्थ है कि मैं पहले सबसे अधिक सांसारिक स्तरों से आरंभ करूँगा।

## निश्चित क्षण में एक्शन तय करने के लिए चार मापदंडोंवाला मॉडल

याद रखें कि आप नीचे दिए गए चार मापदंडों के आधार पर अपने लिए एक्शन का चुनाव करते हैं, जिनका क्रम है :

1. संदर्भ
2. समय की उपलब्धता
3. ऊर्जा की उपलब्धता
4. प्राथमिकता

चलिए देखें कि आप किस तरह अपने सिस्टम और व्यवहारों को तैयार कर सकते हैं, जिससे इन चारों मापदंडों का पूरा लाभ लिया जा सके।

### संदर्भ

किसी भी दिए गए समय में, सबसे पहले यही विचार होना चाहिए कि आप जहाँ हों, वहाँ मौजूदा साधनों के बल पर आप क्या कर सकते हैं? क्या आपके पास फोन है? क्या आप उस व्यक्ति से बात कर सकते हैं, जिससे आपको तीन ज़रूरी बातों पर चर्चा करनी है? क्या आप उस स्टोर में हैं, जिस जगह से आपको कुछ सामान खरीदना है? अगर आप उचित जगह पर नहीं है और आपके पास उचित

साधन भी नहीं है, तो आप कुछ भी नहीं कर सकते, लेकिन इस बारे में चिंता न करें।

जैसा कि मैंने कहा, यह अक्सर आपके एक्शन रिमाइंडर को संदर्भ द्वारा व्यवस्थित करने में सहायक होता है - जैसे कॉल्स, घर में, कंप्यूटर, संदेश, जॉय के लिए कुछ काम, स्टाफ की मीटिंग आदि। चूँकि संदर्भ ही पहला मापदंड है, जो आपके लिए बेहतर काम का चुनाव करता है और संदर्भ सूची आपके लिए अनावश्यक मूल्यांकन के भार को घटाती है। अगर आपकी टू-डू-लिस्ट में करने के लिए बहुत सारे काम हैं परंतु आप उन्हें उसी संदर्भ में नहीं कर सकते, तो आप स्वयं को लगातार मज़बूर करते रहेंगे कि आप उनके बारे में बार-बार सोचते रहें।

अगर आप किसी ग्राहक से मिलने के लिए उसके ऑफिस जाते हैं और आपको उस जगह जाकर पता चलता है कि मीटिंग पंद्रह मिनट देर से आरंभ होगी, तो आप अपने समय के उत्पादक प्रयोग के लिए अपनी कॉल लिस्ट पर ध्यान देना चाहेंगे। आपकी एक्शन लिस्ट काफी हद तक इस बात पर निर्भर होगी कि आप आपको मिले हुए समय में क्या कर सकते हैं।

दूसरा असली लाभ इस बात से मिल सकता है कि आप काम से जुड़े रिमाइंडर को उचित संदर्भ में लें : वह इतना सटीक होना चाहिए कि आप अपने काम से जुड़े अगले एक्शन के बारे में सारी महत्वपूर्ण बातें तय कर सकें। मेरी एक्शन लिस्ट इसी तरह तैयार रहती है। किसी काम को किस लिस्ट में रखना है, उससे पहले ही मुझे यह तय करना होता है कि उससे जुड़ी अगली भौतिक क्रिया क्या होगी, जैसे क्या इस काम के लिए कंप्यूटर चाहिए? एक फोन? किसी स्टोर में जाना? अपनी पत्नी से बात करना? आदि। जो लोग स्वयं को विविध कार्य सूची देते हैं वे बिना किसी निश्चित संदर्भ के अक्सर नेक्स्ट-एक्शन तय करते समय लड़खड़ा जाते हैं।

जब आप अपने हार्नेस (एक सुरक्षित बेल्ट) में भी सहज हों तो आपके पास आज़ादी है।
- रॉबर्ट फ्रॉस्ट

मैं अपने साथ काम करनेवाले लोगों को नियमित तौर पर प्रोत्साहित करता हूँ कि वे अपनी इन-ट्रे को संभालते समय ही अपनी सूचियों की श्रेणी तैयार कर लें। इस तरह उनके प्रोजेक्ट्स के लिए अगली एक्शन स्वयं ही सामने आ जाती है।

**रचनात्मक संदर्भ वर्गीकरण**

जब आप निरंतर इस कार्य पद्धति पर काम करते हैं, तो आप पाएँगे कि आपको अपनी परिस्थितियों के अनुसार अपने संदर्भों के लिए श्रेणी तय करने के रचनात्मक उपाय सूझ रहे हैं। अक्सर साधन या भौतिक स्थान के चुनाव के साथ यह वर्गीकरण किया जाता है परंतु इसके लिए आप अन्य अनूठे उपाय भी आज़मा सकते हैं।

मैं किसी लंबे दौरे पर जाने से पूर्व 'दौरे से पहले' नामक सूची तैयार कर लेता हूँ, जिसमें वे सभी काम शामिल होते हैं, जिन्हें मुझे जाने से पहले पूरा करना होता है। बस मुझे वे काम पूरे होने तक, उसी सूची पर ध्यान देना होता है। कई बार मेरे कुछ नेक्स्ट एक्शन ऐसे भी होते हैं, जिनके लिए मुझे रचनात्मक लेखन की मनोदशा में आना होता है; चूँकि वे काम कंप्यूटर पर ही किए जा सकते हैं इसलिए उनके लिए बाकी कामों से अलग समय और मानसिकता की आवश्यकता है। ये काम लैपटॉप पर भी हो सकते हैं।

मुझे अपनी रचनात्मक लेखन की सूची को सबसे अलग करके, उस पर काम करना कहीं अधिक उत्पादक और अच्छा लगा। अभी मैंने हाल ही में अपने कंप्यूटर पर होनेवाले उन कामों की सूची अलग कर दी है, जिनके लिए इंटरनेट की ज़रूरत नहीं होती। इंटरनेट से होनेवाले कामों की सूची अलग से बनाई है, इसके साथ ही मैंने उन कामों की सूची अलग से बनाई है, जहाँ बस खोजबीन करनी है यानी वेब पर मज़ेदार और रुचिकर चीज़ें देखनी व पढ़नी हैं।

कई सालों से, मैंने लोगों को ऐसी श्रेणियों का सफल प्रयोग करते हुए देखा है, जैसे, 'ब्रेन गोन' (ऐसे काम जिनमें दिमाग नहीं लगाना पड़ता है), 'पाँच मिनट से कम' (झटपट होनेवाले काम)। कई बार लोग अपने कामों को इस आधार पर भी छाँटना बेहतर समझते हैं कि उनके जीवन और काम में किन क्षेत्रों पर उनका अधिक फोकस हैं – जैसे आर्थिक, परिवार और प्रशासनिक आदि। हाल ही में किसी ने मुझे बताया कि उसने अपने कामों को इस आधार पर वर्गीकृत किया कि उन कामों को करने से मन में तत्काल कौनसी भावना उभरती है, जैसे – दूसरों की सेवा करना, जीवन में स्थिरता पाना, प्रचुरता निर्माण करना आदि।

आपकी नेक्स्ट एक्शन लिस्ट का ढाँचा तैयार करने का कोई एक सही

तरीका नहीं हो सकता। आपके लिए वही तरीका बेहतर है, जो आपके काम आ सके और आपके जीवन की तरह आपके सिस्टम का वह हिस्सा भी बदल जाएगा।[2]

अगर आप इस पद्धति के लिए नए हैं, तो हो सकता है कि ये विस्तार और बारीकी से बताई जा रही बातें आपको अनावश्यक लगें। केवल यह ध्यान रखें कि जब आप वास्तव में अपने काम और जीवन से जुड़ी प्रतिबद्धता को निभाने के लिए नेक्स्ट एक्शन तय करने जा रहे हों, तो हो सकता है कि आपके सामने सौ से अधिक काम हों। एक प्रभावी 'बाहरी मस्तिष्क' को लागू करके, सही मायनों में इसके अद्‌भुत नतीजे पाने हों तो आपको यह बुनियादी काम पूरी सूक्ष्मता के साथ करना होगा, तभी आप इसके तत्काल परिणाम पा सकेंगे।

### समय की उपलब्धता

किसी किए जानेवाले काम को चुनने का दूसरा आधार समय हो सकता है। आपके पास किसी काम को करने के लिए कितना समय होता है। अगर आपकी मीटिंग दस मिनट में शुरू होनेवाली है, तो हो सकता है कि आप अपने लिए कोई ऐसा काम करना चाहें, जो शायद अपने हाथ में दो घंटे का समय होने पर भी न करना चाहते।

बेशक यह जानना अच्छी बात है कि आपके पास अभी कितना समय है ( इस तरह कैलेंडर और टाइमपीस का महत्त्व और भी बढ़ जाता है)। कुल मिलाकर किए जानेवाले सारे कामों पर ध्यान देने से आपको यह अधिकतम सूचना मिल सकती है

---

2 एक आदर्श दुनिया में, आप सारे नेक्स्ट एक्शन रिमांइडर कभी भी देख सकते हैं, जब आप उन्हें देखना चाहें: समय, मस्तिष्क की क्षमता, स्थान, मनचाहा साधन, भावनात्मक पुरस्कार, जीवन के क्षेत्र, लक्ष्य और प्रोजेक्ट्स। मसला यह है कि इसके संभावित मूल्य के लिए कितनी संरचना की ज़रूरत होगी? अगर आपको अपने सिस्टम में इनपुट डालने के लिए बहुत सोचकर काम करना पड़े, तो आप ऐसा नहीं करेंगे। सूची के लिए डिजीटल एप्लीकेशन और श्रेणी प्रबंधन हमें लगातार अपनी सूचना को नए और विविध रूपों में काँट-छाँटकर परोसने की सुविधा देता है। परंतु इसका मूल्यांकन करते हुए यह हमेशा ध्यान रखें कि काम के दौरान सिस्टम को उपयोग में लाते समय जो ऊर्जा इस्तेमाल हो रही है, काम उस लायक है भी या नहीं। (यह भी हो सकता था कि आप अपनी किसी भी छोटी सी सूचना या जानकारी को अपने सिस्टम में डालने के लिए पुराने तौर-तरीकों में समय और ऊर्जा नष्ट करने के बजाय मेरे हिसाब से अभी तो रिमांइडर के रूप में इतना ही लिखना काफी होगा, 'भाई को कॉल करना है।')

कि किसी खास समय में आपको क्या करना है। इस तरह आपके लिए अपने कामों का चुनाव करना सरल हो जाता है। दूसरे शब्दों में, अगर आपके पास मीटिंग से पहले केवल दस मिनट का समय है तो आपको वही काम करना है, जो दस मिनट में पूरा हो सके। आपकी सूची में केवल बड़े और अहम काम ही शामिल हैं, कोई ऐसा काम नहीं है जो दस मिनट में पूरा हो सके और उनमें यह भी नहीं लिखा कि उन्हें पूरा करने के लिए उनका नेक्स्ट एक्शन क्या होगा। फिर भी आप अपने दिन के बचे हुए छोटे अंतरालों में वे काम करना चाहें, तो सबसे उत्पादक तरीका यही होगा कि जब भी थोड़ा समय मिले तो उन्हें अवश्य करें।

इसके अतिरिक्त कई बार आप कुछ घंटों तक गहरे मानसिक कार्य में डूबने के बाद अपने लिए कोई हल्का काम चाहते हैं, जिसमें बहुत दिमाग न लगे। तब बेहतर होगा कि आप एक्शन सूची से जल्दी और आसानी से होनेवाले कामों का चुनाव करें। जैसे रेस्त्रां का आरक्षण बदलें, दोस्त को कॉल करें, किसी को जन्मदिन की बधाई दें, पक्षियों का आहार ऑर्डर करें या फिर पास के बाजार या दुकान से ज़रूरत का सामान खरीद लें।

### ऊर्जा की उपलब्धता

हालाँकि आप अपने संदर्भ को बदलकर, फोकस को नए सिरे से निर्देशित करते हुए अपनी ऊर्जा के स्तर में बदलाव ला सकते हैं, परंतु केवल इतना ही किया जा सकता है। एक मैराथन बजट नियोजन सत्रवाले दिन के बाद, किसी संभावित ग्राहक को कॉल करने के लिए सही समय नहीं है, इस समय में आप प्रदर्शन-समीक्षा से जुड़ा चार्ट नहीं बना सकते या अपने जीवनसाथी के साथ किसी गंभीर मसले पर बात भी नहीं कर सकते। बेहतर होगा कि इस समय में आप आरक्षण में बदलाव करने के लिए एयरलाइन को कॉल कर लें, खर्च की कुछ रसीदों को सही तरह से लगा लें, बाहर बैठकर सूर्यास्त देखें, किसी पत्रिका के पन्ने पलट लें या अपना मेज का सामान ही ठीक से लगा लें।

> हम सबके जीवन में ऐसे क्षण होते हैं जब हम बहुत प्रभावशाली तरीके से सोचते हैं लेकिन कई बार हमें सोचना ही नहीं चाहिए।
> - डेनियल कोहेन

जब आपके पास सभी कामों के नेक्स्ट एक्शन की लिस्ट तैयार होती है, तो

आपको यह सुविधा हो जाती है कि दिए गए समय के हिसाब से कौन सा काम हो सकता है। आपको अच्छी तरह पता होता है कि आप कौन से काम करनेवाले हैं। फिर आप अपने शरीर और दिमाग की थकान के हिसाब से उत्पादक गतिविधि का चुनाव कर सकते हैं।

मैं आपको सलाह दूँगा कि आप हमेशा अपने पास उन कामों का हिसाब रखें, जिन्हें आप दिए गए समय में पूरा कर सकते हैं। जब काम करने की बिलकुल एनर्जी न हो तो आप मैगजीन पढ़ें, वेब सर्फिंग करें, आँकड़ों पर ध्यान दें, फाइलें करीने से जमा लें, कंप्यूटर में बैक-अप ले लें, पौधों को पानी दें या स्टेप्लर में पिन लगा लें - ये सभी वही काम हैं, जो आपको कभी न कभी तो करने ही हैं।

आपके व्यक्तिगत प्रबंधन प्रणाली के सभी छोर पूरी तरह से स्पष्ट होने का यही कारण है : इस तरह आपके लिए अच्छी मानसिकता में न होने पर भी उत्पादक गतिविधि में संलग्न होना आसान हो जाता है। अगर आपकी ऊर्जा भरपूर नहीं है और आपकी पढ़ने की सामग्री फैली हुई है, मेज पर रसीदों का अंबार है, फाइलिंग सिस्टम में उपद्रव मचा है और इन-ट्रे बेकार हो चुकी है, तो बेहतर होगा कि पहले आप कुछ चीज़ों को समेट लें। इस तरह थोड़ा सा काम करने से हालात बेहतर होंगे और आपको अच्छा भी लगेगा। अगर आप अपनी ऊर्जा के स्तर को बढ़ाना चाहते हैं, तो मेज से अधूरे कामों का बोझ हटा दें। हमेशा ध्यान दें कि आप कुछ अधूरे कामों को अपने पास मेज पर ही रखें।[3]

ऐसी कोई वजह नहीं कि आप पूरी तरह से उत्पादक न हो सकें, भले ही आप सबसे बेहतरीन रूप में न हों।

काम के चुनाव से जुड़े ये तीन मापदंड चाहते हैं कि आपके पास एक संपूर्ण नेक्स्ट-एक्शन रिमाइंडर सिस्टम हो। अधिकतर समय आप इस मानसिकता में नहीं होते कि बहुत संयोजित या संगठित तरीके से कुछ सोच सकें कि फलाँ काम पहले से करके रखा होना चाहिए। अगर ऐसा है तो आप अपने ज़ोन में बहुत सारा काम कर सकते हैं और अपने लिए ऐसे काम चुन सकते हैं, जो इन हालात में अनुकूल हों।

---

[3] कुछ काम ऐसे होते हैं, जिन्हें करने के लिए बहुत अधिक ऊर्जा की ज़रूरत नहीं होती। इन्हें उसी समय किया जा सकता है, जब आप कुछ बेहतर और उत्पादक करने की हालत में न हों और ऐसा भी न हो कि आप कुछ करना न चाह रहे हों, तब यही काम आपके लिए सहारा बनेंगे और काम का बोझ भी अनजाने में घटेगा।

आप अपने चुनावों के बारे में तब तक बेहतर महसूस नहीं कर सकते, जब तक आपको यह पता न हो कि वास्तव में आपका काम क्या है।

**प्राथमिकता**

आप जिस समय और ऊर्जा के बीच हैं, उसके संदर्भ में ही आपको यह तय करना है कि आपकी प्राथमिकता क्या है, उसके अनुसार ही आप अपने लिए काम का चुनाव कर सकेंगे : 'मेरे बचे हुए विकल्पों में से, मेरे लिए सबसे महत्वपूर्ण काम कौन सा होगा, जिसे पूरा करना है?'

मैं अक्सर लोगों को यह प्रश्न करते हुए सुनता हूँ कि 'मैं अपनी प्राथमिकताओं को कैसे तय कर सकता हूँ?' यह प्रश्न इसी स्थिति से उपजा है, जहाँ उनके पास करने के लिए बहुत सारे काम हैं और जिन्हें वे सहजता से पूरा नहीं कर पाते। वे जानते हैं कि उन्हें कुछ कठिन चुनाव करने होंगे, और हो सकता है कि कुछ काम पूरे भी न हों।

दिन के अंत में, आप अगर अपने अधूरे छूटे हुए कामों के लिए बेहतर महसूस करना चाहें, तो आपको अपनी हिसाब की जिम्मेदारी, लक्ष्यों और मूल्यों के लिए कुछ सजग निर्णय करने होंगे। इस प्रक्रिया में आपके लक्ष्यों, मूल्यों, संगठन की दिशाओं, जीवन में आपके लिए महत्त्वपूर्ण व्यक्तियों और उनके साथ आपके संबंधों के महत्त्व की जटिल परस्पर क्रिया शामिल होगी। इस मापदंड को आप सिक्स-हॉरीजन वाले प्रतिबद्धता मॉडल के साथ निभा सकते हैं, जिसके बारे में मैंने बात की थी। अभी हम इस पर विस्तार से चर्चा करेंगे।

## रोज़मर्रा के काम के मूल्यांकन के लिए तीन स्तरोंवाला मॉडल

प्राथमिकता तय करने का अर्थ यह माना जाता है कि कुछ काम दूसरे कामों की तुलना में अहम हैं परंतु वे किस संबंध में महत्त्वपूर्ण हैं? इस संदर्भ में उत्तर होगा - आपके काम, वे काम जो आपने अपने लिए चुने हैं या आप दूसरों के लिए करते हैं। आपको अपने अगले दो ढाँचों पर काम करते हुए इसी बात को ध्यान में रखना होगा। ये आपके काम को परिभाषित करने से जुड़े हैं। हालाँकि यह कार्यपद्धति काफी हद तक आपके व्यावसायिक केंद्र के क्षेत्र में ही होगी। मैं सामान्य रूप में 'काम' शब्द का प्रयोग कर रहा हूँ, ऐसा कुछ भी जिसे आप निजी या व्यावसायिक तौर पर पूरा करने के लिए वचनबद्ध हों, वह काम ही है।

इन दिनों, रोज़मर्रा के कामों की गतिविधियाँ भी अपने आपमें अधिकतर व्यावसायिकों के लिए नई तरह की चुनौतियों को पेश कर रही हैं। जब हम अपनी ओर से उत्पादक प्रणालियों को बनाने की कोशिशों में लगे हैं, तब ऐसे में कुछ बातों को समझ लेना सहायक होगा। जैसा कि मैंने पहले भी कहा, अपने काम के समय, दिन में किसी भी वक्त, आप नीचे दी गई तीन तरह की गतिविधियों में से किसी एक में शामिल होंगे :

- पहले से तयशुदा काम करना
- वह काम करना, जो सामने दिख रहा है
- अपने काम को परिभाषित करना

हो सकता है कि आप अपनी एक्शन लिस्ट से काम कर रहे हों, सामने दिखनेवाले काम कर रहे हों या यह देख रहे हों कि मौजूदा साधनों के बल पर आप कौन से काम कर सकते हैं, जो आपकी सूची का हिस्सा हैं।

> अपनी इन-ट्रे, ई-मेल और बाकी बचे अधूरे कामों को पूरा करने के बजाय अक्सर आप अपने समय की तत्कालीन माँगों में उलझकर रह जाते हैं।

यह सामान्य बुद्धि की बात है। पर अक्सर लोग दूसरी तरह की गतिविधि के ही कामों को करते हैं। वे सामने आनेवाले अनियोजित और अनपेक्षित काम करने लगते हैं – वे बाकी दो तरह के कामों की तुलना में इन्हें करना बेहतर मानते हैं।

मान लेते हैं कि सोमवार का दिन है, आपके ऑफिस में सुबह के साढे दस बजे का समय है। आपने अभी एक संभावित ग्राहक के साथ आधे घंटे की अनियोजित कॉल पूरी की है। आपके पास दोनों की बातचीत से जुड़े तीन पेज के नोट्स हैं। ग्यारह बजे आपको स्टाफ के साथ मीटिंग करनी है, जो अब से आधे घंटे बाद है। आप कल रात देर तक अपने ससुराल पक्ष के लोगों के साथ डिनर में थे और आपको याद नहीं आ रहा कि आपने अपने ससुर से किस काम के लिए कहा था कि आप थोड़ी छानबीन करके उन्हें कॉल करेंगे ... आपको याद ही नहीं आ रहा है। आपका सहायक अभी आपकी मेज पर तीन इंटरनेशनल एक्सप्रेस पैकेट रखकर गया है। उसने आपसे कहा कि वह आपसे तीन ज़रूरी मुलाकातों के बारे में बात करना चाहेगा, वह नहीं जानता कि आप उन्हें किस तरह सँभालेंगे। अगले दो दिन में आपको प्रमुख रणनीतिकपरक योजना पर सत्र में हिस्सा लेना है और आपने उस पर काम नहीं किया है। आज सुबह काम पर

आते समय, आपकी कार में पेट्रोल की मात्रा बतानेवाली लाइट खराब हो गई थी। जब आप सुबह ऑफिस में आए तो बॉस ने आपको आवाज़ देकर कहा था कि उसने आपको रात को जो मेल भेजा था, वह दोपहर तीन बजे की मीटिंग से पहले उस पर आपके विचार जानना चाहेगी।

क्या सोमवार की सुबह, साढ़े दस बजे, आपके सारे सिस्टम अपनी पूरी क्षमता के साथ आपका साथ देने को तैयार हैं? अगर अब भी काम आपके दिमाग में नाच रहे हैं और आप अब भी अपनी सूची में केवल ज़रूरी कामों पर ही ध्यान दे रहे हैं, तो मुझे लगता है कि आपका जवाब 'ना' में ही होगा।

मैंने देखा है कि लोग अपने कामों को सही तरह से करने के बजाय अचानक सामने आनेवाले कामों को लेकर हल्ला मचाना ज्यादा पसंद करते हैं। व्यस्त होने और ज़रूरी काम करने के बहाने के साथ ऐसे बहुत से काम मेज पर अधूरे छूट जाते हैं, जिन्हें पूरा किया जाना था।

> प्लान बी से कैसे निपटें, यह सीखना ही सफलता है।
> - अज्ञात

दरअसल आपके जीवन और काम के बहुत सारे काम अक्सर अचानक सामने आते हैं और आपको उन्हें प्राथमिकता देकर पूरा करना पड़ता है। यह अधिकतर व्यावसायिकों और छोटे बच्चों के माता-पिता के लिए सच हो सकता है। उनके काम की प्रकृति ही ऐसी है कि उन्हें झट से सामने दिख रहे काम को निपटाना होगा, जो कई रूपों में आ सकता है। मिसाल के लिए, आपको अपने बॉस की बातों पर ध्यान देना है, जब वह अचानक आपके सामने हो... आपको अपने उच्च अधिकारी से किसी काम को जल्दी पूरा करने का आग्रह आ सकता है, जो आज आपकी सूची में नहीं था... आपको किसी ग्राहक के काम से जुड़ी गंभीर समस्या का पता चला है और आपको सारे काम छोड़कर पहले उसे हल करना होगा... या आपके बच्चे को बुरी तरह से खाँसी हो रही है...।

ये सब बातें अच्छी तरह से समझ में आती हैं। पर परेशानी तब बढ़ती है जब आप इन कामों के बीच अपने अधूरे छूटे हुए कामों की समीक्षा नहीं कर पाते या उनकी ओर बिलकुल ध्यान नहीं देते। अगर आप लगातार अपनी सूची के उन कामों को नहीं करते, जिन्हें उसमें परिभाषित किया जा चुका है तो यह बलिदान केवल तभी सहन किया जा सकता है, जब आपको यह पता हो

कोई भी बाधाएँ नहीं होतीं - केवल ऐसी इनपुट सामने होगी, जिसका उचित प्रबंधन नहीं किया गया।

कि आप कौन से काम नहीं कर रहे। इसके लिए आपको अपनी इन-ट्रे पर नियमित तौर पर ध्यान देना होगा (अपने काम को परिभाषित करना होगा) और लगातार अपने पहले से तयशुदा कामों की सूची की समीक्षा करनी होगी।

आप पहले से तय किए गए काम के बजाय, सामने आ गए काम के बारे में सजगता से चुनाव करते हैं तो यह काम करने का एक प्रभावी तरीका हो सकता है। हालाँकि अधिकतर लोग इस बारे में सुधार करते रहते हैं कि वे अपने कुल कामों या प्रोजेक्ट्स के प्रबंधन को किस तरह लागू करेंगे। अगर आप केवल ज़रूरी कामों के जाल में ही उलझते हैं और जिन कामों को नहीं कर पा रहे, उनके बारे में बेचैनी महसूस करते हैं, तो आपको निराशा और व्याकुलता के सिवा कुछ हाथ नहीं आएगा। अक्सर इस घटी हुई कार्यक्षमता या निराशा का भार, उन अचानक सामने आनेवाले कामों पर डाल दिया जाता है। अगर आप जानते हैं कि आप क्या कर रहे हैं और क्या नहीं कर रहे, तो वे अचानक सामने आनेवाले काम भी आपके लिए रचनात्मक और लचीले होने व बेहतर नतीजे देने का एक अवसर हो सकते हैं।

लोग अनपेक्षित माँगों या आग्रह को नकारात्मक मानते हैं क्योंकि उन्हें अपनी प्रणाली और व्यवहार पर भरोसा नहीं होता कि अपने किए जानेवाले कामों को बुकमार्क कर सकें या उन कामों की निशानदेही कर सकें, जिन्हें वे उस समय कर रहे हैं। वे जानते हैं कि उनके सामने जो नया काम आ गया है, उन्हें उसके बारे में कुछ करना है पर उन्हें इस बात पर भरोसा नहीं होता कि उनकी इन-ट्रे में रखा छोटा सा नोट, इस बात की तसल्ली कर देगा कि वह काम सही तरह से होगा। इस तरह वे हाथ का काम छोड़कर सीधा उसी काम को करने लगते हैं, जिसके लिए उनसे उसी समय आग्रह किया गया है या जो उस समय करना पड़ रहा है। फिर वे उन बाधाओं का रोना रोते हैं, जो उनके जीवन को सहज भाव से चलने नहीं देतीं। सचमुच जीवन में कोई बाधा नहीं होती, केवल हमें ही बार-बार सामने आनेवाले कामों का प्रबंधन नहीं करना आता।

इसके अलावा? जब लंबे समय तक इन-ट्रे और एक्शन लिस्ट को उपेक्षित किया जाता है, तो उनमें लिखे कई काम, अचानक आपातकाल के रूप में सामने आने लगते हैं। ऐसा अनपेक्षित काम बार-बार सामने आने से आग को और

अधिक ईंधन मिल जाता है।

कई लोग अचानक सामने आनेवाले अनंत कामों के प्रवाह पर लगातार इसलिए भी काम करते हैं क्योंकि वे अपने काम को परिभाषित करने और सारे काम की जिम्मेदारी अपने सिर लेने से बचना चाहते हैं। सामने दिख रहे, गौण काम को करने के लोभ में आसानी से उलझा जा सकता है, विशेष तौर पर जब आपकी इन-ट्रे और व्यक्तिगत संगठन नियंत्रण से बाहर हैं। बहुत बार 'आसपास घूमते हुए प्रबंधन करना' सामान के ढेर से दूर होने का एक बहाना है।

यहीं पर गेटिंग थिंग्स डन की कार्यपद्धति की वास्तविक आवश्यकता पड़ती है। अधिकतर लोग ऐसे संसार में नहीं जन्मे, जिसमें सभी कामों को परिभाषित करते हुए उनके अधूरे छूटे हुए सिरों का भी उचित प्रबंधन किया जाता हो। परंतु जब आप इनपुट को अपने लिए तयशुदा सिस्टम में डालने की आदत और कौशल विकसित कर लेते हैं, तो आपके लिए अपनी जजमेंट कॉल्स पर भरोसा करना आसान हो सकता है, जैसे कि आपको कोई काम कब करना है, कब उसे रोकना है या उसके बजाय कोई और काम करना है।

### क्षण-प्रतिक्षण का संतुलन साधना

निपुणता के स्तर पर, आप बिजली की तेजी से काम कर सकते हैं। मिसाल के लिए, जब आप अपनी इन-ट्रे को प्रोसेस कर रहे हों और आपका सहायक भीतर आकर कहता है कि उसे किसी परिस्थिति के लिए आपकी मदद की ज़रूरत है। आपकी इन-ट्रे और ई-मेल अब भी वहीं हैं, अब भी आप उचित रूप से सब कुछ संभाल सकते हैं, जब आप वापस आएँगे तो आप आसानी से दोबारा काम कर सकते हैं। अगर आपका फोन होल्ड पर है, तो आप अपने किए जानेवाले कामों की सूची देख सकते हैं और आपको पता है कि कॉल पूरी होने पर आपको क्या करना है। जब छोटा बच्चा आपके आसपास घुटनों के बल रेंग रहा हो और आप उसका ध्यान रखते हुए कोई और काम न कर पा रहे हों, तो उस समय वेब-सर्फिंग रिसर्च का काम हो सकता है। आप किसी मीटिंग के आरंभ होने की प्रतीक्षा में हैं, उस समय आप उस कागजों या सामग्री के ढेर को देख सकते हैं, जिसे अपने साथ लाए हैं। और जब बॉस से बात खत्म होने और अगली मीटिंग के बीच बारह मिनट का समय बचा हो, तो आप उस समय का भी बेहतर सदुपयोग कर सकते हैं।

अगर आप अनपेक्षित की उपेक्षा के साथ जीते हैं तो अवसरों के बिना जीना होगा। इन्हीं अवसरों और निरंतरता में ही जीवन के संपन्न क्षण छिपे हैं।
- स्टीफन कोवे

आप एक बार में, इनमें से एक ही तरह की गतिविधि कर सकते हैं। अगर आप किसी से बात नहीं कर रहे, अपना कोई काम नहीं कर रहे या अधूरे कामों को नहीं देख रहे तो चुनौती यही है कि आपको उस काम के लिए खुद को आत्मविश्वास से भरपूर समझना होगा, जो आप अपने लिए कर रहे हैं।

तो आप यह कैसे तय करते हैं? इसमें भी आपको अपने मन की सुननी होगी। अनेपक्षित काम आराम की तुलना में कितना अहम है? आप अपनी इन-ट्रे पर काम किए बिना कितना समय बिता सकते हैं और यह भरोसा कर सकते हैं कि आप जो भी कर रहे हैं, उसके लिए बेहतर निर्णय ले रहे हैं।

लोग अक्सर उन बाधाओं का रोना रोते हैं, जिनकी वजह से वे काम नहीं कर पाते। पर जीवन में बाधाओं से बचा नहीं जा सकता। जब आप सही तरीके से व्यवस्थित कार्य सूची के साथ चलते हैं, तो आपके लिए अचानक सामने आनेवाले काम को संभालना आसान होता है। आप कॉन्फ्रेंस कॉल के बीच ई-मेल भी देख सकते हैं। खोज के अनुसार यह साबित हो चुका है कि आप एक बार में एक से ज्यादा कामों पर केंद्रित नहीं हो सकते। अगर आप सब कुछ दिमाग में ही रखते हैं, तो अंदर ही अंदर लगता रहेगा कि आप बहुत सारे काम एक साथ कर रहे हैं, ऐसा करना मानसिक रूप से असंभव है और यह अधिकतर लोगों के जीवन में तनाव का कारण बनता है। अगर आपको सारे अधूरे काम बीच में छोड़ने की आदत है तो आपका ध्यान लगातार एक से दूसरे काम पर जाता रहेगा। आप एक ऐसे मार्शल योद्धा जैसे होंगे, जिसे अपने सामने खड़े चार लोगों से लड़ना है और वह अपना ध्यान एक ओर से दूसरी ओर लगाने के सिवा कुछ नहीं कर रहा।

अनपेक्षित काम को सामने आते ही पूरा करें। इसलिए नहीं कि वह कम से कम प्रतिरोध का मार्ग है बल्कि इसलिए कि आपको सारे आराम के साथ यह काम करना होगा।

भले ही आप ब्लैक बेल्ट विजेता क्यों न हों और हर चीज़ को बुकमार्क क्यों न कर रहे हों, फिर भी आपको अभी बहुत सारे कामों के बीच जल्दी से उचित चुनाव करने सीखने होंगे ताकि अपने कार्यप्रवाह का

एक स्वस्थ संतुलन बना सकें। आपके चुनावों का आपके लक्ष्य की प्रकृति और उसकी स्पष्टता से जुड़ा होना ज़रूरी है।

आप अपनी प्रतियोगिता का कितनी योग्यता से सामना कर सकते हैं और अपनी जीवनशैली में सब कुछ कैसे संभाल पाते हैं, यह भी आपकी अपनी योग्यता पर ही निर्भर करता है। पर एक निश्चित बिंदु तक, अगर आप चीज़ों और कामों को नियंत्रण में रखना नहीं सीखते, केवल हाथ में लिए गए काम पर ही ध्यान देते हैं तो इससे आपकी क्षमता पर असर होगा। अंत में, यह जानने के लिए क्या आपको अपने किए जानेवाले काम को रोक देना चाहिए या कुछ और करना चाहिए? आपको अपनी सारी भूमिकाएँ अच्छी तरह पता होनी चाहिए और यह ज्ञान होना चाहिए कि वे एक विशाल संदर्भ में कैसे फिट बैठती हैं। इसका मूल्यांकन करने का तरीका यही होगा कि आप अपने जीवन का मूल्यांकन करें और विविध क्षितिजों पर उचित रूप से काम करें।

## अपने ही काम के आकलन के लिए छह-स्तरीय मॉडल का प्रयोग करें

हमने दूसरे अध्याय में भी ऐसे ही मॉडल का अध्ययन किया था। इन्हें आप किसी कई मंजिलवाले मकान के तलों के रूप में भी सोच सकते हैं :

- हॉरीजन 5 जीवन
- हॉरीजन 4 दीर्घकालीन विजन
- हॉरीजन 3 एक से दो वर्ष के लक्ष्य
- हॉरीजन 2 केंद्र व जवाबदेही के क्षेत्र
- हॉरीजन 1 वर्तमान प्रोजेक्ट्स
- आधार : वर्तमान कार्य

यह बात ठीक तरह से समझी जा सकती है कि ये सभी स्तर एक-दूसरे के साथ सुसंगत और पूरी तरह से निखरे हुए होने चाहिए। दूसरे शब्दों में, आपको ऊपर से नीचे के क्रम में अपनी प्राथमिकताओं को रखना होगा। आखिर में, अगर आपकी ओर से होनेवाली कोई कॉल, आपके जीवन के उद्देश्य या मूल्य

से टकरा रही है तो अपने साथ बने रहने के लिए आप उसे नहीं करेंगे। अगर आपकी नौकरी का ढाँचा, उस विजन से मेल नहीं खाता, जहाँ आप एक साल बाद होना चाहते हैं तो आपको फिर से सोचना चाहिए कि आपने अपने केंद्र और भूमिकाओं को कैसे तैयार किया है।

आपका काम यही है कि आप सच्चे दिल से काम की तलाश करें और फिर उसे मन लगा कर पूरा करें।
- बुद्ध

एक उदाहरण से समझने की कोशिश करते हैं। आपके द्वारा होनेवाला वह फोन कॉल उस प्रोजेक्ट के बारे में है, जिस पर आप काम कर रहे हैं, इससे आपकी सेल की जिम्मेदारी बढ़ेगी। इस सौदे से आपको अपनी सेल्स (बिक्री) बढ़ाने का अवसर मिलेगा, जो आपकी नौकरी का लक्ष्य है और आपकी कंपनी जिस नए बाजार में प्रवेश चाहती है, उस जगह जाने से आपके संगठन का विजन पूरा होगा। इस तरह आप अपने आर्थिक और व्यावसायिक जीवन में आगे जा सकेंगे।

आपने तय कर लिया है कि आप स्वयं अपने बॉस बनेंगे और अपने जीवन में कुछ निश्चित क्षेत्रों से जुड़ी प्रतिभा व अनूठी योग्यता पर काम करेंगे। इस बड़े विजन पर काम करते हुए, आप रोज़मर्रा के छोटे लक्ष्यों और विजन को भी पूरा करना चाहते हैं, तो ऐसा करने के लिए आपको कुछ निश्चित भूमिकाओं पर काम करना होगा। कुछ जिम्मेदारी अपने सिर लेनी होगी और प्रोजेक्ट्स के नतीजे सामने लाने होंगे। इन सभी प्रोजेक्ट्स के लिए नेक्स्ट एक्शन तय करना होगा ताकि इन पर यथासंभव शीघ्रता से काम कर सकें।

पूरी तरह से नियंत्रित पहल और प्रेरित उत्पादकता को सभी स्तरों पर बनाए रखना ही स्वस्थ दृष्टिकोण कहलाता है। इनमें से किसी भी स्तर पर, सारे अधूरे छूटे हुए सिरों की पहचान करना मुष्किल होता है। जितना संभव हो सके, अपने अधूरे छूटे हुए कामों और वादों को पूरा करें। वे सभी जाने-अनजाने, इन सभी विविध स्तरों की प्रेरणा, आग्रह से आपकी ओर आ रहे हैं। वर्तमान में क्या करना ज़रूरी है, इस बात को जाने-पहचाने बिना और सब काम संभाल लेने की अपनी योग्यता पर पूरा भरोसा किए बिना, आपके लिए इनसे पार पाना कठिन होगा। आपके ई-मेल में क्या है? आपको बच्चों के साथ किन प्रोजेक्ट्स पर काम करना है? आपको ऑफिस में अपनी मौजूदा भूमिकाओं के लिए क्या करना है? ऐसा क्या है, जो आपको आनेवाले महीनों या सालों में काम करने के लिए बदलना

होगा? ये सभी ऐसे खुले हुए सिरे हैं, जो आपके दिमाग में घूम रहे हैं, हालाँकि बड़े लक्ष्यों और सूक्ष्म निहितार्थों की पहचान करने के लिए अकसर गहरी और आत्मविश्लेषण से भरपूर प्रक्रिया लागू करनी पड़ती है।

> सफल होने की बेहतरीन जगह वही है, जहाँ आप अपने मौजूदा संसाधनों के साथ हैं।
> - चार्ल्स श्वाब

अपने जीवन में उपस्थित होना भी किसी जादू से कम नहीं है। मैं हमेशा इस स्पष्ट निरीक्षण की शक्ति से प्रभावित होता हूँ कि बस आपको यह पता हो कि क्या चल रहा है और क्या सच है। अपनी व्यक्तिगत आर्थिक परिस्थिति का उचित विवरण पता करना... जिस कंपनी को खरीदने जा रहे हों, उसके ऐतिहासिक आँकड़ों की जाँच करना... या अंतत: परस्पर संबंधों में किससे, क्या कहना है, इसका पता करना भी रचनात्मक हो सकता है। भले ही यह आपको अनिवार्य न लगे परंतु यह आवश्यक होता है। गेटिंग थिंग्स डन और इसके बारे में बेहतर महसूस करना, इसका अर्थ है कि आप अपनी चेतना के इकोसिस्टम में हर चीज़ को जानने, मानने और उसके साथ उचित रूप से जुड़ाव रखने को प्रस्तुत हैं। तनावरहित उत्पादकता की कला में निपुणता हासिल करने के लिए ऐसा करना ज़रूरी है।

### उर्ध्वगामी (निम्न से ऊपर) पहल से काम करना

> आपके पास किसी भी स्तर पर अपनी प्राथमिकताओं को स्पष्ट करने का अवसर होता है। यह ध्यान दें कि आप किस हॉरीजन पर हैं।

जीवन में उत्पादक सुसंगता बनाए रखने के लिए, आपको ऊपर से नीचे की ओर हर चीज़ में स्पष्टता लानी होगी। यह तय करें कि आप इस ग्रह (पृथ्वी) पर क्यों आए हैं। पता करें कि आपको किसी सौदे को पूरा करने के लिए किस तरह के जीवन या कार्यशैली की ज़रूरत होगी। कौन से संबंध इस दिशा में आपके सहायक होंगे? आपको किन बातों को ध्यान में रखना होगा और उन्हें अभी पूरा करना होगा। उन कामों को अभी आरंभ करने के लिए भौतिक रूप से क्या करना होगा?

वास्तव में, आप किसी भी स्तर से अपनी प्राथमिकताओं तक पहुँच बना सकते हैं। मेरे पास हमेशा कुछ ऐसा होता है, जो मैं हर स्तर पर अपने केंद्र और सजगता को बढ़ाने के लिए इस्तेमाल कर सकता हूँ। मेरे पास हमेशा एक विजन होता है, जिसे विस्तृत किया जा सकता है... मेरे पास ऐसे लक्ष्य हैं, जिन्हें पूरा

किया जा सकता है... इसके साथ ही ऐसे प्रोजेक्ट्स हैं, जिन्हें पहचानकर उन पर काम किया जा सकता है। बस आपको सही समय पर, चीज़ों पर ध्यान देना है और जो कर रहे हों, बस वही करना है।

ऊपर से नीचे की पहल के साथ प्रबंधन करते समय, अगर निचला तल नियंत्रित नहीं है तो इसे सबसे कम प्रभावी पहल माना जाएगा।

क्योंकि हर चीज़ प्राथमिकताओं के स्तर से प्रेरित होगी। निश्चित रूप से आपकी प्राथमिकताओं को सिलसिलेवार लगाने से आपको लाभ होगा। मिसाल के लिए, अगर आप अपने काम की प्राथमिकता तय करने में समय लगाते हैं और फिर आपको पता चलता है कि आपने अपना समय और ऊर्जा जिस काम को करने में नष्ट की है, वह काम उस समय नहीं करना था। बेहतर होता कि आप उस समय अगले काम को परिभाषित कर लेते। समस्या यही है कि वर्तमान में किए जानेवाले प्रोजेक्ट्स और कार्यों पर नियंत्रण की भावना पाए बिना और काम के उन स्तरों को संभाल पाने की अपनी योग्यता पर भरोसा रखे बिना, आप ऊपर से नीचे तक खुद को संभालने की जो कोशिश करते हैं, उससे केवल निराशा ही पैदा होती है। आपके पास कुंठा के सिवा कुछ नहीं बचता।

एक व्यावहारिक नज़रिए से, मैं आपको सलाह दूँगा कि आप बॉटम अप पहल के साथ काम करें। मैंने दोनों दिशाओं से लोगों के साथ काम किया। यदि इनके मूल्यों की बात करें, तो मैं पूरी ईमानदारी से कह सकता हूँ कि अगर कोई व्यक्ति अपने मौजूदा भौतिक संसार के कामों को अपने अधीन कर सकता है और फिर अपने ध्यान को ऊपर की ओर ले जाता है तो वह कभी चूक नहीं सकता।

जिस भी चीज़ पर ध्यान हो, उसका प्रबंधन करें। तब आप पाएँगे कि आपका ध्यान सही तरीके से उस ओर है, जिस जगह उसे होना चाहिए।

बॉटम-अप पहल के साथ काम करने का मतलब है कि आप काम के आरंभ में ही अपना काम करने का मेज (टेबल) संभाल लेते हैं, इस तरह आपका रचनात्मक ध्यान उन बातों की ओर जा सकता है, जो कहीं अधिक सार्थक हैं। इस तरह आपको अपने विजन को भी पूरी स्पष्टता से लागू करने में आसानी होती है। इस पद्धति में आपको पूरी तरह से लचीलापन और आज़ादी मिलेगी।

इसमें एक मनन-चिंतन और व्यवस्थित करने का अभ्यास शामिल है, जो पूरी तरह से सामान्य है और हर हाल में प्रभावी माना जा सकता है। यही वजह है कि इसे सीखना और भी ज़रूरी हो जाता है, भले ही आप उस समय कोई भी काम क्यों न कर रहे हों। अपनी सोच बदलें और यह प्रक्रिया आपको पूरी गति से काम करने की सुविधा प्रदान करेगी। किसी विजन या लक्ष्य को नए सिरे से तय करने में समय नहीं लगता परंतु किस चीज़ को सही तरीके से, सुसंगत रूप में तनाव-रहित क्रिया के लिए लागू करना एक कला है और आपको इस कला को सीखकर अभ्यास में लाना चाहिए। आपके पास यह करने की योग्यता है और यह जानने के बाद आप स्वयं को बड़े खेल में प्रवृत्त कर सकते हैं। यह वास्तव में आपको भीतर से मज़बूत बनाता है।

मैंने कई बरसों के दौरान सीखा कि जो कुछ भी आपके दिमाग में सबसे अधिक चल रहा है, उससे निपटना सबसे महत्वपूर्ण है। भले ही आप इसे अहमियत न दें पर कोई भी बात जो दिमाग में चक्कर काटती है, वह अपना असर रखती है। भले ही प्राथमिकता के स्तर पर बिल्ली के लिए आहार खरीदना बहुत बड़ी बात न हो पर अगर आपका ध्यान इसी ओर लगा है, तो उस समय उससे निपटना ही आपका पहला काम होना चाहिए। जब आप इसका प्रबंधन कर लेंगे तो वास्तव में उस काम पर ध्यान दे सकेंगे, जिस काम पर दिया जाना चाहिए। मैंने जिन अधिकारियों के साथ काम किया है, उनमें से अधिकतर अपने रोज़मर्रा के काम में इन छोटे कामों पर पहले ध्यान देते हैं जैसे - ई-मेल, मीटिंग, यात्रा, भटके हुए प्रोजेक्ट्स आदि। जब वे इन बातों को अधीन कर लेते हैं तो उनका ध्यान अपने-आप ही उच्चतम परिदृश्य की ओर चला जाता है जैसे - परिवार, कैरियर, जीवन की गुणवत्ता आदि। इसलिए यह चिंता न करें कि आपके लिए जीवन का कौन सा हॉरीजन या सामग्री प्राथमिकता सूची में आते हैं - अपने वर्तमान का प्रबंधन करें। जब आप ऐसा करेंगे तो सही मायनों में उन कामों को प्रभावशाली उत्पादकता के साथ सामने ला सकेंगे, जो आपके लिए सच्चे और सार्थक हैं।[4]

---

[4] यही एक कारण हो सकता है कि कुछ लोग गेटिंग थिंग्स डन की कार्यपद्धति को स्वीकार कर लागू न करना चाहें। उच्चस्तरीय हॉरीजन से जुड़े कुछ मसले बार-बार सामने आ सकते हैं, जिनका सामना करना सुखद नहीं होगा। इसके विपरीत, व्यस्त रहने और अधीन हो जाने के बावजूद, यही सहज और आरामदेह रहने का अस्थायी प्रभावी उपाय है।

हॉरीजन 5, उद्देश्य और नियमों के नज़रिए से सबसे महत्वपूर्ण संदर्भ रखता है, जिनके अनुसार प्राथमिकताओं को तय करना चाहिए। अनुभवों से पता चलता है कि जब हम अपने काम में इन सभी स्तरों को अच्छी तरह समझकर लागू करते हैं, खासतौर पर आधार और हॉरीजन 1 के स्तर पर, तो हमें उन सभी बड़े कामों को करने की आज़ादी और संसाधन मिलते हैं, जिन्हें करने के लिए हम बने हैं। अगर आपकी नाव डूब रही हो तो आप परवाह नहीं करेंगे कि यह किस दिशा में जा रही है। हालाँकि बॉटम-अप कोई अवधारणा से जुड़ी प्राथमिकता नहीं है, व्यावहारिक नज़रिए से यह एक संतुलित, उत्पादक और आरामदायक जीवन जीने के लिए महत्वपूर्ण कारक है।

आधार - सबसे पहले तो आपको यह देखना होगा कि एक्शन लिस्ट पूरी है या नहीं, जो कि अपने आपमें एक काम हो सकता है। जो लोग सभी चीज़ों के संग्रह पर ध्यान देंगे, वे उन चीज़ों को भी पहचान सकेंगे, जिनमें से कुछ अहम थीं, जिन्हें वे भूल गए थे, गलत जगह रख दिया था या उन्हें पहचान ही नहीं सके थे।

अपने कैलेंडर के अलावा, अगर आपके पास कम से कम पचास नेक्स्ट एक्शन या वेटिंग फॉर नहीं हैं, जिनमें लोगों और मीटिंग्स के लिए एजेंडा भी शामिल है, तो मुझे संदेह है कि आपके पास सब कुछ है भी या नहीं। अगर आपने सभी चरणों का सही तरह से पालन करते हुए, भाग - 2 के सुझावों पर अमल किया है, तो हो सकता है कि वे सभी काम आपके पास सूची में हों। अगर ऐसा नहीं है और आप इस स्तर को अपडेट नहीं रखना चाहते, तो चौथे अध्याय से छठे अध्याय को फिर से देखने के लिए थोड़ा समय निकालें ताकि आप असली कार्यवाही के चरणों पर काम कर सकें।

जब आप इस तरह नियंत्रण का स्तर पा लें, तो आप स्वचालित तौर पर तत्काल प्राथमिकताओं की समझ पा लेंगे, जिन्हें किसी दूसरे रूप में पाना लगभग असंभव था।

हॉरीजन 1 - अपने प्रोजेक्ट्स की सूची को अंतिम रूप दें। क्या इसमें वे सारी वचनबद्धताएँ हैं, जो एक से अधिक कामों को पूरा करने के लिए ज़रूरी होंगी? इस तरह आप प्रति सप्ताह के आधार पर अपने काम से जुड़ी दुनिया की सीमाओं को परिभाषित कर सकेंगे और

सभी स्तरों पर अपने मौजूदा कामों का ध्यान रखने से, आप स्वचालित तौर पर अधिक केंद्र, सुसंगतता और प्राथमिकता की समझ पा सकेंगे।

आपको लंबे अंतराल के लिए सोचने से मुक्ति मिलेगी।

अगर आप उन सभी चीज़ों की सूची बना लें, जो आप इस स्तर पर अपने जीवन और काम में चाहते हैं, तो आपको एहसास होगा कि आपको कुछ ऐसे काम करने थे, जिनके बारे में आपको कोई जानकारी नहीं थी। केवल इसी उद्देश्य के साथ, आपको एक ठोस आधार मिलेगा कि आप अपने बचे हुए समय में किए जानेवाले कामों के लिए निर्णय ले सकें। जब लोग अपने प्रोजेक्ट्स की सूची को अपडेट कर देते हैं, तो उन्हें पता चलता है कि ऐसे बहुत से काम हैं, जिन्हें उसी समय किया जा सकता है ताकि बचे हुए बड़े कामों पर ध्यान दिया जा सके।

बहुत कम लोग ऐसे होते हैं, जिनके पास यह स्पष्ट आँकड़ा पूरी तरह से परिभाषित और किसी वस्तुनिष्ठ रूप में मौजूद होता है। इस दोपहर क्या करना है, इस बारे में होनेवाली किसी भी चर्चा से पहले, आपके पास यह जानकारी हाथ में होनी चाहिए।

एक बार फिर, अगर गेटिंग थिंग्स डन की कार्यपद्धति को अभ्यास में शामिल कर रहे हैं, तो आपकी प्रोजेक्ट सूची वहीं होगी, जिस जगह इसे होना चाहिए। हम जिन लोगों को कोच करते हैं उन्हें कैप्चरिंग, क्लैरीफाइंग और ऑर्गेनाइजिंग आदि चरणों को पूरा करने में लगभग पंद्रह घंटों का समय लगता है और वे इस सूची को विश्वसनीय मानने लगते हैं।

अगर आप चाहते हैं कि आपका मन ठहरे हुए जल की तरह शांत हो जाए यानी उसमें वर्तमान के सिवा कुछ न रहे, तो हॉरीजन 1 पर आपको कुछ रोचक चुनौतियों का सामना करना होगा। हम सबके लिए, ऐसे हालात और परिस्थितियाँ सामने आते हैं जो हमारा ध्यान भटकाते हैं, हमें उत्तेजित करते हैं या हमारी दिशा बदल देते हैं। मिसाल के लिए आपके बेटे को अपने गणित के टीचर के साथ दिक्कत है... आप इस बात से परेशान हैं कि आपकी कंपनी में एक प्रक्रिया को पूरी तरह से लागू होने में कितना समय लगेगा... आप फंड रेजिंग कमेटी के एक सदस्य को लेकर परेशान हैं... आप लगातार सोचते हैं कि आपको पेंटिंग के शौक को फिर से जीवित करना चाहिए... आदि। मन में चल रहे इस शोर को शांत करने के लिए आपको इन सभी कामों को किसी भरोसेमंद प्रणाली के हवाले करने के बाद इनके लिए नेक्स्ट एक्शन तय करने होंगे। इस

अगर आप अपने काम के बारे में पूरी तरह से आश्वस्त नहीं हैं तो आप सदा एक मानसिक अधीनता में रहेंगे।

स्तर पर अगर आपको तनाव-मुक्त उत्पादकता का अर्थ समझ में आ गया तो इसकी निपुणता पाने में अधिक समय नहीं लगेगा।

हॉरीजन 2 यह 'वर्तमान नौकरी से जुड़े उत्तरदायित्वों' और 'मेरे जीवन के क्षेत्रों को उचित मापदंड पर' स्थापित करने से जुड़ा स्तर है। आप कौन सी भूमिकाओं का पालन कर रहे हैं? व्यावसायिक तौर पर, यह आपके मौजूदा काम और पद से जुड़ा होगा। निजी तौर पर, इसमें आपकी जिम्मेदारी के वे क्षेत्र शामिल होंगे, जो आपको अपने परिवार में निभानी हैं, अपने समुदाय में निभानी हैं या एक व्यक्ति के रूप में अपने प्रति निभानी हैं।

हो सकता है कि आपने पहले से कुछ भूमिकाओं को परिभाषित कर कहीं लिख रखा हो। अगर आपने हाल ही में कोई पद संभाला है और आपकी जिम्मेदारी के बारे में अनुबंध (अग्रीमेंट) है तो यह एक अच्छी शुरुआत होगी। अगर आपने पहले भी निजी लक्ष्य-निर्धारण और मूल्यों को स्पष्ट करने से जुड़े अभ्यास कर रखे हैं और पहले की सामग्री भी संभाली हुई है, तो उन्हें भी उसमें शामिल कर दें।

इसके बाद मैं आपको सलाह दूँगा कि आप 'एरिया ऑफ फोकस' नामक सूची तैयार करें। यह आपकी वह सूची है, जिसमें वे सभी काम शामिल हैं जिन पर ध्यान दिया जाना है। आप इसे निजी और व्यावसायिक श्रेणी में भी विभाजित कर सकते हैं, इस तरह आप इन दोनों का निरंतर मूल्यांकन कर सकेंगे। यह स्व-प्रबंधन के लिए एक उपयोगी सूची हो सकती है। आपको इसे हर सप्ताह देखने की आवश्यकता नहीं है, इसे लंबे समय के अंतराल पर देखने की ज़रूरत होगी। जो आपके जीवन और काम से जुड़े क्षेत्रों में बदलाव की गति पर निर्भर करेगा, इसे आप एक से तीन माह के भीतर, नई संभावनाओं के लिए ट्रिगर के रूप में इस्तेमाल कर सकते हैं।

आपके पास संभवत: निजी और काम से जुड़े पहलुओं में चार से सात तरह की जिम्मेदारी होंगी। हो सकता है कि आपकी नौकरी में स्टाफ का विकास, सिस्टम का डिजाइन, दीर्घकालीन नियोजन, प्रशासनिक सहयोग, ग्राहक सेवा और मार्केटिंग आदि शामिल हो या आपको सुविधाओं, काम की संपूर्णता, गुणवत्ता नियंत्रण व संपत्ति प्रबंधन की जिम्मेदारी आदि भी सौंपी गई हो। अगर आपका अपना व्यवसाय

है तो किसी बड़े संगठन की तरह आपको बहुत से क्षेत्रों के लिए अपनी जिम्मेदारी निभानी होंगी। आपके निजी जीवन में पेरेंटिंग, आपके साथी के प्रति दायित्व, आध्यात्मिक समुदाय, स्वास्थ्य, स्वयंसेवा, घर का प्रबंधन, व्यक्तिगत आर्थिक प्रबंधन, आत्म-विकास, रचनात्मक अभिव्यक्ति आदि को शामिल कर सकते हैं। और इनमें से प्रत्येक क्षेत्र को उपश्रेणियों में विभाजित कर सकते हैं। पेरेंटिंग में आप अपने हर बच्चे के नाम से अलग लिस्ट बना सकते हैं। मार्केटिंग में प्रोग्राम डिजाइन को अलग से लिख सकते हैं या फिर शोध और सोशल मीडिया का उपयोग कर सकते हैं।

फोकस लिस्ट का मकसद केवल इतना है कि आपके सारे प्रोजेक्ट्स और उससे जुड़े नेक्स्ट एक्शन पूरी तरह से स्पष्ट हों ताकि आप अपनी जिम्मेदारियों को सही तरह से निभा सकें। अगर आपको इस आधार पर उनका मूल्यांकन करना हो कि आप क्या कर रहे हैं और आपको क्या करना चाहिए, तो नि:संदेह आप ऐसे प्रोजेक्ट्स को सामने ला सकेंगे, जो अभी तक आपकी प्रोजेक्ट सूची का हिस्सा नहीं थे। हो सकता है कि आप सूची की समीक्षा करते हुए तय कर लें कि कुछ क्षेत्र पूरी तरह से सही हैं और कुछ क्षेत्रों पर काम किया जाना चाहिए। फिर आपको लग सकता है कि किसी एक क्षेत्र में जो समस्या है, वह उससे जुड़े प्रोजेक्ट पर काम करके दूर की जा सकती है। 'एरिया ऑफ फोकस' एक तरह से हमारी ट्रिगर्स लिस्ट का ही अधिक अमूर्त और परिष्कृत संस्करण है, जिसके बारे में हमने पहले बात की थी।

पिछले तीस वर्षों के दौरान मैंने जितने भी लोगों के साथ काम किया, उन्होंने चर्चा के इस स्तर पर दो से तीन महत्त्वपूर्ण अंतराल प्रकट किए। मिसाल के लिए, जैसे एक अधिकारी या प्रबंधक को अपने स्टाफ पर ध्यान देना होता है। हो सकता है कि उन्हें कुछ ऐसे प्रोजेक्ट्स को शामिल करने की ज़रूरत महसूस हो जैसे - 'स्पोर्ट ऑफिस प्रक्रियाओं को अपग्रेड करना है', 'स्टाफ प्रमुख की नियुक्ति के लिए शोध करना होगा', 'प्रदर्शन समीक्षा की प्रक्रिया को अपडेट करना है', या 'किसी के निजी जीवन में जिम्मेदारी से जुड़े पहलुओं पर काम करना हो।' अक्सर इस तरह के प्रोजेक्ट्स सामने आते हैं जैसे - 'योग कक्षाओं का पता लगाना' और 'बच्चों के लिए छुट्टियों में होनेवाली गतिविधियों का पता करना।'

आपको अपने और दूसरों के बीच होनेवाली वर्तमान चर्चाओं के स्तर

में, प्राथमिकताओं की चर्चा को भी शामिल करना होगा। अगर आपको व्यावसायिक 'जॉब डिस्क्रिप्शन' की चेकलिस्ट मिलती है और आप इसे अपडेट रखते हैं, तो आप हमारी संस्कृति के दूसरे लोगों की तुलना में पूरी तरह से सहज और नियंत्रित रहेंगे। कुछ लोग ही वह काम करते हैं, जो उन्हें करने के लिए रखा गया है और वे उन नई व चुनौतीपूर्ण अपेक्षाओं के बारे में स्पष्ट होते हैं, जिन्हें निरंतर अपडेट करना चाहिए। इसी तरह बहुत कम लोग ही अपने संतुलित जीवन - परिवार, मौज-मस्ती, आर्थिक आदि की निरंतर और सार्थक समीक्षा कायम रख पाते हैं और अंतरालों को भरने की चेष्टा करते हैं। अगर आप अपने चिंतन और सिस्टम को इन स्तरों से आगे ले जा सके तो मेरा यकीन करें कि आपके पास वे सब चुनाव मौजूद होंगे, जिनके आधार पर आप तय कर सकेंगे कि आपको क्या करना है।

जब आपको पक्का पता न हो कि आप किस ओर जा रहे हैं या आपके लिए क्या अधिक महत्त्व रखता है, तो आप कभी नहीं जान सकेंगे कि हद कब पार हो गई।

हॉरीजन 3 और 5 निचले तीन स्तर वस्तुओं की मौजूदा अवस्था से संबंध रखते हैं, जैसे आपके काम, प्रोजेक्ट्स और जवाबदेही के क्षेत्र। हॉरीजन 3 के बाद से आपके भविष्य, दिशा और अभिप्राय महत्वपूर्ण हो जाते हैं। इन शिखरों पर आने के बाद भी आपको एक सूची बनानी होगी (खासतौर पर उच्च स्तर, उद्देश्य व नियमों के लिए, जो प्रेरणा के साथ उचित गतिविधियों और व्यवहार के लिए मापदंड निरीक्षण की निरंतर चलनेवाली प्रक्रिया का प्रतिनिधित्व करते हैं), परंतु यह काफी हद तक इस बारे में भी है कि 'इस समय सच क्या है, मैंने कहाँ पर जाने के बारे में तय किया है और मैं उस जगह कैसे जा सकता हूँ?' यह आपकी नौकरी में सालाना लक्ष्यों से लेकर, आपके कैरियर और निजी क्षमता के तीन सालों के विजन से संबंधित हो सकते हैं। इस तरह आप अपने जीवन के उद्देश्य को दिशा दे सकते हैं कि इसे किस सीमा तक अधिकतम कर सकते हैं। ये सभी हॉरीजन 3 से हॉरीजन 5 के भीतर शामिल हैं।

मैं इन तीनों स्तरों को मिलाकर बात कर रहा हूँ क्योंकि अक्सर इन श्रेणियों में आकर हालात आपस में घुल-मिल जाते हैं। वैसे भी गेटिंग थिंग्स डन, लक्ष्यों और विजन को स्पष्ट करने के बजाय, क्रिया करने और उसे लागू करने की

ऐसी लड़ाई चुनें, जो इतनी बड़ी हो कि मायने रख सके और इतनी छोटी हो कि जीती जा सके।
- जोनाथन कोज़ाल

कार्यपद्धति से जुड़ा है। मैं इस जगह कड़ी जाँच-पड़ताल की सलाह नहीं देता परंतु इस जाँच-पड़ताल गहरे और जटिल क्षेत्र सामने आने की संभावना है, जिनमें व्यवसाय की रणनीति, संगठनात्मक विकास, कैरियर नियोजन, जीवन की दिशा और मूल्य शामिल हो सकते हैं।

हमारे उद्देश्यों के लिए, हमारा केंद्र उन बातों की ओर है जो आपको मौजूदा हालात में प्रेरित करते हैं, वही आपके काम की सूची को सही मायनों में तय करते हैं (जिनमें से कुछ आपकी उच्च-स्तरीय प्रतिबद्धताओं और अभिप्रायों से संबंधित भी हो सकते हैं)। गहन चिंतन, विश्लेषण और सहज बुद्धि के आधार पर आपकी दिशा और लक्ष्य में बदलाव आ सकता है या नहीं - यह एक और चर्चा हो सकती है। हो सकता है कि ऐसी कुछ चीज़ें हों, जिन्हें आप अभी पहचान सकते हैं, जो आपको आपके काम के चिंतन से जोड़ सके और यह बता सके कि इसमें महत्त्वपूर्ण क्या है।

मानों, आपको मन में एक तस्वीर बनानी हो कि आप आज से डेढ साल बाद क्या कर रहे होंगे या उस समय आपकी नौकरी में काम कैसा होगा? इस सूक्ष्म स्तर पर, हो सकता है कि आपको व्यक्तिगत रूप से कुछ चीज़ों का त्याग करना पड़े और उन लोगों व प्रणालियों को विकसित करना पड़े, जिससे यह परिवर्तन आसानी से हो सके। चूँकि नौकरी भी एक ऐसा लक्ष्य है जो गतिशील है, जो कि आजकल के व्यावसायिक जीवन की असलियत है। हो सकता है कि आपको अपने क्षेत्र में उपलब्धता के अनुसार प्रोजेक्ट्स को परिभाषित करना पड़े।

निजी क्षेत्र में, हो सकता है कि आप कुछ इस तरह की बातों पर विचार करें, जैसे - 'जब तक मैं अपने बॉस के आगे अपने लक्ष्यों को सही तरह से प्रकट नहीं करूँगा तब तक मेरा कैरियर एक ही जगह अटका रहेगा' या 'आनेवाले दो सालों में मेरे बच्चे कौन से नए काम सीखेंगे? और मुझे उसकी वजह से मुझे कौन सा काम थोड़ा अलग तरह से करना चाहिए?' या 'मेरे सामने अभी जो स्वास्थ्य से जुड़ी समस्या आई है, उसका निपटारा हो सकता है, मुझे स्वयं को इस बारे में आश्वस्त करने के लिए क्या तैयारी करनी होगी?'

आप एक विशाल नज़रिए के साथ यह आँक सकते हैं : आपका कैरियर कैसा चल रहा है? आपका व्यक्तिगत जीवन कैसा चल रहा है? आपका संगठन माहौल

में बदलाव लाने के लिए क्या कर रहा है और उसका आप पर क्या असर हो रहा है? ये एक से पाँच वर्ष के हॉरीजन के प्रश्न हैं। जब मैं दूसरों से ये सवाल करता हूँ तो मुझे बिलकुल अलग-अलग तरह के जवाब मिलते हैं।

मैंने किसी बड़े अंतर्राष्ट्रीय बैंक में किसी को कोचिंग दी थी, जिन्होंने कुछ महीने तक इस कार्यपद्धति को लागू करने और रोज़मर्रा के कामों में शामिल करने के बाद तय किया कि अब अपनी हाई-टेक फर्म चालू करने का समय आ गया है। आरंभ में वे इसे चालू करने के लिए थोड़ा आशंकित थे, पर जब उन्होंने निचले स्तर से काम करना आरंभ किया तो इस हॉरीजन से प्राकृतिक स्तर पर चिंतन करने से सब कुछ आसानी से उपलब्ध हो गया।

अगर आप भी किसी ऐसी चीज़ से जुड़े हैं, जिसका भविष्य एक वर्ष से भी अधिक समय का है (जैसे विवाह, बच्चे, कैरियर, कंपनी, कला का रूप, कोई जुनून) तो आप भी अच्छी तरह सोच सकेंगे कि इनके प्रबंधन के लिए आपको क्या करना चाहिए।

पूछे जानेवाले प्रश्न :

- मेरे संगठन के दीर्घकालीन लक्ष्य और उद्देश्य क्या हैं और मुझे अपनी जिम्मेदारियों को पूरा करने के लिए किन प्रोजेक्ट्स पर काम करना होगा?
- मैंने अपने लिए कौन से दीर्घकालीन लक्ष्य और उद्देश्य तैयार किए हैं और मुझे उन्हें साकार करने के लिए किन प्रोजेक्ट्स पर काम करना होगा?
- ऐसी कौन सी महत्वपूर्ण बातें घट रही हैं, जो मेरे कामों के संबंध में विकल्पों पर अपना असर डाल सकती हैं?

मैं इस बात पर बल देना चाहूँगा कि मैं नए लक्ष्य तय करने या आपके मापदंडों को उन्नत करने के बारे में बात नहीं कर रहा हूँ। मैं चाहता हूँ कि आप सही मायनों में अपने ध्यान को उन परिस्थितियों में केंद्रित करें, जो आपके वर्तमान से जुड़ी हैं। अगर वे प्रत्यक्ष या अप्रत्यक्ष तौर पर मौजूद हैं तो उन्हें सही तरह से समझना और भी ज़रूरी हो जाता है ताकि आपको अपने लिए एक स्पष्ट स्थान मिल सके।

इस जगह ऐसे कुछ मसलों के उदाहरण दिए जा रहे हैं, जो इस तरह की बातचीत के स्तर से सामने आ सकते हैं :

कंपनी की बदलती हुई प्राथमिकताओं के अनुसार आपके काम की बदलती हुई प्रकृति - अपने निजी इन-हाउस ट्रेनिंग प्रोग्राम के उत्पादन प्रबंधन के बजाय, आप उन्हें बाहर विक्रेताओं को सौंप रहे हैं।

आपको लगता है कि आपको अपने कैरियर में किस दिशा में जाना चाहिए - आप स्वयं को आज से एक साल बाद कोई और काम करते हुए देखते हैं और अब आपको अपने स्थानांतरण या पदोन्नित के विकल्पों की खोज के दौरान, इस परिवर्तन को संभव करना होगा।

वैश्विकरण और विस्तार के मामले में संगठन की दिशा - आपको अपने लिए हॉरीजन पर बहुत से अंतर्राष्ट्रीय दौरे दिख रहे हैं और आपकी जीवनशैली की प्राथमिकताओं के अनुसार, आपको यह विचार करना हागा कि कैरियर की योजनाओं को नए सिरे से कैसे समायोजित किया जाए।

जीवनशैली की प्राथमिकता और बदलती हुई ज़रूरतें - आपके बच्चे बड़े हो रहे हैं, उनके साथ घर में रहने की ज़रूरत घट रही है और निवेश एवं रिटायरमेंट प्लानिंग में आपकी दिलचस्पी बढ़ रही है।

तटस्थता वह अवस्था है, जिसमें आप बहुत जल्दी या धीरे नहीं चलते। तटस्थ होने का अर्थ यह नहीं कि आप सक्रिय नहीं हैं। आप पूरी तरह से शांत हैं ताकि आगे की कार्यवाही से पहले नई सूचना और जानकारी को प्रकट होने का अवसर दे सकें। जब आप तटस्थ अवस्था में होते हैं तो आपकी संवेदनशीलता बढ़ती है और सहज बुद्धिमत्ता सामने आती है। यह निर्लिप्त अवस्था ऐसी उर्वर जमीन है, जिस पर नई संभावनाओं के अंकुर फूट सकते हैं।

- डॉक चिल्ड्रे

चिंतन के सबसे ऊपरवाले स्तर पर, आपको स्वयं से कुछ प्रश्न करने होंगे : आपकी कंपनी का अस्तित्व क्यों है? आपका अस्तित्व क्यों है? व्यावसायिक और व्यक्तिगत रूप से आपके अस्तित्व का डीएनए क्या है, जो आपके चुनावों को प्रेरित करता है? यह तस्वीर का बड़ा रुख है जिसके साथ सैंकड़ों किताबें, गुरु और मॉडल्स आपकी मदद करने के लिए समर्पित हैं।

क्यों? यही वह सबसे बड़ा प्रश्न है, जिससे हम जूझ रहे हैं।

आप अपने जीवन और काम के बाकी

सभी स्तरों को परिभाषित और व्यवस्थित कर सकते हैं। परंतु अगर आपको थोड़ा सा और गहरा उतरने को कहा जाए तो, आप असहज अनुभत्र कर सकते हैं।

### प्राथमिकता के चिंतन को दिमाग से निकालना

अगर आपने अब तक ऐसा नहीं किया, तो कुछ मिनट का समय निकालें और अनौपचारिक रूप से कुछ नोट्स तैयार करें, जिनमें वह सब लिखा है जो इस अध्याय को पढ़ते हुए आपके दिमाग में आया। आपके आंतरिक राडार में इन उन्नत स्तरों पर आपके मस्तिष्क में जो भी बात आई, उसे कहीं लिखें और दिमाग से निकाल दें।

अब इन नोट्स पर काम करें। यह तय करें कि आपने जो लिखा है, आप उनमें से कुछ कामों को वाकई करना चाहते हैं या नहीं। अगर नहीं, तो उस काम से जुड़े नोट्स को फेंक दें या किसी समडे/मेबी लिस्ट या फिर 'लक्ष्य और सपने जो कभी पूरे करने हैं' जैसे फोल्डर में रख दें। हो सकता है कि आप भावी चिंतन की इस सामग्री को और अधिक संजोना चाहें, साथ ही इस अभ्यास को अधिक औपचारिक तरीके से करना चाहें। उदाहरण के लिए, अपने साथियों के साथ भावी योजना का प्रारूप (फॉर्मेट) बनाना, अपने जीवनसाथी के साथ अपने आदर्श जीवन का प्रारूप बनाना, आनेवाले तीन सालों के लिए और अधिक सुनिश्चित कैरियर मैप तैयार करना या फिर अपने लिए कोई निजी कोच खोजना, जो इन चर्चाओं और चिंतन प्रक्रियाओं में सहायक हो सके।

अगर ऐसा है तो उस नतीजे को अपने प्रोजेक्ट्स की सूची में रखें और उस पर नेक्स्ट एक्शन तय करें। फिर इसे पूरा करें, किसी दूसरे को सौंप दें और अगर अभी नहीं करना चाहते तो रिमाइंडर सूची में डाल दें।

यह करने के बाद आप अपना ध्यान कुछ निश्चित प्रोजेक्ट्स के विकासात्म क चिंतन की ओर लगाना चाहेंगे, जो अभी पहचानी तो जा चुकी हैं पर पूरी तरह से सामने नहीं आईं। आप आश्वस्त होना चाहेंगे कि आप उस तरह की लंबवत (Vertical) प्रक्रिया के लिए तैयार हैं।

# 10

# प्रोजेक्ट्स को नियंत्रण में रखना

अध्याय 4 से 9 तक आपको वे सभी तरीके और उपाय दिए गए हैं, जिनके माध्यम से आप अपने दिमाग में एक सही तस्वीर बनाते हुए सहज चुनाव कर सकते हैं कि कौन सा काम कब करना है। यह एक समानांतर (Horizontal) पहल है – जो आपके जीवन के समानांतर परिदृश्य पर आपसे आपका ध्यान और क्रिया करना चाहती है। पहेली का आखिरी टुकड़ा लंबवत (Vertical) रूप में है – गहराई में उतरकर चिंतन-मनन करने से आप अपनी रचनात्मक मानसिक क्षमता में वृद्धि कर सकते हैं। हो सकता है कि आप जिन विविध हालात व प्रोजेक्ट्स में शामिल हैं, उनके लिए स्पष्ट नतीजे और क्रिया के अगले चरण तय कर लिए हों। परंतु कई बार आपको ऐसा लगेगा कि आपको उनमें से कुछ के साथ अपने संबंध को और अधिक निखारना होगा ताकि इससे भी अधिक रचनात्मक सोच और विकास से जुड़ी बारीकियों पर विचार हो सके।

यहीं से हम प्रोजेक्ट नियोजन के संशोधन और इसे ऊर्जान्वित करने के काम पर वापस लौटते हैं।

## अधिक अनौपचारिक नियोजन की आवश्यकता

अनेक वर्षों से हज़ारों व्यावसायिकों के साथ काम करने के दौरान, मैं सुरक्षित रूप से कह सकता हूँ कि असल में हम सभी अपने प्रोजेक्ट्स और जीवन के लिए अधिक अनौपचारिक रूप से और ज़्यादा नियोजन कर सकते थे। अगर हमने ऐसा किया होता, तो इससे हमारे दिमाग का बोझ कम होता और कम से कम प्रयासों के साथ भारी मात्रा में रचनात्मक नतीजे सामने आ सकते थे।

> हर सफल प्रोजेक्ट का मध्य भाग किसी तबाही जैसा ही दिखता है।
> - रोजाबेथ मोस केंटर

मैंने पाया कि नियोजन में सबसे बड़े सुधार के अवसर में बहुत विस्तृत और जटिल प्रकार के प्रोजेक्ट्स को संगठित करने की तकनीकें शामिल नहीं होतीं, जिसे कई बार व्यावसायिक प्रोजेक्ट्स के मैनेजर इस्तेमाल करते हैं (जैसे गैंट चार्ट्स)। अधिकतर लोगों में से, जिन्हें उन तकनीकों की ज़रूरत थी, उनके पास वे पहले से थी या उनके पास उन्हें सीखने के लिए प्रशिक्षण पाने और सॉफ्टवेयर सीखने की पहुँच थी। वास्तविक ज़रूरत रचनात्मक और सक्रिय सोच के अधिक उपयोग और उसे नियंत्रण में रखने की है, जो हम कर सकते हैं।

इस तरह की प्रभावी मूल्य निर्धारण सोच की कमी के कारण ही नतीजे देनेवाले प्रबंधन के लिए आसानी से व्यवस्थित और उपयोग में लाए जानेवाली प्रणाली विकसित नहीं हो पाती। यही वजह है कि मैं हमेशा गहराई का दृष्टिकोण अपनाता हूँ। अगर आपको ऐसा लग रहा है कि आप अपनी वचनबद्धताओं को पूरा नहीं कर पा रहे हैं, तो आप अपनी योजना पर ध्यान केंद्रित करने का विरोध कर रहे हैं; स्वयं को अवचेतन रूप से पीछे धकेल रहे हैं। जब आप इन उपायों पर अमल करने लगेंगे तो हो सकता है कि आपको रचनात्मक और सृजनात्मक सोच के लिए और गुंजाइश मिल जाए। अगर आपके पास अपने विचारों पर काम करने के लिए कार्यपद्धति व आदतें हैं तो आपकी उत्पादकता असाधारण रूप से बढ़ सकती है।

आपको अपने लिए ऐसी कार्यपद्धति और उपाय बनाने होंगे, जिससे आप अपने प्रोजेक्ट्स और हालात पर बार-बार आसानी और गहराई के साथ सोच सकें।

मैंने अध्याय 3 में, प्रोजेक्ट नियोजन के पाँच पहलुओं के बारे में विस्तार से चर्चा की है, जिन्हें आप भौतिक रूप से साकार कर सकते हैं।

इसके बाद मैं सहज, अनौपचारिक नियोजन की प्रक्रियाओं के लिए व्यावहारिक उपाय और तकनीकों को जमा करने की सिफारिश करता हूँ। हालाँकि ये सभी सुझाव सामान्य ज्ञान पर आधारित हैं पर अधिकतर लोग अकसर इसका बहुत कम उपयोग करते हैं। जब भी अवसर मिले तो प्राय: इन्हें इस्तेमाल करें। अपनी सोच को केवल बड़ी औपचारिक मुलाकातों के लिए ही न बचाकर रखें।

## आपको किन प्रोजेक्ट्स का नियोजन करना चाहिए?

आपने अपनी प्रोजेक्ट सूची के लिए जो भी नतीजे सोचे हैं, उनमें से अधिकतर के लिए किसी तरह के नियोजन की ज़रूरत नहीं होगी। केवल उन्हें मन में ही चुन लेंगे। फिर पूरी तत्परता और सहजता के साथ आप उन पर आगे का कार्य कर सकते हैं। मिसाल के तौर पर कुछ इस तरह के प्रोजेक्ट्स के लिए नियोजन की ज़रूरत हो सकती है, जैसे 'अपनी कार का निरीक्षण करवाना।' इसके लिए आपको इंटरनेट पर नज़दिकी निरीक्षण स्थल की जानकारी लेनी होगी और उनके साथ समय तय करना होगा। हालाँकि दो तरह के प्रोजेक्ट्स ऐसे होते हैं, जिनके लिए नियोजन गतिविधि की आवश्यकता होती है : 1. आपने उन गतिविधियों की अगली क्रिया तय कर ली है पर अब भी वे ध्यान का बिंदु बनी हुई हैं और, 2. जिनके बारे में संभावित रूप से उपयोगी विचार और सहायक विस्तार बार-बार सामने आएगा।

पहला प्रकार - जिन प्रोजेक्ट्स के बारे में आप जानते हैं, उनके साथ अन्य कुछ चीज़ें भी शामिल हैं, उन पर निर्णय लेकर उन्हें व्यवस्थित किया जाना चाहिए। तब केवल अगली क्रिया (नेक्स्ट एक्शन) तय करने की तुलना में अधिक विस्तृत दृष्टिकोण की आवश्यकता होगी। इनके लिए आपको प्राकृतिक नियोजन मॉडल के अन्य चार चरणों में से एक या अधिक चरणों को अपनाना होगा : उद्देश्य व नियम, विजन/परिणाम, ब्रेनस्ट्रोमिंग या संगठन।

दूसरा प्रकार - एक ऐसा प्रोजेक्ट जिसके लिए अधिक विचार करना होता है, जैसे जब आप किसी सागर तट पर कार या मीटिंग में हैं तो आपको उपयुक्त स्थान खोजना होगा ताकि आप उस समय आए रचनात्मक विचारों को कहीं दर्ज कर सकें। इस तरह उन्हें ज़रूरत पड़ने पर काम में लाया जा सकता है।

### ऐसे प्रोजेक्ट्स जो नियोजन के बारे में अगली क्रिया चाहते हैं

इस समय आप कुछ प्रोजेक्ट्स के बारे में सोच सकते हैं और आप जानते हैं कि आप उनके बारे में ज्यादा नियंत्रित, केंद्रित और स्पष्ट होना चाहेंगे। हो सकता है कि आपकी कोई मीटिंग होनेवाली हो और आपको उसके लिए एजेंडा और सामग्री तैयार करनी हो। या फिर आपको हाल ही में वार्षिक सहयोगी सम्मेलन के समन्वय का अवसर मिला है और आपको इसे जल्द से जल्द व्यवस्थित करना

है ताकि महत्वपूर्ण कार्य सौंपे जा सकें। या फिर आपको परिवार के साथ आगामी अवकाश यानी छुट्टियों से जुड़ी योजना पर बात करनी हो। अगर आपने पहले से अगली क्रिया (नेक्स्ट एक्शन) की तैयारी नहीं की, तो इसे अभी आरंभ करें और इन्हें उपयुक्त कार्य सूची में शामिल करें। इसके बाद नियोजन के अगले चरणों की ओर बढ़ें।

## विशिष्ट नियोजन चरण

नियोजन से जुड़ी अधिकतर क्रिया आपकी अपनी ब्रेनस्ट्रोमिंग, संगठन, मीटिंग तय करने और सूचना जमा करने से जुड़ी होगी।

ब्रेनस्ट्रोमिंग : आपके पास जो प्रोजेक्ट्स हैं, उनमें से कुछ के लिए मुक्त रूप से सोचने की ज़रूरत होगी। यह उन प्रोजेक्ट्स के लिए बिलकुल सच है, जिनके लिए आप स्पष्ट नहीं कर पा रहे कि जब आप निर्णय लेंगे तो आपकी अगली कारवाई क्या होगी। इन सबके लिए अगली कारवाई (नेक्स्ट एक्शन) तय होनी चाहिए जैसे 'विचारों को ड्राफ्ट करें।'

आपको तय करना होगा कि आप उस प्रोजेक्ट पर कहाँ और कैसे क्रिया करना चाहते हैं ताकि आपको पता लग सके कि इसे किस कार्य सूची में डालना है। क्या आप इस तरह का चिंतन कंप्यूटर पर अच्छी तरह करते हैं या अपने विचारों को कागज पर अच्छी तरह उतार पाते हैं? मैं अपनी मर्जी से कोई भी माध्यम चुन लेता हूँ। मेरे लिए कार्य का अगला चरण, कंप्यूटर की सूची या फिर कहीं भी हो सकता है (क्योंकि अगर मेरे पास कागज और कलम है तो मैं कहीं भी माइंड मैप बनाकर, रफ नोट्स ले सकता हूँ)।

संयोजन करना : आपके पास कुछ ऐसे प्राजेक्ट्स भी होंगे, जिनके लिए आप पहले से ही नोट्स और विविध सहायक सामग्री जमा कर चुके हैं। आपको केवल उन्हें छाँटकर और अधिक व्यवस्थित व संयोजित करना है। इस दशा में, आपकी अगली क्रिया होगी कि 'प्रोजेक्ट एक्स के नोट्स व्यवस्थित हों।' अगर आप यह काम ऑफिस में करनेवाले हैं, तो इसे ऑफिस में किए जानेवाले कामों की सूची में होना चाहिए (क्योंकि

संगठनात्मक और पारिवारिक उत्पादकता की बड़ी बाधाओं में से एक बाधा यह भी होती है कि आप उन लोगों के साथ मीटिंग का समय नहीं तय कर पाते, जिनके साथ आपको अगे बढ़ना है।

वह काम फाइलों में होगा और आप उसे हर जगह नहीं ले जाना चाहेंगे)। अगर प्रोजेक्ट के नोट्स आपके पास फोल्डर में हैं तो आप इसे 'कहीं भी किए जानेवाले कामों' की सूची में डाल सकते हैं। इसके साथ ही यह भी लिखा हो कि आप इसे लिखनेवाले हैं या फिर किसी प्रोग्राम की रूपरेखा, प्रेजेंटेशन, माइंड-मैपिंग या फिर प्रोजेक्ट-नियोजन सॉफ्टवेयर के साथ कंप्यूटर का प्रयोग करनेवाले हैं।

मीटिंग तय करना : अक्सर प्रोजेक्ट नियोजन के अगले चरण में उन लोगों के साथ मुलाकात तय की जाती है जो आपके अनुसार ब्रेनस्ट्रोमिंग या निर्णय लेने में सहायक हो सकते हैं। आपको समय और स्थान तय करने के लिए उन्हें ई-मेल करना होगा या फिर कॉल करना पड़ेगा।

सूचना जमा करना : कई बार प्रोजेक्ट चिंतन में अगला चरण और अधिक आँकड़े जमा करने से भी जुड़ा हो सकता है। हो सकता है कि इस सिलसिले में किसी से बात करनी पड़े (प्रबंधक मीटिंग के बारे में बिल की राय जानने के लिए कॉल करें)। या फिर आपको पिछले साल के आयोजन की फाइलें देखनी पड़ सकती हैं (एसोशिएट कॉन्फ्रेंस आर्काइव फाइलों की समीक्षा करें) या फिर हो सकता है कि आपको वेब पर कुछ सर्च करना पड़े क्योंकि यह विषय आपके लिए नया हो (कॉलेज स्कॉलरशिप फंड की जानकारी लें)।

## आकस्मिक प्रोजेक्ट चिंतन

प्रोजेक्ट से जुड़े उन विचारों को न भूलें जो आपके लिए संभावित तौर पर उपयोगी हो सकते हैं। कई बार आपको ऐसी जगह पर कुछ विचार आ सकता है, जिसका प्रोजेक्ट से कोई लेन-देन नहीं है लेकिन आप उसे भूलना नहीं चाहेंगे। मिसाल के लिए आपको कार चलाते हुए, अगली स्टाफ मीटिंग से जुड़ा कोई उपाय सूझता है या फिर आपको अपनी स्पेगेटी पकाते हुए यह विचार आ सकता है कि आप आगामी कॉन्फ्रेंस में प्रतिभागियों को झोले देना चाहेंगे। या फिर शाम की खबरें देखते हुए अचानक याद आ सकता है कि आपको अपनी सलाहकार सभा में एक और अहम व्यक्ति को शामिल करना है।

अगर ये आपके किए जानेवाले कामों की सूची में जानेवाले विशिष्ट काम नहीं हैं, तो आपको इन्हें कहीं और लिखकर व्यवस्थित करना होगा ताकि इनका कोई अर्थ निकल सके। बेशक आपको इन्हें खोने से बचाने के लिए आपके मेज़ की ट्रे,

कागज-कलम या स्मार्ट फोन की मदद लेनी होगी। आपको अपने सारे विचारों को तब तक संभाले रखना है जब तक आप तय नहीं कर लेते कि आप उनका क्या करना चाहते हैं।

## प्रोजेक्ट पर विचार करने के लिए सहायक उपकरण व ढाँचे

भले ही आपका प्रोजेक्ट किसी भी स्तर पर क्यों न हो, उनसे जुड़े विचारों को जमा करने के लिए सहायक उपकरण आपके पास हमेशा होने चाहिए। अगर आप उन्हें सहेज लेंगे तो जब भी संदर्भ की आवश्यकता होगी तब उनका उपयोग किया जा सकता है।

भाग्य हर जगह प्रभाव डालता है। हमेशा अपनी ओर से काँटे के साथ तैयार रहें। आपको धारा में उसी स्थान पर मछली मिलेगी, जहाँ उसके मिलने की सबसे कम उम्मीद रही होगी।
- ओविड

### चिंतन उपकरण

विचारों की मदद से उत्पादकता बढ़ाने का एक उपाय यह हो सकता है कि आप किन्हीं सहायक उपकरणों का प्रयोग करें। (मुझे अक्सर किसी नए सॉफ्टवेयर एप्लीकेशन को देखते हुए ही कई नए उपाय सूझ जाते हैं। यह आँकड़ों व सूचना को पैदा व जमा करने का मजेदार तरीका हो सकता है।)

अगर आप किसी चीज़ को लिख नहीं रहे या उसे किसी डिर्जीटल उपकरण में नहीं डाल रहे तो आप कुछ मिनटों से अधिक समय तक उस पर केंद्रित नहीं रह सकते। पर जब आप अपने उपाय और विचारों को जमा करने के लिए भौतिक उपकरणों की मदद लेते हैं तो आप घंटों तक उसके साथ रचनात्मक तौर पर जुड़े रह सकते हैं।

### लेखन सामग्री

अपने आसपास कुछ लिखने के लिए हमेशा लेखन सामग्री रखें ताकि बेहोशी में भी आप उस सोच का विरोध इसलिए न करे कि आपके पास उसे लिखने का कोई साधन नहीं है। अगर मेरे पास अपनी सोच को लिखने के लिए कोई तत्काल साधन न हो, तो मुझे पता है कि मैं प्रोजेक्ट्स व परिस्थितियों के बारे में अपनी सोच को लिखित रूप नहीं दे सकता।

इसके विपरीत, मैं कई बार समय से पहले स्मार्ट थिंकिंग और नियोजन करने में सफल रहा हूँ क्योंकि मैं अपने बहुत प्रिय और अच्छे चलनेवाले फाउंटेन या जेल पैन का प्रयोग करना चाहता था। हो सकता है कि आपके लिए कोई पेन प्रेरणा का स्त्रोत न हो, लेकिन आप भी ऐसी किसी चीज़ से प्रेरित हो जाए, तो जल्दी से अपने लिए उचित गुणवत्ता की लेखन सामग्री लें।

अक्सर कुछ करने के बाद एक आकार जन्म लेता है। स्वयं को एक संदर्भ दें ताकि आप अपने विचारों पर काम कर सकें। फिर आपके विचार ऐसा रूप लेंगे, जिनके बारे में आपको भी जानकारी नहीं थी।

मैं यह सुझाव भी देता हूँ कि अपने आसपास, हर जगह पर कागज और कलम रखें। आपकी मेज़, रसोई, ब्रीफकेस, पर्स और बैकपैक; हर जगह कागज और कलम होने चाहिए।

**कागज और पैड**

आपका सबसे निकटतम राइटिंग पैड कहाँ है? इसे अपने पास रखें।

लेखन सामग्री के अलावा, आपके पास हमेशा कागज और पैड होना चाहिए। अगर कागज छिद्रित होगा तो उसे नोटबुक से फाड़ने में भी आसानी होगी। अपने विचार और नोट्स लिखे हुए उस कागज को आप अपने सामने ट्रे में तब तक रख सकते हैं, जब आप उन विचारों पर काम नहीं कर लेते। यह भी हो सकता है कि आप अपने कुछ कीमती और उपयोगी माइंड मैप और नोट्स को उपयुक्त फाइलों में रखना चाहें। हाथ से लिखे ये दस्तावेज़ अक्सर आपकी स्मरण शक्ति को संपन्न करते हैं और आगे चलकर उपयोगी साबित हो सकते हैं।

**चित्रफलक (ईज़ल) और व्हाईट बोर्ड**

अगर आपके पास जगह है तो आप समय-समय पर रचनात्मक चिंतन के लिए चित्रफलक और व्हाईट बोर्ड का भी इस्तेमाल कर सकते हैं। चित्रफलक या व्हाईट बोर्ड पर आप आसानी से अपने विचार लिख सकते हैं और किसी विषय के बारे में सोचते हुए ये आपके सामने बने रहेंगे। आप ऑफिस की दीवार या मीटिंग रूम में व्हाईट बोर्ड का प्रयोग

जब तक मैं यह नहीं सुनता कि मैंने क्या कहा, तब तक मैं कैसे जान सकता हूँ कि मैंने क्या सोचा है?
- ई. एम. फॉस्टर

कर सकते हैं, यह जितना बड़ा होगा, उतना ही बेहतर होगा। कुछ कंपनियों में सारी आंतरिक दीवारों को इस तरह तैयार करवाया जाता है कि आप आसानी से ब्रेनस्ट्रोमिंग या विजुअल संप्रेषण के लिए उनका प्रयोग कर सकें। अगर आपके घर में बच्चे हों तो अपने सोने के कमरे में ऐसी दीवार तैयार करवा लें। काश! हमारे बचपन में ऐसी सुविधा उपलब्ध होती! आपके पास बहुत सारे मार्कर पेन भी होने चाहिए – अगर आपके मार्कर पेन सूखे और बेकार हुए तो रचनात्मक चिंतन की धारा भी वहीं सूख जाएगी।

जब भी दो या अधिक लोग मीटिंग में हो तो किसी एक को ऐसी जगह लिखना आरंभ कर देना चाहिए, जहाँ से दूसरा व्यक्ति देख सके। भले ही आप अपने लिखे हुए विचार को कुछ देर बाद मिटा दें, पर आपके दिमाग में रचनात्मक चिंतन का सिलसिला चालू हो जाएगा। (मैंने यह पाया है कि चाहे मेरे पास पैड न हो पर कागज के टेबलक्लॉथ, मैट्स या नैपकिन पर बनाए गए अनौपचारिक डायग्राम या नोट्स भी मेरे लिए बहुत कारगर रहें।)

**अपने डिजीटल साधनों के साथ सोचें**

कई बार मैं अपने लैपटॉप के साथ सोचना पसंद करता हूँ (कभी-कभी टैबलेट का भी प्रयोग करता हूँ)। मैं लैपटॉप में वर्ल्ड प्रोसेसिंग, माइंड-मैपिंग, आउटलाइनिंग, प्रेजेंटेशन या स्प्रेडशीट प्रोग्राम के साथ काम करता हूँ। हो सकता है कि इनमें बहुत से विचार ऐसे हों, जिन पर मैं बाद में काम करना चाहूँ और अगर मैंने उन्हें पहले ही डिजीटल रूप में कहीं संजो लिया है, तो उन पर आसानी से एडिटिंग की जा सकती है। अगर एक बार मेरे सामने स्क्रीन आ जाए, तो मैंने पाया है कि चिंतन की प्रक्रिया अपने-आप ही आरंभ हो जाती है। इसके लिए आपके टाइपिंग और कीबोर्ड कौशल भी अपडेट होने चाहिए ताकि आप कंप्यूटर का भरपूर इस्तेमाल कर सकें।

बड़े आकार के व्हाईट बोर्ड आपको और अधिक रचनात्मक संपर्क और विचारों के विस्तृत आयाम देते हैं। मैंने पाया कि विशाल और अतिरिक्त कंप्यूटर स्क्रीन भी ऐसा ही लाभ दे सकते हैं। संसार तेजी से गतिशील और डिजीटल हो रहा है, लोग भी अपने इन साधनों व उपकरणों के साथ प्रभावी उत्पादकता बढ़ा रहे हैं। मेरा सुझाव है कि स्मार्ट फोन का महत्त्व और पसंद अपनी सोच के परिणामों को अमल में लाने के लिए है – यह आपके लिए रचनात्मक सोच पैदा

नहीं करता।[1] जिसके लिए मैं और अधिक स्पेस चाहता हूँ।

## सहायक ढाँचे

आपके पास उन्नत और अच्छे साधन हैं और ये आपके पहुँच योग्य यानी हर जगह उपलब्ध होंगे, तो आपके प्रोजेक्ट पर आपकी सोच और अधिक उत्पादक हो सकती है। जिस तरह अच्छा पेन और पेपर आपको ब्रेनस्ट्रोमिंग में सहायक होता है, उसी तरह प्रोजेक्ट्स की जानकारी को संभालने और व्यवस्थित करने के लिए बने साधन भी और अधिक एकरेखीय नियोजन (Linear Planning) प्रदान करते हैं।

### आवश्यकता के अनुसार फाइल फोल्डर या लूज-लीफ पेज तैयार करें

अगर आपके पास बुरे विचारों को संग्रह करने के लिए अच्छा तंत्र नहीं है तो बेशक आपके पास अच्छे विचारों का संग्रह करने का भी कोई साधन नहीं होगा।

अगर आपके पास एक सरल और सामान्य संदर्भयुक्त फाइलिंग सिस्टम है, तो यह न केवल आपके सामान्य कार्यप्रवाह प्रक्रिया के लिए कारगर है बल्कि उचित आँकडों, नोट्स और विविध सामग्री के संयोजन के साथ प्रोजेक्ट के उभरने में भी सहायक होता है। यही वजह है कि आप अपने हर विषय के लिए ऐसा ही फोल्डर तैयार करना चाहेंगे। अगर आपका फाइलिंग सिस्टम बहुत अधिक औपचारिक हुआ (या न हुआ) तो हो सकता है कि आप प्रोजेक्ट पर केंद्रित होने का आरंभिक अवसर गवाँ दें। ज्यों ही आप किसी विषय पर प्रारंभिक नोट बना लें, उन्हें झट से फाइल में लिखकर कहीं स्टोर कर दें (इसके बाद आप अगली क्रिया के चरण पर भी विचार कर सकते हैं)।

मैंने कई बार ग्राहकों की कोचिंग के दौरान पाया कि किसी विषय पर केवल एक फाइल बनाने से ही हम अपने मन में आए विचारों और संभवतः उचित सामग्री को संजो सकते हैं, जिनके माध्यम से प्रोजेक्ट को अपने वश में रखना आसान हो जाता है। इसे आप भौतिक और मानसिक दृश्यात्मक रूप से विचारों के साथ एकात्म होना भी मान सकते हैं।

[1] स्मार्ट फोन में दिए गए कैमरे की मदद से व्हाईट बोर्ड और चित्रफलक थिंकिंग की तस्वीरें खींचकर उन्हें सेव कर सकते हैं। इस तरह आपके लिए आगामी सोच-विचार में सुविधा होगी और अन्य सहभागी भी विविध रूप में इनका उपयोग कर सकेंगे।

अगर आप लूज-लीफ नोटबुक या प्लानर की मदद लेना चाहें, तो ताजे नोटपेपर या ग्राफ पेपर के स्टॉक का ध्यान रखना होगा ताकि आप किसी विषय के लिए पेज सैटअप कर सकें। हो सकता है कि कुछ प्रोजेक्ट्स के लिए बाद में टैब्ड सैक्शन की ज़रूरत पड़े या फिर उनके लिए पूरी नोटबुक लगानी पड़े पर उनकी शुरुआत का यही तरीका होगा। हो सकता है कि आपके अधिकतर प्रोजेक्ट्स के लिए केवल एकाध पेज ही काफी हो, जिस पर आप अपने कुछ विचारों को लिखते हुए उन पर काम कर सकें।

**कागज बनाम डिजीटल**

जो लोग पूरी तरह से डिजीटल दुनिया में रम गए हैं, उनके मन में कागज को पूरी तरह खत्म करने का लोभ आ सकता है। सैद्धांतिक रूप से इसमें कोई समस्या नहीं है। डिजीटल नोट्स लेना, स्कैनिंग और कैरेक्टर की पहचान से जुड़े सभी टूल्स उपलब्ध हैं। हालाँकि व्यवहारिक रूप से, कागज आज भी हमारे लिए उपयोगी है। हाथ से लिखे गए नोट्स कई कारणों से हमेशा चलन में बने रहेंगे। जब हम अलग-अलग साधनों का प्रयोग करते हैं तो अलग-अलग तरह से सोचते हैं और कई लोगों ने इसे स्वीकार किया है कि अपने हाथों से कुछ लिखने या उकेरने से उनके विचारों को एक नया रूप व दिशा मिलती है।

इसके अलावा कंप्यूटर स्क्रीन पर अंकित विचारों को देखने की तुलना में कागज पर आधारित सामग्री से हम अपनी सूचना, संबंधों और परिदृश्यों को कहीं तेज़ी से दोहरा सकते हैं। मैं निजी तौर पर ऐसे कई डिजीटल प्रेमी लोगों को जानता हूँ, जो पेपर प्लानर और नोटबुक की दुनिया में वापस आए हैं क्योंकि उन्हें लगता है कि इस तरह अपनी सोच और रिमाइंडर्स के साथ जुड़ाव रखना कहीं सरल होता है। कई बार मैं किसी व्यक्ति, प्रोजेक्ट या विषय से जुड़े दस्तावेज़ों का प्रिंटआऊट निकालकर फाइल फोल्डर में लगा देता हूँ ताकि उन्हें किसी मीटिंग के दौरान या फिर मेरे लेखन और शोध के लिए इस्तेमाल किया जा सके। हालाँकि अधिकतर पेपर रीसाइकिल होगा और अपडेटेड सूचना डिजीटल होगी परंतु तब भी यह भौतिक सामग्री ऐसी सेवाएँ देती रहेगी, जिसे देने में कंप्यूटर अब भी अक्षम है।

नि:संदेह डिजीटल तकनीक फलती-फूलती रहेगी, जो कुछ सोचने, नियोजन करने और निर्णय लेने में सहायक होगी; जो कि कम तकनीकी सामग्री व साधनों के माध्यम से संभव नहीं है। परंतु जब तक पेन, नोटपैड, पोस्ट-इट,

फोल्डर और मुद्रित दस्तावेज की बजाय कुछ बेहतर सामने नहीं आता, तब तक वे आपके संयोजित व्यक्तिगत प्रबंधन प्रणाली में कुछ हद तक अपनी भूमिका निभाते रहेंगे।[2]

**सॉफ्टवेयर टूल्स**

मुझे अभी भी एक संपूर्ण प्रोजेक्ट-प्रबंधन टूल की तलाश है। ऐसी बहुत सी एप्लीकेशन मौजूद हैं परंतु वे हमारे काम के लिए बहुत अधिक सरल या फिर कठिन हैं। जैसा कि मैंने पाया, ऐसे दो प्रोजेक्ट्स कभी नहीं देखें, जिन्हें नियंत्रण में लाने के लिए एक जैसे विवरण और संरचना (Detailing and Structure) की ज़रूरत पड़ती हों। इसलिए ऐसी कोई एप्लीकेशन तैयार करना कठिन होगा, जो अधिकतर के लिए उपयोगी हो सके। इसके अलावा हमें जो एप्लीकेशन मिलती हैं, उनमें से कुछ अधिक अनौपचारिक और प्रोजेक्ट के लिए अनुकूल होती हैं।

कहते हैं कि अनेक डिजीटल टूल बहुत उपयोगी हो सकते हैं। अधिकतर व्यावसायिक वर्ल्ड प्रोसेसिंग, माइंड-मैपिंग, आउटलाइनिंग, प्रेजेंटेशन या स्प्रेडशीट प्रोग्राम से परिचित होते हैं और इनमें से कोई भी आपके प्रोजेक्ट नियोजन के लिए पूरे या आंशिक रूप से सहायक हो सकता है। खासतौर पर तब, जब आप उद्देश्य, विजन और ब्रेनस्ट्रोमिंग चरण पर काम कर चुके हों। माइंड मैपिंग और आउटलाइनिंग एप्लीकेशन दो ऐसे सॉफ्टवेयर हैं, जो अनौपचारिक नियोजन और ब्रेनस्ट्रोमिंग के लिए उपयोगी हो सकते हैं। मैं निजी तौर पर अपने अधिकतर प्रोजेक्ट्स के लिए डिजीटल माइंड-मैपिंग टूल का प्रयोग करता हूँ ताकि समय-समय पर दिमाग में आनेवाले विचारों को दर्ज किया जा सके। अधिकतर मामलों में, अंतिम माइंड मैप ही मेरे लिए काफी होता है, जिसके बल पर मुझे प्रोजेक्ट अपने नियंत्रण में लगने लगता है।

आउटलाइनिंग प्रोग्राम भी ब्रेनस्ट्रोमिंग के लिए उपयोगी हो सकता है, जिससे सीमित या विस्तृत विस्तार के साथ हैडिंग या सब हैडिंग तैयार किए जा सकते हैं। अधिकतर अच्छे वर्ल्ड प्रोसेसिंग प्रोग्रामों में भी यह सुविधा उपलब्ध होती है।

---

[2] अगर कागज की खोज अभी हुई होती तो? कुछ ऐसा जो आपकी डिजीटल सूचना को दृश्य रूप देता, जिसे आप भौतिक और दृश्यात्मक रूप से अपने हिसाब से बदल सकते हैं? और कुछ ऐसा जो आपको बैटरी और बिजली के बिना रचनात्मक चिंतन का अवसर देता है। वाह! कमाल की बात होती।

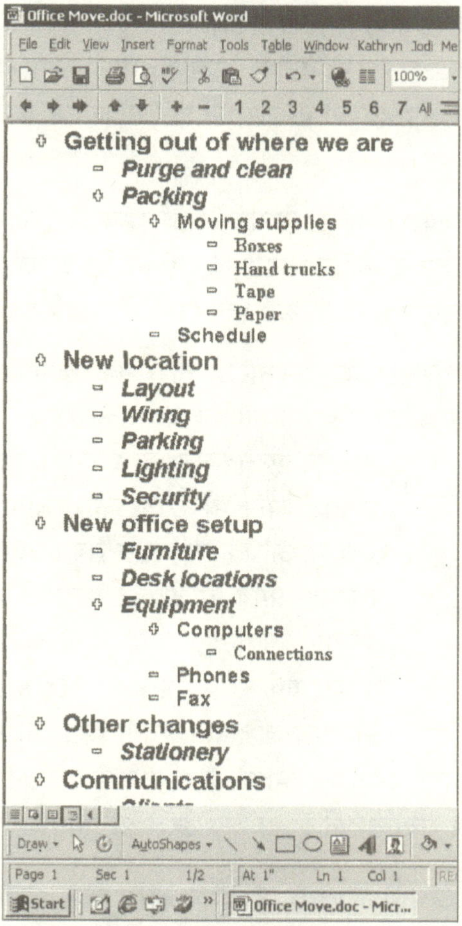


**डिजीटल आउटलाइनिंग**

इस प्रोग्राम की अच्छी बात यह है कि ये कई तरह की जटिलताओं का प्रबंधन करते हैं - इनमें पार्टी आयोजित करने के लिए सादे बुलेट प्वाईंट से लेकर पूरी किताब के ढाँचे के लिए सहायक सामग्री होती है। हालाँकि वर्ल्ड प्रोसेसिंग प्रोग्राम और आउटलाइनिंग अधिक संरचनात्मक सोच के लिए सहायक होते हैं क्योंकि डिजीटल दुनिया में आसानी से कट-पेस्ट और एडिट की सुविधा मिलती है, जिससे रचनात्मक चिंतन के विकास के लिए पर्याप्त अवसर उपलब्ध होता है।

इसके अलावा जटिल प्रोजेक्ट-मैनेजमेंट सॉफ्टवेयर भी आते हैं। जिन व्यावसायिकों और संगठनों की निश्चित माँगें होती हैं, वे इन एप्लीकेशन्स की

मदद से अपने प्रोजेक्ट की विस्तृत जानकारी संग्रह करते हैं। इन्हें अक्सर कंपनी की आवश्यकताओं के अनुरूप ही बनाया जाता है। मार्स प्रोब्स लाँच, भवन निर्माण संयोजन, एयरप्लेन और दवाओं के लिए भी इसी सॉफ्टवेयर का प्रयोग किया जाता है।

डिजीटल प्रोजेक्ट–मैनेजमेंट के सबसे निचले स्तर पर, आपके प्रोजेक्ट्स में से एक के टास्क आइटम के नोट सेक्शन में विचारों को लिखा जाएगा। इसके अलावा आप इसके लिए नोट्स बनाक़र उन्हें सॉफ्टवेयर में व्यवस्थित कर सकते हैं।

अगर आप कंप्यूटर के जानकार हैं तो बेशक आप पहले से ही अपनी सुविधा के अनुसार कई तरह के साधनों का प्रयोग कर रहे होंगे। यह ध्यान दें कि आप इन एप्लीकेशन्स के प्रयोग के साथ सहज हों ताकि आपका ध्यान सॉफ्टवेयर की बजाय अपनी रचनात्मक सोच पर अधिक केंद्रित हो सकें। आपको इस सिलसिले में समय–समय पर अपडेट रहना भी ज़रूरी है और इन्हें लगातार व्यवस्थित करते रहना चाहिए। याद रखें कि कंप्यूटर एक ब्लैक होल की तरह है और इसकी मेमोरी और स्टोरज क्षमता बढ़ती रहती है, इसके लिए नई से नई एप्लीकेशंस आती रहती हैं। आपके लिए सब कुछ रखना और फिर अपनी सक्रिय सामग्री का संयोजित केंद्र खो देना सरल हो गया है।

मेज़ खाली करें, एक संदर्भ खोजें और रचनात्मक चिंतन में मन लगाएँ। तब आप अधिकतर लोगों से आगे होंगे।

## मैं इन सबको अपनी दुनिया में कैसे लागू कर सकता हूँ

जिस तरह आपको अपनी नेक्स्ट एक्शन लिस्ट को लगातार अपडेट करना है, उसी तरह आपको प्रोजेक्ट लिस्ट पर भी काम करना होगा। इसके बाद, स्वयं को थोड़ा समय दें, यह समय एक से तीन घंटों के बीच हो सकता है। इस तरह आपको हर प्रोजेक्ट पर पूरी तरह से विचार करने का समय मिलेगा। कम से कम, जितनी जल्दी हो सके, जिन प्रोजेक्ट्स में बहुत दिलचस्पी है या जो बहुत आवश्यक हैं, उन पर थोड़ा चिंतन करें, उनके लिए सूचना व जानकारी संग्रह करें, चाहे उसके लिए आपको कोई भी उपकरण या सहायक सामग्री उचित लगे।

हमारी पहले की जानेवाली चिंता को पूर्व चिंतन और नियोजन में बदल दें।
- विंस्टन चर्चिल

एक समय में ऊपर से नीचे तक हर प्रोजेक्ट पर अपना पूरा ध्यान केंद्रित करें। ऐसा करते हुए, स्वयं से पूछें, 'मैं इसके बारे में क्या याद रखना चाहता हूँ, क्या जानना चाहता हूँ या कैसी जानकारी चाहता हूँ?' हो सकता है कि आप कागज पर कुछ लिखकर सोचना चाहें या फिर फाइल बनाकर उसमें कागज लगाना चाहें। आप बुलेट-प्वाईंट के साथ हैडिंग बनाकर अपने डिजीटल/मोबाइल ऑर्गेनाइजर में नोट की तरह लगा सकते हैं या आप वर्ल्ड प्रोसेसिंग डॉक्यूमेंट बनाकर इस पर काम कर सकते हैं।

बस आपको सहजता से अपने विचारों व उपायों पर काम करना है। अपनी ऊर्जा के रचनात्मक प्रयोग की आदत अपनाने के लिए, आपको आनेवाली परेशानियों और बाधाओं के बारे में पहले से विचार करना सीखना होगा।

# भाग

# 3

# प्रमुख सिद्धांतों की शक्ति

# 11

# कैप्चरिंग हैबिट की शक्ति

पहली नज़र में जो दिखता है, इन सादी तकनीकों और मॉडलों में उससे कहीं अधिक छिपा है। वे आपको अपने मन को बाधाओं से मुक्त रखने, उच्च स्तरीय क्षमता बनाए रखने और काम को असरदार तरीके से करने में सहायक होती हैं। यह इन अभ्यासों को लागू करने का अपने आपमें एक बड़ा कारण हो सकता है।

भीतरी और बाहरी समझौतों के प्रबंधन में ईमानदारी का प्रदर्शन आपके सभी संबंधों का विस्तार करता है।

परंतु यहाँ काम करनेवाले बुनियादी नियमों में और भी कई अर्थ छिपे हैं। आनेवाले तीन अध्यायों में आपको, मेरे पिछले तीस से भी अधिक सालों के अनुभवों का लेखा-जोखा मिलेगा। वे आपको उन सभी सूक्ष्म और गहरे प्रभावों की जानकारी देंगे, जो इन बुनियादी नियमों को लागू करने पर आपके सामने आ सकते हैं। एक व्यक्ति के तौर पर, लंबी अवधि के परिणाम आप पर महत्त्वपूर्ण प्रभाव रख सकते हैं और ये सकारात्मक तौर पर विशाल संगठनात्मक संस्कृतियों पर भी अपना असर डाल सकते हैं।

आप जिन लोगों के संपर्क में रहते हैं, जब वे देखते हैं कि आप निरंतर उनके साथ अपने आदान-प्रदान और समझौतों के बीच प्राप्त करना, प्रोसेस करना या ऑर्गेनाइज करने की प्रक्रिया का पूरे अनुशासन से पालन करते हैं, तो वे एक अलग तरह से आप पर भरोसा करने लगते हैं। इससे भी अहम बात यह है कि आप संसार के साथ आत्म-विश्वास का एक ऐसा स्तर पा लेते हैं, जिसे किसी भी धन या संपदा से खरीदा नहीं जा सकता। आपके जीवन में अधूरे और क्रिया के अभाव में पड़े सामान की कैप्चरिंग का इतना अधिक प्रभाव व शक्ति हो सकती है। यह आपके मानसिक स्वास्थ्य को निखारने के साथ-साथ, निजी और व्यावसायिक स्तर पर संप्रेषण और संबंधों की गुणवत्ता को भी निखारता है।

और जब संगठन इस अभ्यास को लागू करते हुए अपेक्षा रखते हैं कि हर कोई अपने कामों के लिए जवाबदेह होगा, अपने वचनों का पालन करेगा और उचित व्यक्ति के साथ काम को पूरा करेगा, तो यह निश्चित तौर पर व्यक्ति की उत्पादकता में बढ़ोत्तरी करते हुए, तनाव को घटा सकता है।

## निजी लाभ

कलेक्ट और डाउनलोड करने की गतिविधि कैसी लगती है? अधिकतर लोगों का कहना है कि यह बहुत बुरा पर फिर भी अच्छा लगता है। भला यह कैसे हो सकता है?

अगर आप उन लोगों में से हैं, जो कैप्चरिंग की पूरी प्रक्रिया से गुज़रते हैं तो आपने एक अलग तरह की व्याकुलता या बेचैनी महसूस की होगी। जब मैं सेमीनार के सहभागियों से कहता हूँ कि इस प्रक्रिया के छोटे संस्करण से गुज़रने के बाद उन्हें कैसा लगा, तो वे इसे, भावुक, भयभीत, कुंठित, थका हुआ और निराश आदि शब्दों में प्रकट करते हैं। क्या कोई काम ऐसा भी है, जिसे करने में आपने विलंब किया हो? अगर ऐसा है तो आपके मन में इसके लिए शर्मिंदगी भी होगी – मुझे ऐसा करना था, वैसा करना चाहिए था, इसे पहले कर लेना चाहिए था आदि।

इसके साथ ही, क्या आपने किसी तरह की राहत या नियंत्रण की भावना को भी महसूस किया? ज्यादातर लोग इसके लिए हामी भरेंगे। ऐसा कैसे हो सकता है? जब आप एक अभ्यास करते हैं, तो उसके लिए आपके मन में पूरी तरह से विपरीत भाव कैसे आ सकते हैं – एक साथ बेचैनी और राहत, एक साथ भावुक और नियंत्रित। यह चल क्या रहा है?

जब आप अपने सामान से जुड़ी नकारात्मक भावनाओं के स्रोत को समझ लेते हैं, तो मेरी तरह आपको भी उनसे छुटकारा पाने का तरीका मिल गया है। और अगर आपको सामान जमा करने से सकारात्मक भावना मिली है, तो आपने स्वयं नकारात्मकता को दूर करने का सिलसिला आरंभ कर दिया है।

### नकारात्मक भावनाओं का स्रोत

ये असुखद भावनाएँ कहाँ से आती हैं? कितना कुछ करने को है? नहीं, हमेशा करने के लिए बहुत कुछ होता है। अगर आपको इसलिए बुरा लग रहा

बहुत सारे काम की वजह से बेचैनी या शर्मिंदगी का भाव नहीं आता; यह अपने साथ किए गए समझौते तोड़ने का नतीजा है।

है कि आपको पहले से अधिक काम करना होगा, तो आप इस भावना से कभी नहीं छूट सकते। काम बहुत अधिक है, यह आपकी नकारात्मक भावना का स्रोत नहीं है। यह किसी अलग जगह से आ रहा है।

जब कोई आपके साथ किया गया वादा पूरा नहीं करता, तो आपको कैसा लगता है? जैसे किसी ने आपसे गुरुवार शाम चार बजे मिलने का वादा किया था लेकिन वो इंसान उस दिन, उस समय आपसे मिलने नहीं आया और न ही उसने आपको फोन किया। तब आपको कैसा लगा था? मैं कल्पना कर सकता हूँ कि उस समय आप कितने निराश हुए होंगे। जब लोग अपनी कही बात या किसी से किया वादा पूरा नहीं करते, तो उनके संबंधों में विश्वास नहीं रहता - यह एक स्वचालित नकारात्मक नतीजा है।

परंतु आपकी इन-ट्रे में रखी वस्तुओं से इसका क्या संबंध है? वे सारे वादें, जो आपने स्वयं से किए, वे सारे सामान, जिनके लिए आपने स्वयं से कहा था कि आप उनका कुछ न कुछ प्रबंध करेंगे। अपने साथ किए उन समझौतों को तोड़ने के कारण ही आपके मन में नकारात्मक भाव आ रहे हैं। ये अपने पर भरोसा टूटने के लक्षण हैं। अगर आप स्वयं से कोई योजना बनाने को कहते हैं और फिर उस पर काम नहीं कर पाते, तो आपको बुरा लगता है। आप अपने आपको व्यवस्थित रहने को कहते हैं और नहीं रह पाते, तो शर्मिंदगी और निराशा महसूस करते हैं। बच्चों के साथ अधिक समय बिताने का वादा करके भी ऐसा नहीं कर पाते, तो बेचैन और परेशान हो जाते हैं।

## अपने साथ किए वादे तोड़ने से कैसे बचाव करें?

अगर नकारात्मक भाव वादे तोड़ने से आ रहे हैं, तो आपके पास इनसे निपटने के लिए तीन विकल्प होंगे और इस तरह आप नकारात्मक नतीजों से छुटकारा पा सकते हैं -

- कोई वादा या समझौता न करें
- वादे पूरे करें

- वादे को नए सिरे से तय करें

इस तरह आप असुखद भावों से छूट सकते हैं।

**कोई वादा न करें**

अगर आपने अपने कुछ पुराने सामान को देखकर तय कर लिया है कि आप उसका कुछ नहीं करनेवाले हैं, तो बस उसे रीसाइकिल करें या कचरे में डाल दें। अपने संसार में अधूरी चीज़ों को समाप्त करने का यह भी एक तरीका है, उन्हें 'न' कहें!

अगर आप अपने मापंदड थोड़े कम कर लेते तो बहुत सारा भार हल्का कर सकते थे। अगर आपने कुछ खास बातों, जैसे पेरेंटिंग, आपके स्कूल का सिस्टम, आपकी टीम का मनोबल, आपके सॉफ्टवेयर का कोड वगैरह को एक निश्चित स्तर पर लाने की इतनी परवाह न की होती तो आपके पास ध्यान देने के लिए बहुत कम चीज़ें होतीं।[1]

मुझे शक़ है कि आप अपने मापदंड घटाने जा रहे हैं।

पर जब आप एक बार सही मायनों में नतीजों को समझ लेते हैं तो हो सकता है कि आप वादों की संख्या घटा दें। मैं जानता हूँ, मैंने यही किया था। मैं लोगों की स्वीकृति पाने के लिए बहुत से वादे करता था। जब मुझे एहसास हुआ कि उन वादों को पूरा न कर पाने की वजह से मुझे क्या कीमत चुकानी पड़ती है तो मैं उनके बारे में बहुत सजग रहने लगा। मैं जिस बीमा अधिकारी के साथ काम करता था, उसने बताया कि जब उसने सिस्टम को लागू किया तो उसे इससे क्या फायदा हुआ, 'पहले मैं सबसे यही कहता था

अगर आप अपने किए जानेवाले कामों का यथार्थ और संपूर्ण ब्यौरा रखते हैं, नियमित अंतराल पर उसकी समीक्षा करते हैं, तो आपके लिए पूरी ईमानदारी के साथ इंकार करना भी आसान होगा।

[1] सेल्फ-हेल्प की दुनिया में यह जाना-माना तथ्य है कि अगर आप अपने मूल्यों पर ध्यान देंगे तो आपका जीवन और भी सरल होगा। मैं इसके विपरीत चलता हूँ : लोगों को जो इतने सारे काम करने पड़ते हैं, ये सब उनके मूल्यों के कारण ही हैं। अर्थ, दिशा और निर्णय निर्धारण के लिए मूल्यों को अहम माना जाता है। पर अपने आपसे मज़ाक न करें – आप इन पर जितना ध्यान देंगे, इन्हें पूरा करने के लिए उतना ही जवाबदेह महसूस करेंगे। आपके मूल्य चुनाव को आसान बनाते हैं पर यह न सोचें कि वे आपके लिए बाकी सब सरल कर देंगे।

कि कोई बात नहीं, मैं यह काम कर दूँगा। क्योंकि मैं जानता नहीं था कि अगर मैं ऐसा कह रहा हूँ तो मुझे वह काम करना भी होगा। अब मेरी ओर से ऐसा नहीं होता, मैं अच्छी तरह जानता हूँ कि जो काम मुझे नहीं करना, उसके लिए कहना होगा, 'नहीं, मैं इसे नहीं कर सकता, मुझे माफ करें।' हैरानी की बात है कि सामनेवाला मेरे इंकार से नाराज़ नहीं होता था बल्कि सभी मेरे अनुशासन से प्रभावित होते थे।

निजी कोचिंग व्यवसाय से जुड़े एक और ग्राहक ने बताया कि अपने काम का ब्यौरा रखने से, उसके जीवन से बहुत सारा तनाव और चिंता मिट गए हैं। जब से उसने इन-ट्रे में रखी चीज़ों पर ध्यान देना आरंभ किया है, तब से अच्छी तरह पता रहता है कि उसने किन बातों के बारे में कुछ नहीं करना है। अगर उसने किसी चीज़ को 'इन ट्रे' में डाला है तो वह काम की होगी वरना उसने उसे निकाल दिया होता।

मैं इसे परिपक्व सोच मानता हूँ। इस सारी पद्धति के बारे में खास बात यह है कि जब आप सही मायनों में अपने दिमाग में चल रहे कामों को संजोकर एक जगह लिखते हैं, तो आप मन ही मन उन सभी बातों के बारे में दो बार सोचेंगे, जैसे ऐसे काम जिनके बारे में कुछ करना है या ऐसे काम जिनके बारे में आप कुछ नहीं करना चाहते। मैं कई सालों से लोगों के साथ काम करते हुए, उनके कामों और प्रोजेक्ट्स की सूची को स्पष्ट करता आ रहा हूँ। हर इंसान ने इस सिलसिले में, कुछ ऐसे कामों को पहचाना जो उसे नहीं करने थे पर पहले उसे लगता था कि वे भी उसके किए जानेवाले कामों का हिस्सा थे। अगर आपको यह नहीं पता कि आपको कितना काम करना है, तो यह कुछ ऐसा ही होगा, मानो आपके पास ऐसा क्रेडिट कार्ड है, जिसकी क्रेडिट लिमिट आप नहीं जानते - इस तरह आपके भीतर आसानी से एक लापरवाही से भरा रवैया आ सकता है।

### अपने वादे पूरे करें

बेशक, अपने सामान के बारे में नकारात्मक भावों को मिटाने का एक और तरीका यह भी हो सकता है कि आप उन्हें सही तरह से पूरा करें। जब तक आपको यह एहसास मिलता रहता है कि आपने कुछ किया है, तब तक आपको काम करना बहुत अच्छा लगता है। अगर आप अपने जीवन में दो मिनट में काम पूरा करनेवाला नियम अपना लें, तो मुझे

> काम करने के दबाव के बीच से निकलकर, काम पूरा होने की शांति के बीच!
> - जूलिया लुईस वुडरफ

पूरा यकीन है कि आप इससे होनेवाला मानसिक लाभ उठा सकते हैं। मैंने जितने लोगों के साथ काम किया, उनमें से अधिकतर अपने सामान के ढेर को दो घंटे देने के बाद सचमुच बहुत बढ़िया महसूस करते थे क्योंकि उस दौरान वे बहुत सारे कामों को दो मिनट नियम के अनुसार पूरा कर लेते थे।

हो सकता है कि आपके सप्ताहांत में से, सबसे बेहतर वह रहा हो, जब आपने अपने घर और व्यक्तिगत जीवन में जमा हुए बहुत सारे काम निपटा लिए हों। जब आप अपने बहुत सारे अधूरे कामों को पूरा करने के बाद, सूची में उनके आगे काम पूरा होने का निशान लगा देखते हैं, तो आपको भीतर से एक प्रेरणा मिलती है कि सारी सूची के काम इसी तरह पूरे किए जा सकते हैं।

हम सभी जीतने की गहरी इच्छा रखते हैं। अगर आप स्वयं को ऐसे दोहरे काम दे सकें, जो जल्दी चालू होकर खत्म हो सकें तो आपको जीतने की भावना का एहसास मिल सकता है। क्या आपने कभी ऐसा काम पूरा किया है, जो आपकी सूची में नहीं था, फिर आपने उसे पूरा करने के बाद लिखा और काटा? तब आप मेरी बात का अर्थ समझ सकेंगे।

हालाँकि, एक और बात भी कहनी ज़रूरी है। अगर आपकी सूची और सामान का ढेर एक साथ सिमट जाते, तो आप कैसा महसूस करते? आपकी रचनात्मक ऊर्जा की सीमा न रहती। बेशक, तीन ही दिन के भीतर, आपके पास वैसी ही एक और सूची होती, जो पहली सूची से कहीं बड़ी और मुश्किल कामोंवाली होती। आप अपने पिछले कामों को पूरा करने के बाद नए और मुश्किल कामों को पूरा करने के लिए जोश से आगे बढ़ते।

इतना ही नहीं, अगर आपके कोई बॉस होते तो वे आपको इतनी सक्षमता और उत्पादकता के साथ काम करता देख, क्या सोचते? बिलकुल ठीक, आपके पास करने के लिए और काम आ जाता। व्यावसायिक विकास की यही विडंबना है – आप जितना बेहतर काम करेंगे, आपके पास उतने ही काम का अंबार बढ़ता जाएगा।

चूँकि आप अपने मापदंड या स्तर को घटाने नहीं जा रहे या आप स्वयं को काम करने से भी नहीं रोक सकते इसलिए बेहतर यही होगा कि आप तीसरे विकल्प के साथ आरामदेह महसूस करें। तभी आप तनाव को स्वयं से दूर रख सकते हैं।

**वादे को नए सिरे से तय करें**

मान लें कि मैंने आपसे गुरुवार को चार बजे मिलने का समय तय किया पर मुलाकात का समय तय करने के बाद कुछ और काम सामने आ गया। अपनी प्राथमिकता को देखने के बाद मैंने तय किया कि मैं गुरुवार को आपसे चार बजे नहीं मिल सकता। पर आपसे न मिलने के बजाय बेहतर यही होगा कि मैं संबंध की ईमानदारी बनाए रखने की कोशिश करूँ? ठीक – मैं कॉल करके मिलने का समय बदल लूँगा। नए सिरे से किए गए वादे को तोड़ा हुआ नहीं माना जा सकता।

केवल क्षमा भाव ही आनेवाले समय के बारे में रचनात्मक रूप से सोचने की क्षमता प्रदान करता है।
- फादर डेस्मंड विल्सन

क्या आपको यह समझ में आया कि अपने दिमाग और सामने रखे सारे सामान से मुक्त होने के बाद आपको बेहतर क्यों महसूस होता है? ऐसा इसलिए होता है क्योंकि जब आप उन्हें देखते हैं या उनके बारे में दोबारा सोचते हैं, तो आप स्वयं ही उन्हें नए सिरे से समायोजित कर देते हैं या उन्हें उसी समय करने को तैयार हो जाते हैं, 'नहीं, अभी नहीं। समस्या यह है कि आप उन वादों पर दोबारा विचार नहीं कर सकते, जिनके बारे में आपको याद ही नहीं है कि आपने उन्हें किया था।

आप अपने साथ किया गया वादा याद नहीं रख सकते, इसका मतलब यह नहीं कि आप स्वयं को इसके लिए जवाबदेह नहीं मानते। किसी भी मनोचिकित्सक से पूछें कि आपके दिमाग में कितना भविष्य और अतीत बसा है, जिस हिस्से में वह सूची थी, आपने दिमाग में उसे कहीं छिपा दिया है। वह सब तो वर्तमान में है। इसका मतलब है कि ज्यों ही आप स्वयं से कहते हैं कि आपको कुछ करना है और अगर आपने उसे अल्पकालीन स्मृति में दर्ज किया है, तो आपका वह हिस्सा समझेगा कि आपको उसे हमेशा करते रहना चाहिए। इसका मतलब होगा कि जब भी आपके सामने करने के लिए दो काम होंगे और आप उन्हें केवल अपने दिमाग में दर्ज करेंगे, तो उसी समय तनाव और असफलता का भय पैदा होगा क्योंकि आप दोनों काम एक साथ नहीं कर सकते। इस तरह आपकी सोच ही आपको इसके लिए दोषी मानती रहेगी।

अगर आप भी आम लोगों जैसे ही हैं, तो आपके घर में भी बेसमेंट जैसी स्टोरेज के लिए कोई जगह होगी, शायद आपने कुछ समय पहले (हो सकता है, दस

साल पहले) स्वयं से कहा हो कि आप उसे साफ और व्यवस्थित करेंगे। हो सकता है कि आपका एक हिस्सा यह सोचता हो कि आप पिछले दस सालों से चौबीसों घंटे बेसमेंट साफ कर रहे होंगे। इसमें कोई हैरानी की बात नहीं कि लोग इतना थका हुआ महसूस करते हैं। और जब भी आप उस हिस्से के पास से निकलते हैं तो क्या आपने अपने दिमाग से आनेवाली उस आवाज़ पर ध्यान दिया? 'हम बेसमेंट के पास से क्यों जा रहे हैं? हमें तो इस जगह सफाई करनी थी?' आप अपने भीतर के उस हिस्से को सह नहीं पाते इसलिए आप उस हिस्से में जाना नहीं चाहते। अगर आप भीतर से उठते स्वर को चुप करवाना चाहते हैं तो खुद से किए वादे से निपटने के तीन विकल्प हो सकते हैं :

1. अपने गैराज के बारे में अपने मापदंड कम करें (हो सकता है कि आप पहले ही ऐसा कर चुके हों)। 'ओह, गैराज गंदा पड़ा है .... किसे परवाह है!'
2. अपना वचन पूरा करें – गैराज की सफाई करें।
3. समडे/मेबी लिस्ट में लिखें कि आपको गैराज की सफाई करनी है। फिर जब आप सप्ताह के अंत में उस सूची की समीक्षा करेंगे तो आप स्वयं से कह सकते हैं, 'इस सप्ताह नहीं।' अगली बार जब आप उस गैराज के आगे से निकलेंगे तो भीतर से कोई और आवाज़ नहीं आएगी। आप केवल यही सुनेंगे, 'ओह, इस सप्ताह नहीं हो सकता।'

मैं इस बारे में बहुत संजीदा हूँ। ऐसा लगता है कि हमारी चेतना का एक अंश ऐसा है, जो बेसमेंट साफ करने और कोई कंपनी खरीदने या फिर निजी संपत्ती में सुधार से जुड़े समझौते में कोई अंतर नहीं करता। उसके लिए वे सभी वचन हैं – जो पूरे किए गए या तोड़े गए। अगर आप मन ही मन किसी चीज़ को बार-बार सोचते हैं और अगर उससे स्वयं को बाहर नहीं निकाल पाते तो वह आपका कोई तोड़ा हुआ वादा नहीं है।

## पारंपरिक समय प्रबंधन से स्वाभाविक विदा

यह पद्धति, पारंपरिक समय प्रबंधन प्रशिक्षण से अलग है। इन सभी मॉडलों के प्रयोग से आपको लगता है, अगर आप स्वयं से कहते हैं कि कोई काम अहम नहीं है तो यह प्रबंधन करने या क्रिया करने के लायक भी नहीं है। परंतु मेरे अनुसार, यह अनुचित है। कम से कम हमारा जागृत मन इस तरह काम नहीं करता। हमारा जागृत

मन काम करता है इसलिए हर वादे के प्रति जागरूक होना चाहिए। उसे कैप्चर, क्लैरीफाई करने के बाद, पूरी सजगता के साथ नियमित रूप से समीक्षा के दौर से गुज़रना चाहिए ताकि आप उसे उस जगह रख सकें, जहाँ वह आपके स्व-प्रबंधन (Self- management) क्षेत्र से संबंध रखता है। अगर ऐसा नहीं होता तो यह आपकी आवश्यकता से अधिक आंतरिक ऊर्जा सोखता रहेगा।

मेरे अनुभव में, जो कुछ भी आपके दिमाग में है, वह आपका कम या अधिक ध्यान आकर्षण चाहता रहेगा। हर चीज़ के संग्रह की वजह यह नहीं कि वह सब महत्त्वपूर्ण है; ऐसा इसलिए करना होगा क्योंकि वह महत्त्वपूर्ण नहीं है। अधूरे छूटे हुए काम, आप पर एक बोझिल सा दबाव बनाते हैं और आपका ध्यान अपनी ओर खींचते रहते हैं।

**कितनी कैप्चरिंग की ज़रूरत होगी?**

आप ऐसी किसी भी चीज़ को कलेक्ट करना पसंद करेंगे, जिसे आपने अभी तक कैप्चर नहीं किया। जब आप स्वयं से कहते हैं, 'मुझे ट्रस्ट फंड के लिए अपने वित्तीय सलाहकार को कॉल करना है' और आप उसे किसी ऐसी जगह लिख देते हैं, जहाँ आप जानते हैं कि जब आपके पास समय और फोन होगा तो आप उसे देख लेंगे। इस तरह आप बेहतर महसूस करते हैं। पर जब आप यह जानते हैं कि आपने वह काम कर दिया है, तो इन दोनों बातों में प्रकाश वर्ष जितनी दूरी आ जाती है।

आप कब जानेंगे कि आपके दिमाग में कैप्चर करने के लिए कितना कुछ बचा है? यह तभी होगा जब कुछ नहीं बचेगा। अगर आपके कुछ हिस्से को अनजाने में पता न हो कि कितना काम बचा है, तो आप नहीं जान सकते कि आपने कितने प्रतिशत जमा किया है? जब कुछ नहीं बचेगा तो आप कैसे जानेंगे? जब कुछ भी आपके दिमाग में रिमांडर की तरह न घूम रहा हो।

जब आपके दिमाग में केवल वही एक बात होती है, जो आपके दिमाग में है, तो आप पूरी तरह से वर्तमान से जुड़े हैं और काम व आनंद में कोई अंतर नहीं बचता।

इसका अर्थ यह नहीं कि आपका दिमाग खाली हो जाएगा। अगर आप सजग होंगे तो आपका दिमाग हमेशा किसी चीज़ पर केंद्रित होगा। परंतु अगर यह बिना किसी भेद के, एक बार में एक ही चीज पर ध्यान देगा, तो आप अपने ज़ोन में होंगे।

मैं आपको सलाह दूँगा कि आप चीज़ों को सोचने के बजाय उनके बारे में सोचें। प्रोजेक्ट्स और परिस्थितियों के बारे में सोचने से आप उन्हें और अधिक महत्वपूर्ण बना सकते हैं। केवल उनके होने के बारे में सोचकर तनाव पैदा करने से कुछ नहीं होगा, आपको यह सोचना होगा कि उनके लिए क्या करना है। और अधिक उत्पादक मूल्य पाना चाहें तो आपको वह सब कैप्चर करना होगा। इसके लिए आपको पूरे ध्यान व केंद्र की ज़रूरत होगी। आपको अपनी आदत में बदलाव लाकर, स्वयं को प्रशिक्षित करना होगा कि आप मन में आनेवाली छोटी सी बात को भी कहीं न कहीं दर्ज करेंगे। जितना संभव हो सके, कैप्चर की प्रक्रिया को पूरा करें और फिर कोई भी नई बात या चीज़ सामने आते ही उसे भी उसमें शामिल करें, आप इतने अधिक सशक्त और उत्पादक होंगे, जितनी आपने कभी कल्पना तक नहीं की होगी।

## जब संबंध और संस्था में कैप्चर करने की आदत हो

तब क्या होता है, जब किसी विवाह, किसी विभाग, किसी स्टाफ, परिवार या कंपनी में सभी एक समूह का हिस्सा होते हैं - क्या यह भरोसा किया जा सकता है कि कोई भी काम अधूरा न छूटने पाए? सच कहें, एक बार आपने इसे पा लिया तो आपको यह सोचने की आवश्यकता नहीं होगी कि लोग क्या कर रहे हैं - उस समय आपका ध्यान खींचने के लिए कई बड़ी और बेहतर बातें सामने होंगी।

परंतु अगर संप्रेषण अंतराल (Communication gap) अब भी एक मसला है, तो हो सकता है कि आपके संबंधों या संस्था के बीच निराशा और घबराहट की परतें दिखने लगें। अधिकतर लोगों को यही लगता है कि अगर उन्होंने सारी बातों का स्वयं ध्यान रखते हुए, मामलों को अपने हाथ में न लिया तो वे सिस्टम में ओझल हो सकते हैं और फिर किसी दिन अचानक विस्फोट कर सकते हैं। उन्हें यह एहसास नहीं होता कि वे ऐसा महसूस कर रहे हैं क्योंकि वे इन हालात में इस तरह निरंतर बने रहे हैं कि वे इसे एक स्थायी नियम मान रहे हैं मानो वह गुरुत्वाकर्षण हो। यह सब इस तरह नहीं होना चाहिए।

एक रिसाववाली नाव में पानी भर जाने से आपकी उसे सही दिशा की ओर ले जाने की योग्यता कम हो सकती है।

मैं कई सालों से इसे लक्ष्य करता आया हूँ। बहुत से लोग अक्सर इन बातों को गंभीरता से नहीं लेते। मैं स्पष्ट

दिल और दिमाग के नियम के साथ, अपनी पूरी तरह से खाली इन-ट्रे के साथ तीस दशकों से भी अधिक समय बिता चुका हूँ। जब किसी के यहाँ कोई लिखा हुआ नोट यूँ ही पड़ा दिखता है या बातचीत के दौरान कोई कहता है कि वह उस काम को बाद में कर लेगा, तो मेरे दिमाग में उसी समय घंटी बज जाती है। मेरी दुनिया में ऐसा व्यवहार असहनीय है। सिस्टम की इन छोटी-मोटी कमियों पर ही ध्यान न दिया, तो बड़ी खराबी कैसे पकड़ में आएगी।

मुझे ऐसी किसी भी सूचना या संबंधित जानकारी पर भरोसा रखना होगा, जिसे मैं एक ई-मेल, वॉयस मेल, किसी बातचीत या लिखित नोट के हवाले कर रहा हूँ। मुझे भरोसा होना चाहिए कि उस पर सही समय रहते ही क्रिया की जाएगी और मैं तय कर सकूँगा कि मेरा अगला कदम क्या होगा। अगर मेरे सामने बैठा व्यक्ति ई-मेल या पेपर के बजाय केवल वॉयस मेल पर भरोसा रखता हो, तो मुझे यह देखना होगा कि हम केवल उसी माध्यम से काम करें, जो उसे विश्वसनीय लगता हो। किसी भी संस्था को यह देखना चाहिए कि हर काम सही तरीके से किया जा रहा हो। इसमें कोई लापरवाही बरदाश्त न की जाए।

जब भी बदलाव की ज़रूरत हो, तब यह भरोसा होना चाहिए कि उससे बदलाव से जुड़ी पहल को सही तरह से संभाला जाएगा। कोई भी अच्छा सिस्टम अपनी कमजोर कड़ी जितना ही अच्छा होता है। अगर कोई व्यक्ति उस सिस्टम के लिए कम्युनिकेशन में नीरस प्रतिक्रिया देता है, तो उसे ही कमजोर कड़ी माना जा सकता है।

मैं खासतौर पर ऐसी जगहों पर ध्यान देता हूँ, जहाँ जाने पर इन-ट्रे ही नहीं दिखतीं या ज़रूरत से ज़्यादा भरी हुई दिखती हैं यानी उन पर लंबे समय से ध्यान नहीं दिया गया है। ऐसी संस्थाओं में अक्सर यह समस्या पाई जाती है कि वे अपने सिस्टम में कम्युनिकेशन पर भरोसा पैदा नहीं कर पाते। मैं ऐसे अधिकारियों से भी मिला हूँ, जिनके कैलेंडर पूरी तरह से आरक्षित होते हैं परंतु जब वे अपनी ई-मेल का सही समय पर जवाब देने लगते हैं तो उन्हें उस दबाव से जबरदस्त सुकून हासिल हो जाता है। जब उनके स्टाफ और सहयोगियों को उनके आभासी माध्यम से उचित फीडबैक और निर्णय मिलने लगते हैं, तो उन्हें अपने बॉस से समय-समय पर प्रत्यक्ष भेंट नहीं करनी पड़ती, जैसा कि पहले अलग-अलग मीटिंग्स के माध्यम से किया जाता था।

जब संस्थाओं के पास अच्छे सिस्टम होते हैं और तकनीक के साथ-साथ कागज पर कम्युनिकेशन होता है तो स्पष्टता को महसूस किया जा सकता है। इसके लिए सजग भाव से कोई कोशिश नहीं करनी पड़ती और हर किसी का ध्यान पूरी तरह से केंद्रित होता है। ऐसा ही उन परिवारों के लिए भी उचित है, जिन्होंने अपने घर में इन-ट्रे लगा रखी हैं - ये माता-पिता, बच्चों, नाना-नानी, आया, हाउसकीपर, दादा-दादी या किसी भी उस व्यक्ति के लिए कारगर है जो परिवार से जुड़ा है। लोग अक्सर यह सुनकर मुँह बनाते हैं, जब मैं उन्हें बताता हूँ कि भले ही मैं और मेरी पत्नी कुछ ही फीट की दूरी पर क्यों न बैठे हों पर फिर भी हम एक-दूसरे की इन-ट्रे में सामान रखते हैं। उन्हें यह थोड़ा रुखा और मशीनी लगता है। इस तरह आपस में विनम्रता का भाव आता है और दूसरे के काम में बाधा भी नहीं होती, इस अभ्यास से हमारे बीच की आत्मीयता और स्वतंत्रता बढ़ी है क्योंकि यांत्रिक चीज़ों की क्रिया सिस्टम में हो जाती है और हम अपने संबंध पर बेहतर ध्यान दे पाते हैं।

दुर्भाग्य से, आप व्यक्तिगत प्रणाली को एक कानूनी रूप नहीं दे सकते क्योंकि हर किसी के पास अपने काम को निपटाने का एक अलग ही तरीका और शैली होती है। हालाँकि आप नतीजों और उन सब चीज़ों के प्रबंधन के लिए व्यक्ति को जवाबदेह ठहरा सकते हैं। आप उन्हें इस पुस्तक में दी गई जानकारी दे सकते हैं। कम से कम, इस तरह उनके पास अपने काम की छोटी कमियों को दूर करने का अवसर तो होगा।

इसका अर्थ यह नहीं है कि हर किसी को सारा काम करना होगा। मुझे उम्मीद है कि मैंने अपने ज्ञान पर आधारित संसार से वह उपाय प्रस्तुत कर दिया है, जो लोगों को उससे अधिक करने की प्रेरणा दे सकता है, जितना उन्हें करना चाहिए। जो भी मुद्दे जटिल हों, उन पर बार-बार नए सिरे से विचार करना होगा ताकि वे उन कामों के लिए भी सहज महसूस कर सकें, जिन्हें वे नहीं कर रहे। यह और अधिक विवेकपूर्ण स्तर पर असली नॉलेज वर्क है। परंतु अगर आप इस तक जाना चाहते हैं तो आपको अपने कैप्चर प्रणाली को और मज़बूत

संगठनों को ऐसी संस्कृति बनानी चाहिए, जिसमें यह स्वीकार हो कि हर किसी को उससे ज़्यादा काम करना चाहिए, जितना वह कर सकता है और इसमें उन वादों को नए सिरे से व्यवस्थित करना भी शामिल होना चाहिए, जिनके बारे में हर कोई कुछ नहीं कर रहा।

करना होगा। याद रखें, आप स्वयं से किए गए उस वादे को दोबारा तय नहीं कर सकते, जिसके बारे में आपको याद ही नहीं है। और आप दूसरों से किए गए ऐसे वादों को भी पूरा नहीं कर सकते, जिनके बारे में आपको कुछ याद नहीं है।

जब लोगों के दल, सामूहिक तौर पर कैप्चर प्रणाली को सौ प्रतिशत तक अपना लेते हैं, तो वे बड़े से बड़े मिशन को पूरा कर सकते हैं और उनका जहाज पानी में उतरने को तैयार है। इसका अर्थ यह नहीं है कि वे सही दिशा में जा रहे हैं या फिर वे सही जहाज पर सवार हैं भी या नहीं। इसका केवल इतना सा अर्थ है कि वे जिस भी जहाज पर सवार होकर, जिस भी दिशा में जा रहे हैं, वे पूरी क्षमता के साथ आगे की ओर बढ़ सकते हैं।

# 12

## नेक्स्ट एक्शन निर्णय की शक्ति

'नेक्स्ट एक्शन क्या है?' यह मेरा व्यक्तिगत अभियान है, इसे अपनी वैश्विक विचार प्रक्रिया का एक हिस्सा बनाना है। मैं एक ऐसे संसार की कल्पना करता हूँ, जिसमें नेक्स्ट एक्शन क्या होगा, इस बात के स्पष्ट संकेत के अभाव में किसी भी मीटिंग या चर्चा का अंत नहीं होगा या आपसी संपर्क समाप्त नहीं होगा। और अगर कुछ होगा, तो वह क्या होगा या कम से कम यह तय हो सके कि उसके लिए कौन जवाबदेह होगा। मैं कल्पना करता हूँ कि संगठन एक ऐसा मापदंड अपना रहे हैं, जो सबकी सजगता के क्षेत्र में होगा और किए गए काम के संदर्भ में उसका आकलन होगा, परिणाम से जुड़े निर्णयों का उपयुक्त प्रबंधन किया जाएगा। इससे लोगों और संगठनों को इतनी आज़ादी मिलेगी कि वे दूसरे बड़े मसलों और अवसरों पर अपना ध्यान लगा सकें।

बरसों के अनुभव से मैंने जाना कि जब लोग और संगठन, 'नेक्स्ट एक्शन क्या है' इस सवाल को बुनियादी और निरंतर पूछे जानेवाले प्रश्न के तौर पर इस्तेमाल करते हैं तो उनकी ऊर्जा और उत्पादकता में असाधारण बढ़ोत्तरी होती है। भले ही यह सवाल दिखने में कितना भी सरल क्यों न लगे, परंतु इसे जिस जगह पूरी तरह से कारगर होना चाहिए, उन जगहों पर अब भी इसका मिलना दुर्लभ ही है।

जब कोई संगठन 'नेक्स्ट एक्शन' के रूप में, सामान्य मापदंड अपनाता है, तो ऊर्जा में स्वचालित रूप से बढ़ोत्तरी होती है। उत्पादकता, स्पष्टता और केंद्र में भी निखार आता है।

आपको जिन बड़ी चुनौतियों का सामना करना होगा, उनमें से एक यह भी हो सकती है कि जब आप अपने और दूसरों के लिए, 'नेक्स्ट एक्शन क्या है?' जैसा सवाल पूछने लगते हैं। जो लोग इसके बारे में नहीं पूछते, वे आपकी इस बात से बुरी तरह से खीझ सकते हैं। यह लोगों व वातावरण के साथ काम करते

हुए चीज़ों को इतनी तेज़ी से स्पष्ट करता है कि उनका इसे इस्तेमाल न करना एक भयानक सपने की तरह लग सकता है।

जब भी हम अपने व दूसरों के साथ पेश आ रह हों, तो यह हम सबकी जवाबदेही बनती है कि हमारे बीच जो भी कार्य हो रहा है, उसे परिभाषित करें और फिर उसे पाने के लिए वचनबद्ध हों। और उसी समय, जिस नतीजे को पाने के लिए हम अपने भीतर से वचनबद्ध हैं, उसके लिए भीतर से अगले चरण का निर्णय ले लिया जाना चाहिए। हालाँकि इन दोनों बातों में भारी अंतर हो सकता है कि काम से पहले उसके लिए निर्णय लेना और काम करते हुए, उस पर कोई क्रिया करना।

## तकनीक का स्रोत

मैंने यह असाधारण नेक्स्ट एक्शन तकनीक, आज से तीस वर्ष पूर्व, अपने एक पुराने मित्र तथा प्रबंधन सलाहकार व मेंटर डीन एकसन (भूतपूर्व यू.एस. सैक्रेट्री से कोई संबंध नहीं) से सीखी थी। डीन के जीवन के अनेक वर्ष अधिकारियों को परामर्श देते हुए और यह शोध करते हुए बीते कि उन्हें प्रोजेक्ट्स और परिस्थितियों के बोझ से मुक्त कैसे किया जा सकता है ताकि वे अपने संगठन में मनचाहे परिवर्तन के लिए समय और ऊर्जा बचा सकें। एक दिन, वे अचानक ही एक अधिकारी की मेज़ से एक-एक करके कागज़ उठाने लगे और उन्हें यह तय करने पर विवश कर दिया कि उस काम को आगे बढ़ाने के लिए कौन से नेक्स्ट एक्शन की ज़रूरत थी। वे नतीजे इतने तत्काल और प्रभावी रहें कि डीन ने आनेवाले समय में इसे अपनी कार्य पद्धति का हिस्सा बना लिया। वे इन-ट्रे पर क्रिया करने के लिए ऐसे ही प्रश्न करते थे। तब से, मैं भी डीन की इसी अंतर्दृष्टि का प्रयोग करते हुए, अनेक लोगों को इस प्रमुख अवधारणा का प्रशिक्षण देता आ रहा हूँ। यह तकनीक अपने आपमें पूरी तरह से सफलता की कसौटी पर खरी रही है।

एक सुनिश्चित आरंभ और अंतवाले सीधे और सपाट काम को करने से वह जटिलता संतुलित होती है, जो अक्सर कामों को अधूरा छोड़ने से आती है। पवित्रता से भरी सरलता।
- रॉबर्ट फल्गम

हम विचार प्रक्रिया के साथ नहीं जन्मते और न ही यह हमारे पास सहज भाव से आती है। जब आपका जन्म हुआ होगा तो आपने अपनी माँ से यह नहीं पूछा होगा कि 'अब हम क्या करने जा रहे हैं, नेक्स्ट एक्शन क्या है और इसे कौन पूरा

करेगा?' यह एक ऐसी तकनीक है जिसे आप विचार, निर्णय निर्धारण और निरंतर निर्देशित केंद्र के बल पर सीखकर अभ्यास में लाते हैं। जब भी हालात सामने होंगे, तो यह आपके लिए स्वचालित रूप से घटेगा, चाहे वह कोई संकट की घड़ी हो या फिर किसी परिस्थिति में ऐसा दबाव बन रहा हो (बॉस की ओर से, आपके बच्चे, ग्राहक या अनपेक्षित हालात की ओर से), जो आपको पीड़ादायक नतीजों से बचाव के लिए नेक्स्ट एक्शन निर्णय करने पर बाध्य कर दे। परंतु इसे हालात के सामने आने से पहले ही शामिल कर सकें तो यह आपकी ओर से अर्जित अभ्यास होगा।[1] अगर आप इसे अपने व्यक्तिगत और व्यावसायिक संगठनात्मक जीवन का अंग बनाते हैं तो यह आपको उत्पादकता और मानसिक शांति देने से कभी पीछे नहीं हटेगा।

## काम करने का विकल्प बनाना

कोई इतनी आसान चीज़ इतनी शक्तिशाली कैसे हो सकती है? – नेक्स्ट एक्शन क्या है?

इस प्रश्न का उत्तर देने के लिए मैं आपको फिर से माइंड-स्वीप लिस्ट के बारे में सोचने के लिए आमंत्रण देता हूँ या फिर आप कम से कम उन प्रोजेक्ट्स के बारे में सोच सकते हैं, जो आपके दिमाग में घूम रहे हैं। क्या आपको लगता है कि इनमें से कुछ प्रोजेक्ट्स पर उतनी निरंतरता और उत्पादकता से काम नहीं हो पा रहा, जितना होना चाहिए था? हो सकता है कि आप हामी भरें कि कुछ प्रोजेक्ट्स वास्तव में पिछड़े हुए हैं।

अगर आपको सही मायनों में नहीं पता कि आगे बढ़ने के लिए आपको कॉल करना है, ई-मेल करना है, किसी से बात करनी है, वेब पर जानकारी लेनी है या फिर आगे बढ़ने के लिए किसी स्टोर से कुछ खरीदना है, तो आपका काम अभी पूरा नहीं हुआ है। विडंबना यह है कि शायद आपकी सूची के इन कामों पर सोचने के लिए आपको दस सैकेंड से अधिक समय नहीं लगेगा और आप नेक्स्ट एक्शन तय कर

[1] मैं चाहकर भी इस दशा में 'कौशल' शब्द का प्रयोग नहीं कर पा रहा हूँ। हम सबके पास अगला कदम उठाने की योग्यता पाई जाती है। हम हमेशा ऐसा करते हैं। एक दिन में हज़ार बार करते हैं परंतु यह सब अवचेतन तौर पर होता है। फिर भी हमें अपने कामों के बारे में जो निर्णय लेने होते हैं, वे अपने आपमें एक शक्तिशाली और परिष्कृत ज्ञान संबंधी व्यवहार का ढाँचा है, जिसे आसानी से सीखकर, अभ्यास में लाते हुए संपूर्ण बनाया जा सकता है। इसे आप 'नॉलेज-वर्क-एथलेटिक्स' का मूल तत्त्व कह सकते हैं। और अधिकतर लोग इस काम को उस रूप में नहीं करते। यहाँ तक कि जीवन के महत्वपूर्ण हिस्सों पर भी इसे लागू नहीं कर पाते।

लेंगे। परंतु अधिकतर लोग अपनी सूचियों में यह दस सैकेंड का विचार और निर्णय निर्धारण कर ही नहीं पाते और उनकी सूचियों में सब अधूरा रह जाता है।

मिसाल के लिए किसी की सूची में लिखा है, 'टायर'

फिर मैंने पूछा, 'ये क्या है?'

उसने कहा, 'कार में नए टायर लगवाने हैं।'

'तो अगली क्रिया क्या होगी?'

उस समय वह माथे पर बल डालकर कुछ सोचता है और जवाब देता है, 'इसके लिए मुझे स्टोर्स के वेब पर देखना होगा और टायर्स के दाम पत करने होंगे।'

लगभग हर काम के लिए क्या करना है, इसे देखते हुए आप अनुमान लगा सकते हैं कि इसके लिए कितने समय और ज्ञान संबंधी निवेश की आवश्यकता होगी। बस कुछ देर के लिए पूरी एकाग्रता से विचार करते हुए अधिकतर लोग अपने अधूरे छूटे हुए कई काम पूरे कर सकते हैं।

> आगे बढ़ने का राज़ यही है कि आप काम चालू करें। काम चालू करने का राज़ यही है कि आप अपने कठिन और भारी-भरकम काम को छोटे और सँभालने योग्य कामों में बदल दें और पहले काम से आरंभ करें।
>
> \- मार्क ट्वेन

शायद यह सच हो सकता है कि जिस व्यक्ति को अपनी कार के लिए टायर चाहिए, उसके दिमाग में यह बात कुछ समय पहले से रही हो। यह भी हो सकता है कि सैंकड़ों बार वह अपने कंप्यूटर पर रहा हो, जब उसके पास भरपूर समय और ऊर्जा थी और वह कोई क्रिया कर सकता था। उसने ऐसा क्यों नहीं किया? क्योंकि उसके दिमाग में कार के टायरों के अलावा अपने अहम प्रोजेक्ट्स से जुड़े कई काम रहे होंगे और टायर्स प्राथमिकता सूची में नहीं थे। उन क्षणों में उसने टायर के बारे में सोचा तक नहीं होगा।

उसे पहले ही उन चीज़ों पर विचार कर लेना चाहिए था। अगर उसने नेक्स्ट एक्शन के बारे में पहले से तय कर लिया होता, तो जब उसके पास अपनी मीटिंग से पहले पंद्रह मिनट का समय होता और दस के स्केल पर 4.2 एनर्जी भी होती, तो वह अपने किए जानेवाले कामों की सूची देख सकता था और उसे उस पर 'नए टायर्स की खोजबीन' लिखा देखकर खुशी

होती। वह सोचता, 'अरे, यह काम तो इस समय आसानी से पूरा हो सकता है।' फिर वह वेब पर टायर्स की खोजबीन करने के लिए प्रेरित होता है, उसे उस समय के दौरान कुछ बेहतर और रचनात्मक करने का अनुभव मिलता। इस संदर्भ में वह किसी ग्राहक के प्रस्ताव का मसौदा नहीं बना सकता था पर उसके पास इंटरनेट पर खोजबीन के भरपूर संसाधन थे और उसने वह सादी सी जानकारी झट से इंटरनेट से निकाल ली। यह भी संभव है कि कहीं न कहीं उसे अपनी कार पर नए टायर देखकर ऐसी खुशी होती, मानो वह दुनिया में सबसे आगे हो गया हो।

असली काम कैसा दिखेगा, इसे परिभाषित करना और बुनियादी स्तर पर उसकी याद से जुड़े नोट्स को व्यवस्थित करना ही उत्पादकता में बढ़ोत्तरी और एक सहज आंतरिक वातावरण बनाने की कुंजी हो सकती है, जिस पर हम पूरी तरह से भरोसा कर सकते हैं।

अक्सर सरल से सरल काम भी उलझ जाते हैं क्योंकि हमने अभी उनके लिए नेक्स्ट एक्शन तय नहीं किया। मेरे सेमीनारों में आए लोगों की सूचियों में इस तरह के काम रहते हैं, 'कार को ट्यून-अप करना है।' क्या ट्यून-अप करवाना नेक्स्ट एक्शन है? यह तब तक नहीं हो सकता, जब तक आप हाथों में औजार लिए, पुराने कपड़े पहनकर ग्रीस के बीच काम करने के लिए तैयार नहीं होते।

'तो नेक्स्ट एक्शन क्या है?'

'मुझे कार को गैराज ले जाना होगा। अरे, हाँ, मुझे यह भी पता करना है कि गैराज में यह काम होगा? शायद मुझे गैराज मैकेनिक से अपने काम के लिए समय लेना होगा। उन्हें कॉल करना होगा।'

'क्या आपके पास उनका नंबर है?'

'नहीं, मेरे पास गैराज का नंबर और नाम तो नहीं है। फ्रेड ने उस गैराज के बारे में बताया था, इसके अलावा कोई और जानकारी नहीं हैं। मैं जान गया कि इस समीकरण में कोई चीज़ छूट रही थी।'

और अक्सर बहुत सारे लोगों के साथ ऐसी बातें होती हैं। हम किसी प्रोजेक्ट को देखते हैं और तुरंत हमारे मन का एक हिस्सा सोचता है कि 'मेरे पास

एक नेक्स्ट एक्शन के बिना, आपके वर्तमान और किए जानेवाले काम के बीच एक संभावित अनंत अंतराल बना रहता है।

इधर-उधर किसी जगह पर इसके सारे हिस्से तो नहीं हैं?' हम जानते हैं कि कोई कड़ी अधूरी है, पर हमें पक्का पता नहीं होता कि हमारे पास क्या नहीं है इसलिए हम हार मान लेते हैं।

'तो नेक्स्ट एक्शन क्या है?'

'मुझे नाम और फोन नंबर पता करना होगा। शायद वह फ्रेड से मिल सकता है।'

'तुम यह काम कैसे कर सकते हो?'

'मैं उसे ई-मेल कर सकता हूँ?'

तो अगला नेक्स्ट एक्शन होगा, ' फ्रेड को ई-मेल करो, संदर्भ- गैराज'

क्या आपने ध्यान दिया कि हमें इस प्रोजेक्ट के नेक्स्ट एक्शन तक जाने के लिए कितने कदम पीछे जाना पड़ा? अधिकतर लोगों के दिमाग और सूचियों में इस तरह के बहुत सारे काम होते हैं।

## समझदार लोग सबसे अधिक विलंब क्यों करते हैं

सबसे समझदार और संवेदनशील लोगों के पास ही जीवन और सूचियों में सबसे ज़्यादा अधूरे छूटे हुए काम होते हैं। ऐसा क्यों है? जरा सोचें हमारा शरीर मन में बसी छवियों के लिए कैसे प्रतिक्रिया देता है। ऐसा लगता है कि स्नायु प्रणाली एक अच्छी तरह से सोचे गए विचार और असलियत के बीच अंतर नहीं कर पाती।

इसे अपने आपको प्रमाणित करने के लिए, कल्पना करें कि आप किसी बाज़ार में हैं और सबसे ज्यादा रोशनीवाले फल और सब्जियों के विभाग में आते हैं। क्या आप उस जगह हैं? ठीक, अब खट्टे फलवाले टोकरों की ओर चलें - संतरे, चकोतरे, नींबू। अब नींबुओं का बड़ा सा ढेर देखें। उनके पास कटिंग बोर्ड और चाकू रखा है। उनमें से एक बड़ा सा पीला नींबू लेकर उसे काटें। उसकी गंध लें। यह तो सचमुच बहुत रसीला है, कटिंग बोर्ड पर उसका रस टपक रहा है। अब आधा नींबू लेकर, उसका एक और टुकड़ा करें। आपके पास एक चौथाई नींबू का टुकड़ा आ गया है। ठीक, अब याद करें कि जब आप छोटे थे तो

समझदार लोगों के पास किसी दूसरे व्यक्ति की तुलना में कहीं अधिक नाटकीय रूप से बौखलाने की क्षमता पाई जाती है।

क्या करते थे। आप झट से उस नींबू को खाने लगते थे। आज भी वही करें।

अगर आप मेरे साथ यह प्रयोग कर रहे हैं तो आपने ध्यान दिया होगा कि यह पढ़ने से ही आपके मुँह में लार आ गई है। आपका शरीर उस खट्टे रस के लिए अपनी प्रतिक्रिया दे रहा है। यह सब आपके दिमाग का कमाल है। अगर आपका शरीर, आपकी ओर से दी गई तस्वीरों के लिए प्रतिक्रिया देता है तो जब आप अपने भरे जानेवाले करों के बारे में सोचते, बोलते या कुछ करते होंगे तो यह भौतिक तौर पर कैसा महसूस करता होगा? क्या आप स्वयं को बहुत ही सहज, सरल और सफल दिखनेवाली तस्वीरें दे रहे हैं? जिनमें आप कहें, 'मैं विजेता हूँ।' शायद नहीं। यही वजह है, तार्किक रूप से कौन से लोग किसी प्रोजेक्ट के बारे में याद दिलाने पर सबसे अधिक विरोध करेंगे, जो काम को सबसे ज़्यादा टालते आए हों? बेशक, वे बहुत ही रचनात्मक, संवदेनशील और समझदार लोग होते हैं क्योंकि उनके भीतर अपने मन में भयानक परिदृष्य रचने की योग्यता आ जाती हैं। जैसे किसी प्रोजेक्ट में क्या शामिल होगा और उसे पूरा न करने से कौन से नकारात्मक नतीजे आ सकते हैं। ऐसे नकारात्मक विचारों से वे एक मिनट में बौखलाकर, उसे वहीं छोड़ देते हैं।

ऐसा कौन है जो विलंब नहीं करता? अक्सर असंवेदनशील लोग ही सीधे काम पर आ जाते हैं और वे उन सभी बातों से अनजान होते हैं, जो गलत हो सकती हैं। उनके अलावा बाकी लोग, बहुत सारी अन्य बातों में उलझकर रह जाते हैं।

मुझे अपने टैक्स चुकाने हैं? अरे, नहीं, ये इतना आसान नहीं होगा। इस साल तो परेशानी होनेवाली है। मुझे पूरा यकीन है। मैंने फार्म देखे हैं, वे पहले से अलग लग रहे हैं। इस बार कुछ नए नियमों पर काम करना होगा। मुझे सारी सामग्री फिर से पढ़नी होगी? फाइलें अलग से बनेंगी? अगर उनसे किसी तरह की कटौती के लिए बात करनी है, तो इस दावे के लिए सारी पुरानी रसीदें जमा करके देनी होंगी। हे भगवान - पता नहीं, अब हमारे पास ये सारी रसीदें हैं भी या नहीं और अगर सारी रसीदें न मिलीं और हमारी कटौतीवाले दावे की वजह से ऑडिट हो गया तो? ऑडिट? अरे, नहीं - टैक्स की चोरी पकड़ी जाएगी, जेल!

> मैं एक बूढ़ा आदमी हूँ और मैंने बहुत सी मुसीबतों को जाना है, परंतु उनमें से अधिकतर तो ऐसी थीं, जो कभी सामने ही नहीं आईं।
> - मार्क ट्वेन

अगर आप नकारात्मक कल्पना से स्वयं को दूर कर लें तो आपकी ऊर्जा में बढ़ोत्तरी हो सकती है।

इस तरह बहुत से लोग खुद को जेल की सलाखों के पीछे पाते हैं और यह सब केवल टैक्स फॉर्म को देखने से उपजा परिणाम है क्योंकि वे लोग बहुत समझदार, संवेदनशील और रचनात्मक हैं। अनेक वर्षों की मेरी व्यक्तिगत कोचिंग के दौरान, यही ढाँचा मेरे अनुमान से भी कहीं अधिक बार सामने आया है। अक्सर बहुत ही समझदार और विवेकपूर्ण किस्म के लोगों के पास ऑफिस, घर, ई-मेल या दिमाग में फाइलों और काम का अंबार लगा होता है। मैंने जिन अधिकारियों के साथ काम किया है उनके पास कई बड़े, जटिल और उलझे हुए प्रोजेक्ट के फाइल्स हैं, जो फाइल कैबिनेट के ऊपर या फिर मानसिक शेल्फ में रखे हुए थे। उनके अंदर हमेशा इसी तरह के विचार आते रहते थे – 'अगर आप प्रोजेक्ट्स को नहीं देखते या उनके बारे में नहीं सोचते, तो हो सकता है कि वे शांत रहें।'

तो इसका हल क्या है? हमेशा एक ड्रिंक लिया जा सकता है और नशा करके सबकुछ भुला दिया जाए। ज़रा सोचें, जब लोगों के दिमाग में थोड़ी सी भी शराब जाती है तो क्या होता है। दरअसल शराब एक अवसादरोधी है इसलिए उनकी ऊर्जा उसी समय घट जानी चाहिए, परंतु आरंभ में तो जोश चार गुना हो जाता है। क्यों? शराब पीने से उस आदमी के मन में चल रहा नकारात्मक वार्तालाप बंद हो जाता है और असुखद दृश्य भी दिखने बंद हो जाते हैं। बेशक, अगर मैं स्वयं को किसी काम को सफलतापूर्वक न कर पाने की शर्मिंदगी और नकारात्मकता से बचा लूँ तो मेरी ऊर्जा में बढ़ोत्तरी हो सकती है। परंतु नशे में आने का यह हल अस्थायी समाधान होगा। इससे आपका बोझ ज्यों का त्यों रहेगा और बदकिस्मती से, जब हम स्वयं को इस तरह धुत्त कर लेते हैं, तो हम कोई चुनाव मर्जी से नहीं कर पाते। नशे में प्रेरणा व उत्साह का स्रोत और निजी ऊर्जा भी घटने लगती हैं।

समस्या चाहे कितनी भी बड़ी या जटिल क्यों न हो, समाधान की ओर एक छोटा कदम बढ़ाकर भ्रम से मुक्त हों। कुछ तो करें।
- जॉर्ज एफ नॉर्डिन

**समझदारी से भरा कदम**

आपके लिए एक और समाधान प्रस्तुत है : आपको अपने दिमाग को शांत करने के लिए नेक्स्ट एक्शन के बारे में बात करनी होगी। जब आप आगे बढ़ने के लिए नेक्स्ट एक्शन तय कर लेते हैं, तो हो

सकता है कि आपके ऊपर से उस काम की वचनबद्धता का बोझ थोड़ा कम हो जाए। अनिवार्य तौर पर दुनिया में कुछ नहीं बदलेगा पर अगर आप अपने केंद्र को उन कामों की ओर लगा लेंगे, जिन्हें आपका मन करने योग्य मानता है तो आपकी सकारात्मक ऊर्जा, दिशा और प्रेरणा में भारी बदलाव आ सकता है।

आपकी सूची और काम के अंबार में सब कुछ आपके आकर्षण या विकर्षण का हिस्सा होगा - जब भी आपके सामान की बात आती है तो इसके लिए कोई तटस्थ आधार नहीं हो सकता।

अगर आपने दिमाग में चल रही सारी बातों की सूची बना ली है, तो उसे फिर से देखें और तय करें कि उन पर नेक्स्ट एक्शन कौन सा लेना है। इसके बाद देखें कि आपकी ऊर्जा में क्या बदलाव आता है।

आप अपनी सूची में लिखे कामों के लिए आकर्षण या विकर्षण कुछ भी महसूस कर सकते हैं। हो सकता है कि आपको काम पूरा करने के लिए सकारात्मक प्रेरणा मिले या फिर आपके मन में उस काम में शामिल होने के प्रति विरोध का भाव आ सकता है। अक्सर नेक्स्ट एक्शन लेने का निर्णय ही इन दोनों अतियों का अंतर होता है। सोचने और तय करने में ऊर्जा लगती है। और जब आपको पता चलता है कि आपकी दुनिया में कुछ अधूरे कामों पर अभी तक नेक्स्ट एक्शन भी नहीं लिया गया, तो हो सकता है कि आपको अपनी थकान और काम के बोझ से घिरे होने का एहसास ज्यादा होने लगे। अक्सर लोग अपनी सूची और ऑर्गेनाइजर को देखने के बाद नकारात्मक प्रतिक्रिया ही देते हैं – ऐसा नहीं कि वे उन कामों को पसंद नहीं करते, परंतु उन्हें लगता है कि उन्होंने अभी तक उन कामों के बारे में पर्याप्त चिंतन नहीं किया।

इस कार्यपद्धति से जुड़े लोगों से भेंट करने के बाद मैंने पाया कि उनके असफल होने के कई गूढ़ कारणों में से एक कारण यह भी रहा है कि उन्होंने अपनी नेक्स्ट एक्शन लिस्ट को आपस में मिला दिया। वह उनके कामों की सूची बनकर रह गई। हालाँकि वे अब भी दूसरों से आगे हैं क्योंकि वे चीज़ों को लिख रहे हैं परंतु वे कई बार स्वयं को उलझा हुआ पाते हैं, कामों को टालते हैं क्योंकि उन्होंने अपनी एक्शन लिस्ट में कुछ इस तरह की चीज़ों को शामिल कर लिया है –

* बैंक्वेट कमेटी से मीटिंग

* जॉनी का जन्मदिन
* रिसेप्शनिस्ट
* स्लाइड का प्रदर्शन

आप खुदरा (रिटेल) का केवल इलाज कर सकते हैं परंतु आप थोक (व्होलसेल) से बचाव कर सकते हैं।
- ब्रूक चिसहोम

दूसरे शब्दों में, चीज़ें क्रिया के स्तर पर आने के बजाय सामान में शामिल हो गई हैं। इस जगह नेक्स्ट एक्शन की कोई स्पष्ट जानकारी नहीं है और अगर कोई भी अपने पास इस तरह की सूची बनाकर रखता है, तो वह जब भी उस सूची को देखेगा तो उसके दिमाग पर हमेशा अधूरे कामों का बोझ रहेगा।

क्या यह अतिरिक्त काम है? क्या नेक्स्ट एक्शन का पता लगाना आपके लिए अतिरिक्त काम है, जिसे आप विस्तार से करना नहीं चाहते? नहीं? बेशक नहीं। मिसाल के लिए अगर आपको अपनी कार ट्यून करवानी है तो आपको इसके लिए नेक्स्ट एक्शन का पता करना ही होगा। समस्या यह है कि अधिकतर लोग नेक्स्ट एक्शन तय न होने तक काम करने के लिए प्रतीक्षा करते हैं, जो कि इस मामले में होगा, 'ऑटो क्लब को कॉल करें ताकि वे गाड़ी खींचनेवाला ट्रक ले आएँ।'

तो आपके हिसाब से अधिकतर लोग अपने सामान के लिए नेक्स्ट एक्शन का निर्णय कब लेते हैं? और क्या आपको लगता है कि अगर वे इस जानकारी का भरपूर प्रयोग करते तो क्या उनके जीवन की गुणवत्ता पहले से बेहतर हो सकती थी?

आखिरी मिनट के दबाव तक काम करने के निर्णय को टालने से अक्षमता और अनावश्यक तनाव पैदा होता है।

आपके अनुसार जीवन में आगे बढ़ने के लिए सक्षम उपाय किसे कह सकते हैं? ज्यों ही कोई प्रोजेक्ट आपके राडार स्क्रीन पर दिखे तो उसके लिए नेक्स्ट एक्शन तय करते हुए, कामों को श्रेणियों में विभाजित कर दिया जाए या फिर काम जब तक सिर पर सवार न हो जाए, तब तक उसे हर संभव तरीके से टाला जाए और फिर हड़बड़ाहट में उसे पूरा करने की कोशिश की जाए?

भले ही सुनने में अति लगे परतु जब मैंने लोगों के समूह से यह जानना चाहा कि उनकी कंपनियों में कार्य के निर्णय कब लिए जाते हैं, तो कुछ अपवादों

को छोड़कर बाकी सबका यही कहना था कि 'जब काम सिर पर सवार हो।' हमारे वैश्विक कार्पोरेट ग्राहकों में से एक ग्राहक ने लोगों व संस्थान में तनाव के स्रोत पता लगाने के लिए सर्वेक्षण किया, तो उसे पता चला कि जो नेता पहले ही मोर्चे पर उचित निर्णय लेने में असफल रहें, उनकी वजह से आखिर में काम की परेशानी कई गुना बढ़ गई।

## नेक्स्ट एक्शन निर्णय को एक मापदंड बनाने का महत्त्व

मुझे कई वरिष्ठ और परिष्कृत (विवेकपूर्ण) अधिकारियों से पता चला कि जब उन्होंने अपने संस्थान के प्रोजेक्ट्स में नेक्स्ट एक्शन को लागू किया और उसे एक मापदंड के रूप में स्थापित किया तो प्रदर्शन की उत्पादकता मापने योग्य थी। इससे उन सबकी भलाई के लिए बदलाव हुआ।

क्यों? क्योंकि यह प्रश्न स्पष्टता, जवाबदेही, उत्पादकता और सशक्तिकरण को बल देता है।

### स्पष्टता

बातों से चावल नहीं पकते।
- चीनी कहावत

बहुत सारी चर्चाओं का अंत केवल एक अस्पष्ट भाव के साथ होता है। लोग जानते हैं कि उन्होंने क्या तय किया है और वे क्या करने जा रहे हैं। परंतु नेक्स्ट एक्शन के एक स्पष्ट निष्कर्ष के अभाव में, बहुत सारे निर्णय तो हवा में ही लटके रह जाते हैं और कोई ठोस नतीजे सामने नहीं आते।

मुझे प्राय: मीटिंग्स में शामिल होने के लिए बुलाया जाता है और मैंने यह नियम बना रखा है कि हम बातचीत के किसी भी सिरे पर क्यों न हों, मीटिंग समाप्त होने के समय से बीस मिनट पहले, मैं जबरन यह सवाल पूछता हूँ, 'तो अब नेक्स्ट एक्शन क्या होगा?' मेरा अनुभव कहता है कि अक्सर ऐसे सवाल का जवाब पाने के लिए बीस मिनट का समय बहुत होता है।

अक्सर लोगों को गहराई तक सोचने पर विवश होना पड़ता है। अपने आरामदायक घेरे से बाहर आना पड़ता है। 'क्या हम इसके बारे में गंभीर हैं?, 'क्या हम सच में जानते हैं कि हम इस जगह क्या कर रहे हैं?', 'क्या हम इसके लिए अपना कीमती समय और संसाधन देने को तैयार हैं?' सोच के इन अधिक

प्रासंगिक स्तरों को आसानी से नकारा जा सकता है। इस तरह की बातचीत के बाद नेक्स्ट एक्शन का पता लगाना आसान हो जाता है। इसके बाद थोड़ी सी बातचीत, खोजबीन, विचार और सौदेबाज़ी के बाद विषय को समाप्त किया जा सकता है। इन दिनों आप पहले से ही नतीजों के बारे में कोई अनुमान नहीं लगा सकते, हमें चीज़ों को स्पष्टता की ओर ले जाने की जिम्मेदारी लेनी होगी।

मैं जो कहना चाहता हूँ, उसे समझने के लिए आपके पास इस तरह का थोड़ा सा अनुभव होना आवश्यक है। अगर आपको अनुभव है तो आप स्वयं से कहेंगे, 'जी, सही कहा।' अगर आपको ऐसा कोई अनुभव नहीं है तो अगली बार किसी मीटिंग के समाप्त होने से बीस मिनट पहले सवाल करें, 'तो अब नेक्स्ट एक्शन क्या होगा?' फिर देखें कि इसके बाद क्या होता है।

**जवाबदेही**

सामूहिक रूप से काम करनेवाले संस्थानों में अक्सर यह दिक्कत पाई जाती है कि वे किसी एक को किसी काम के लिए जवाबदेह नहीं ठहरा पाते। कई संगठनों के शब्द भंडार में ये शब्द ही नहीं होते, 'मेरा या तुम्हारा?' उन्हें लगता है कि ऐसा कहना असभ्य होगा। वे लोग कहते हैं, 'हम सब इस काम में एक साथ हैं।' परंतु आज के प्रतियोगी युग में यह काम नहीं आता। बहुत सारी मीटिंग्स के बावजूद लोगों के मन में केवल यही आभास रहता है कि कुछ होना चाहिए और वे मन ही मन में सोचते हैं कि वह काम करना उनके निजी कर्तव्यों की सूची में नहीं आता।

मैं इस बात को जिस तरह लेता हूँ, मेरे हिसाब से लोगों को आपसी चर्चा के बाद अस्पष्टता के साथ वापस भेजना विनम्रता नहीं होगी। एक वास्तविक समूह वही है, जो करने योग्य कामों को सही मायनों में परिभाषित करने की जिम्मेदारी ले और उस काम को करने के लिए निश्चित लोगों को चुनें ताकि सभी उन कामों के बोझ से मुक्त हो सकें, जिनके लिए अभी तक कुछ भी तय नहीं किया जा सका था।

अगर आप उस जगह गए हैं, तो आप जानते हैं कि मैं क्या बात कर रहा हूँ। अगर आप नहीं गए, तो इसका परीक्षण करें – थोड़ा जोखिम मोल लेते हुए पूछें, 'तो इसके लिए नेक्स्ट एक्शन क्या होगा?' और अपने स्टाफ की मीटिंग

या फिर पारिवारिक वार्तालाप के बाद अंत में यह पूछना न भूलें।

### उत्पादकता

जब संगठन नेक्स्ट एक्शन की पहल को अपनाते हुए प्रशिक्षित हो जाते हैं, तो वे पहले से और अधिक उत्पादक हो सकते हैं। जितने भी कारण बताए गए हैं, नतीजों के स्पष्ट होते ही कुछ साकार करने के लिए संसाधनों का भौतिक वितरण अनिवार्य हो जाता है। इससे जल्द से जल्द लेकिन कम प्रयास में अधिक परिणाम प्राप्त होंगे।

एक्शन लेने के लिए जोखिम और कीमत दोनों शामिल हैं पर वे लंबे जोखिम और आरामदायक निष्क्रियता की कीमत से कहीं कम हैं।
- जॉन एफ कैनेडी

आपको विवेकपूर्ण रचनात्मक सोच (Sophisticated creative thinking) की उन बाधाओं को तोड़ना सीखना होगा, जो आपकी गतिविधि में बाधा डालती हैं। मन में उलझे हुए मानसिक जालों को तोड़ना अपने आपमें एक बड़ा कौशल है। 'उत्पादकता' को सदियों से, संगठनों में सुधार के लिए आकर्षक माना जाता रहा है। आउटपुट बढ़ानेवाली कोई भी चीज़ सहायक हो सकती है। परंतु नॉलेजवर्क के क्षेत्र में, इस ग्रह के सारे कंप्यूटर व टेलीकॉम सुधार और नेतृत्व सेमीनार भी इस दिशा में तब तक कारगर नहीं हो सकते, जब तक इसमें शामिल लोग कार्यों के प्रति अपनी जवाबदेही क्षमता को नहीं बढ़ाते। इसके लिए आपको किसी ऐसी चीज़ के बारे में सोचना होगा, जो आपके संसार में पहले नहीं थी।[2]

उत्पादकता में सुधार केवल तभी होगा जब लोग कार्यों के प्रति अपनी प्रत्युत्तर देने की क्षमता बढ़ा लेंगे। और नॉलेज वर्क में, उन्हें कामों को पहले ही नेक्स्ट एक्शन के रूप में स्पष्ट करना होगा।

---

[2] मैंने संगठनों में सबसे बड़े उत्पादकता रिसाव (लीक, दरार) देखे हैं, उनमें से एक है - उनके भीतर दीर्घकालीन प्रोजेक्ट्स के लिए नेक्स्ट एक्शन तय करने की क्षमता का अभाव पाया जाता है। दीर्घकालीन का अर्थ समडे/मेबी नहीं होता। सुदूर लक्ष्य रखनेवाले उन प्रोजेक्ट्स को भी यथासंभव पूरा करना होता है; दीर्घकालीन का अर्थ केवल इतना है कि उसके पूरा होने तक और अधिक एक्शन स्टेप्स डाले जाएँ, उन्हें करने में अभी समय लगेगा यही सोचकर उन्हें रोका नहीं जा सकता। जब संस्थान में आप हर प्रोजेक्ट और अधूरे काम को इस नज़रिए से देखते हैं तो एक नया ही रूप सामने आता है।

## सशक्तिकरण

नेक्स्ट एक्शन की पहल अपनाने का सबसे बड़ा लाभ यह हो सकता है कि यह आपके द्वारा किए जानेवाले कामों की योग्यता को प्रभावशाली तौर पर बढ़ाता है, जिससे आपके आत्मविश्वास और रचनात्म क नज़रिए में भी वृद्धि होती है।

जो अनिवार्य हो, फिर जो संभव हो; इनसे आरंभ करें और जल्दी ही आप स्वयं को ऐसे काम करते पाएँगे, जो असंभव हैं।
- असीसी के संत फ्रांसिस

लोग निरंतर काम कर रहे हैं परंतु अक्सर वे कामों को तभी करते हैं, जब उन्हें अपने या दूसरों के दबाव के चलते ऐसा करना पड़ता है। उन्हें किसी तरह की जीत, काम को अपने अधीन करने या संसार के साथ सहयोग करने जैसी किसी भावना का एहसास नहीं होता। लोग ऐसे अनुभव पाने को तरस रहे हैं।

वस्तुओं को परिभाषित करनेवाले रोज़मर्रा के व्यवहार अधूरे हैं इसलिए उन्हें पूरा कर सकनेवाले चरणों में बदलाव लाना होगा। बाहरी दबावों और अंदरुनी तनाव द्वारा मजबूरन सब छोड़ने से पहले, अगर सब कुछ आपकी मर्जी से चलता है तो इस तरह आपके भीतर आत्मविश्वास पैदा होगा, जो आपके जीवन के हर पहलू में एक मज़बूत बुनियाद बनाने में कामयाब होगा। आप अपने जहाज के कप्तान हैं, आप जितना अधिक अच्छे नज़रिए से चलेंगे, आपके लिए उतना ही सब कुछ बेहतर होता चला जाएगा।

लोग अक्सर अपने हालात को दोषी ठहराते हैं। लेकिन मैं हालात में यकीन नहीं रखता। इस दुनिया में आगे आनेवाले लोग वहीं हैं, जो अपने मनपसंद हालात चाहते हैं और जब वे उन्हें नहीं मिलते तो वे उन्हें बना लेते हैं।
- जॉर्ज बर्नाड शॉ

स्वयं से नेक्स्ट एक्शन के बारे में पूछने से बदलाव की संभावना बनती है और ऐसा लगता है कि कुछ तो ऐसा है, जिसे आप अपनी मर्जी से कर सकते हैं। आपके व्यवहार से यही नज़रिया झलकना चाहिए। और इस तरह के रवैए आपके लिए एक सकारात्मक आत्म-छवि तैयार करते हैं और हजार बार यह दोहराते हैं कि 'मैं एक शक्तिशाली, प्रभावशाली व्यक्ति हूँ और सभी चीज़ों को जीवन में घटने देता हूँ।'

क्या आपकी संस्कृति में बहुत अधिक शिकायतें

करने का चलन है? अगली बार, कोई आपके सामने शिकायत करे, तो उससे पूछें, 'फिर नेक्स्ट एक्शन क्या है?' लोग उन्हीं बातों के बारे में शिकायत करते हैं, जिनके लिए उन्हें लगता है कि वे मौजूदा हालात से बेहतर हो सकती हैं। एक्शन का सवाल उन्हें कुछ और करने पर मज़बूर करता है। अगर इसे बदला जा सकता है तो ऐसा करने के लिए कोई अगला चरण भी होगा। यदि ऐसा नहीं हो सकता, तो इसे रणनीति का एक हिस्सा बनाए जाने पर विचार करना चाहिए। शिकायतें करने का अर्थ यह भी है कि कोई हालात बदलने का जोखिम नहीं लेना चाह रहा या उसने अपनी योजना में आनेवाली परिस्थितियों पर विचार ही नहीं किया। यह आत्म-पुष्टि का खोखला और अस्थायी रूप है।

हालाँकि मैं और मेरे सहकर्मी अक्सर अपने काम का इस तरह प्रसार नहीं करते। मैंने देखा है कि लोग वास्तव में प्रतिदिन स्वयं को सशक्त बना रहे हैं और नेक्स्ट एक्शन तकनीक को लागू कर रहे हैं। इससे उनकी आँखों की चमक बढ़ती है, कदमों में हल्कापन आ जाता है और चेहरे के उजलेपन से उनकी सोच झलकती है। हम सभी पहले से शक्तिशाली हैं परंतु नेक्स्ट एक्शन तय करने और उसे पूरा करने से हम एक ऐसे अभ्यास को अपनाते हैं, जो हमारी प्रकृति के और सकारात्मक पक्षों को सामने लाता है।

जब आप स्वयं चीज़ों के घटने का कारण बनने लगते हैं, तो आप यह भी मानने लगते हैं कि आप कई काम स्वयं कर सकते हैं और इसी सोच के साथ ही काम होने लगते हैं।

# 13

# परिणाम पर केंद्रित होने की शक्ति

प्रारंभिक 'सकारात्मक सोच' की पुस्तकों से लेकर, हाल ही में उन्नत न्यूरोसाइकोलॉजी के क्षेत्र में हुए अध्ययनों तथा हज़ारों संदर्भों में प्रचार से यह साबित हो चुका है कि बदलाव लाने के लिए हमारी मानसिक और काल्पनिक प्रक्रियाओं को निर्देशित करने में ही कितनी शक्ति छिपी है।

मेरी अपनी रुचि व्यावहारिक वास्तविकता के संदर्भ में सिद्धांत को लागू करने में रही है : क्या इससे गेटिंग थिंग्स डन यानी कामों को करने में मदद मिलती है? और अगर ऐसा है, तो हम अपने जीवन के कार्यों के बेहतर प्रबंधन के लिए इसे कैसे इस्तेमाल कर सकते हैं? क्या हम सही मायनों में इस सूचना का प्रयोग ऐसे कर सकते हैं कि यह हमें कम से कम प्रयासों के साथ हमारा मनचाहा उत्पादन करने की अनुमति दे सके? इसका जवाब पूरी तरह से सकारात्मक है।

## केंद्र और तेज़ गति

अनेक वर्षों के दौरान, मैंने देखा है कि पुस्तक में दिए गए उपाय, लोगों के रोज़मर्रा के जीवन में गहरे प्रभाव उत्पन्न करते हैं। जब आप इसे आदतन, सभी परिस्थितियों में अपने प्रमुख साधनों के रूप में इस्तेमाल करने लगते हैं – जिनमें आपकी ई-मेल प्रबंधन से लेकर कार या कंपनी खरीदने या फिर मीटिंग का खाका तय करने से लेकर बच्चों से की जानेवाली बातचीत तक शामिल होती है – तब आपकी निजी उत्पादकता कमाल कर सकती है।

मैंने जिन व्यावसायिकों के साथ काम किया, उनमें से कई लोगों ने इस कार्य प्रणाली को अपनाकर अनुभव किया कि वे अब नई नौकरियों, अच्छे कैरियर और उन्नत जीवनशैली के साथ हैं। ये प्रक्रियाएँ वाकई उन सभी सामान्य चीज़ों के क्षेत्र में काम करती हैं, जिनसे हमें रोज़मर्रा निपटना पड़ता है। जब आप स्वयं को और

दूसरों को काम करने का सही तरीका दिखाने में सफल रहते हैं, तो बहुत जल्दी आप उनसे अगले स्तर पर आ जाते हैं। जो लोग गेटिंग थिंग्स डन को प्रयोग में ला रहे हैं, वे पहले ही आत्म-विकास के पथ पर हैं और आप यह मानकर न चलें कि वे आज जो काम कर रहे हैं, आज से एक साल बाद भी वही काम करते दिखेंगे। परंतु उन्हें इस बात से लगाव होता है कि यह पद्धति उन्हें कामों को जल्दी और आसानी से पूरा करने में सहायक है। यह ध्यान देना भी रोचक होगा कि इस पद्धति का प्रयोग करनेवाले अक्सर वही लोग होते हैं, जिन्हें इससे जुड़ने में समय नहीं लगता। जो लोग स्वयं को बहुत जल्दी, तेज़ी और आसानी से आगे ले जाना चाहते हों, यह प्रणाली निश्चित तौर पर उनके लिए सहायक होती है और वे इसका भरपूर प्रयोग कर पाते हैं।

मेरे लिए यह सीखना व दूसरों को सिखाना प्रेरणा का स्रोत रहा है कि जब कोई कठिन समय में हो तो कठोर वास्तविकता का सामना कैसे करना है। अपने दैनिक जीवन में व्यावहारिक अनुभवों को सकारात्मकता से कैसे बाँधना है।

'फास्ट ट्रेक' शब्द इस मॉडल के लिए एक झूठ भी हो सकता है क्योंकि हो सकता है कि कुछ लोगों के लिए यह कार्य पद्धति धीरे-धीरे अपने खोल से बाहर आने और अपनी देख-रेख करने का ही साधन हो।[1] अहम बात यह है कि यह आपको और अधिक सजग बनाती है। आप पहले से अधिक केंद्रित होते हैं और अधिक क्षमता के साथ उन बदलावों और नतीजों पर क्रिया कर पाते हैं, जिन्हें आप करना चाहते हैं, फिर चाहे वे जो भी क्यों न हों।

'अपनी बेटी के साथ अधिक समय बिताने का उपाय करना है', यह किसी भी सुनिश्चित प्रोजेक्ट की तरह हो सकता है और माँग करता है कि आप इसके लिए जल्द ही नेक्स्ट एक्शन तय करें। बेटी के साथ अपने संबंध के लिए आपको कुछ तो करना है, लेकिन केवल इस तरह की सोच का आभास रखना और कुछ न करना, यह आपके लिए घातक हो सकता है। मैं अक्सर ऐसे लोगों के साथ काम करता हूँ,

---

[1] मैंने अक्सर यह रोचक तथ्य देखा है कि कुछ बहुत अधिक जोशीले लोग जब गेटिंग थिंग्स डन को अपने जीवन में शामिल करते हैं तो यह मानसिकता उनकी व्यस्त और रचनात्मक जीवनशैली को असहजता के नए स्तर पर ले आती है (अब मैं सब कुछ पहले से कहीं ज्यादा और तेज़ी से कर सकता हूँ)। फिर उन्हें स्वस्थ आत्म-परीक्षण का अवसर मिलता है कि उनका सारा काम और जीवन की गुणवत्ता से भरे परिणामों में से, उनके लिए ज़्यादा महत्त्व क्या रखता है।

जो अपने जीवन के उन कामों को जानना चाहते हैं, जो इस स्तर पर अधूरे हैं – वे उन्हें लिखकर, वास्तविक प्रोजेक्ट्स की तरह परिभाषित करते हुए, अगली क्रिया तय करना चाहते हैं, जब तक वे अंतिम रेखा तक नहीं पहुँच जाते। यही असली उत्पादकता है, शायद यह अपने आपमें सबसे अद्भुत रूप है।

## परिणाम पर आधारित सोच को लागू करने का महत्त्व

मैं इस बात पर जोर देना चाहता हूँ कि इस स्पष्ट और सुसंगत प्रणाली को अगर हम अपने जीवन और काम में लागू कर सकें तो यह हमें और दूसरों को इस तरह प्रभावित कर सकती है, जिसकी हमने कभी कल्पना तक नहीं की थी।

जैसा कि मैंने कहा, नेक्स्ट एक्शन का निर्णय लेने से आप स्पष्टता, उत्पादकता, जवाबदेही और सशक्तिकरण पा सकते हैं। ठीक ऐसा ही तब भी होता है, जब आप स्वयं को वास्तविक परिणामों के अनुशासन से जोड़ते हैं और विशेष रूप से, उन नतीजों से जुड़े प्रोजेक्ट्स को परिभाषित करते हैं।

> सुनिश्चित प्रोजेक्ट्स और नेक्स्ट एक्शन को परिभाषित करना, जो जीवन की असली गुणवत्ता को संबोधित कर सकें, यह अपने आपमें बेहतरीन उत्पादकता है।

यह सब आपस में जुड़ा है। जब तक आप यह नहीं जानते कि आपको कौनसे परिणाम चाहिए तब तक आप अगली क्रिया तय नहीं कर सकते। अगर आप इस बारे में स्पष्ट राय नहीं रखते कि आपको उसे पाने के लिए क्या करना होगा, तब तक आपका परिणाम वास्तविकता से कोसों दूर रहेगा। आप इसे किसी भी दिशा से पा सकते हैं या आपको गेटिंग थिंग्स डन को अपनाना होगा।

होल-ब्रेन लर्निंग के विशेषज्ञ और मेरे मित्र स्टीवन स्नाइडर ने कहा है, 'जीवन में केवल दो ही समस्याएँ हैं – 1. आप जानते हैं कि आप क्या चाहते हैं और आप नहीं जानते कि उसे कैसे पाना है; 2. आप नहीं जानते कि आपको क्या चाहिए।' अगर यह सच है (और मुझे लगता है कि सच है) तो केवल दो ही समाधन हो सकते हैं:

1. इसे पूरा करें

2. इसे होने दें

हम लगातार बना रहे हैं और पूरा कर रहे हैं।

इसे यिन/यैंग, बाएँ मस्तिष्क/दाएँ मस्तिष्क, सर्जक/ विनाशक, विज़नरी/ कर्ता या फिर किसी ऐसे ही ढाँचे से पा सकते हैं, जो आपको अपने लिए उपयुक्त लगे। सच तो यही है कि मनुष्यों के रूप में हमारी ऊर्जा एक द्वैतवादी और उद्देश्यवादी वास्तविकता है - हम ऐसी चीज़ों को रचते और पहचानते हैं, जो अब तक हमारे अनुभव के सभी स्तरों पर वास्तविक नहीं हैं; और जब हम ऐसा करते हैं, तो हम पहचानते हैं कि हमारी मौजूदा दुनिया को नए सिरे से कैसे रचा जा सकता है।

जिन चीज़ों पर आपका ध्यान हो, उनमें आपकी मंशा भी जुड़ी होनी चाहिए। 'मेरे लिए यह क्या मायने रखता है?', 'यह यहाँ क्यों है?' 'इसका मनचाहा नतीजा क्या होगा?', आप जिस भी चीज़ को अधूरा अनुभव करें, आपके पास उसे पूरा करने का संदर्भ बिंदु होना चाहिए।

जब आप एक बार तय कर लें कि कुछ बदलना है या किसी अधूरे साँचे को पूरा करना है तो स्वयं से पूछें, 'अब मैं इसे कैसे पूरा कर सकता हूँ?' या 'इसे पूरा करने के लिए मुझे किस तरह के संसाधनों की आवश्यकता होगी?' (नेक्स्ट एक्शन क्या है?)

इस तरह आपने ध्यान दिया होगा कि गेटिंग थिंग्स डन कोई नई तकनीक या खोज नहीं है -यह केवल काम से जुड़े नियमों को भीतर से स्पष्ट करती है, जिन्हें हम अस्पष्ट तौर पर करते हैं। परंतु इस सजगता के साथ आप उन नियमों के सजग प्रयोग से और अधिक सुंदर परिणाम पा सकते हैं।

आपका जीवन और काम उन सभी नतीजों और कामों की देन हैं, जिन्हें आपने थोड़ी या बहुत अधिक सजगता से निभाया है। भले ही वे आपके परिवेश के लिए कम सजग प्रतिक्रियाएँ हों या आपके निर्देशित केंद्र के लिए अधिक सजग नतीजे हों, चुनाव सदा आपका ही होगा। अगर आप सामने आनेवाली दुनिया के भरोसे रहने के बजाय अपने अनुभव और अभिव्यक्ति का विस्तार चाहते हों, तो गेटिंग थिंग्स डन की कला को पहचानने, विकसित

जीवन को आपके आगे कठिन से कठिन कामों को प्रस्तुत करने में ही आनंद आता है, जिन्हें आप सफलता के हर चरण में पाते हैं, नई इच्छाओं को जन्म देते हैं और उन्हें पूरा होते देखते हैं।
- डॉ सैम्युअल जॉनसन

करने और साधने का अवसर आपके लिए प्रस्तुत है। यह चुनौती इस कला के दो अनिवार्य तत्त्वों पर निरंतर लागू होगी : डन (काम पूरा होना) शब्द को परिभाषित करना और यह तय करना कि डूइंग (काम को करना) कैसा होगा। यह हमेशा आसान नहीं होता, विशेष तौर पर जब आप जीवन के कुछ ओर गूढ़ और सूक्ष्म क्षेत्रों में व्यस्त हों; परंतु चुनौतियों के अभाव में आप न तो कुछ सीख सकते थे और न ही फल-फूल सकते हैं।

किसी परिस्थिति में क्या करना है, इस बात में विवेक नहीं छिपा बल्कि यह जानना ही विवेक है कि इसके बाद क्या करना है।
- हर्बट हूवर

अच्छी खबर यह है कि जब आप सभी स्तरों पर अपने सामने आनेवाले किसी भी काम या चीज़ के लिए ऐसी गतिशीलता के साथ पेश आते हैं, तो करिष्माई नतीजे सामने आते हैं। आप पूरी तरह से उत्पादक हो जाते हैं। आपके ही माध्यम से सारे काम और घटनाएँ घटने लगते हैं।

## नीरस कामों के प्रबंधन का जादू

लोग अक्सर आश्चर्य करते हैं कि मैं कैसे घंटों उनके साथ, उनकी मेज़ पर बैठकर, उनके दराज खाली करता हूँ, उनकी अव्यवस्थित ई-मेल का प्रबंधन करता हूँ और उन सभी छोटी-छोटी बातों के विस्तार में जाकर उन्हें सँभालता हूँ, जिन्हें उन्होंने अपने दिमाग, भौतिक और आभासी स्थानों में जगह दे रखी है। गैर-जिम्मेदारी के साथ फैले हुए काम के लिए शर्मिंदगी महसूस करने के अलावा, उन्हें लगता है कि मैं उस काम को करते हुए ऊब गया हूँ। इसके विपरीत, मैं स्वयं देखकर हैरान होता हूँ कि मुझे लोगों के इसी काम के साथ गहरा जुड़ाव महसूस होता है।

मैं जानता हूँ कि इन चीज़ों के उचित प्रबंधन के बाद कितना सुकून, शांति और आज़ादी महसूस हो सकती है। मैं जानता हूँ, जब तक हमारे पास भीतर से वे मापदंड और व्यवहार नहीं होंगे, जो वे चाहते हैं, तब तक हमें इनसे निपटने के लिए अभ्यास, सहयोग और एक स्पष्ट व मज़बूत केंद्र की आवश्यकता होगी। जब भी मैं नोटिस करता हूँ कि कोई ग्राहक अपने आसपास के माहौल या अपने मन में चल रहे विचारों को पहचान रहा है, जो उसे अपनी ओर खींच रहे हैं और फिर कुछ ही क्षणों में वह उसे चुप कराने की कोशिश करता है, तो मैं जानता हूँ

कि वह अपने व्यवहार के बहुत ही महत्त्वपूर्ण ढाँचे को और गहरा कर रहा है। और मैं यह भी जानता हूँ कि ये लोग आनेवाले घंटों, दिनों या सालों के दौरान अपने बॉस, जीवनसाथी, बच्चों या अपने साथ संबंधों में कैसा महत्त्वपूर्ण बदलाव अनुभव करनेवाले हैं।

यह काम नीरस नहीं है। यह मेरे द्वारा किए गए बेहतरीन कामों में से है।

## बहुतस्तरीय परिणाम प्रबंधन

चुनौती यही है कि आपको जीवन के नीरस कामों में उच्च-स्तरीय आदर्शवादी केंद्र को लाना है। अंत में उनके लिए एक जैसे चिंतन की आवश्यकता होगी।

मैं ऐसे पेशे से हूँ, जहाँ अधिक फोकस की आवश्यकता होती है। मैं एक सलाहकार, कोच और शिक्षक के रूप में अक्सर ऐसे सरल प्रश्न करता हूँ, जो दूसरों से रचनात्मक और समझदारी (यहाँ तक कि मुझसे भी) से भरी प्रतिक्रिया पाते हैं, जिससे हालात और सामने दिख रहे काम के लिए अमूल्य फीडबैक मिलती है। इन सत्रों के बाद, लोग पहले से कुछ ज़्यादा होशियार नहीं हो जाते - बस वे अपनी बुद्धिमत्ता को पहले से कहीं अधिक उत्पादकता के साथ निदेर्शित और इस्तेमाल कर पाते हैं।

जीटीडी के व्यावहारिक केंद्र में प्रभावी उत्पादकता और क्षमता का ऐसा मेल है, जो इस पद्धति के माध्यम से आपकी वास्तविकता के हर स्तर में आ सकता है। उच्च-स्तरीय 'उद्देश्यों, मूल्यों और विजन' जैसी सोच के लिए कई प्रेरक स्रोत हैं, और छोटे-मोटे कामों जैसे फोन नंबर, मुलाकातों और राशन के सामान की सूची आदि के लिए भी कई तरह के साधन मिलेंगे। हालाँकि दुनिया में ऐसे साधनों की कमी है, जो दोनों ही स्तरों को एक स्तर पर लाकर बाँध सके।

'मेरे लिए इसका क्या अर्थ है?', 'मैं इस बारे में क्या मानना चाहता हूँ?' 'उस काम को पूरा करने के लिए अगला चरण क्या होगा?' ये ऐसे प्रश्न हैं, जिनका उत्तर हमें किसी न किसी बिंदु पर देना ही

एक आदर्शवादी मानता है कि छोटी दौड़ किसी काम नहीं आती। एक सनकी मानता है कि लंबी दौड़ किसी काम नहीं आती। एक यथार्थवादी मानता है कि छोटी दौड़ में जो काम पूरा किया जाता है या जो काम पूरा नहीं हो पाता है, वही लंबी दौड़ को तय करता है।

- सिडनी जे हैरिस

होगा। यह सोच और इससे जुड़े साधन, आपकी इस तरह मदद करेंगे, जैसी आपने कल्पना तक नहीं की होगी।

## सहज नियोजन की शक्ति

सहज नियोजन शक्ति का मूल्य यही है कि यह किसी भी परिस्थिति में विचार करने के लिए एक अखंड, लचीला और गठबंधन का तरीका प्रस्तुत करता है। जहाँ आप पकड़ना (कैप्चरिंग), स्पष्ट करना (क्लेरीफाइंग), आयोजन करना (ऑर्गेनाइजिंग), प्रतिबिंबित करना (रिफ्लेक्टिंग) और आकर्षक लगना (इंगेजिंग) के पाँच बुनियादी चरणों के माध्यम से जीवन के सारे परिदृष्य में स्थिरता पा सकते हैं। सहज नियोजन अधिक विशिष्ट क्षेत्रों में शांत और नियंत्रित रवैया प्रदान करता है।

> मैं ऐसे आदमी का आदर करता हूँ, जो सही मायनों में जानता है कि वह क्या चाहता है। संसार में सारे उपद्रव का अधिकांश भाग इसी तथ्य से उपजता है कि लोग पर्याप्त रूप से अपने लक्ष्यों को नहीं जानते। उन्होंने मीनारें भले ही खड़ी कर दीं परंतु उस बुनियाद पर इतना ध्यान नहीं दिया, जो एक झोंपड़ी तक बनाने के लिए ज़रूरी होती है।
>
> - जोहान वूल्फगेंग वॉन गोथे

आप जो भी कर रहे हों, उसके उद्देश्य को चुनौती देना स्वस्थ और परिपक्व हो सकता है। उपायों के स्पष्ट होने से पहले, सहज भाव से सफलता का विज़न तैयार करना, सशक्त होने का उल्लेखनीय लक्षण है। अच्छे-बुरे, उपाय रखने की इच्छा और पूरी रचनात्मक बुद्धिमत्ता पाने के लिए उन्हें बिना किसी परख के अपनाना बहुत महत्त्व रखता है। मनचाहे परिणाम पाने के लिए असंख्य उपायों व कई प्रकार की जानकारी को निर्देशित कारकों, क्रम व प्राथमिकताओं में निखारना एक अनिवार्य मानिसक अनुशासन है। इसके बाद वास्तव में नेक्स्ट एक्शन तय करना - सही मायनों में भौतिक संसार में आगे बढ़ने की तरह है - और यही उत्पादकता का सार है।

उचित समय और संतुलन के साथ, इन सभी सामग्रियों को एक साथ लाना ही संभवत: हमारी इस नई सहस्राब्दि की क्षमता का प्रमुख तत्त्व होगा। परंतु यह अब भी व्यक्तिगत और व्यावसायिक व्यवहार में सामान्य नहीं माना गया है; यह उससे अभी कहीं परे है। किसी के जीवन के सभी पहलुओं में इस जागरूकता को लागू कर

पाना अब भी एक चुनौतीपूर्ण काम है। सहज नियोजन मॉडल स्वाभाविक है परंतु कई मामलों में यह स्वचालित नहीं है।

परंतु जब मॉडल के कुछ हिस्सों को शामिल किया जाएगा, तो इसके असीम लाभ पाए जा सकते हैं। इस मॉडल के लिए, पिछले बरसों के दौरान जो भी फीडबैक मिलती रही है, उसके आधार पर यह कहा जा सकता है कि सहज नियोजन में ज़रा सी भी बढ़ोत्तरी से महत्त्वपूर्ण सुधार लाया जा सकता है।

यदि लोगों के जीवन के हर पहलू में ब्रेनस्ट्रोमिंग का अवसर पैदा हो सके तो यह वाकई अद्भुत होगा। जिन अधिकारियों ने अपनी मीटिंग्स और चर्चाओं का ढाँचा बनाने के लिए इस मॉडल का प्रयोग किया, उनकी फीडबैक पाकर बहुत खुशी होती है। इन बातों से पुष्टि होती है कि हमारा मन उन्हीं बातों के लिए सहज रूप से काम करता है, जिन पर पर हम केंद्रित हो सकते हैं और इस तरह भौतिक संसार में कुछ भी कर सकते हैं।

इस मॉडल के बुनियादी नियम अनुसार, हमें हर उस कार्य के लिए अपने नतीजों और कामों को तय करना है, जिसे हम अपने काम की श्रेणी में रखते हैं। जब ये दो प्रमुख बिंदु हमारे रोज़मर्रा के जीवन का हिस्सा बनते हैं, तो उत्पादकता का आधार एक अलग ही स्तर तक आ जाता है। इसके अलावा फीडबैक – विचारों व नज़रियों के संग्रह और प्रकट करने के सबसे रचनात्मक साधन और हमारे प्रोजेक्ट्स का विवरण – ऐसे व्यवहारों को उत्पन्न करता है, जिनके बल पर हम सहजता से अपने सारे काम पूरे कर सकते हैं।

## एक सकारात्मक संगठनात्मक संस्कृति की ओर

किसी समूह के उत्पादकता स्तर को बढ़ाने में देर नहीं लगती। मुझे लगातार जो फीडबैक मिलती है, वह इस बात की सूचक है कि अगर कुछ प्रमुख अधिकारियों की ओर से थोड़े से नियमों पर भी कारवाई कर दी जाए, तो सब कुछ जल्दी और आसानी से होने लगता है।

मैं जानता हूँ कि हर संगठन के लिए गतिविधियों, संपत्तियों के वितरण, संप्रेषण, नीतियों, उद्देश्यों और मनचाहे नतीजों के लिए प्रक्रियाओं की रचनात्म क समीक्षा तेजी से महत्त्वपूर्ण होती जा रही है। वैश्विकरण, प्रतिस्पर्धा, तकनीक, बाज़ार में बदलावों, आर्थिक उतार-चढ़ाव, प्रदर्शन और उत्पादन के बढ़े हुए

स्तरों और इक्कीसवीं सदी के व्यवहार के रूप में परिणाम पर आधारित सोच को अपनाना आदि चुनौतियाँ कंपनियों के लिए बढ़ती जा रही हैं।

'आप इस मीटिंग में क्या पाना चाहते हैं?', 'इस फॉर्म का क्या उद्देश्य है?', 'इस काम को करने के लिए आदर्श व्यक्ति कौन होगा?', 'हम इस सॉफ्टवेयर के साथ क्या पाना चाहते हैं?' ये और ऐसे ही असंख्य प्रश्न अब भी कई जगह मंडराते रहते हैं। मीटिंग्स में बड़ी-बड़ी बातें सुनने में अच्छी लगती हैं, परंतु हमें अब भी यह पूछना सीखना है कि 'हम ऐसा क्यों कर रहे हैं?', 'यह काम सफलतापूर्वक पूरा होने पर कैसा दिखेगा?' और फिर हमें रोज़मर्रा के कामों में इन जवाबों को लागू करना होगा, जिसके गहरे परिणाम सामने आएँगे।

आमतौर पर कंपनियों में वरिष्ठ स्तर पर उत्पादकता के जो मामले प्रकट होते हैं, वे अक्सर ई-मेल और मीटिंग्स के आसपास केंद्रित होते हैं - इन दोनों की संख्या अधिक होती है और इन दोनों को ही संभालने में बहुत अधिक समय लगता है। संप्रेषण (कम्युनिकेशन) के ये दोनों साधन बहुत आसानी से अनुत्पादक बनकर ऊर्जा सोखने लगते हैं। जिन मीटिंग्स का कोई केंद्र नहीं होता, उनके नाम पर कई ई-मेल बनते हैं। फिर उन मीटिंग्स को क्लैरीफाई करना पड़ता है, इससे फिर ई-मेल बनते हैं और यह सिलसिला जारी रहता है। किसी भी संगठन के जीवन में ई-मेल और मीटिंग दोनों ही बहुत महत्त्व रखते हैं, पर वे अक्सर कई तरह की बुराईयों में घिर जाते हैं क्योंकि उनके उद्देश्य और मनचाहे परिणामों के बारे में कठोरता का अभाव पाया जाता है।

बिना किसी काम का विज़न केवल एक सपना है; बिना विज़न का काम नीरस है। एक विज़न और काम ही संसार की आस है।
- सुसेक्स के एक चर्च से, इंग्लैंड, 1730

जब लोग शिकायतें करने या दोषी बनाने की मानसिकता से उबरकर, किसी दिशा में जाने के लिए नतीजों और कामों पर ध्यान देते हैं तो वे सशक्त होते हैं। जब यह किसी पूरे समूह का मापदंड बनता है, तो इससे माहौल और उत्पादन में महत्त्वपूर्ण सुधार पैदा होता है। ऐसी बहुत सी समस्याएँ और अवसर हैं, जिनके बारे में विचार होना चाहिए; नकारात्मकता और निष्क्रिय विरोध के स्थान पर, उचित हॉरीज़नों पर मनचाहे परिणामों के लिए केंद्रित होना होगा।

लोग अपनी इन-ट्रे, ई-मेल और दूसरों के साथ उनकी बातचीत का

प्रबंधन कैसे करते हैं, इसका सूक्ष्म रूप, उनकी संस्कृति और संगठन की स्थूल वास्तविकता से पता चलता है। अगर लिए जानेवाले निर्णय पहले ही मोर्चे पर न लिए जाएँ, अगर सारे अधूरे छूटे हुए कामों को जवाबदेही से न संभाला जाए, तो यह समूह में विशाल रूप लेकर सामने आएगा और सारे संगठन को इसके बुरे नतीजे भुगतने होंगे। इसके विपरीत अगर लोग गेटिंग थिंग्स डन के नियमों का पालन करते हैं, तो उनका काम उच्च स्तरीय प्रदर्शन के नए मापदंडों तक जा सकता है। समस्याओं और विवादों का अंत नहीं होगा - जब भी आप इस संसार में कुछ बदलने की इच्छा रखेंगे, तो वे हमेशा बने रहेंगे। हालाँकि इस किताब की यह रूपरेखा आपको उन समस्याओं को और अधिक उत्पादक तरीके से हल करने के लिए फोकस और ढाँचा प्रदान करेगी।

मुझसे अक्सर पूछा जाता है कि 'यह कार्य पद्धति किस तरह किसी संगठन में सुधार ला सकती है?' दरअसल मैंने इस पुस्तक में जो नियम दिए हैं, वे किसी व्यक्ति के साथ-साथ किसी व्यापार पर भी लागू हो सकते हैं। किसी दल से संबंधित जानकारी कैप्चर करना, मनचाहे परिणाम और क्रिया से जुड़ी स्पष्टता पाना, स्तर की नियमित समीक्षा करते हुए, नई वास्तविकताओं को शामिल करना और लगातार संसाधनों को नए सिरे से बाँटना - ये किसी भी टीम या कंपनी के लिए सबसे बेहतरीन साधन हो सकते हैं। परंतु जिस तरह आप किसी संगठन को पढ़ना नहीं सिखा सकते, आप गेटिंग थिंग्स डन के माध्यम से किसी संगठन में सुधार की अपेक्षा भी नहीं रख सकते। इस नॉलेज इकोनॉमी में हर संगठन को अपने लिए ऐसे लोग चाहिए जो पढ़ते हैं; इसके लिए संगठन में उन्हें प्रशिक्षण और सहयोग प्रदान किया जा सकता है। उन्हें ऐसे लोगों की भी आवश्यकता होगी, जो गेटिंग थिंग्स डन की कला में माहिर हों और इस सदी में मनचाहे नए स्तरों पर काम कर सकें। जब किसी कंपनी में यह सब, सभी स्तरों पर उसकी अपेक्षाओं, प्रशिक्षण और मॉडलिंग के साथ प्रकट होगा, तब संगठनात्मक उत्पादन के नतीजे और भी गहरे हो सकते हैं।

# 14

# जीटीडी और ज्ञानात्मक विज्ञान

जब से गेटिंग थिंग्स डन का पहला संस्करण प्रकाशित हुआ है, तब से सामाजिक और संज्ञानात्मक मनोविज्ञान के क्षेत्र में बहुत सारा शोध हुआ और उसकी प्रामाणिकता दर्ज की गई है। इसके साथ ही इस पद्धति से जुड़े नियमों के प्रभाव पर भी चर्चा हुई। अभी कुछ समय पहले तक इन अभ्यासों की केवल प्रयोगों व कहानियों के रूप में ही पुष्टि की जा सकती थी। जिस भी व्यक्ति ने कभी भी संग्रह करने, स्पष्ट करने, व्यवस्थित करने और परिणामों पर मनन करने की जीटीडी तकनीकों को लागू किया है, उन्हें एक जैसे नतीजे ही मिले : अधिक स्पष्टता, नियंत्रण व केंद्र और साथ ही अनुभव से जुड़े निजी और संगठनात्मक संबंधी लाभ। अगर आपने किसी भी सीमा तक इन्हें अपने जीवन में इस्तेमाल करना आरंभ किया है, तो हमें कोई संदेह नहीं कि आपको अपने भीतर सकारात्मकता में बढ़ोत्तरी अवश्य दिखाई दी होगी।

ज्ञानात्मक विज्ञान के क्षेत्र में विशेषज्ञों की ओर से किए गए कड़े अध्ययनों (जिनमें निजी से लेकर संगठनात्मक पहलू शामिल हैं) ने ऐसे आँकड़े देने आरंभ किए हैं, जो इस कार्य पद्धति को बुनियादी सहयोग देते हुए बताते हैं कि इसके सुधार क्यों और कैसे उत्पादित हुए हैं। हो सकता है कि कुछ हद तक ऐसा लगे कि कोई यह साबित करना चाहता है कि हम गुरुत्वाकर्षण को महसूस करने के बाद कह रहे हों कि इसका अस्तित्व होता है और हम इससे सजग होने के बाद निपट रहे हों। परंतु अगर दूसरे नज़रिए से देखा जाए तो कार्यप्रवाह प्रबंधन में निपुणता के लिए परामर्श देता है। मैंने इस जगह बताया है कि किस तरह गेटिंग थिंग्स डन की आसान लगनेवाली प्रक्रिया के कार्यप्रवाह प्रबंधन में निपुणता के लिए परामर्श देता है। मैंने इस जगह बताया है कि किस तरह गेटिंग थिंग्स डन की आसान लगनेवाली प्रक्रियाएँ और अभ्यास इतने अद्भुत परिणाम ला सकते हैं।

कई तरह के ढाँचों व श्रेणियों भी सहायक शोध प्रस्तुत हुए हैं :

- सकारात्मक मनोविज्ञान
- विभाजित संज्ञान - एक बाहरी मन का मूल्य
- अधूरे कामों के संज्ञानात्मक बोझ को कम करना
- प्रवाह का नियम
- आत्म-नेतृत्व का नियम
- अभिप्राय लागू करते हुए लक्ष्य के लिए प्रयत्न करना
- साइकोलॉजिकल कैपीटल

## जीटीडी और पॉजिटिव साइकोलॉजी

मार्टिन सैलिगमैन ने, वर्ष 2000 में अमेरिकन साइकोलॉजी की अध्यक्षता ग्रहण की। उन्होंने अपने अध्यक्षीय संबोधन में अपने पेशे को यह चुनौती दी कि वह अपना ध्यान मनुष्य की दशाओं के वर्णन, अध्ययन और उनकी दशाओं के नकारात्मक पहलुओं की तलाश करने के बजाय, इस बात के सकारात्मक पहलुओं पर दे कि एक मनुष्य होने का क्या अर्थ होता है। निःसंदेह उनका यह संदेश बीसवीं सदी के मध्य में अब्राहम मास्लो के प्रमुख विचार का ही प्रतिरूप था, जिसमें निजी संतुष्टि को मनोविज्ञान का सबसे संपन्न क्षेत्र माना गया। परंतु तब से सेलिगमैन के कॉल टू एक्शन, सकारात्मक मनोविज्ञान इस क्षेत्र में अपने पूर्ण रूप में विकसित हुए।

इस बदलाव के साथ जो अध्ययन हुए, उन्होंने बुनियादी और लागू करने योग्य स्तरों पर कुछ नए नज़रिए दिए। इसने हमें अनेक मनोवैज्ञानिक पहलुओं को समझने में मदद की, जिन्हें अनेक लोगों का जीवन सुधारने के लिए प्रयुक्त किया गया। सकारात्मक मनोविज्ञान एक विस्तृत अनुशासन है, परंतु इससे संबंधित पक्षों में प्रसन्नता, मनोवैज्ञानिक आरोग्य, प्रवाह या आदर्श अनुभव, अर्थ, आवेग, उद्देश्य, प्रामाणिक नेतृत्व, शक्ति, मूल्य, चरित्र और सद्गुण शामिल हैं। इन क्षेत्रों में ग्रेजुएट शिक्षा कार्यक्रम पूरी दुनिया में सामने आए और लगातार विस्तृत हो रहे हैं।

यह गेटिंग थिंग्स डन से क्या संबंध रखता है? जीटीडी कामों और प्रोजेक्ट्स के प्रबंधन से कहीं अधिक है। कई रूपों में यह केवल अपने लिए अधिक सक्षम

और प्रभावी होने के उपाय देने के बजाय सार्थक कार्य, सजग जीवन और और मनोवैज्ञानिक आरोग्य देने के बुनियादी मुद्दों से जुड़ा दिखाई देता है। सामान से जुड़े नतीजों पर बल देना, उन्हें कैप्चर, क्लैरीफाई और ऑर्गेनाइज करना : अंत में उन नतीजों का मूल्यांकन करना ताकि आप स्पष्टता से सोच सकें, यह उन सभी मूल अभ्यासों का वर्णन करता है, जो वास्तव में एक बेहतर जीवन के वास्तविक अनुभव हो सकते हैं।

फिर भी उन विविध सिद्धांतों और नियमों पर ध्यान देना रोचक जान पड़ता है, जो हमारे मनोविज्ञान के अधिक सुनिश्चित पक्षों, हमारी भलाई और हमारे प्रदर्शन पर केंद्रित हैं - ये सभी गेटिंग थिंग्स डन के नियमों और अभ्यासों से निकट संबंध रखते हैं।

## वितरित ज्ञान : एक बाहरी मन का मूल्य

आपका मन विचारों को सोचने के लिए है, यह उन्हें पकड़े रखने के लिए नहीं है।

वर्ष 2008, बेल्जियम में दो शोधकर्ताओं ने मेरी कार्य पद्धति को विशेष तौर पर प्रमाणिक आँकड़ों और संज्ञानात्मक विज्ञान के कार्यकारी सिद्धांतों के नज़रिए से देखते हुए एक व्यावसायिक पत्रिका में कमाल का पत्र प्रकाशित किया - गेटिंग थिंग्स डन: द साइंस बिहाइंड स्ट्रेस फ्री प्रोडक्टिविटी[1]। उनके अद्भुत और विस्तृत मूल्यांकन व निष्कर्ष, मेरी ओर से किए जा सकनेवाले न्याय से कहीं बेहतर थे (यह पत्र कई बार पढ़ा जाने योग्य है)। परंतु यह भी कहना होगा कि इसका विषय्र गहन है : आपका मन केवल विचारों को पाने के हिसाब से तैयार किया गया है, जो किसी नमूने के आधार पर काम करता, परंतु इसे किसी भी चीज़ को बहुत ज़्यादा याद रखने के हिसाब से तैयार नहीं किया गया।

इसे जिस तरह तैयार किया गया है, यह चीज़ों को पहचान तो सकता है परंतु बहुत अच्छी तरह याद नहीं कर पाता। आप कैलेंडर को एक नज़र देखकर आज के संदर्भ में दिन और तिथि देखकर अपना काम कर सकते हैं पर अगर आपको अगले चौदह दिन का कैलेंडर याद करने को कह दिया जाए तो आप ऐसा नहीं कर सकेंगे।

---

[1] फ्रांसिस हेलीघेन व क्लीमेंट वीडल, 'गेटिंग थिंग्स डन: द साइंस बिहाइंड स्ट्रेस फ्री प्रोडक्टिविटी' : लॉन्ग रेंज प्लानिंग 41, नंबर 6 (2008) : 585-605

डेनियल लेवीटिन ने अपनी पुस्तक 'द ऑर्गेनाइज्ड माइंड'[2] में संज्ञान पर आधारित विज्ञान की नई खोजों का अच्छा विवरण दिया है। यह हमें बताता है कि आज के सूचना युग में प्रासंगिक आंकड़ों व जानकारी की सजगता बनाए रखने के लिए हमारी क्षमता सीमित है और हमें इसे बनाए रखना होगा। जिसके लिए एक 'बाहरी दिमाग' की आवश्यकता हो सकती है।

सबसे ज़रूरी बात यह है कि जब आप अपनी स्मरण शक्ति को ऑर्गेनाइजिंग तंत्र के रूप में इस्तेमाल करते हैं (जैसा कि अधिकतर लोग इस ग्रह पर कर रहे हैं, वे अपने जीवन के प्रबंधन के लिए अधिकतर ऐसा ही करते हैं), आपका दिमाग निश्चित तौर पर भावुक और अक्षम होगा क्योंकि आप उससे ऐसे गहन काम की अपेक्षा कर रहे हैं, जिसके लिए उसे नहीं बनाया गया।

अगर आप किसी तरह इसके लिए कुछ ऐसे ट्रिगर तैयार कर सकें, जो इसे पूरी सटीकता और क्षमता के साथ बाद में सोचने और काम करने की याद दिला सकें- जैसे ई-मेल, कैलेंडर या मुलाकात का समय तय करना आदि, तो यह पूरी से निश्चिंत हो जाता है। इसे उस स्वचालित और परिष्कृत चिंतन पर भरोसा हो जाता है, जो इसे सही हालात सामने आने पर, उचित संदर्भ में किसी काम को करने की याद दिला देगी। आप भरोसा करें, आपको अपने कैलेंडर पर लगाया हुआ निशान, मीटिंग से बहुत पहले ही दिखने लगेगा और आप इसके लिए मानसिक तौर पर पूरी तरह से तैयार होंगे।

जीटीडी की कार्यपद्धति उन चीज़ों को पहचानती है, जिन्हें केंद्रित ध्यान की ज़रूरत है। जिन्हें पूरी सक्षमता से लागू किया जा सकता है और इसके साथ ही यह सही समय पर सटीक सोच के लिए ट्रिगर भी प्रदान करती है। बेल्जियम शोधकर्ताओं ने इस बात के विज्ञान को विस्तार से समझाया है कि हमारा दिमाग किन कामों को बेहतरी से कर सकता है या किन कामों को पूरी बेहतरी से नहीं कर सकता। उन्होंने एक ढाँचा तैयार किया है, जिसके अनुसार हम कम से कम चिंतन के साथ अधिक से अधिक उत्पादक नतीजे पैदा कर सकते हैं![3]

---

[2] द ऑर्गेनाइज्ड माइंड : थिंकिंग स्ट्रेट इन द एज ऑफ इंफरमेशन ओवरलोड, डेनियल जे. लेवीटिन (न्यू यॉर्क: डटन, 2014)

[3] कीट व्यवहार के विश्लेषण मे फ्रांसिस हेलीघेन की पृष्ठभूमि और विशेषज्ञता – किस तरह दिमाग न रखनेवाले जीव भी प्रभावी नतीजे पैदा करते हैं। उन्होंने हम इंसानों के लिए ठीक वैसा ही एक मामला तैयार किया है, जिसमें गेटिंग थिंग्स डन को एक प्रमुख मंच माना गया है।

## अधूरे कामों के बोझ से मुक्ति

इस सदी के आरंभ में, डॉ. रॉय बॉमिस्टर ने इस विषय में बहुत ही सार्थक कार्य किया है। उन्होंने अधूरे लक्ष्यों, प्रोजेक्ट्स, नतीजों आदि का चेतना पर पड़नेवाले प्रभावों को देखते हुए निष्कर्ष निकाले। ये वे काम और प्रोजेक्ट्स थे, जिनके लिए आप प्रतिबद्ध थे पर उन्हें पूरा नहीं कर सके। उनके निष्कर्षों से वही प्रमाणित होता है, जिसका मैं कई दशकों से अनुभव करता आ रहा हूँ – अधूरे काम दिमाग में जगह बना लेते हैं, जो हमारी स्पष्टता और केंद्र को सीमित कर देता है।[4] परंतु रोचक बात यह है कि जीटीडी अभ्यासों के अनुरूप ही, उन्होंने यह भी प्रमाणित किया है कि दिमाग पर पड़े बोझ को घटाने के लिए इस काम को पूरा करना आवश्यक नहीं है। इसके लिए एक भरोसेमंद योजना चाहिए जो यह तय कर दे कि आनेवाले समय में वे काम पूरे होंगे।[5]

बॉमिस्टर के मॉडल में किसी काम को पूरा करने का नेक्स्ट एक्शन तय करना ही नियोजन का पर्याप्त परिणाम है – जब तक वह रिमाइंडर किसी ऐसी जगह रखा है जिसके लिए हम निश्चिंत हो सकते हैं कि वह सही समय पर हमारे सामने होगा। मेरी सोच और मॉडल को उनकी विलपावर नामक अद्भुत पुस्तक में स्थान दिया गया है, जो उन्हें मानसिक मांसपेशियों के प्रबंधन के संपन्न संदर्भ में लेती है, जिसे हमें अपने नॉलेज वर्क में निरंतर लागू करना चाहिए।[6]

## फ्लो थ्योरी

इस क्षेत्र में एक और अहम धारणा है जिसे जीटडीडी से जोड़ा जाता है, वह फ्लो या प्रवाह का विचार है – आदर्श प्रदर्शन व जुड़ाव की अवस्था। खिलाड़ी अक्सर इसे 'अपने ज़ोन में होने की अवस्था' का नाम देते हैं। और आप इसे 'जल जैसे

---

[4] रॉय एफ. बॉमिस्टर और ई जे मैसीकैंपो, 'अधूरे लक्ष्य उन कामों के लिए बाधा बनते हैं, जिनके लिए एक्जीक्यूटिव कार्यवाही की आवश्यकता होती है।' जर्नल ऑफ एक्सपेरीमेंटल सोशल साइकोलॉजी, 47, नंबर 2 (2011) : 300-11

[5] रॉय एफ. बॉमिस्टर और ई जे मैसीकैंपो, 'इसे हुआ जानें! योजना बनाने से अधूरे लक्ष्यों के संज्ञान संबंधी प्रभाव समाप्त हो जाते हैं।' जर्नल ऑफ पर्सनैलिटी एंड सोशल साइकोलॉजी, 101, नंबर 4 (2011) : 667-83

[6] रॉय एफ बॉमिस्टर एंड जॉन, विलपावर : डिस्कवरिंग द ग्रेटेस्ट ह्यूमन स्ट्रेंथ

मन' की उपमा से भी जोड़ सकते हैं, जिसके बारे में हमने पहले अध्याय में बात की थी।

प्रवाह का यह अनुभव कई तरह से प्रकट किया जा सकता है, जिनमें से कई जीटीडी पहल में लागू किए गए हैं। अगर आप भी प्रवाह का अनुभव करना चाहें तो इसके लिए अनिवार्य है कि दिए गए काम में आपके कौशल, हाथ की चुनौती से मेल खाते हों। अगर चुनौती आपके कौशल से अधिक होगी तो आपको व्याकुलता का सामना करना होगा और अगर आपके कौशल चुनौती से अधिक हुए, तो आप उस काम के दौरान नीरस अनुभव करेंगे।[7] अक्सर प्रवाह को काम के प्रति पूरी एकाग्रता से जोड़ा जाता है। आप स्वयं को पूरी तरह से नियंत्रण में पाते हैं और आपके सामने स्पष्ट लक्ष्य होते हैं। प्रवाह से जुड़े लोगों को प्राय: यह अनुमान होता है कि इसके बाद क्या होनेवाला है और वे काम के माध्यम से फीडबैक ले सकते हैं। वे काम और सजगता के आपसी मेल को भी अनुभव करते हैं, जिसके दौरान वे अपनी आत्म-सजगता और समय के भाव को भी भुला देते हैं। वे अक्सर पूरी तरह से प्रोत्साहित होते हैं और काम को किसी बाहरी पुरस्कार के लिए नहीं बल्कि अपने लिए करते हैं। प्रवाह से जुड़े लोग आदर्श स्तर पर प्रदर्शन करते हैं और अपने काम में पूरी तरह से मग्न होते हैं। एक बार कोई व्यक्ति प्रवाह का अनुभव पा ले, तो वे अक्सर उस काम को बार-बार करना चाहते हैं, जिसमें उन्हें वह अनुभव मिला हो।

हालाँकि प्रवाह को मूल रूप से आरादायक गतिविधियों के साथ जोड़ा गया था, जैसे चट्टान पर चढ़ना या पेंटिंग आदि। परंतु फ्लो के लेखकों[8] ने पाया कि लोग अक्सर अपने काम के दौरान उच्च कौशल, उच्च तकनीक से जुड़ी गतिविधियों से दो-चार होते हैं। यह अनुपात 54 प्रतिशत होता है जबकि आरामदायक गतिविधियों में इसे 18 प्रतिशत पाया गया है। उनके अनुसार कुछ कामों में सहज ही एसे लक्ष्य और फीडबैक के ढाँचे होते हैं कि काम के दौरान प्रवाह का अनुभव होता है, यह विचार व्यक्तिपरक कल्याण के उच्चतम स्तरों से संबंध रखता है।[9]

---

[7] मिहेली, फ्लो : द साइकोलॉजी ऑफ ऑप्टीमल एक्सपीयरेंस (न्यू यॉर्क: हार्पर पैरीनियल, 1990)

[8] एम. सिक्जीसेंटमिहलयाई एंड जे लीफर्व, 'ऑप्टीमल एक्सपीयरेंस इन वर्क एंड लैजर, जर्नल ऑफ पर्सनेलिटी एंड सोशल साइकोलॉजी, 56 नंबर 5 (1989) : 815-22

[9] क्लाइव फुलागर एंड ई केविन कैलोवे, 'वर्क रिलेटिड फ्लो इन, 'ए डे इन द लाइफ ऑफ ए हैप्पी वर्कर, संपादित, आरनोल्ड बी बैकर एंड कैविन डेनियल्स (न्यू यॉर्क साइकोलॉजी प्रेस, 2013), 41-57)

जीटीडी पहल में प्रवाह के अनुभव की अनेक दशाएँ शामिल हैं – जैसे स्पष्ट लक्ष्य रखते हुए फीडबैक लेना। जीटीडी भी जोर देता है कि एक बार में एक ही काम पर ध्यान देना चाहिए, जो कि प्रवाह के अनुभव के सार से बहुत निकट संबंध रखता है; किसी ऐसी गतिविधि में पूरी तरह से तल्लीन होना, जिसमें कोई और उत्तेजन क्षेत्र न हो। जीटीडी अपनाने से इंसान को अपने काम और निजी जीवन में प्रवाह खोजना आसान हो जाता हे। काम को अपने मन और बाहरी तंत्र से बाहर निकालने से, वे ज़्यादा आसानी से प्रगति की जाँच कर सकते हैं, जो फीडबैक का ही रूप है। काम और जीवन में अपनी प्रतिबद्धताओं की पूरी तस्वीर रखने से इंसान को इस बात पर निर्णय लेने में आसानी होती है कि उसे किस क्षण में किस काम पर ध्यान देना चाहिए ताकि वह हाथ के काम में पूरी तरह से मग्न होते हुए, अपने लिए प्रवाह के अनुभव जैसा नतीजा पा सके।

आप एक बार में एक ही चीज़ पर अपना सजग ध्यान लगा सकते हैं। अगर आपका पूरा ध्यान उसमें ही है, तो आप प्रवाह में हैं।

## आत्म-नेतृत्व थ्योरी

आत्म-नेतृत्व या सेल्फ-लीडरशिप, अस्सी के दशक के मध्य में स्व-प्रबंधन की अवधारणा के विस्तार में सामने आई। नेक और मैंज़[10] के अनुसार, सेल्फ-लीडरशिप एक ऐसी प्रक्रिया है, जिसके माध्यम से इंसान अपने बर्ताव को वश में रखते हुए, स्वयं को निश्चित व्यवहार और संज्ञान से जुड़ी रणनीतियों के माध्यम से प्रभावित कर सकता है। अभ्यास पर आधारित पुस्तकों, सैद्धांतिक और प्रयोगों पर आधारित पत्रिकाओं के प्रकाशन, प्रबंधन और नेतृत्व संबंधी किताबों में शामिल करने से, सेल्फ-लीडरशिप की लोकप्रियता बढ़ी और इसके ट्रेनिंग प्रोग्रामों की एक तरह से बाढ़ आ गई।

सेल्फ-लीडरशिप से जुड़ी रणनीतियों को आम तौर पर तीन श्रेणियों में विभाजित कर सकते हैं : व्यवहार पर आधारित, प्राकृतिक पुरस्कार और रचनात्मक विचार ढाँचा।

---

10 क्रिस्टोफर पी नेक एंड चार्ल्स सी. मैंज़, मास्टरिंग सेल्फ-लीडरशिप : एंपावरिंग यूअरसेल्फ फॉर पर्सनल एक्सीलेंस, छठा संस्करण (अपर सैडल रिवर, एनजे: पीयरसन पेशेंस हॉल, 2012), 192

व्यवहार पर आधारित रणनीतियाँ प्राय: व्यवहारात्मक प्रबंधन के लक्ष्य को ध्यान में रखते हुए आत्म-सजगता बढ़ाने पर केंद्रित होती हैं। कार्य के संदर्भ में, ये रणनीतियाँ आमतौर पर, असुखद किंतु अनिवार्य कार्य करने पर जोर देती हैं। इन रणनीतियों के परिवार में आत्म-निरीक्षण, आत्म-लक्ष्य तय करना, आत्म-पुरस्कार, आत्म-दंड तथा आत्म-संकेत शामिल हैं।

प्राकृतिक पुरस्कार पर आधारित रणनीतियाँ ऐसी परिस्थितियों को पैदा करती हैं, जिनमें एक व्यक्ति स्वयं गतिविधि से ही पुरस्कृत या प्रेरित होता है। ये रणनीतियाँ असुखद कार्यों या गतिविधियों को और अधिक आनंददायक बनाकर, गतिविधि में ही छिपे पुरस्कार या लाभ के पहलुओं पर ध्यान देने के लिए केंद्रित होती हैं।

> उचित समय और उचित वस्तुओं के बारे में स्वयं को आत्म-इंगित करना या सूचना देना, तनाव-रहित उत्पादन का मूल अभ्यास है।

रचनात्मक व्यवहार पर आधारित रणनीतियाँ ऐसी सोच पैदा करने से जुड़ी हैं, जो प्रदर्शन को सकारात्मक तौर पर प्रभावित कर सकती है। इस तरह की रणनीतियों के उदाहरणों में आत्म-वार्तालाप, मानसिक कल्पना तथा विश्वास व अवधारणाओं को नए सिरे से गढ़ना शामिल है।

जीटीडी के कुछ पक्ष ऐसे हैं, जो आत्म-नेतृत्व के इन तीनों सिद्धांतों से संबंध रखते हैं। इनमें से आत्म-संकेत की अवधारणा पूरी तरह से स्पष्ट है। एक पूरी तरह से तैयार जीटीडी तंत्र एक ऐसी भौतिक शिल्पकृति प्रदान करता है, जो आगे कार्य करने नहीं देती। जीटीडी कार्य पद्धति प्राकृतिक रणनीतियों के अंगों का भी एक रूप है। छोटे पर अच्छे न लगनेवाले कामों की देख-रेख में भी एक तरह का आनंद छिपा है - इस विधि को प्रयोग में लाकर अपने दिमाग को कुछ समय के लिए आराम करने का समय दिया जा सकता है। अंत में, जीटीडी का एक प्रमुख तत्त्व यह भी है कि आप अपने काम को विशाल प्रोजेक्ट का अंश ही नहीं बल्कि प्रत्यक्ष तौर पर ठोस नेक्स्ट एक्शन के तौर पर लेते हैं। प्रेरक अवस्था के लिए यह भावुक या द्रवित कर देनेवाली पहल आपको इस योग्य बनाती है कि आप ऐसे कामों को अपनी सोच में एक सकारात्मक मिसाल की तरह स्थापित कर सकें।

आत्म-नेतृत्व की नीतियों के पालन करने से लोगों के भीतर आत्म-क्षमता

का गुण विकसित होता है और संगठनात्मक मनोविज्ञान की बात करें, तो इस विषय पर विशद अनुसंधान व शोध हुआ है। इसे पारंपरिक कर्मचारियों व उद्यमियों के लिए नौकरी से मिलनेवाले संतोष, कार्य के प्रदर्शन तथा अन्य सकारात्मक संगठनात्मक व्यवहारों से जोड़ा गया है।

## अभिप्राय या मंशा के माध्यम से लक्ष्य की प्राप्ति

लक्ष्य या मनचाहे परिणाम जीवन का आवश्यक अंग हैं और जीटीडी निजी और व्यावसायिक दोनों तरह के लक्ष्य पूरे कर सकती है। गौलविट्ज़र और ओट्टिंजन ने लक्ष्य प्राप्ति पर काफी शोध किया है और 'अभिप्राय लागू करने' की अवधारणा दी है, जिसे इंप्लीमेंटेशन इंटेशंस का[11] नाम दिया गया है। संक्षेप में, उनका कहना है कि लक्ष्य की ओर बढ़ने का सबसे बेहतर तरीका यही है कि लक्ष्य से जुड़े कदम उठाते हुए, अपने मस्तिष्क में कारण और प्रभाव लिंक को स्थापित करें। जब आप समय से पहले योजना बनाते हैं और तय करते हैं कि किसी संदर्भ में कौन से कदम उठाने होंगे, तो आप अपनी सीमित संकल्पशक्ति के बावजूद उचित व्यवहार लागू करने के योग्य हो जाते हैं। दूसरे शब्दों में, यदि आपको यह यकीन हो जाए कि आप कमोबेश कार्य को स्वचालित तौर पर कर सकेंगे तो आपको भीतर से उचित दिशा मिलती है और आप परिणाम की ओर बढ़ पाते हैं, आपको सही समय पर भीतर से साहस मिलता है। आपको कब और क्या करना चाहिए, लगातार ऐसा सोचने पर भी इसका क्षय नहीं होगा।

जीटीडी और अभिप्राय लागू करने की अवधारणा, दोनों ही मनचाहे नतीजे के लिए तंत्र को एक ट्रिगर की तरह प्रयोग में लाते हैं। मिसाल के लिए, 'जब मेरे पास ऑफिस में एक घंटे से अधिक समय और ऊर्जा का उच्चतम स्तर होता है, तो मैं अपने काम की सूची को देखते हुए, अपने लिए कोई चुनौतीपूर्ण और महत्वपूर्ण कार्य खोजूँगा।' या 'जब रविवार आएगा तो मैं दोपहर को साप्ताहिक समीक्षा करूँगा।' या 'जब काम का बोझ दिमाग पर हावी होगा तो मैं मानसिक तौर पर खुद को आराम देने की प्रक्रिया अपनाऊँगा।' इस तरह के अनेक उदाहरण दिए जा सकते हैं।

---

11 पीटर एम. गौलविट्ज़र और गैबरियल ओट्टिंजन, 'प्लानिंग प्रमोट्स गोल स्ट्राइविंग' इन कैथनलीन डी. वोस और रॉय एफ बॉमिस्टर, संपादित, हैंडबुक ऑफ सेल्फ-रेगुलेशन: रिसर्च, थ्योरी एंड एप्लीकेशंस, दूसरा संस्करण (न्यू यॉर्क: गुइलफोर्ड, २०११), १६२-८५

## साइकोलॉजिक कैपीटल, साई कैप

यह एक नया ढाँचा है, जिसके अधीन संगठनात्मक मनोविज्ञानी कर्मचारियों के संपूर्ण संसाधनों की अवस्था और उसके प्रभावों का मूल्यांकन करने लगे हैं। इसमें परिभाषित करने योग्य चार पहलू शामिल हैं : 1. **आत्म-क्षमता** वह आत्मविश्वास है, जो चुनौतीपूर्ण कामों को अनिवार्य प्रयत्नों के साथ पूरा करने से जुड़ा है। 2. **आशावादिता** में वर्तमान और भविष्य में सफलता पाने के लिए सकारात्मक कार्य करना शामिल है। 3. **लचीलापन** में मूल लक्ष्य पर वापस आना शामिल है या फिर इसे कष्टों व चुनौतियों का सामना करने के बाद अस्तित्व की ओर लौटना भी कहा जा सकता है। 4. **आशा** का अर्थ है कि उम्मीद से लक्ष्य की ओर बढ़ना और ज़रूरत पड़ने पर स्वयं को नई दिशा देना।

व्यक्तिगत रूप से, इन गुणों में से प्रत्येक कुछ हद तक विविध परिणामों को दर्शा सकता है। उदाहरण के लिए, किसी की आशावादिता का संबंध सीधा किसी खास नतीजे या बर्ताव से जुड़ा हो सकता है। हालाँकि जब इन चारों को मनोविज्ञान के अधीन लिया जाता है, तो ये साईकोलॉजिकल कैपीटल कहलाते हैं, जिनके माध्यम से आप बहुत कुछ पहले से अनुमान लगा सकते हैं। साईकोलॉजिकल कैपीटल के इस छोटे से इतिहास के दौरान, इसे कई सकारात्मक व्यक्तिगत और संगठनात्मक व्यवहारों से जोड़ा गया है, जैसे नौकरी में प्रदर्शन[12] और मनोवैज्ञानिक कल्याण[13]।

साईकोलॉजिकल कैपीटल एक लक्षण के बजाय किसी अवस्था का विवरण है –इसे बदला या विकसित किया जा सकता है या व्यक्ति की भावदशा के अनुसार

---

12 एफ. लुथांस, बी जे. एवोलियो, जे.बी. वी और एस.एम नॉरमन, पॉजिटिव साइकोलॉजिकल कैपीटल : मेजरमेंट एंड रिलेशनशिप विद परफॉरमेंस एंड सेटिस्फेक्शन', पर्सनल साइकोलॉजी 60 ए नंबर 3 (2007): 541-72

टी. सन, एक्स डब्लू ज़हाओ, एल. बी. यांग और एल. एच. फांग, 'द इंपेक्ट ऑफ साइकोलॉजिकल कैपीटल ऑन जॉब एंबेडिडनेस और जॉब परफॉरमेंस एमंग नर्सिज : ए स्ट्रक्चर इक्वेशन एप्रोच, 'जर्नल ऑफ एडवांस नर्सिंग 68, नंबर 1 (2012): 69-79, डीओआई 10.1111/जे. 1365-2648.2011.05715.एक्स

13 एफ. लुथांस, बी जे. एवोलियो, आर.एम.स्मिथ और एन.एफ. पामर, इंपेक्ट ऑफ पॉजिटिव साइकोलॉजिकल कैपीटल ऑन एंप्लाई वैल बीइंग ओवर टाइम, 'जर्नल ऑफ ऑक्यूपेशनल हेल्थ साइकोलॉजी 15 नंबर 1 (2010): 17-28, डीओआई 10.1037/ए. 0016998

मिनट प्रति मिनट नया रूप दे सकते हैं। यह इस बात का अंतर प्रकट कर सकता है कि आज आप सबसे बेहतर महसूस कर रहे हैं या आपका मन निराश है?

अच्छी खबर यह है कि ऐसी मानसिक अवस्था बदली जा सकती है - आप कुछ ऐसे काम कर सकते हैं, जिससे आपकी मानसिक दशा में सुधार हो और ऐसा करने के लिए आपको अपने किसी आंतरिक पहलू को भी बदलने की ज़रूरत नहीं है।

गेटिंग थिंग्स डन साईकोलॉजिकल कैपीटल मॉडल की अनिवार्य सामग्री और परिणामों से प्रत्यक्ष संबंध रखती है। जब आप लोगों को उनकी ओर से किए जानेवाले कामों की पूरी तस्वीर दिखाते हैं ताकि वे दिए गए समय में किए जाने और न किए जानेवाले कामों के बारे में निर्णय ले सकें, तो अपने-आप ही एक तरह का आत्मविश्वास और नियंत्रण का भाव पैदा होता है। अगर आप सारे अधूरे छूटे हुए कामों को स्मृति से निकालकर बाहर की ओर ला सकें और इसके साथ ही सही तरीके से उनके लिए किए जानेवाले कामों की सूची बना सकें, तो यह आत्म-नियंत्रण और स्पष्टता की दिशा में एक अभ्यास होगा। जीटीडी का अभ्यास करनेवाला इंसान जानता है कि क्या करना है और वह इसे कैसे पा सकता है। वह उपलब्ध समय, ऊर्जा और संदर्भों से जुड़ी पाबंदियों को ध्यान में रखता है।

जीटीडी को अपनाने से लोगों के भीतर आशावादिता का जन्म होता है क्योंकि यह उन्हें प्रोजेक्ट्स की सफल संपूर्णता और उनके निजी शक्तिशाली और लक्ष्य पर आधारित प्रयत्नों में संपर्क साधना सिखाती है। लोग सार्थक प्रोजेक्ट्स को पहचानते हैं, उन्हें पूरा करने के लिए अगले कदम तय करते हैं और फिर प्रोजेक्ट के पूरे होने तक आदर्श रूप में प्रक्रिया का पालन करते हैं। हर हासिल होनेवाली 'जीत' के साथ, भीतर से और सकारात्मक वचनबद्धता विकसित होती है।

इसके अतिरिक्त, जीटीडी में, निर्णय निर्धारण को केंद्र में रखना और 'कार्य को परिभाषित करने के लिए कार्य करना' भी शामिल है, जिसे आप आशा के दोनों पहलुओं के अभ्यास (लक्ष्य तय करना और उन्हें पूरा करने के उपाय करना) के तौर पर देख सकते हैं। लोग इस तरह की निर्णय निर्धारण प्रक्रिया के दौरान लक्ष्य तय करते हैं (किया गया काम कैसा दिखेगा?) और फिर देखते हैं कि उस काम को पूरा करने के लिए क्या करना होगा (नेक्स्ट एक्शन क्या होगा?)।

जीटीडी का प्रयोग करनेवाले अभ्यासकर्ताओं को अपनी असफलताओं से उबरने में समय नहीं लगता, हालाँकि इस बारे में कोई प्रत्यक्ष प्रमाण उपलब्ध नहीं, परंतु निश्चित रूप से मैंने ग्रह के सबसे प्रखर और श्रेष्ठ व्यक्तियों के उदाहरण से इसे देखा व जाना है। परिवार में आनेवाली गंभीर समस्याओं से निबटते हुए या नौकरी और कैरियर में आनेवाले बदलावों का सामना करते हुए, लोगों ने ऐसे कई साक्ष्य प्रस्तुत कए हैं, जिससे पता चलता है कि जीटडी अभ्यास को अपनाने से उनकी मन की स्थिरता, उत्पादकता और धैर्य में वृद्धि हुई। यह पद्धति इंसान को किसी भी कठिन हालात से निबटने के लिए एक नियंत्रित धैर्य और शांति प्रदान करती है ताकि वे अपनी मानसिक क्षमताओं के बल पर सामने दिख रही चुनौती को पूरा करते हुए, बहुत सारे कामों को उचित संयोजन में पूरा कर सकें। तनाव या परेशानी के दौरान, जो लोग पूरी स्पष्टता से चिंतन करते हैं और नतीजों पर बेहतर तरह से काम करते हैं, वे दूसरे लोगों की तुलना में तनाव का कहीं बेहतर तरीके से सामना कर पाते हैं।

साईकोलॉजिकल कैपीटल मॉडल एक ऐसा ढाँचा भी देता है, जिसके अनुसार समझा जा सकता है कि जिन समूहों ने जीटीडी को एक सांस्कृतिक स्टैंडर्ड अनुभव के तौर पर लिया है, वे स्वयं को 'फूड चेन से थोड़ा ऊपर' पाते हैं और यह उनके संगठन के प्रत्युत्तर, संबंधों और नतीजे देने से संबंधित होता है। एक साईकोलॉजिकल कैपीटल मॉडल, संगठनात्मक मनोविज्ञान में एक परिभाषित करने योग्य, वैद्य और विकासात्मक क्षेत्र विकसित करता है या नहीं, यह उन लाभों को मानसिक, भावनात्मक, भौतिक और मनन योग्य रूप में प्रकट करता है, जो आपको जीटीडी को लागू करने से मिलते हैं।

इसमें कोई संदेह नहीं है कि आनेवाले सालों के दौरान, हम नए वैज्ञानिक आंकड़ों का निरंतर प्रवाह देखेंगे, जो उन बातों को सिद्ध करेगा, जिन्हें मैं इस मॉडल के साथ अपने अनुभवों को पहले दिन से कहता आ रहा हूँ; जिसे अन्य असंख्य लोगों ने भी जाना और माना है। जब हमारी सभी संभावित और सार्थक चीज़ें पूरी तरह से कैप्चर, क्लैरीफाई और ऑर्गेनाइज होती हैं और उन पर विचार हो चुका होता है तो उस समय आपका कहीं अधिक परिपक्व, परिष्कृत और बुद्धिमान रूप निकलकर सम्मुख आता है। इस तरह ऐसे परिणाम और अनुभव जन्म लेते हैं, जिनका कोई मुकाबला नहीं कर सकता।

# 15

# जीटीडी मास्टरी का मार्ग

जीटीडी वास्तव में आजीवन चलनेवाला अभ्यास है, जिसमें मास्टरी या प्रवीणता के अनेक स्तर मौजूद हैं। यह वायलिन जैसा वाद्य यंत्र बजाने या फिर टेनिस और शतरंज जैसा खेल खेलने की तरह ही है। यह गणित, कविता, कला, इतिहास और पेरेंटिंग जैसा ही है। इन सभी कामों में सीखना, किसी खास तरह के कामों और तकनीकों को लागू करना भी शामिल है। इन बातों का कोई अंत नहीं है कि आप इनमें कितने अच्छे बन सकते हैं या कितने कामों की खोज कर सकते हैं।

जीटीडी जीवन के उन कार्यों तथा प्रसंगों को संभालने की कला है, जो जीवन के किसी भी वर्ग या आयु में लगातार हमारे लिए विकसित हो रहे हैं। यह आपके वचनबद्धताओं और रुचियों को आत्मविश्वास व प्रवाह के साथ पहचानने से जुड़ा है। अक्सर नाटकीय तौर पर, समय के साथ-साथ आपका काम और केंद्र बदलेंगे। परंतु इसे संपूर्ण कौशल के साथ पूरा करना एक निश्चित अभ्यास है, जिसे एक जीवनकाल में सीखा व सुधारा जा सकता है।

प्रवीणता या मास्टरी का अर्थ किसी पर्वत की चोटी पर जेन जैसी शांति और प्रबोध की अवस्था पाने से नहीं जोड़ा जा सकता हालाँकि यह उसका वैकल्पिक सुंदर भाव हो सकता है। भले ही चुनौती जो भी हो, यह स्पष्टता व स्थिरता पाने के लिए दिखाई जानेवाली योग्यता है ताकि लगातार उत्पादक व्यवहार रखते हुए, अपने केंद्र को मनचाही जगह पर एकाग्र किया जा सके।

आपने अपने भीतर कितनी योग्यता हासिल की है, इसकी परीक्षा तब होगी जब आपका सामना ऐसी चीज़ों से होगा- जो अस्पष्ट, अस्थिर और भटकानेवाली हैं, जो आपके संसार में किसी भी परिवर्तन के प्राकृतिक और सामान्य लक्षण हैं। 'पानी जैसे मन' इस विचार के साथ यह नहीं माना जा सकता कि उस पानी में कभी उथल-पुथल नहीं होगी। इसके विपरीत, पानी उस बाधा के विरोध में जाने की

बजाय, उसके साथ उचित रूप से प्रवाहित होता है। जीवन बीतने के साथ-साथ ये बाधाएँ आपके बच्चे के छठी कक्षा के गृहकार्य से लेकर आपकी नई नौकरी की माँगों और रिटायरमेंट के समय कुछ करने के भाव से जुड़ी हो सकती हैं।

जीटीडी मास्टरी में इसके विविध अभ्यास सीखना व उन्हें संपूर्ण रूप में शामिल करना है। फिर उन्हें समग्र रूप से एकीकृत किया जाता है, जिनके परिणाम इसके भागों के कुल जोड़ की बजाय कहीं अधिक गतिशील अनुभव के रूप में सामने होंगे। जब आप टेनिस खेलना सीखते हैं तो आपका केंद्र इसके मूव्स पर रहता है; जैसे बैकहैंड, फोरहैंड, द लॉब और सर्व। जब आप वास्तव में टेनिस का खेल खेलते हैं, तो आप उन्हें एक साथ प्रस्तुत करते हैं। आप अपनी प्रवीणता या निपुणता बढ़ाते हैं, तो आपका केंद्र एक संपूर्ण रणनीति में बदल जाता है। ठीक इसी तरह, जीटीडी की प्रवीणता में इसके भागों पर आरंभिक निपुणता, तकनीकें और साधन शामिल हैं, जिन्हें आप आजीवन अपने जीवन और खेल का हिस्सा बना सकते हैं। इसके बारे में बिना सोचे-समझें एक संपूर्ण प्रणाली और दृष्टिकोण का उपयोग करके आपकी विशेषज्ञता को प्रतिबिंबित किया जाएगा।

## मास्टरी के तीन टायर

जीटीडी कार्यप्रणाली को अपनानेवाले लोगों से मिलकर मैंने पाया कि उन्होंने मॉडल का प्रयोग करने में परिपक्वता की तीन अवस्थाओं पर ध्यान दिया है :

1. कार्यप्रवाह के आधारभूत तत्त्वों को नियोजित करना।
2. एक संपूर्ण रूप से उन्नत और संपूर्ण जीवन प्रबंधन प्रणाली को लागू करना।
3. एक विस्तृत भाव तथा प्रकटीकरण के लिए कौशल रखना ताकि कार्य को पूरा किया जा सके।

यहाँ कार चलाना सीखने का उदाहरण लिया जा सकता है। सबसे पहले आपको सारी मूल बातों को अपने नियंत्रण में रखना होगा ताकि आप मशीन को इस तरह संभाल सकें कि वह आपको या किसी दूसरे को चोट न दे। पहले-पहल आपके लिए कार को संभालना मुश्किल हो सकता है पर कुछ समय के अभ्यास के बाद आप बेहतर तरीके से कार चला पाएँगे। इससे आपके जीवन में प्रभावशाली बदलाव आएगा क्योंकि अब आप उन सभी स्थानों पर जा सकते हैं, जहाँ आप पहले नहीं जा सकते थे। इसके बाद वह समय आता है जब आप गाड़ी चलाने के बारे में

सोचे बिना ही आराम से कार चलाते हैं - यह आपके जीवन का स्वचालित भाग हो जाता है। और अंततः, आप अधिक प्रदर्शनवाले वाहन को संभालने लायक हो जाते हैं, जिसमें बड़ी चुनौती और अवसर यही होता है कि आप कितने अच्छे तरीके से केंद्रित रहते हुए, स्वयं को वाहन के साथ एक कर सकते हैं, वाहन चलाते समय आप अपनी खुशी के स्तर को बढ़ता हुआ महसूस करेंगे।

इनमें से प्रत्येक अवस्था आपके केंद्र की सीमाओं और विशेष तकनीकों को लागू करने का प्रतिनिधित्व करती है। हो सकता है कि पहले-पहल आपको कार चलाते समय हल्के झटके महसूस हों परंतु धीरे-धीरे आप इसमें महारत हासिल कर लेते हैं। फिर आप प्रक्रिया के साथ सहजता और पहचान पाने के बाद, अपने केंद्र को सड़क के अगले मोड़ या बाहर जाने के मार्ग पर लगा देते हैं। इसके बाद आप सजगता के साथ अपनी विविध सीमाओं पर ध्यान केंद्रित करते हुए, परिस्थितियों से पैदा होनेवाले अलग-अलग हालात के बीच शहर के बाहर कार चलाने का साहस पा लेते हैं। ठीक इसी तरह, जब गेटिंग थिंग्स डन की तकनीकें आपका सहज स्वभाव बन जाती हैं, तो आप अपना ध्यान अपनी प्रणाली के यांत्रिकी से हटाकर इसके परिणामों पर लगा देते हैं।

## बुनियादी बातों की निपुणता

भले ही यह देखने में सरल लगे परंतु गेटिंग थिंग्स डन की बुनियादी बातों में निपुणता हासिल करने में थोड़ा समय लगता है। हालाँकि इसकी अवधारणाओं और सिद्धांतों को समझना और इनसे सहमत होना आसान है, परंतु यह ज़रूरी नहीं कि इसकी तकनीकों को पूरी तरह से अभ्यास में लागू करना भी सरल या स्वचालित प्रक्रिया होगी। यह ठीक कुछ ऐसा ही है, मानो आप कोई कार चला रहे हैं, कराटे पंच मार रहे हैं या फिर बांसुरी बजा रहे हैं - आरंभ में की जानेवाली क्रिया सहज या सरल नहीं होती। जब आप उन कामों को हज़ार बार कर चुके होंगे तब आपके भीतर वह गरिमा, शक्ति और सरलता आ सकती है, जो किसी और तरीके से पाई नहीं जा सकती थी। यही आपके जीटीडी सीखने के विषय में हो सकता है।

मिसाल के लिए, आपको संभवतः सार्थक चीज़ को बाहरी तौर पर जमा करना है ताकि आपके दिमाग पर उसका बोझ न रहे, यह कुछ ऐसा ही अभ्यास है, जिसे आप कार चलाते समय कुछ अलग तरह से अनुभव करते हैं। जीटीडी मॉडल के अधिकतर पक्षों की तरह, चीज़ों को लिखना भी कोई नया कौशल नहीं है, परंतु यह

एक ऐसा अभ्यास है, जिसे उपेक्षित करना आपके लिए हानिकारक हो सकता है। आपके मन में यह विचार आ सकता है कि अगर यह तत्काल रूप से महत्वपूर्ण नहीं है तो इसे लिखने की क्या ज़रूरत है। उस समय में अपनी इस सोच को परे धकेलकर, इस आदत को अपनाना ही अपने आपमें बड़ी चुनौती हो जाती है।

यदि शुरुआत में ही दूसरे बुनियादी अभ्यास लागू किए हों, तो वे भी आसानी से अधूरे और चलन से बाहर हो सकते हैं, इस तरह वे निष्क्रिय हो जाएँगे, जैसे -

- 'संग्रह किए गए सामान' पर नेक्स्ट एक्शन न ले पाना।
- 'वेटिंग फॉर' श्रेणी का भरपूर प्रयोग करना; समय रहते दूसरों के साथ किसी भी तरह के अपेक्षित लेन-देन को सूची में शामिल करना ताकि उसकी समीक्षा हो सके।
- दूसरों के साथ हुई बातचीत को एजेंडा लिस्ट में शामिल करना।
- एक आसान और सुगम पहुँच रखनेवाला फाइलिंग और रेफरेंस सिस्टम बनाना।
- कैलेंडर को उसकी पूरी क्षमता के साथ इस्तेमाल करना।
- अपने सिस्टम को अपडेट और कारगर बनाए रखने के लिए साप्ताहिक समीक्षा करना।

**आप आसानी से भटक सकते हैं...**

अगर आप गेटिंग थिंग्स डन को लेकर गंभीर हैं, तो इसे आरंभ करना इतना कठिन भी नहीं है, जैसा कि मैंने आपको इस पुस्तक के आरंभिक भागों में भी आश्वस्त करने की कोशिश की है। हालाँकि कहीं न कहीं, अगर ये नए अभ्यास और आदतें पूरी तरह से आपके व्यवहार प्रणाली का हिस्सा नहीं बने तो आप आसानी से भटक सकते हैं।

अधिकतर लोगों को सभी बातें अपने दिमाग में बनाए रखने की इतनी आदत होती है, वे आसानी से अपने पुराने परिचित ढाँचे में वापस चले जाते हैं। नेक्स्ट एक्शन तय करने के लिए आपको सोच-समझकर कदम उठाना होगा परंतु अगर कोई परिस्थिति बहुत अहम नहीं है तो आप आसानी से इस चरण को उपेक्षित कर सकते हैं। अगर आप साप्ताहिक आकलन को अपनी आदत नहीं बनाते, तो यह आपके लिए एक बड़ी चुनौती हो सकता है। इस तरह यह सब एक ऐसी निजी

प्रणाली में बदलने लगता है, जो पूरी तरह से अधूरी और चलन से बाहर है। तब आप अपनी सूचियों पर भरोसा नहीं कर सकेंगे क्योंकि वे आपको संपूर्ण तस्वीर दिखाएँगी। चूँकि सिस्टम की ओर से कोई दबाव नहीं होगा, तो आप यही निष्कर्ष निकालेंगे कि इसे बनाए रखना बेकार है और हो सकता है कि आप फिर से सभी बातों को मन में ही दोहराने के सिलसिले पर वापस आ जाएँ। ऐसे हालात में, कोई भी बड़ी आसानी से अपनी राह भटककर, पुरानी आदतों व अभ्यासों की ओर वापस जा सकता है।

**....और वापसी भी आसान है**

अच्छी खबर यह है कि आप भले ही कितना भी रास्ता क्यों न भटकें, आप आसानी से अपनी उत्पादक राह पर वापस आ सकते हैं। बस आपको बुनियादी बातों की ओर लौटना होगा : कागज और कलम लें और मन में जो भी आ रहा हो, उसे लिख दें; किए जानेवाले कामों और प्रोजेक्ट्स की सूचियों को तैयार करें; अपनी सूचियों में नए प्रोजेक्ट्स को शामिल करते हुए यह लिखें कि अगली क्रिया क्या होगी; आपके सिस्टम में जो भी अतिरिक्त या फालतू हो, उसे निकालकर नए सिरे से आरंभ करें।

राह भटकने और फिर से पटरी पर वापस आने का यह सिलसिला, लगभग सबके साथ ही होता है – खासतौर पर बुनियादी बातों को साधने से पहले चरण में तो ऐसा होता ही है। मेरे अनुभव से इस मॉडल को पूरी तरह से अपने काम और जीवन का हिस्सा बनाने में लगभग दो साल लग सकते हैं, जिस दौरान आप इसे लगातार बरकरार रखना भी सीख लेते हैं।

एक और अच्छा समाचार यह है कि अगर कोई व्यक्ति इसमें थोड़ी सी ही सामग्री प्रयोग में लाए या फिर प्रणाली को नियमित रूप से लागू न करें, तो भी उसके जीवन में काफी सुधार आ सकता है। अगर आप दो मिनटवाले नियम के अलावा कुछ भी नहीं लेते, तो भी वह आपके लिए कारगर हो सकता है। अगर आप सोने से पहले, दिमाग में बसी चीज़ें कहीं लिख सकें तो बेशक आप गहरी नींद ले सकेंगे। अगर आप किसी तरह अपने ई-मेल को कभी-कभी व्यवस्थित कर सकें, तो यह भी जश्न मनाने से कम नहीं होगा। यदि आप स्वयं से या दूसरों से यह पूछ सकें, 'इसके बाद क्या करना है?' तो यह आपके लिए तनावरहित उत्पादकता का उपहार ला सकता है।

बेशक, ये तकनीकें जितनी अधिक उचित व नियमित रूप से लागू होंगी, आपके लिए सब कुछ नियंत्रित करने का अनुभव उतना ही बेहतर होता चला जाएगा। बुनियादी बातों को साधनेवाले के जीवन में निश्चित रूप से रूपांतरण होता है। अगर आप भी उसी अवस्था में आ गए हैं, तो आप और भी कई कामों को कहीं तेजी और फुर्ती से पूरा कर सकेंगे। आपके पास जीवन में दूसरे कामों को भी पूरे आत्मविश्वास के साथ करने का साहस होगा। जीटीडी मास्टरी के पहले चरण में आप स्वयं को हर घंटे, हर दिन, पूरी तरह से नियंत्रित और अपने बस में रख सकेंगे।

## ग्रेजुएट लेवल - इंटीग्रेटिड लाइफ मैनेजमेंट (संपूर्ण जीवन प्रबंधन)

इस बिंदु पर, आप अगले स्तर पर ग्रेजुएट होने के लिए तैयार हैं - अब आप अपने जीवन को प्रति सप्ताह, प्रति माह या फिर लंबे समय के आधार पर नियंत्रित करने के लिए प्रस्तुत हैं। इसके लिए कहीं अधिक सजगता व अभ्यास के सूक्ष्म स्तर की आवश्यकता होगी। जैसा कि मैंने पहले भी कहा, जब आप कार चलाने में महारत पा लेंगे, तो आप अपने क्षितिज का विस्तार कर सकते हैं, इस तरह आपके लिए रास्ता काटना आसान होगा और आप कार के बजाय अपनी मंजिल पर अधिक ध्यान दे सकेंगे। ठीक इसी तरह, जब आप जीटीडी प्रक्रिया में परिपक्वता के एक स्तर तक आ जाते हैं, तब आप इस काम करनेवाले सिस्टम पर इतना ध्यान नहीं देंगे, आप इसे कहीं अधिक कोमलता के साथ व्यक्तिगत रूप से इस्तेमाल करेंगे, यह आपके लिए लंबे समय और अवधि तक सब कुछ नियंत्रित रखने का साधन बन जाएगा।

जहाँ मास्टरी के पहले स्तर में हमें इन-ट्रे, मीटिंग, ई-मेल, फोन कॉल्स, एजेंडा, वेटिंग फॉर, रेफरेंस सिस्टम, सूची प्रबंधन व उचित साधनों की आवश्यकता थी, इस चरण में आप उन बड़े मसलों से पेश आएँगे, जो बुनियादी स्तर पर सब कुछ संभाल रहे हैं। ये सभी निश्चित क्रियाएँ और सूचनाएँ एक स्थान रखती हैं क्योंकि वे अपने से बड़ी चीज़ों से संबंधित हैं - जैसे ऐसे प्रोजेक्ट्स, जिन्हें पूरा करना है; वे समस्याएँ जिन्हें हल करना है; हमारे जटिल जीवन में ध्यान और केंद्र से जुड़े क्षेत्र आदि। आपको ई-मेल क्यों मिल रहे हैं? उस मीटिंग का क्या उद्देश्य है, जिसमें आपको हिस्सा लेना है? अगली तिमाही में ऐसा क्या होनेवाला है, जिस पर आपको अभी से ध्यान देना होगा? ऐसे कौन से प्रोजेक्ट्स

हैं, जिन्हें किसी बड़े बदलाव की वजह से आगे आनेवाले समय के लिए टाल सकते हैं?

बुनियादी बातों की मास्टरी में आप प्रभावशाली और सक्षम तरीके से सब काम करना सीख जाते हैं, वही आपको यह योग्यता भी देती है कि आप सब कुछ पूरी तरह से अपने अधीन और नियंत्रण में रख सकें। आप प्रोजेक्ट्स को पहचानकर, उनका प्रबंधन करने और उनके परस्पर संबंध को भी समझने में निपुण हो जाते हैं। आपको उन्हें बड़े पैमाने पर क्रियान्वित करना आ जाता है। जब आपका मस्तिष्क शांत होता है तो ज्ञान संबंधी योग्यता में निखार आता है और आप संपूर्ण आत्म–प्रबंधन प्रणाली का कहीं अधिक रचनात्मक और उत्पादक प्रयोग कर पाते हैं।

गेटिंग थिंग्स डन के साथ परिपक्वता के इस अगले चरण में आप पाएँगे :

- प्रोजेक्ट्स की सपूंर्ण, ताज़ा और स्पष्ट जानकारी।
- व्यक्तिगत और व्यावसायिक रूप से व्यक्ति की भूमिकाओं, जवाबदेहियों व रुचियों का वर्किंग मैप।
- एक व्यक्ति की ताज़ा ज़रूरतों व दिशा के अनुसार एक संपूर्ण जीवन प्रबंधन प्रणाली, जिसे दिन–प्रतिदिन के जीवन में लागू किया जा सके।
- इस कार्यप्रणाली को प्रयोग में लाने की चुनौतियाँ और आश्चर्य, जो इसे आपसे दूर करने के बजाय आपके और निकट ला सकें।

## जब प्रोजेक्ट आपके संचालन प्रणाली का आधार हो

इस कार्य प्रणाली को लागू करते हुए, आप ऐसी अवस्था में पहुँचेंगे, जिसमें आपके प्राजेक्ट्स की सूची आपकी 'नेक्स्ट एक्शन सूची' की झलक मात्र होने के बजाय कहीं अधिक कारगर होगी और आपके प्रोजेक्ट्स अपने आपमें आपकी भूमिकाओं, केंद्र व रूचियों के क्षेत्रों की सच्ची झलक देंगे। इस बिंदु पर आते–आते, आपके जीवन प्रबंधन प्रणाली का केंद्र ग्राउंड लेवल के हॉरीजन से उठकर, हॉरीजन – 1 या हॉरीजन – 2 तक आ गया होगा (अध्याय– 2 में वर्णित)।

हालाँकि यह किसी भी तनावरहित उत्पादकता के लिए एक लगातार चलनेवाला अनुभव है, परंतु बहुत कम लोग – वे भी, जो कई सालों से गेटिंग थिंग्स

डन से जुड़े हैं - वे भी अपने प्रोजेक्ट्स के पूरे ब्यौरे की व्यावहारिक व नियमित समीक्षा ही कर पाते हैं। जो लोग इस स्तर तक आ जाते हैं और उन्हें इसकी ताकत का एहसास होता है, तो वे अपने लिए नियमों की सूची तैयार कर लेते हैं, जिसके सहारे वे आगे बढ़ते हैं।

प्रोजेक्ट के लिए मेरी विस्तृत परिभाषा (ऐसा कोई भी नतीजा जिसे एक साल के भीतर पाने के लिए एक से अधिक चरणों की आवश्यकता हो) के अनुसार, आपके लिए उन सभी से पार पाना किसी चुनौती की तरह हो सकता है, भले ही वे कितने भी स्पष्ट क्यों न हों। जैसे नए टायर डलवाने हैं, प्रिंटर ठीक करवाना है, नया बेबीसिटर खोजना है आदि। परंतु इस जगह असली परिपक्वता तब होगी, जब आप कुछ और गूढ़ मनचाहे परिणामों को शामिल कर सकें (जैसे टीम में फ्रेंक की नई भूमिका स्पष्ट करनी है, बेटीना के गणित ग्रेडों में सुधार के लिए शोध के विकल्प, पड़ोसी से चारदीवारी का मसला सुलझाना है आदि)। इस अवस्था में जीटीडी मास्टरी तब होगी, जब कोई किसी ऐसी चीज़ यानी चिंता, परेशानी, समस्या, मसले और तनाव को पहचान ले, जो उसका ध्यान अपनी ओर खींच रही है और फिर उसे मनचाहे परिणामों (प्रोजेक्ट्स) में बदल दे, जिन पर नेक्स्ट एक्शन के रूप में क्रिया की जा सके। अधिकतर लोग अपनी परेशानियों और अवसरों का तब तक विरोध करते हैं, जब तक कि उन्हें यह पता नहीं होता कि उन्हें सफलतापूर्वक संभाला जा सकता है। उन्हें एहसास नहीं होता कि वे किसी चीज़ को पहचानने के बाद ही उसके लिए कोई समाधान या मनचाहे परिणाम पा सकते हैं। आपके पड़ोसी के साथ चारदीवारीवाला मसला कानूनी मुकदमे से हल हो सकता है पर किसी नए टीम सदस्य की भूमिका या फिर आपकी बेटी के गणित ग्रेड के बारे में सही नतीजे पाने के लिए, प्रोजेक्ट को सही तरह से समझना होगा ताकि इसके समाधान के लिए कदम उठाए जा सकें। यह अपने आपमें एक असाधारण और परिपक्व स्व-प्रबंधन अभ्यास (सेल्फ मैनेजमेंट प्रैक्टिस) है।

### अपने प्रोजेक्ट सूची का आकलन और उसे बढ़ाना

हम जो भी करते हैं, वह जीवन के उन पहलुओं की भूमिका और जवाबदेही के लिए होता है, जिन्हें हम अपने जीवन में पसंद करते हैं या जिनसे जुड़ाव रखते हैं। मैं अपने भाई को कॉल करता हूँ ताकि उसका हालचाल पूछ सकूँ क्योंकि ये 'पारिवारिक संबंध' मेरे लिए मायने रखते हैं। मैं राशन का सामान खरीदता हूँ क्योंकि

मुझे लगता है कि सेहत और जीवंतता मायने रखते हैं। मैं बोर्ड मीटिंग का एजेंडा बनाता हूँ क्योंकि मुझे कंपनी में अपनी भूमिका में कार्पोरेट नज़रिया बनाए रखना है।

जब भी लोग वास्तव में उनके जीवन में व्यक्तिगत और व्यावसायिक केंद्र से जुड़े क्षेत्र के लिए चेकलिस्ट बनाते हैं, तब उन्हें एहसास होता है कि अभी उन्हें उसमें और भी कई प्रोजेक्ट्स को शामिल करना है। तब उन्हें यह भी एहसास होगा कि वे अपने काम या व्यक्तिगत जीवन के कुछ खास पहलुओं पर पूरा ध्यान नहीं दे रहे थे और इस तरह वे अपने प्रोजेक्ट्स की सूची में अधिक संतुलन और संपूर्णता लाने के लिए प्रेरित होते हैं।

**एक संपूर्ण जीवन–प्रबंधन प्रणाली**

इस निपुणता की अवस्था का तीसरा पक्ष है कि आपकी प्रणाली न केवल कई तरह की सूचियों, जानकारी, एप्लीकेशंस और टूल्स का अंबार है बल्कि यह एक नियंत्रण कक्ष भी है, जिसके सभी तत्त्व मिलकर पूरी क्षमता से काम करते हैं, चाहे परिस्थितियाँ कोई भी क्यों न हों। आपके पास अपनी सूची और श्रेणियों को वैयक्तिक बनाने की योग्यता आ जाएगी, आप अपनी दुनिया में हो रहे बदलावों के प्रत्युत्तर में उनका प्रयोग कर सकेंगे और संभावनाओं के साथ आपका अपना संशोधन भी बढ़ेगा।

यह जीटीडी के व्यावहारिक सजगता का प्रतिबिंब है। आप सार को समझते हुए, मॉडल के विविध भागों के मोल को पहचानते हैं इसलिए आपके पास यह आज़ादी है कि वे आपकी ज़रूरतों को किस तरह पूरा कर सकते हैं। यदि आप चाहें तो अपने लिए, अपने ही टूल्स की मदद से जीटीडी प्रणाली को लागू कर सकते हैं। आपको अनिवार्य ओरियंटेशन मैप्स का मार्गदर्शन मिलेगा ताकि आप किसी भी हालात में उपयुक्त केंद्र के साथ काम कर सकें।

आप किसी भी चीज़ का उपयोग कैसे करते हैं, जिससे आपकी नज़र से कोई भी चीज़ छुटेगी नहीं – जैसे किसी लंच मीटिंग के दौरान मिला हुआ कार्ड; नए प्रोजेक्ट से जुड़ा विचार, जो आज सुबह उठते ही दिमाग में आया था; किसी अहम इवेंट के लिए अनपेक्षित निजी निमंत्रण या फिर पिछले मेडिकल चैकअप से आपकी ब्लड पेनल रिपोर्ट। संभवतः आप किसी भी तरह के अर्थपूर्ण आँकड़ों के लिए सही प्रकार का साधन इस्तेमाल कर सकते हैं। आप आसानी से आनेवाले किसी दौरे के

लिए प्राथमिकताओं को सुनिश्चित कर सकते हैं। आपके पास अगले वेबीनार के लिए पूरी तैयारी है; बैंक के लिए कंपनी के दस्तावेज़ देने में ज्यादा मेहनत नहीं लगेगी और आप आसानी से आनेवाले दो साल के लिए होनेवाली पारिवारिक बातचीत के लिए बढ़िया सामग्री प्रस्तुत कर सकते हैं। आपके पास काम करने का ऐसा वर्किंग डैशबोर्ड है, जिसे आप आभासी तौर पर किसी भी संदर्भ में इस्तेमाल कर सकते हैं, फिर चाहे आप घर में हो या ऑफिस में या फिर किसी यात्रा के दौरान!

**इन अभ्यासों के कम प्रयोग के बजाय दबाव से अधिक उत्पादन होता है**

कभी न कभी जीटीडी प्रक्रियाओं को प्रयोग में लानेवाले और उसके साथ बहुत अधिक प्रगति न कर पानेवाले लोगों से मैंने अक्सर यह सुना है कि वे इसके साथ नहीं चल सके क्योंकि उन्हें लगातार व्यावसायिक दौरों पर जाना पड़ा... या वे लंबे समय के लिए बीमार हो गए... या फिर किसी बड़े ग्राहक के साथ एक अनपेक्षित घटना घटी... या फिर उन्हें उनके नियमित काम के साथ एक बड़े प्रोजेक्ट पर काम करने को कह दिया गया... आदि।

इन अनुभवों और जीटीडी कार्य प्रणाली के साथ परिपक्व होनेवाले लोगों से मैंने अक्सर यह सुना कि इसने ही उन्हें इस योग्य बनाया कि वे हर तरह के तनावपूर्ण हालात से भी, कम तनाव और अधिक क्षमता के साथ पार पा सके।

इस अवस्था में, जीटीडी मास्टरी के प्रगति का महत्वपूर्ण हॉलमार्क, वही संक्रमण बिंदु है, जहाँ मसलों और अवसरों ने जीटीडी अभ्यासों से लाभ उठाया और उन्हें प्रयोग में लानेवालों ने उनका त्याग नहीं किया। जब काम के दौरान नई समस्या सामने हो, तो आप सब कुछ फिर से अपने दिमाग में दोहराने के बजाय, नई मानसिक लहर के साथ सब कुछ फिर से अपने हाथ में ले सकते हैं। जितनी जल्दी हो सकेगा, आप इस परिस्थिति के लिए केवल चिंतित होने के बजाय इसके लिए मनचाहे परिणाम, प्रोजेक्ट्स और नेक्स्ट एक्शन को पहचानकर तय कर लेंगे। आप सही मायनों में सप्ताह के बीच में साप्ताहिक समीक्षा करेंगे क्योंकि आपको अपने काम पर दोबारा नज़र डालने के लिए इसी तरह की एकाग्रता और केंद्र की आवश्यकता होगी।

जीटीडी मास्टरी के इस स्तर पर काम किया जा सकता है और यह अपने आपमें बहुत ही सहज है। जिन्होंने इसे पाया, उनके लिए यह अनुभव ऐसी अवस्थाओं को

लागू करने से रहा, जो अच्छी तरह स्थापित हुईं। एक चौबीस वर्षीय रॉक संगीतकार और तीन बच्चों के चौवन वर्षीय वकील पिता के लिए फलने-फूलने का अर्थ भले ही अलग होगा, परंतु उनके विस्तारित अनुभव और वे अपनी जीटीर्डी के साथ वहाँ कैसे पहुँचे, ये दोनों एक जैसे ही होंगे।

## पोस्टग्रेजुएट : केंद्र, दिशा व रचनाशीलता

जब आप गेटिंग थिंग्स डन के बुनियादी तत्त्वों को शामिल कर लेते हैं और जीवन व काम में वचनबद्धता और उन्नत पहलुओं के साथ काम करते हुए सिस्टम की पहल को अपने अनुसार ढाल लेते हैं, तो आपके लिए अगले मोर्चे के दरवाजे खुल जाते हैं : आप अपने स्पष्ट आंतरिक स्थान के साथ अनुभव को और आदर्श बनाते हुए, विस्तार दे सकते हैं।

निपुणता के इस स्तर में दो प्रमुख पक्ष शामिल होंगे :

1. आप अपने इस नए केंद्र के साथ अपनी वचनबद्धता और मूल्य के अधिक उन्नत पहलुओं की खोज कर सकेंगे।

2. नए मूल्य पैदा करने के लिए अपने बाहरी मन का लाभ उठा सकेंगे।

### अधिक अर्थपूर्ण कामों में व्यस्त होने की आज़ादी

जब आप सही मायनों में जान लेंगे और यह विश्वास करने लगेंगे कि आप इन-ट्रे में रखी हर चीज़ को पूरी क्षमता से संभाल सकते हैं, तब आपके पास हर चीज़ को अपनी इन-ट्रे में रखने की पूरी आज़ादी होगी। जैसे आपका कोई दीवानगी से भरा विचार, शोध के लिए संभावित नई तकनीक, ऐसी किताब जो आप लिखना चाहेंगे, कोई ऐसी एन.जी.ओ. वेबसाइट को सहयोग देना जिसके बारे में जानते ही आप भावुक हो गए थे आदि। उत्पादन करने की शक्ति से शक्तिशाली संभावनाएँ उपजती हैं।[1]

---

[1] मेरी एक मनपसंद कहावत है, 'आप जितना बेहतर पाते हैं, उतना ही बेहतर मिलने की संभावना बढ़ती है।' आपके भीतर इस बात के लिए जितना आत्मविश्वास बढ़ता है कि आप अपने ज्ञान और संसाधनों के बल पर सब कुछ साकार कर सकते हैं, आप स्वयं को संभावनाओं से उतना ही भरपूर कर पाते हैं। इस तरह जीटीडी मास्टरी से आपको जो स्पष्टता व केंद्र मिलता है, वह स्वचालित रूप से उनके लगातार प्रयोग में लाने की भी अनुमति देता है।

और, जैसा कि मुझे उम्मीद है, मैंने इस किताब में यह बात पूरी तरह से स्पष्ट कर दी है कि आपके जीवन और काम के दौरान अधिक उन्नत व गूढ़ विषयों पर आपके ध्यान देने की क्षमता काफी हद तक इस बात पर निर्भर करती है कि आप उन अनिवार्य और नीरस कामों को कितनी खूबसूरती से पूरा करते हैं, जो आपके उचित केंद्र के अभाव में आसानी से भटक सकते हैं और आपके रचनात्मक केंद्र में भी बाधा दे सकते हैं।

मैं उन लोगों का प्रशंसक हूँ, जो अपने अनुत्तरित ई-मेल के ढेर, खराब कंप्यूटर, भरे जानेवाले टैक्स, शादी के कार्यक्रम के लिए सासू माँ के उलाहनों और बैंक क्रेडिट लाइन का काम अधूरा होने के बावजूद, अपने दिमाग को अलग-अलग खानों में बाँटते हुए दूसरे काम भी कर लेते हैं। जैसे किसी मूवी की पटकथा लिखना, अपनी एन.जी.ओ. की प्रस्तावना तैयार करना, विवाह की वर्षगाँठ के लिए अच्छी सी कविता लिखना वगैरह। मैं यह भी जानता हूँ कि अगर उन सभी अधूरे छूट गए कामों को जीटीडी के नज़रिए से पूरा कर दिया गया होता, तो और अधिक रचनात्मक कामों के लिए इससे भी अधिक स्थान व प्रेरणा में उल्लेखनीय प्रगति हो सकती थी। अब यह साबित हो चुका है कि इन अधूरे छूटे हुए कामों का ज्ञान संबंधी भार आपके केंद्र और प्रदर्शन पर नकारात्मक असर डालता है। बहुत से लोग काम को काम की जगह पर छोड़कर, घर में अपने रचनात्मक कामों पर ध्यान देने की योग्यता दिखा चुके हैं, परंतु मेरे अनुभव से, यह केवल इसलिए है क्योंकि उनके पास ऐसा कोई संदर्भ बिंदु नहीं है कि अगर उनके पास काम चालू करने का दबाव नहीं होता, तो उनका जीवन कैसा होता।

जब रोज़मर्रा के छोटे कामों से ध्यान हटेगा, तो आपके लिए उन अनुभवों को ध्यान व दिशा देना आसान होगा, जो वाकई में बहुत महत्वपूर्ण हैं। जैसा कि मैंने दूसरे अध्याय में बताया था, केंद्र के ऊपरी हॉरीजन यानी लक्ष्य, विज़न, उद्देश्य और नियम - आपकी प्राथमिकताओं को परिभाषित करनेवाले मापदंड हैं। परंतु अधिकतर लोग अपने कामों को बेहतर तरीके से करनेवाली एकाग्रता में कमी पाते हैं और अक्सर उसके लिए अपराध बोध भी अनुभव करते हैं। बाधाओं से रहित दिमाग अपने आप ही आनेवाले पाँच वर्षों के परिदृष्यों पर विचार नहीं करेगा, उसके लिए आपको सचेतन भाव से उन बातों पर ध्यान देना होगा - परंतु आपके लिए ऐसे अभ्यास में उत्पादक रूप से शामिल होना काफी हद तक आसान हो जाएगा!

## अपने बाहरी मन का लाभ उठाना

जब आप एक बार नियमित रूप से निपुणता के इस स्तर पर काम करने लगते हैं, तो आप रोज़मर्रा के कामों के दौरान प्रभावी इनपुट और जानकारी पर सही तरह से क्रिया करने और उसकी माँगों को पूरा करने के अलावा स्वयं तैयार किए गए संदर्भों और सक्रिय कार्यों का लाभ उठाते हुए रचनात्मक विचार व नज़रिए पैदा करने लगते हैं। आप इस तरह के काम करने लगते हैं, जो शायद आप सामान्यतः न करते।

उदाहरण के लिए, अगर आपको कभी एक अपडेट कॉन्टेक्ट मैनेजर (संपर्क प्रबंधक) की आवश्यकता हो, चूँकि आपने हाल ही में पुराने संभावित ग्राहकों और व्यवसायों के सूची की समीक्षा की है, तो आप उसे देखते हुए स्वयं से कह सकते हैं, 'पता है, मैं इस समय जो काम कर रहा हूँ, उसे देखते हुए मुझे फलाँ ग्राहक से दोबारा मिलना चाहिए।' यदि आपकी कोई भी सोच किसी भी तरह से आपके लिए फायदेमंद रही है, तो आपने उस अवसर का कम से कम थोड़ा सा ऐसा स्वाद तो पा लिया है, जिसका अनंत रूप से और अधिक उपयोग किया जा सकता है। हममें से प्रत्येक के पास ऐसे कितने और विचार हो सकते हैं, ऐसे कितने उपाय हो सकते हैं जो संभवतः हमारे रिश्तों के कुछ पहलुओं, हमारे काम, रचनात्मक अभिव्यक्ति आदि में मूल्य वृद्धि कर सकते हैं। लेकिन ऐसा तभी होगा, जब हमने सही समय पर कैप्चर करने की आदत अपनाते हुए, सही चीज़ों को अपने सजग ध्यान का केंद्र बनाया होता।

कितना अच्छा होता कि आपको जिसके बारे में सोचना है, उसके बारे में बहुत ज़्यादा न सोचना पड़ता?

यह पूरी तरह से रचनात्मक और उत्पादक चिंतन गतिविधि अपने आप एक साप्ताहिक रिव्यू की तरह घटती है, जब आप पिछले और आनेवाले कैलेंडर पर नज़र दौड़ाते हैं (ओह, इसे देखकर याद आया), या फिर अपने प्रोजेक्ट और नेक्स्ट एक्शन लिस्ट अपडेट करते हैं (ओह... मुझे तो यह करना था...!)। अगर आप अपनी समडे/मेबी सूची की नियमित समीक्षा करते हैं, तो आपको और अधिक लाभ मिल सकते हैं (पता है, मुझे लगता है कि मैं सचमुच पेंटिंग क्लास में जाने की सोच रहा हूँ)। परंतु चिंतन के लिए इस तरह के ट्रिगर्स की मदद से आपके जीवन और अनुभव के और कितने सारे पहलुओं में निखार आ सकता है? ऐसी कौन सी सामग्री है, जिसे आप इसी तरह नियमित रूप से समीक्षा करते

हुए कई अमूल्य विचार पा सकते हैं? नियमित रूप से व्यवहार के दौरान ऐसी संभावनाओं को जाना नहीं जा सकता, परंतु इनसे परे जाने की असीम संभावनाएँ मौजूद हैं।

यह जीटीडी की निपुण मास्टरी में परिपक्वता की अवस्था है, जिसमें चेकलिस्ट जैसा सरल सा विचार भी अधिक महत्त्व रख सकता है। जैसा कि संज्ञानात्मक (ज्ञान संबंधी) वैज्ञानिकों ने माना है कि आपका मन अचानक कुछ चीज़ों को आसानी से याद नहीं कर सकता परंतु अगर इसके सामने समीक्षा के लिए कुछ प्रत्यक्ष रूप से रखा जाए, तो कमाल का रचनात्मक चिंतन कर सकता है। जब मन को याद रखने के काम से मुक्ति मिलती है, तो यह एक अनूठे यंत्र के रूप में, बातों को बिलकुल आगे लाकर रख देता है। फिर आपको उन्हें याद करने के लिए बहुत ज़ोर नहीं लगाना पड़ता। सब कुछ अपने आप ही आसानी से, उचित समय पर याद आने लगता है।

आपको अपने परिवार के खास सदस्यों को याद करने के लिए कितनी बार रिमाइंडर देने की ज़रूरत पड़ती है? जब आप अपने साथी, बेटे या बहन के बारे में कुछ सोचें, तो खुद को याद दिलाने के लिए निश्चित तौर पर क्या सही होगा? आप अपने व्यावसायिक नेटवर्क की ए-सूची में किसे शामिल करना चाहेंगे (वे प्रभावशाली और महत्वपूर्ण लोग जिनके संपर्क में आप हमेशा रहते हैं)? आपको इस सूची की अक्सर कितनी बार समीक्षा करनी चाहिए? आपको अपने आपसे जुड़ने के लिए, कितने समय के अंतराल पर सूत्र वाक्यों और प्रेरक लेखन की आवश्यकता होगी?

दरअसल हमारे पास ऐसे असंख्य अवसर हैं, जिनका लाभ उठाकर हम संसार में स्वयं को महत्वपूर्ण बनाने का लाभ उठा सकते हैं। जो काम सही तरह से नहीं हो पा रहें, उनके लिए अच्छे ढाँचे बनाने के अलावा उन कामों के लिए अपने मन को दिलासा दे सकते हैं और जो काम अच्छी तरह हुए हों, उनसे पूरा लाभ उठा सकते हैं। परंतु यह सब अपने आप नहीं होगा। यह उन्नत स्तरीय जीटीडी मास्टरी का हॉलमार्क है कि आप उस गतिशीलता को स्वयं पहचानकर, अपनी बुद्धि के अनुसार उसका लाभ लेना सीख लेते हैं। यह कुछ ऐसा ही है, मानो आपको बिना किसी बाधा के रचनात्मक विचार (आयडिया) पैदा करने और उन्हें विकसित करने की आज़ादी मिल गई है। फिर संसाधिक करने (प्रोसेसिंग) और व्यवस्थित करने (ऑर्गेनाइजिंग) की कला से आप अपने नोट्स और विचारों का पूरा फायदा उठा

पाते हैं। केवल चतुर (स्मार्ट) लोग ही महसूस करते हैं कि वे बेतरर्तब तरीके से ही चतुर और प्रेरित हैं। बुद्धिमान लोगों ने पूरी समझदारी से व्यवस्था और प्रक्रिया (सिस्टम और प्रोसेसेस्) को बनाया है ताकि उस बुद्धिमानी से लाभ उठा सकें, जो अक्सर उस जड़ता के पीछे छिपी रहती है, जो हमारे पास इस नीरस संसार से पार पाने के लिए पाई जाती है।

जीटीडी मास्टरी में बुनियादी चीज़ों को शामिल करते हुए, उन्नत और संपूर्ण प्रणाली का लाभ उठाया जाता है ताकि रचनात्मक रूप से दिशा व केंद्र पाया जा सके – दरअसल यह केवल इतने तक ही सीमित नहीं है। अधिकतर लोग इन सभी स्तरों के पक्षों व पहलुओं को अपने ही अभ्यासों के अनुसार प्रकट करते हैं और मैं अकसर किसी न किसी क्षेत्र के ऐसे अनाड़ी से भी मिलता हूँ, जिसके पास असाधारण रूप से आगे बढ़ने के उपाय थे। परंतु मेरे अनुभव के अनुसार, जब तनावरहित उत्पादकता पर विचार हो रहा हो, तो इसके लिए एक ठोस प्रगति की आवश्यकता होगी, जिसका कोई शॉर्टकट न हो। अगर आपके ई-मेल अस्त-व्यस्त हैं, तो आप हर सप्ताह अपने लिए पूरे नियंत्रण का भाव नहीं पा सकते। अगर आपने वर्तमान में अपने पचहत्तर प्रोजेक्ट्स की असली सूची की वास्तविकता पर ध्यान न दिया, तो आप अपनी दीर्घकालीन योजना या विज़न पर भी कभी ध्यान नहीं दे सकेंगे।

आप लगातार इन सभी स्तरों पर, चेतन या अवचेतन, प्रत्यक्ष या अप्रत्यक्ष तौर पर शामिल हैं। आपके पास मेल-मुलाकात, प्रोजेक्ट्स, कार्य, लक्ष्य और मूल्य हैं और एक पेशेवर होने के नाते आप पाएँगे कि आपके काम की अपनी वचनबद्धताएँ हैं, जिनके अधीन रहकर ही आपको काम करना चाहिए। जीटीडी से जुड़ी आपकी निपुणता से आपके भीतर का समानता का भाव झलकना चाहिए, जिसके साथ आप उन सभी कामों में व्यस्त होंगे। किसी बड़ी परेशानी से जुड़ी अनपेक्षित ई-मेल, इस सप्ताह आपकी आंटी मार्था का जन्मदिन, आपकी कंपनी की रणनीति में संभावित बदलाव और आपके घर के लिए खाना पकाने का एक बर्तन लेना है – ये सभी काम जल्दी और उचित संदर्भ में किए जाने चाहिए ताकि आपके दिमाग पर केवल उसी काम का भार हो, जो वर्तमान में किया जा रहा है।

# निष्कर्ष

आशा करता हूँ कि यह पुस्तक आपके लिए उपयोगी रही – और आपको बहुत कम प्रयत्नों व तनाव के साथ गेटिंग थिंग्स डन के पुरस्कार व लाभ मिलने लगे हैं। मैं सचमुच आशा करता हूँ कि आपने 'जल जैसे मन' की आज़ादी का अनुभव पाने के बाद, अपनी रचनात्मक ऊर्जाओं को मुक्त किया होगा, जो इन तकनीकों को लागू करने का परिणाम है। जीटीडी उपायों को लागू करनेवाले लोगों ने पाया कि उन्हें जो दिखाई देता है, यह उससे कहीं अधिक है। हो सकता है कि आपको भी अपने संस्करण का अभी से अनुभव होने लगा हो।

मैं आपसे शर्त लगाने को तैयार हूँ कि गेटिंग थिंग्स डन ने उन बातों को काफी हद तक प्रमाणित किया होगा, जो आप पहले से जानते थे और अपने निजी व पेशेवर जीवन में कर रहे हैं। संभवत: यह पुस्तक आपके लिए उस सामान्य ज्ञान को उस संसार में सरल तरीके से लागू करने के योग्य बना देगी, जो अपनी जटिलता और गहनता के साथ लगातार उलझन में दिखाई दे रहा है।

मेरी मंशा यह नहीं कि मैं आपके लिए आधुनिक सिद्धांतों व मॉडल्स का अंबार लगा दूँ और कहूँ कि आपकी सफलता के लिए इनका होना ज़रूरी है। इसके विपरीत, मैंने उन बुनियादी मॉडल्स को ही परिभाषित करने की कोशिश की है, जो अब भी चलन में हैं और लागू करने पर कारगर हैं। जब आप बुनियादी नियमों को जान लेते हैं, तो आप कहीं अधिक प्रभावी उत्पादकता के साथ काम कर सकते हैं, भले ही आप कोई भी काम क्यों न कर रहे हों। शायद यही बात हमें बार–बार बुनियादी नियमों की ओर ले जाती है।

गेटिंग थिंग्स डन एक रोड मैप है, जो आपको एक सकारात्मक और शिथिल केंद्र पाने में मदद करता है, इसके साथ ही यह आपको आपकी उत्पादक

अवस्था के और निकट ले आता है। मैं आपको निमंत्रित करता हूँ कि आप इसका प्रयोग करें, जब भी ज़रूरत पड़े तो इसे एक रोड मैप और संदर्भ साधन की तरह इस्तेमाल करें।

आपको आगे ले जाने के लिए कुछ और अंतिम उपाय प्रस्तुत हैं :

- अपना निजी भौतिक ऑर्गेनाइजेशन हार्डवेयर स्थापित करें।
- अपने काम की जगह को ऑर्गेनाइज करें।
- इन-ट्रे लेकर आएँ।
- घर और काम के लिए, काम आनेवाला और आसानी से पहुँच रखने योग्य निजी सदंर्भ तंत्र बनाना।
- एक अच्छा सूची प्रबंधन ऑर्गेनाइजन करना, जो आपको काम के लिए प्रेरित कर सके।
- स्वयं को वे बदलाव करने की अनुमति दें, जो आप काम के परिवेश में बदलाव के लिए लाना चाह रहे थे। तस्वीरें लेना, पेन खरीदना, सामान को उलट-पुलटकर काम करने की जगह को नए सिरे से संवारना। इस नई शुरुआत को अपना सहयोग दें।
- कुछ ऐसा समय निकालें, जब आप अपने ऑफिस के पूरे एक हिस्से पर काम कर सकें और फिर घर के एक-एक हिस्से पर काम करें। सब कुछ अपने सिस्टम में जमा करें और गेटिंग थिंग्स डन की प्रक्रिया आरंभ करें।
- आपको इस प्रक्रिया से जो कुछ भी अमूल्य मिला हो, उसे दूसरों के साथ बाँटें। यह किसी भी चीज़ को सीखने और याद रखने का बेहतरीन उपाय है।
- तीन से छह माह के भीतर गेटिंग थिंग्स डन की फिर से समीक्षा करें। आपको कुछ ऐसा मिल सकता है, जिस पर शायद पहले आपकी नज़र नहीं पड़ी होगी। मैं आपको आश्वासन दे सकता हूँ कि यह आपको पूरी तरह से एक नई किताब लगेगी।

- उन लोगों के संपर्क में रहें, जो इन व्यवहारों का प्रसारण व मनन कर रहे हैं।[1]

अपने जीवन की महानतम शिथिलता का आनंद लें!

[1] हम उपलब्ध हैं। आप कई टन सहायक सामग्री को पाने के लिए निम्नलिखित पते पर संपर्क कर सकते हैं : www.gettingthingsdone.com आपको आपके जैसे लोगों से इस सामग्री के बारे में बहुत सी बातें, किस्से और अनुभव जानने को मिलेंगे, जो इन अभ्यासों से जुड़े हैं। आप हमारे सहायक उत्पादों व सेवाओं के बारे में ताजा सूचना पाने के अलावा, इस कार्य पद्धति को आपस में बाँटनेवाले लोगों के वैश्विक नेटवर्क से भी जुड़ सकते हैं।

# तेजज्ञान फाउण्डेशन - परिचय

तेजज्ञान फाउण्डेशन आत्मविकास से आत्मसाक्षात्कार प्राप्त करने का एक रास्ता है। इसके लिए सरश्री द्वारा एक अनूठी बोध पद्धति (System for Wisdom) का सृजन हुआ है। इस पद्धति को अन्तर्राष्ट्रीय मानक ISO 9001:2015 के आवश्यकताओं एवं निर्देशों के अनुरूप ढालकर सरल, व्यावहारिक एवं प्रभावी बनाया गया है।

इस संस्था की बोध पद्धति के विभिन्न पहलुओं (शिक्षण, निरीक्षण व गुणवत्ता) को स्वतंत्र गुणवत्ता परीक्षकों (Quality Auditors) द्वारा क्रमबद्ध तरीके से जाँचा गया। जिसके बाद इन पहलुओं को ISO 9001:2015 के अनुरूप पाकर, इस बोध पद्धति को प्रमाणित किया गया है।

फाउण्डेशन का लक्ष्य आपको नकारात्मक विचार से सकारात्मक विचार की ओर बढ़ाना है। सकारात्मक विचार से शुभ विचार यानी हॅपी थॉट्स (विधायक आनंदपूर्ण विचार) और शुभ विचार से निर्विचार की ओर बढ़ा जा सकता है निर्विचार से ही आत्मसाक्षात्कार संभव है। शुभ विचार (Happy Thoughts) यानी यह विचार कि 'मैं हर विचार से मुक्त हो जाऊँ।' शुभ इच्छा यानी यह इच्छा कि 'मैं हर इच्छा से मुक्त हो जाऊँ।'

यदि आप ऐसा ज्ञान चाहते हैं, जो सामान्य ज्ञान के परे है, जो हर समस्या का समाधान हो, जो सभी मान्यताओं से आपको मुक्त करे, जो आपको ईश्वर का साक्षात्कार कराए, जो आपको सत्य पर स्थापित करे तो समय आ गया है तेजज्ञान को जानने का। समय आ गया है शब्दोंवाले सामान्य ज्ञान से उठकर तेजज्ञान का अनुभव करने का।

**तेजज्ञान फाउण्डेशन – परिचय**

**हॅपी थॉट्स तेजज्ञान यूटयूब चैनल**

# महाआसमानी - अल्प परिचय

**Self Delelopment to Self Realization**

**Towords Self Stabilizaion**

क्या आपको उच्चतम आनंद पाने की इच्छा है? ऐसा आनंद, जो किसी कारण पर निर्भर नहीं है, जिसमें समय के साथ केवल बढ़ोतरी ही होती है? क्या आप इसी जीवन में प्रेम, विश्वास, शांति, समृद्धि और परमसंतुष्टि पाना चाहते हैं? क्या आप शारीरिक, मानसिक, सामाजिक, आर्थिक और आध्यात्मिक इन सभी स्तरों पर सफलता हासिल करना चाहते हैं? क्या आप 'मैं कौन हूँ' इस सवाल का जवाब अनुभव से जानना चाहते हैं?

यदि आपके अंदर इन सवालों के जवाब जानने और 'अंतिम सत्य' पाने की प्यास जगी है तो तेजज्ञान फाउण्डेशन द्वारा आयोजित 'महाआसमानी परम ज्ञान शिविर' में आपका स्वागत है। यह शिविर पूर्णतः सरश्री की शिक्षाओं पर आधारित है।

**महाआसमानी परम ज्ञान शिविर का उद्देश्य :**

इस शिविर का उद्देश्य है, विश्व का हर इंसान 'मैं कौन हूँ' इस सवाल का जवाब जानकर सर्वोच्च आनंद में स्थापित हो जाए। उसे ऐसा ज्ञान मिले, जिससे वह हर पल वर्तमान में जीने की कला प्राप्त करे। भूतकाल का बोझ और भविष्य की चिंता इन दोनों से मुक्त हो जाए। हर इंसान को जीवन में स्थाई खुशी और सही समझ मिले। साथ ही उसे समस्याओं को विलीन करने की कला आ जाए। मनुष्य जीवन का उद्देश्य पूर्ण हो। 'मैं कौन हूँ? मैं यहाँ क्यों हूँ? मोक्ष का अर्थ क्या है? क्या इसी जन्म में मोक्ष प्राप्ति संभव है?' यदि ये सवाल आपके अंदर हैं तो महाआसमानी परम ज्ञान शिविर इसका जवाब है।

**महाआसमानी– अल्प परिचय**

**हैपी थॉट्स सरश्री (इंग्लिश) यूट्यूब चैनल**

# सरश्री द्वारा रचित पुस्तकों की जानकारी

सरश्री ने विविध विषयों पर 150 से अधिक पुस्तकों का लेखन किया है, जिनमें से 'विचार नियम', 'विश्वास नियम' 'स्वसंवाद का जादू', 'स्वयं का सामना', 'स्वीकार का जादू', 'निर्णय और ज़िम्मेदारी', 'निःशब्द संवाद का जादू', 'संपूर्ण ध्यान' आदि पुस्तकें बेस्टसेलर बन चुकी हैं। इनमें से कुछ पुस्तकें दस से अधिक भाषाओं में अनुवादित की जा चुकी हैं और प्रमुख प्रकाशकों द्वारा प्रकाशित की गई हैं, जैसे पेंगुइन बुक्स, जैको बुक्स, मंजुल पब्लिशिंग हाऊस, प्रभात प्रकाशन, राजपाल ॲण्ड सन्स, पेंटागॉन प्रेस, सकाळ प्रकाशन इत्यादि।

**विचार नियम**
**आपकी कामयाबी का रहस्य**

**विश्वास नियम**
**सर्वोच्च शक्ति के सात नियम**

**मौन नियम**
**स्वयं को जानने का निःशब्द उपाय**

पुस्तकें ऑर्डर करने के लिए लॉग इन करें

- www.gethappythoughts.org

पुस्तकों की अधिक जानकारी के लिए संपर्क करें-

फोन नं.: 09011013210

---

*यह पुस्तक पढ़ने के बाद आप अपना अभिप्राय (विचार सेवा) books.feedback@tejgyan.org इस पर भेज सकते हैं।*

## तेजज्ञान फाउण्डेशन द्वारा प्रस्तुत सोशल मीडिया ऐक्टिविटिज

### तेजज्ञान इंटरनेट रेडियो

२४ घंटे और ३६५ दिन सरश्री के प्रवचन
और भजनों का लाभ लें, तेजज्ञान इंटरनेट रेडियो द्वारा। देखें लिंक
http://www.tejgyan.org internetradio.aspx

Tejgyan Internet Radio on all platforms like
Android, iPhone, iPad and Amazon

---

**यू ट्यूब द्वारा प्रार्थना में शामिल हो सकते हैं**

**गुड मॉर्निंग प्रेयर हर रोज़ सुबह** 6.15am-6.25am

**ध्यान प्रार्थना बीज :**
3.30pm-3.45pm & 9pm -9.15pm

---

**शिविर** - Train & Boost Your Immunity

जितनी हमारी इम्यूनिटी स्ट्राँगर, उतना हमारा स्वास्थ्य बेहतर

**शिविर – श्राद्ध और पितृदोष युक्ति**

पूर्वजों के लिए मुक्ति प्रार्थना कैसे करें

**Liberation from Ancestral Karmic Bondage**

**शिविर – हॅपीवाले रिश्ते**

जीवित रिश्तों का लक्ष्य

– जितृ पक्ष

---

यू ट्यूब पर सरश्री के प्रवचनों का लाभ लेने के लिए आज ही यू ट्यूब चैनल को सबस्क्राइब करें।

YouTube **channels**

Happy Thoughts - Tejgyan
Sirshree - Tejgyan
Happy Thoughts - Parma Gyan

---

*****Voice of Happy Thoughts App**

Registration link : https://happythoughts.co/
Contact No. : 7447797317

Follow Us

www.ingramcontent.com/pod-product-compliance
Lightning Source LLC
LaVergne TN
LVHW040332051026
849518LV00001B/161
* 9 7 8 8 1 9 4 7 8 0 1 4 4 *